기능성원리(Functionality Doctrine) 연구
- 특허와의 관계에서 상표에 의한 보호의 한계 -

유 영 선

景仁文化社

서 문

이 책이 나온 계기는 필자가 남부지방법원 신청부에서 근무하던 2002년으로 거슬러 올라간다. 그 당시 함께 근무하던 판사님께서 상품형태가 '기능적'이라는 이유로 상품주체 혼동행위가 성립하지 않는다고 주장하는 사건의 처리에 대하여 필자와 의논을 하셨는데, 우리나라에는 이와 관련한 별다른 논의가 없고 일본의 경우 판례가 나뉘고 있다는 것이었다. 당시 짧은 지식에 도움이 되는 답변을 드리지 못하였고, 다만 추후 이 문제에 대해서 한번 연구해 보아야겠다는 생각을 가지게 되었다.

그 후 시간만 흐르다가 2006년에 1년간 미국 버지니아 대학(University of Virginia)에서 LLM 과정을 이수할 기회가 주어졌다. LLM 과정에서 Lillian Bevier 교수님으로부터 상표법 강의를 듣게 되었는데, 우리나라와는 달리 '기능성원리(functionality doctrine)'에 많은 시간을 할애하면서 이를 매우 중요하게 취급하였다. 미국에서는 연방대법원 판례를 비롯한 많은 판례가 축적되어 있었고 학계에서도 다양한 논의가 진행되고 있었기 때문이다. 이전부터 관심을 가지던 터에 미국에서의 위와 같은 풍부한 논의에 자극을 받아 이 문제를 박사학위 논문의 주제로 삼아 본격적으로 연구해 보기로 결심하게 되었다. 그리하여 틈틈이 미국의 관련 자료를 수집하였고 LLM 졸업논문도 이 주제로 작성하였다.

2007년 귀국 후 박사논문 작성에 착수하였으나, 능력 부족과 게으름 탓에 진척이 더디었다. 그리하여 3년도 더 지난 2011년 2월에서야 "특허와 상표에 의한 보호영역을 구분하는 기능성원리(Functionality Doctrine) iv

에 대한 연구"라는 제목의 박사논문이 완성되었다.

이 책은 위 박사논문을 토대로 하여 이를 수정, 보완한 것이다. 우리나라의 지적재산권 관련 판례와 학설은 최근 매우 빠르게 발전하고 있다. 그러한 발전 속에서 이 책이 상대적으로 논의가 빈곤한 기능성원리에 대한 논의의 활성화에 조금이나마 기여할 수 있기를 기대한다.

이 주제에 대한 연구를 시작할 때 마음먹은 것과는 달리 박사논문심사 당시의 글은 여러모로 부족하고 미흡한 것이었다. 그런 부족한 글이 박사논문으로 완성되고, 또 이렇게 책으로 출간되기에 이른 것은, 순전히 지도교수님이신 정상조 교수님, 그리고 이상정, 남효순, 권영준, 박준석 교수님의 따뜻한 격려와 친절하면서도 날카로운 지도 덕택이다. 이 자리를 빌어 진심으로 감사의 말씀을 전해 드리고 싶다.

이 책은 당신들의 모든 것을 희생하여 5남매를 훌륭하게 길러 내신부모님들께 바치고자 한다. 그리고 필자에게 지원을 아끼시지 않는 장인어른, 장모님, 항상 우애하는 형제들과 출간의 기쁨을 함께 나누고싶다. 끝으로 바쁘다는 핑계로 많은 시간을 함께 하지 못하고 베풀어주는 것 없이 받기만 하는 부족한 남편임에도 묵묵히 인내하면서 항상곁에서 필자의 안식처가 되어주고, 또 박사논문에 이어 이 책의 교정작업까지 손수 마무리해 준 아내와 이 세상에 존재하는 기쁨의 의미를깨닫게 해주는 두 아들에게 고맙고 사랑한다는 말을 전하고 싶다.

<목 차>

서문

제1장 서론   1

제1절 연구의 배경 ···3
  1. 지적재산권법 체계와 기능성원리 (functionality doctrine) ··············3
    가. 전체적인 지적재산권법 체계 및 각 법률의 경계 ··················· 3
    나. 물품의 기능적인 특성(functional features)을 보호하는
       지적재산권법 영역과 기능성원리(functionality doctrine) ················ 5
  2. 연구의 목적 ···8
제2절 연구의 방법과 범위 ··13
  1. 연구의 방법 ···13
  2. 연구의 범위 ···14
제3절 용어의 정리 ··17

제2장 기능성원리(functionality doctrine) 일반론   21

제1절 개념 ···23
  1. 의의 ···23
  2. 지적재산권법에서 문제되는 여타 기능성 개념과의 구분 ···············25
    가. 디자인에서 논의되는 기능성 ·· 26
    나. 디자인과의 관계에서 저작권에 의한 보호의 한계로서 기능성 ····· 35
    다. 특허와의 관계에서 저작권에 의한 보호의 한계로서의 기능성 ····· 38
제2절 연혁 및 입법례 ··44
  1. 미국 ···44
  2. 유럽연합 ···45

가. 유럽연합 규칙 ·· 45

나. 독일 ··· 46

다. 영국 ··· 48

라. 프랑스 ·· 49

3. 일본 ·· 50

4. 우리나라 ·· 51

제3절 기능성원리의 정책목표 ··· 54

1. 논의의 방향 ·· 54

2. 특허 등과의 충돌방지 정책목표 ······································ 56

가. 의미 ··· 56

나. 이론적 근거 ·· 58

3. 자유경쟁의 부당한 제한방지 정책목표 ····························· 80

가. 미국의 학설과 판례에 의한 논의 내용 ························ 80

나. 기능성원리와 관련한 의미 분석 ································· 83

4. 보통의(generic) 형상임에 근거가 있는지 여부 ·················· 86

가. 기능성원리를 보통의(generic) 형상과 관련짓는 견해 ·········· 86

나. 비판 ··· 87

5. 소결 ··· 91

제4절 기능성(functionality)의 종류 ···································· 92

1. 사실상 기능성(de facto functionality)과

법률상 기능성(de jure functionality) ·························· 92

가. 의미 ··· 92

나. 검토 ··· 94

2. 실용적 기능성(utilitarian functionality)과

심미적 기능성(aesthetic functionality) ······················· 95

가. 논의의 배경 ·· 95

나. 실용적 기능성 ·· 97

다. 심미적 기능성 ·· 98

제5절 기타 관련문제 ··· 122

1. 기능성원리의 한계에 대한 논의 ····································· 122

　　가. 기능성원리의 한계에 대한 주장 ······················· 122
　　나. 한계론에 대한 검토 ······································· 124
　2. 특허기간이 만료된 형상에 대한 상표 보호의 문제 ·················· 125
　　가. 문제의 소재 ··· 125
　　나. 미국의 판례 ··· 126
　　다. 검토 ·· 128

제3장 미국 판례에 나타난 기능성에 대한 정의 및 판단기준　131

제1절 서설 ··133

　1. '기능성'에 대한 판단기준의 혼란 ··························133

　2. '기능성' 판단기준 정립을 어렵게 하는 요인들 ·················134

　3. 판단기준의 유형분류 ······································135
　　가. Margreth Barrett 교수의 분류 ·························· 136
　　나. Timothy M. Barber 교수의 분류 ························ 136

제2절 미국 연방대법원에서의 기능성 판단기준의 전개 ·················138

　1. Kellogg Co. v. National Biscuit Co. 판결 ················138

　2. Inwood Laboratories, Inc. v. Ives Laboratories, Inc. 판결 ········140
　　가. 판시내용 ·· 140
　　나. 분석 ·· 140

　3. Qualitex Co. v. Jacobson Products Co. 판결 ·············146
　　가. 판시내용 ·· 146
　　나. 분석 ·· 147

　4. TrafFix Devices, Inc. v. Marketing Displays, Inc. 판결 ············149
　　가. 판시내용 ·· 149
　　나. 판결에 대한 분석 및 비판 ······························ 152

　5. 연방대법원의 기능성 판단기준 종합 ·······················154

제3절 미국 연방항소법원의 판단기준 ································157

　1. 서설 ··157

　2. Restatement에서의 기능성에 대한 정의 ·····················157

3. 각각의 연방항소법원들의 기능성 판단기준 ·············159
　가. TrafFix 판결 이전 ·············159
　나. TrafFix 판결 이후 ·············168

제4절 기능성에 관한 미국의 구체적 판단사례 검토 ·············174

1. 기능적(functional)이라고 판단된 사례들 ·············174
2. 기능적이지 않다고(non-functional) 판단된 사례들 ·············180

제4장 우리나라에서 기능성원리의 적용 및 해석　185

제1절 서설 ·············187

1. 우리나라에서 기능성원리의 논의현황 ·············187
2. 이 장에서의 논의내용 개관 ·············189

제2절 우리나라에서 기능성원리 적용 근거 ·············191

1. 개관 ·············191
　가. 우리 지적재산권법 체계와 기능성원리 ·············191
　나. 문제점 ·············192
2. 상표법상의 적용근거 ·············193
　가. 입체상표의 도입규정 ·············193
　나. 기능성원리 관련 규정 ·············195
3. 부정경쟁방지법상의 적용근거 ·············198

제3절 혼동초래 부정경쟁행위에 기능성원리의 적용 여부 ·············199

1. 전론(前論) ·············199
　가. 서설 ·············199
　나. 상표법과 부정경쟁방지법의 혼동초래 부정경쟁행위와의 관계 ·······203
　다. 정리 ·············220
2. 일본에서의 논의 검토 ·············221
　가. 서설 ·············221
　나. 일본의 학설 ·············224
　다. 일본 판례의 분류 및 최근 경향 ·············239
　라. 일본의 기술적 형태 제외설(技術的 形態 除外說)과

　　　미국의 기능성원리(functionality doctrine)와의 관계 ····················· 240
　3. 우리나라에서의 논의 검토 ···242
　　가. 상품 형태에 대한 부정경쟁방지법상 표지성(標識性) 인정 여부 ··· 242
　　나. 혼동초래 부정경쟁행위에 대한 기능성원리 적용 여부에 대한 논의 · 247
　4. 혼동초래 부정경쟁행위에 기능성원리 적용을 위한 해석론 ············262
　　가. 기능성원리 적용의 타당성 ·· 262
　　나. 기능성원리 적용의 근거 ·· 264

제4절 우리나라에서 기능성원리의 구체적인 해석론 ·································272

　1. 논의의 개관 ···272
　2. 기능성원리의 정책목표 설정 ···273
　　가. 논의의 방향 ·· 273
　　나. 특허 등과의 충돌방지 정책목표에 관한 검토 ························· 274
　　다. 자유경쟁의 부당한 제한방지 ·· 289
　　라. 기능성과 식별력의 구분 ··· 291
　　마. 정책목표의 종합 ··· 295
　3. 기능성 개념을 분류할 필요가 있는지 여부 ·······································296
　　가. 사실적 기능성과 법률적 기능성에 대하여 ······························ 296
　　나. 실용적 기능성과 심미적 기능성에 대하여 ······························ 297
　4. 우리나라에서 '기능성'의 판단기준 정립 ··302
　　가. 논의의 방향 ·· 302
　　나. 미국, 일본, 우리나라 특허청의 심사기준 검토 ······················ 303
　　다. '기능성'의 판단기준 검토 ·· 307
　5. 기능성의 입증문제 ···313
　　가. 서설 ·· 313
　　나. 기능성 문제의 성격 ··· 314
　　다. 입증자료 ·· 315
　　라. 입증책임 ·· 325
　6. 기타 관련문제 ···326
　　가. 상품 포장 및 색채의 기능성 ·· 326
　　나. 기능성 판단의 대상이 되는 부분 ·· 330
　　다. 상품 형상 중 일부분이 기능적인 경우 ···································· 331
　　라. 2차원적인 디자인의 기능성 여부 ··· 334

7. 기능성원리로 인해 보호되지 않는 상품 형태에 대한
　재보호(再保護) 문제 ··· 336
　가. 상품 형태 보호와 기능성원리의 재조정(再調整) ··················· 336
　나. 기능성원리와 '상품형태 모방행위'와의 관계 ······················ 338
제5절 구체적인 사례 분석을 통한 기능성원리의 바람직한 적용방향 제시 ··· 344
1. 상표법 사례 검토 ···344
　가. 등록단계 사례 검토 ·· 344
　나. 권리침해단계 사례 검토 ·· 373
2. 혼동초래 부정경쟁행위 관련 사례 검토 ·······················383
　가. 개관 ·· 383
　나. 상품 포장·용기의 형태에 관한 판례 ······························ 384
　다. 상품 형태 자체에 관한 판례 ·· 387
　라. 우리나라 판례의 종합 분석 ·· 390

제5장 결론　393

참고문헌 ··· 401
찾아보기 ··· 409

제1장 서론

제1절 연구의 배경

1. 지적재산권법 체계와 기능성원리
(functionality doctrine)

가. 전체적인 지적재산권법 체계 및 각 법률의 경계

오늘날 세계 각국은 새로운 사상(idea), 기술(technology), 정보(information), 창작적 표현(expression) 등 다양한 지적재산(intellectual property)을 보호하기 위하여 그들 각각의 사회경제적 환경 또는 정책목표에 따라 각각 고유한 지적재산권법 체계를 가지고 있다. 우리나라의 법률체계를 보면, 특허법, 실용신안법, 종자산업법, 디자인보호법, 저작권법, 상표법, 부정경쟁방지 및 영업비밀보호에 관한 법률(이하 '부정경쟁방지법'이라고만 한다) 등 각각의 독자적이고 고유한 입법목적을 가진 여러 가지 지적재산 관련 법률들이 존재한다. 그리고 이들 각각의 지적재산권법들은 그 입법목적을 달성하기 위하여 일정한 요건과 절차를 규정하여 이를 충족한 특정 영역의 지적재산을 다양하게 보호하고 있다.[1]

---

1) 한편, 경우에 따라서는 어떤 지적재산이 위와 같은 성문법들의 보호영역에 포섭되지 않는다고 하더라도 일정한 요건 아래 민법 제750조의 불법행위 법리에 의하여 보호될 수 있다.우리나라 대법원도 최근 성문의 지적재산권법에 포섭되지 않는 지적재산에 대한 침해행위를 민법상 불법행위로 구성하고, 나아가 일정한

이러한 우리나라 지적재산권 성문법들의 개별적 특징과 상호유사성을 전체적으로 보면, 엄격한 출원·심사·등록을 통하여 기술적 사상(idea) 자체를 보호하는 법제도인 특허법과, 아무런 절차를 거치지 않고 창작적인 표현(expression)이 완성됨과 동시에 즉시 권리가 발생하는 대신 그 보호범위는 표현에만 한정되고 사상에는 미치지 않는 저작권법을 양쪽 끝에 두고, 그 보호대상과 보호방식을 조금씩 달리하면서 공통적으로 지적 산물을 보호하는 일련의 법제도라고 설명할 수 있겠다.[2]

그런데 이들 법률의 경계가 반드시 명확한 것은 아니다. 또한, 최근 선진국을 중심으로 한 지적재산권 보호의 강화 경향에 따라 각각의 지적재산권법에 의해 보호되는 지적재산의 영역이 점점 확대되어 감으로써, 각각의 지적재산권에 의한 보호영역이 중첩·충돌되는 현상이 나타나고 있다. 그리하여 각각의 지적재산권법의 경계선상에서 특정의 지적재산이 어떠한 법률에 의하여 보호되어야 하는지, 그리고 이들 법률에 의한 중복적인 보호가 가능한지 아니면 각각의 법률은 상호 배타적인 것이어서 어느 하나에 의하여만 보호되어야 하는지 여부 등이 근래 자주 문제되고 있다. 예를 들면, 대량생산을 목적으로 반복적으로 생산되는 상품에 사용되는 디자인이 이를 보호하는 기본 법률인 디자인보호법이 아닌 저작권법에 의해서도 보호될 수 있는지, 물품의 형상·모양·

요건 아래 그에 대한 금지청구권까지 인정하는 획기적인 판시를 한 바 있다. 즉, 대법원 2010. 8. 25.자 2008마1541 결정(공2010하, 1855)은 "경쟁자가 상당한 노력과 투자에 의하여 구축한 성과물을 상도덕이나 공정한 경쟁질서에 반하여 자신의 영업을 위하여 무단으로 이용함으로써 경쟁자의 노력과 투자에 편승하여 부당하게 이익을 얻고 경쟁자의 법률상 보호할 가치가 있는 이익을 침해하는 행위는 부정한 경쟁행위로서 민법상 불법행위에 해당하는바, 위와 같은 무단이용 상태가 계속되어 금전배상을 명하는 것만으로는 피해자 구제의 실효성을 기대하기 어렵고 무단이용의 금지로 인하여 보호되는 피해자의 이익과 그로 인한 가해자의 불이익을 비교·교량할 때 피해자의 이익이 더 큰 경우에는 그 행위의 금지 또는 예방을 청구할 수 있다고 할 것이다"고 판시하였다.
2) 정상조, 지적재산권법, 홍문사(2004), 45-47면.

색채 등 시각을 통하여 미감을 일으키게 하는 디자인이 그 자체로 자타 상품의 출처를 구별할 수 있는 식별력을 취득하였다면 디자인에 의해서 뿐만 아니라 상표에 의해서도 보호될 수 있는지, 사실적 저작물(works of fact) 또는 기능적 저작물(works of function)과 관련하여 특허에 의해 보호되어야 하는 기술적 사상(idea)과 저작권에 의해 보호되는 표현(expression)을 어떻게 준별해 낼 것인지, 상품의 기능적 특성(functional features)과 관련되어 있는 지적재산을 특허뿐만 아니라 디자인이나 상표에 의해서도 보호할 수 있는지 등이 문제되는 것이다. 이들 문제를 해결하기 위해서는, 각각의 지적재산권법에 의한 중복 보호가 가능하거나 가능하지 않다면 그 근거는 무엇인지, 그리고 중복 보호가 가능하지 않다면 그 보호영역을 구별할 수 있는 기준은 무엇인지 등과 같은 이론적인 기초를 세우는 작업이 병행되어야 할 것이다. 그런데 이러한 점들에 대하여 획일적, 일률적으로 결론지을 수 있는 일반원리를 규명하기가 쉽지 않으므로, 위 문제는 실제 사안에서 구체적으로 관련되는 지적재산의 성질과 각각의 지적재산권법의 본질 및 그 입법목적에 대한 탐구를 토대로 개별적으로 답을 찾아야 하는 것이라고 할 수 있다. 따라서 각각의 지적재산권 제도를 바라보는 시각이나 철학의 차이에 따라 다양한 견해가 가능하여 실제 사안을 처리하다 보면 그 결론을 도출하는 것이 까다로운 경우가 많다.

나. 물품의 기능적인 특성(functional features)을 보호하는 지적재산권법 영역과 기능성원리(functionality doctrine)

우리나라와 미국, 일본, 유럽 등 세계 여러 나라의 지적재산권 법률의 전체적인 체계와 각각의 지적재산권법이 가진 고유한 입법목적에 비추어 볼 때, 어떤 물품의 기능적인(functional) 구조나 형태, 기계적인 작동방식, 그 물품에 구현되어 있는 작용이나 실용적 이점과 같은 물품의 기능적인 특성(functional features)을 보호하는 법률은 근본적으로 특허법 또는 실용신안법이라고 할 수 있다.[3]

그런데 이러한 기능적인 특성(functional features)은 디자인보호법 또는 상표법이나 부정경쟁방지법 등의 표지법(標識法) 영역에 의해서도 일정 부분 보호될 여지가 있다. 우선 디자인보호법의 경우를 살펴보면, 디자인보호법은 근본적으로 물품의 형상·모양·색채 또는 이들을 결합한 것으로서 시각을 통하여 미감(美感)을 일으키게 하는 것, 즉 물품의 심미감(審美感)을 보호하고자 하는 것이기는 하지만, 이와 같이 보호되는 디자인에 물품의 기능적 유용성이 내재되어 있는 경우에는 물품의 심미감 보호에 수반하여 그 디자인에 내재되어 있는 기능적인 특성까지도 함께 보호되는 결과에 이르게 된다. 단순히 디자인의 미적 감각뿐만 아니라 그 디자인에 의해 구현되는 기능성이 점차 중요시되고 있는 현대 산업사회에서는 더욱 그러하다고 할 것이다. 다음으로 상표법이나 부정경쟁방지법 등의 표지법 영역을 살펴보면, 미국 법원이 "트레이드 드레스(trade dress, 이하 영문으로만 표시한다)" 개념[4]을 매개로 하

---

3) 특허가 실용 특허(utility patent)와 디자인 특허(design patent)로 나누어지는 미국에서는 실용 특허(우리의 특허 또는 실용신안에 대응함)가 물품의 기능적인 특성(functional features)과 관련된 지적 산물을 보호하는 기본 도구에 해당한다.

4) 우리나라는 상표법에 의해 등록상표를, 부정경쟁방지법에 의하여 주지상표를 보호하고 있으나, 미국의 경우에는 이러한 구분이 없이 상표는 원래 식별력이 있거나(distinctive) 사용에 의하여 2차적 의미(secondary meaning)를 취득한 경우 등 록 여부에 상관없이 보호된다. 그리하여 미국에서는 문자가 아니라고 하더라도 위 두 요건 중 하나만을 충족하면 어떤 형상이나 색채 또는 표지인지를 불문하고 일단 상표로 보호될 수 있는 자격을 가지게 됨으로써 상표의 보호범위가 매우 확대되게 되는데, 이러한 형상, 색채, 표지 등을 통틀어 지칭하는 개념이 "트레이드 드레스(trade dress)"이다.
미국 법원들에 의한 trade dress의 정의를 보면, 제11연방항소법원이 John H. Harland Co. v. Clarke Checks, Inc. 사건[711 F.2d 966 (11th Cir. 1983)]에서 판시한 "상품의 전체적인 이미지로서, 크기, 모양, 색채, 색채의 결합, 구성(texture),

여 "식별력(distinctiveness)"을 가지는 한 어떠한 것이든지 상표로 보호
될 수 있다고 그 보호영역을 확대해 감에 따라, 기존의 기호·문자·도
형과 같은 전통적인 상표 이외에도 색채·홀로그램·동작과 함께 입체적
형상(three dimensional shape) 등도 상표로 보호함이 세계적인 추세이
다. 따라서 특히 입체적 형상과 관련하여 비록 그러한 형상이 상품의
기능적인 특성(functional features)과 관련되어 있다고 하더라도 그것이
상품출처나 영업주체를 구분하는 식별력을 가진다면 상표로 보호될 수
있다. 이 경우 다른 경쟁업자들은 그와 같은 입체적 형상을 사용할 수
없게 되므로 결과적으로 상표권자는 그러한 입체적 형상과 관련되는
기능적인 특성을 상표법이나 부정경쟁방지법에 의하여도 배타적으로
보호받을 수 있게 되는 것이다.

그러나 각각의 지적재산권법이 가진 고유한 입법목적에 의할 때 상
품의 기능(function)과 관련된 지적 산물을 보호하는 영역은 근본적으
로 상표가 아닌 특허라는 점을 고려해 보면, 입체적인 형상을 상표로
보호한다고 하여 상품의 기능에까지 상표의 보호범위를 확대하는 것은
특허법의 본질과 입법목적을 훼손할 염려가 있다. 또한, 상표의 보호범
위를 이와 같이 확대하는 것은, 경쟁 상품을 제조하는 경쟁자가 그 상
품의 기능을 확보하기 위하여 특정 형태를 사용해야만 할 경쟁상 필요
(competitive need)가 있음에도 그 형태의 사용을 상표권 침해라는 명목
으로 금지함으로써 오히려 자유롭고 정당한 경쟁을 부당하게 제한하게

도해(graphics), 심지어는 특정한 판매기법(sales techniques) 등과 같은 특성
(features)"이라는 정의가 가장 많이 인용되고 있다. 그리고 연방대법원은 Two
Pesos, Inc. v. Taco Cabana, Inc. 사건[505 U.S. 763 (1992)]에서 "상품의 trade
dress는 상품 전체의 이미지와 종합적인 외관'이라고 하면서, '레스토랑 외관의
모양, 기호, 레스토랑 부업의 평면도, 장식, 메뉴, 음식을 제공하기 위한 도구, 음
식을 제공하는 사람들의 유니폼, 그리고 레스토랑의 전체적인 이미지를 반영하
는 기타의 특성을 포함할 수 있다"고 판시하였다[이대희, 인터넷과 지적재산권
법, 박영사(2002), 651면 참조].

될 것이므로, 부정한 경쟁을 방지하고 정당한 경쟁은 촉진하고자 하는 상표법 또는 부정경쟁방지법의 내재적인 목적에도 반하게 된다. 그리하여 상품의 기능에까지 상표에 의한 보호범위가 확대되지 않도록 할 법 원리를 세울 필요가 있는데, 이러한 원리로서 미국의 판례법(common law)에 의하여 등장한 것이 바로 기능성원리(functionality doctrine)이다.5) 즉, 기능성원리는 '특허와의 충돌방지' 및 '자유경쟁의 부당한 제한방지'라는 두 가지 정책목표에 바탕을 두고 등장한 것으로서, 이 원리에 의하면 기능을 특허가 아닌 상표에 의해 보호하는 것은 금지된다는 것이므로, 입체적인 형상이 기능적인(functional) 것으로 판단되면 설사 그것이 식별력이 있어서 상표로서 역할을 할 수 있다고 하더라도 상표로 보호받을 수 없게 된다. 따라서 기능성원리는 지적재산권법 체계에서 상품의 기능적인 특성(functional features)과 관련하여 특허와 상표에 의한 보호영역의 한계를 설정하는 원리로 작용한다고 할 수 있다.

2. 연구의 목적

우리의 상표법 제7조 제1항 제13호는 "상표등록을 받고자 하는 상품 또는 그 상품의 포장의 기능을 확보하는데 불가결한 입체적 형상만으로 되거나 색채 또는 색채의 조합만으로 된 상표"는 상표등록을 받을 수 없다고 규정함으로써 상품의 기능(function)과 관련되어 있는 입체적 형상 또는 색채를 상표로 등록하는 것을 제한하고 있다. 한편, 우리의 부정경쟁방지법은 제2조 제1호 가목 및 나목의 상품주체혼동행위

---

5) 디자인과 특허에 의한 보호영역을 구분하기 위해서도 기능성(functionality)이 논해지고 있는데, 상세한 것은 뒤에서 따로 살펴본다.

및 영업주체혼동행위(이하 이들 행위를 합하여 '혼동초래 부정경쟁행위'라고 부른다) 규정에 의하여 주지성 있는 표지(標識)를 보호하고 있는데, 그러한 표지가 기능을 확보하는데 불가결한 입체적 형상이나 색채만으로 되어 있는 경우에도 보호 대상이 되는지 여부와 관련하여서는 아무런 명문의 규정이 없어 논란이 있을 수 있으나, 우리나라의 학설과 판례들은 혼동초래 부정경쟁행위에 있어서도 상표법에서와 마찬가지로 그 보호를 거부해야 한다는 점에 대체로 견해가 일치하고 있다. 따라서 우리 지적재산권법 체계에서 기능성원리(functionality doctrine)에 대하여 논의하는 것은 상표법뿐만 아니라 부정경쟁방지법상의 혼동초래 부정경쟁행위에 의한 입체적 형상 또는 색채의 보호 여부와 관련하여서도 매우 중요한 의미를 가진다.

또한, 우리 법원의 실무에서도, 입체상표까지 상표의 보호영역을 확대하는 세계적인 경향에 따라 우리 상표법이 입체상표를 도입하는 한편(상표법 제2조 제1항 제1호 가목 참조) 위와 같이 상표법 제7조 제1항 제13호에 기능성원리 관련 규정을 두었을 뿐만 아니라, 최근 우리 지적재산권법 학계나 실무계에서 우리보다 제반 지적재산권법 이론의 정립이 빨랐다고 할 수 있는 미국, 일본 등의 판례나 학설에 대한 왕성하고 활발한 연구가 진행됨에 따라, 기능성원리(functionality doctrine)와 관련한 쟁점들이 종종 문제되고 있다. 법원의 소송 사건이나 특허심판원의 심판 사건에서 기능성원리가 쟁점이 되고 있거나 될 수 있는 구체적인 분쟁의 태양은 주로 다음과 같은 세 가지 형태로 나타난다. 첫째는, 상표등록 출원에 대하여 특허청이 상표법 제7조 제1항 제13호를 적용하여 상표등록을 거절한 데 대하여 상표출원인이 거절결정 불복심판을 청구하는 경우이다.[6] 둘째는, 상표권 침해소송이나 상표권의

---

6) 이 점을 다투는 상표등록 무효사건은 아직까지는 거의 나타나고 있지 않다. 아마도 우리나라의 입체상표 도입의 역사가 그리 길지 못하여 등록받은 입체상표 자체가 그리 많지 않을 뿐만 아니라, 기능성 여부가 문제되는 입체상표임에도 불구

권리범위확인 심판청구 사건에서 상표권자의 상대방이 자신이 사용하고 있는 입체적 형상 또는 색채는 기능적인 것이어서 상표법 제51조 제1항 제4호에 의하여 상표권의 효력이 여기까지는 미치지 않는다고 주장하는 경우이다. 셋째는, 원고가 부정경쟁방지법상의 혼동초래 부정경쟁행위에 의해 주지성 있는 표지(특히 상품 형태나 그 포장의 형태와 같은 입체적인 형상으로 된 표지)의 보호를 주장함에 대하여, 피고가 그에 대한 방어수단으로 그러한 입체적 형상은 기능적(functional)인 것이어서 부정경쟁방지법상의 혼동초래 부정경쟁행위에 의해 보호될 수 있는 표지에 해당하지 않고 누구에게나 사용이 허용되어야 한다고 주장하는 경우이다.

이와 같이 실무상 기능성원리가 종종 문제됨에도 불구하고, 구체적인 사례에서 입체적 형상 또는 색채가 "상품 또는 그 상품의 포장의 기능을 확보하는데 불가결한 것인지 여부"를 판단하는 것, 다시 말하면 그 형상이나 색채의 기능적인 특성(functional features)의 정도에 비추어 기능성원리(functionality doctrine)를 적용하여 상표법 또는 부정경쟁방지법에 의하여 그 형상에 대한 보호를 거부할 것인지 여부를 판단하는 것은 쉬운 일이 아니다. 그 이유는, 기능성원리에서 말하는 기능성(functionality)의 구체적인 판단기준을 명확히 정립하는 것 자체가 매우 까다롭기도 하지만, 우리나라의 경우 아직까지 학설이나 판례에 의하여 기능성원리에 대한 심도 있는 연구가 진행된 바가 없어서, 지적재산권법의 전체적인 체계 안에서 위 원리가 차지하는 의미나 역할, 위 원리의 본질과 정책목표에 근거한 기능성의 판단기준 등에 관하여 명쾌한 해답을 제시하지 못하고 있기 때문이다.

한편, 미국, 독일, 영국, 프랑스, 일본 등 세계 선진국들도 그 입법의

하고 특허청이 이를 상표등록을 해 줄 정도로 입체상표 등록에 적극적이지는 않기 때문으로 생각된다.

형식이 다르기는 하나 상표법 등에 기능성원리(functionality doctrine) 관련 규정을 두고 있다. 그 중 미국을 잠시 살펴보면, 연방상표법 (Lanham Act)은 "상표는 기능적인 경우(functional) 등록받을 수 없다" 고만 규정하여 기능성(functionality)에 대한 별다른 정의 없이 기능성원리에 관한 매우 추상적인 법조문만을 두고 있을 뿐이나, 미국의 판례와 학설들은 이 원리를 trade dress의 보호 한계를 설정하기 위한 매우 중요하고 유용한 원리로 파악하여, 이에 대한 다양하고 심도 있는 논의들을 전개하고 있다. 그러나 이와 같이 기능성원리에 대한 논의가 활발한 미국의 경우도 기능성원리의 본질, 전체 지적재산권법 체계 안에서 기능성원리가 추구하는 정책목표, 기능성(functionality)의 의미나 그 구체적인 판단기준 등과 관련하여 많은 혼란을 보이고 있다. 즉, 미국의 연방항소법원들은 기능성의 개념이나 판단기준에 대하여 통일이 되지 않은 상태로 법원들마다 각각의 독자적인 판단기준을 내세워 기능성원리가 쟁점이 되는 사안들을 해결해 왔고, 이에 2001년에 연방대법원이 TrafFix 판결[7]에서 기능성원리의 본질 및 기능성의 판단기준 등에 관하여 판시를 하였음에도 불구하고, 그 설시 내용의 불명확성으로 인하여 오히려 위 연방대법원 판결의 해석을 둘러싸고 연방항소법원들 사이에 새로운 분열이 발생하는 등 그 혼란이 더욱 가중되어 현재에 이르고 있는 실정이다.

이처럼 기능성원리(functionality doctrine)는 세계 각국이 이를 채택하고 있지만, 우리나라는 물론이고 위 원리가 최초로 도입되어 그에 대한 논의가 가장 활발한 미국에서조차도 명확하고 통일된 이론 정립이 아직까지 되어 있지 않은 매우 난해하고 복잡한 법 원리로서, 그에 대한 많은 연구가 필요하다. 따라서 이 글에서는 기능성원리에 대한 각국의 입법례와 그에 대한 일반적인 논의들을 정리하여 소개한 다음, 이를 바

---

7) TrafFix Devices, Inc. v. Marketing Displays, Inc., 532 U.S. 23 (2001).

탕으로 하여 우리나라의 전반적인 지적재산권법 체계와 법률 규정에 맞게 기능성원리에 대한 합리적인 해석론을 제시하는 한편, 궁극적으로는 우리 법체계에서 기능성원리가 추구하는 정책목표와 관련지어서 기능성원리 적용의 핵심이라고 할 수 있는 기능성의 개념 및 그 판단기준을 구체적으로 규명해 보는 연구를 하고자 한다. 이러한 연구는 상품의 기능적인 특성(functional features)과 관련된 지적재산의 보호 문제와 관련하여 우리나라의 전체적인 지적재산권법 체계 안에서 특허법 또는 실용신안법, 디자인보호법, 상표법 또는 부정경쟁방지법과 같은 표지법 사이의 상호관계를 조화롭게 해석할 수 있는 이론적 체계를 세우는 것이므로, 학문적으로 그 가치가 매우 큰 흥미로운 연구가 될 것이라고 믿는다. 또한, 소송 실무에서 기능성원리가 자주 문제되는 현실을 고려할 때, 기능성원리를 적용하기 위한 기능성의 개념 및 그 구체적인 판단기준을 규명해 보는 것은 실무적으로도 매우 유용한 연구가 될 것이다.

제2절 연구의 방법과 범위

1. 연구의 방법

필자가 이 글을 작성하기 위하여 조사한 바에 따르면, 우리나라의 자료들은 아직까지는 대부분 기능성원리(functionality doctrine)에 대한 미국 등 외국의 법제와 이론을 소개하는 정도에 그치고 있을 뿐, 우리나라 법체계나 법률 규정에 맞는 독자적인 기능성원리 이론을 정립하거나 기능성(functionality)의 구체적인 판단기준을 모색하기 위한 심도 있는 논의는 미비한 실정이었다. 이에 반하여, 기능성원리의 개념을 최초로 도입한 미국의 경우에는 실무적으로나 이론적으로 기능성원리의 의미와 본질, 기능성원리가 추구하는 정책목표 및 기능성의 개념과 판단기준 등을 다양한 각도에서 심도 있게 다루고 있는 풍부한 자료들을 발견할 수 있었다. 이에 이 글에서는 국내 문헌보다는 기능성원리에 대한 다양하고 심도 있는 문제제기와 함께 풍부한 생각의 단초를 제공해 주는 미국의 문헌들을 비중 있게 참고하는 연구방법을 택하였다.

그러나 미국의 법체계가 우리나라의 법체계와 다른 이상 이러한 미국에서의 논의만을 토대로 우리나라의 전반적인 지적재산권법 체계와 법규정에 맞는 독자적이고 합리적인 기능성원리 해석론을 제시하는 것은 적절하지 않을 것이다. 따라서 우리나라에서 기능성원리(functionality doctrine)의 적용에 대해서 논하는 부분에서는, 미국에서의 논의 및 이에 대한 비판을 그 이론적 배경으로 하면서도 기능성원리의 적용과 관련이 있는 우리나라 법원의 판례 및 특허심판원의 심결을 최대한 모아 이에 대한 분석 및 비판을 토대로 우리의 독자적인 기능성원리 해석론을 제시하기 위해 노력하였다. 또한, 일본의 지적재산권법 체계와 상표법 및 부정경쟁방지법의 규정 형식은 우리나라와 매우 유사하여 기능성원리에 대한 일본에서의 논의는 우리 법체계에서도 많은 참고가 되므로, 이 부분 연구에서는 일본의 문헌들도 비중 있게 살펴보는 연구방법을 택하였다.

한편, 미국과 일본 이외에 유럽연합이나 독일, 영국, 프랑스 등 유럽의 국가들도 상표법 등에 기능성원리와 관련한 규정을 두고 있기는 하나, 이들 국가는 미국의 기능성원리에 대한 논의의 영향을 많이 받고 있는 것으로 보일 뿐 특별히 미국과 다른 이들 국가만의 독자적인 논의의 시사점을 던져주는 것으로 보이지는 않으므로, 미국의 논의 이외에 이들 국가에서의 논의까지 자세히 살펴볼 필요성은 없는 것으로 판단된다. 따라서 이들 국가의 경우는 미국이나 일본과 달리 기능성원리와 관련하여 어떠한 규정을 두고 있는지에 대한 정보를 제공하는 범위 내에서 간략히 살펴보는 정도에 그쳤다. 그리고 이 정도 범위의 내용은 우리나라의 문헌들에도 충분히 소개되어 있었으므로, 이들 유럽 각국의 문헌을 직접 찾아보지는 않고 우리나라 문헌들만을 살펴보는 연구방법을 택하였다.

2. 연구의 범위

기능(function)과 관련된 지적 산물을 어떠한 종류의 지적재산권으로 보호할 것인지 하는 문제는 비단 특허법(실용신안법 포함) 과 상표법 또는 부정경쟁방지법 같은 표지법(標識法) 사이에서만 발생하는 문제는 아니다. 지적재산권법 전체 체계에서 기능(function)을 어떻게 취급할 것인지 하는 문제는 특허법과 디자인보호법 사이, 디자인보호법과 저작권법 사이, 또는 특허법과 저작권법 사이에서도 발생하는 어렵고도 흥미로운 주제이다.

그런데 이 글은 특허법과 표지법 사이에서 상품의 기능(function of product)에 대한 상표 보호영역의 한계를 설정하는 원리로서의 기능성원리(functionality doctrine)에 대하여서만 연구하는 것이므로, 그 외의 다른 영역에서 지적재산권법들 상호간에 발생하는 기능성 관련 문제는 이 글의 논의 대상이 아니다. 따라서 그 외의 다른 영역에서 발생하는 기능성 관련 문제들에 대해서는 기능성원리가 전체 지적재산권법 체계에서 차지하는 위치가 어디인지를 이해하기 위한 필요 최소한의 범위 내에서만 이 글에서 언급하도록 한다. 다만, 디자인보호법과 표지법 사이에서 발생하는 기능성 관련 문제는 이 글에서 논하는 기능성원리와 불가분의 관련이 있으므로 이 역시 이 글의 주된 연구대상이다.

이 글의 궁극적인 목적은 앞서 언급한 바 있듯이, 기능성원리가 추구하는 정책목표와 관련지어서 우리나라의 전반적인 지적재산권법 체계와 법규정에 맞는 독자적이고 합리적인 기능성원리 해석론을 제시하고자 하는 데 있다. 그리고 구체적이고 명확한 기능성(functionality) 개념 및 그에 대한 판단기준을 규명해 보고자 하는 데 있다. 이를 위해서 이 글은 아래와 같은 연구의 범위를 설정하여 모두 5장으로 구성하였다.

제1장에서는 이 글의 연구배경과 그 목적을 제시하고, 연구목적을 달성하기 위한 연구방법 및 연구범위를 설정하는 한편, 논의를 전개해 나감에 있어서 개념을 명확히 하여 혼란을 방지하고 논의의 편의를 도모하고자 이 글에서 사용하는 중요한 몇 개 용어의 의미를 정리하였다.

제2장에서는 기능성원리의 개념, 연혁 및 세계 각국의 입법례, 기능성

원리가 추구하는 정책목표, 심미적 기능성 이론을 중심으로 한 기능성의 종류 등 기능성원리에 대하여 일반적으로 논의되는 내용들을 소개하였다.

제3장에서는 기능성원리의 해석론에서 가장 중요한 문제인 기능성 (functionality)의 개념 및 그 판단기준을 미국 판례를 중심으로 살펴보았다. 논의의 순서는, 논의를 위한 기초로 기능성 판단기준의 유형을 분류해 본 다음, 먼저 미국 연방대법원에서의 기능성 판단기준의 발전과정과 함께 그 판시 내용을 비판적으로 검토하고, 다음으로 미국 연방항소법원들은 각각 어떠한 기능성 개념 및 판단기준을 가지고 있는지 살펴보았다.

제4장에서는 미국을 중심으로 한 기능성원리에 대한 일반적 논의를 바탕으로 하고 우리나라나 일본의 학설, 판례들을 참고하여 우리나라의 지적재산권법 체계와 법 규정에 맞는 바람직하고 합리적인 기능성원리 해석론을 제시하였다. 그와 함께 기능성원리와 관련한 우리나라 법원 등의 실무에서 나타나고 있는 문제점을 비판하고 그 개선방향을 모색해 보았다.

제5장은 이상의 연구결과를 토대로 필자가 이 글에서 주장하고자 하는 내용을 일목요연하게 정리해 본 결론 부분이다.

제3절 용어의 정리

세계 각국의 지적재산권법 체계는 그 기본적인 권리의 내용이나 보호방식 등에 있어서 많은 공통점이 있으나, 여러 가지 차이점 역시 존재한다. 따라서 나라마다 구체적인 지적재산권을 지칭하는 용어의 의미나 그 권리 내용 등이 다르므로, 미국, 일본, 유럽 등 여러 나라의 지적재산권법을 언급하게 되는 이 글에서 그로 인한 혼란을 방지하기 위하여 사용하는 중요한 몇 개의 용어의 의미를 미리 정리해 둔다. 또한, 이와 같이 용어의 의미를 정리하는 것은 복잡한 개념이나 여러 단어를 간편하게 표현하여 논의의 편의를 도모하기 위함이기도 하다.

1. 우리나라 지적재산권법 체계에서는 미국이나 유럽의 여러 나라들과는 달리, 자연법칙을 이용한 기술적 사상의 창작이 고도(高度)한지 여부를 기준으로 특허와 실용신안으로 구분하고 있다. 그런데 이러한 구분은 기능성원리를 논함에 있어서는 아무런 의미가 없다. 따라서 이 글에서는 외국 법제뿐만 아니라 우리 법제를 논하면서도 특허와 실용신안을 모두 포괄하는 개념으로 '특허'라는 용어만 사용하고, 특별히 특허 이외에 실용신안이라는 용어는 사용하지 않는다.

2. 미국의 특허제도는 우리와는 달리 실용 특허(utility patent)와 디자인 특허(design patent) 및 식물 특허(plant patent)로 나누어진다. 그런데

이 글에서 사용하는 '특허'라는 용어는 우리나라를 전제로 한 것이므로, 그 개념은 미국의 특허제도에 대응시키면 위 세 가지 종류의 특허 중 '실용 특허(utility patent)'만을 의미하는 것이다. 미국에서의 기능성 원리를 논하는 부분 등 특별히 이들 특허를 구분하여 지칭할 필요가 있을 때에는 '디자인 특허(design patent)' 또는 '실용 특허(utility patent)'라는 용어로 구체적으로 표현히도록 한다.

3. 세계 각국의 디자인 보호 법제는 나라마다 다르고 디자인을 지칭하는 용어도 통일되어 있지 않다. 이 글에서는 디자인 보호와 관련하여 원칙적으로 우리나라의 법체계에서 사용하고 있는 용어인 '디자인보호법', '디자인권', '디자인' 등의 용어를 사용하도록 한다. 다만, 외국의 법제도를 논함에 있어서는 해당 각국의 법체계에서 사용되는 용어를 사용하도록 한다. 따라서 일본의 법제도를 논함에 있어서는 그 나라의 용어에 따라 '의장법(意匠法)', '의장권(意匠權)', '의장(意匠)' 등의 용어를 사용하고, 미국의 법제도를 논함에 있어서는 '디자인 특허(design patent)' 등의 용어를 사용한다.

4. 상표법과 부정경쟁방지법이 별개의 법률로 입법이 되어 있는 우리나라에서는, 상표법에 '상표'와 '서비스표'라는 용어가 규정되어 있는 이외에, 이를 포함하여 성명, 상호, 상품의 용기, 포장, 표장 등 혼동 초래 부정경쟁행위에 의해 보호되는 대상을 포괄하여 지칭하는 '표지(標識)'라는 용어[1]가 부정경쟁방지법에 규정되어 있다.

그런데 상표법과 부정경쟁방지법은 모두 상품 또는 서비스업의 출처 혼동을 막아 부정한 경쟁을 방지하고자 하는 경쟁법의 일종인 점에서

---

1) 미국에서는 이러한 것들을 모두 지칭하는 용어로 'trade dress'란 용어가 사용되고 있다.

그 입법목적이 동일한 법률들임을 감안할 때,[2] 기능성원리는 이들 법률에 의해 보호되는 '상표'나 '서비스표' 또는 '표지(標識)'에 동일하게 적용되어야 한다. 따라서 기능성원리를 논함에 있어서 상품 또는 서비스업 등의 출처를 표시하는 수단들인 이들 용어를 특별히 구분하여야 할 필요가 없다. 이에 이 글에서는 상표법과 부정경쟁방지법을 포괄하여 '표지법(標識法)'이라고 지칭하고, '상표, 서비스표, 성명, 상호, 상품의 용기, 포장, 표장 등을 모두 포괄하는 용어로 '표지(標識)'란 용어를 사용하는 한편, 편의상 이러한 각종의 표지들을 대표하여 '상표'를 중심으로 논의를 진행한다. 그러므로 이 글에서 '상표'라고만 하고 논의를 전개하더라도 그러한 논의는 상표를 포함한 각종의 '표지'에도 동일하게 적용되는 것이다.

5. '기능성원리(functionality doctrine)'에서 말하는 '기능성(functionality)'이란 개념은 특허와의 관계에서 상표에 의한 보호를 거부하기 위한 도구개념이다. 따라서 이는 법률적인 개념이지 물품의 특성을 사실적 또는 물리적 관점에서 파악한 사실적인 개념이 아니다. 이에 이 글에서는 논의의 편의를 위하여 위와 같은 법률적인 관점에서 파악한 개념을 "기능성(functionality)"이란 용어로 표현하고, 사실적 관점에서 파악한 개념을 "기능적인 특성(functional features)" 또는 "실용적 특성(utilitarian features)"이란 용어로 표현하도록 한다. 그러므로 이 글에서 상표에 의한 보호 여부가 문제되는 입체적 형상 또는 색채에 "기능적인 특성(functional features)"이 있다고 서술하는 경우에는, 그러한 형상 또는

---

2) 반대의 견해가 있으나, 상표법도 단순한 등록법이 아닌 경쟁법의 일부로서 출처 혼동을 방지하여 부정한 경쟁을 방지하고자 한다는 점에 있어서 부정경쟁방지법과 그 입법목적이 같다고 해야 할 것이다. 같은 견해로는, 송영식·이상정·황종환·이대희·김병일·박영규·신재호 공저, 지적소유권법(하), 육법사(2008), 268면 (주석 324 부분).

색채가 상표에 의한 보호를 거부할 정도의 "기능성(functionality)"을 가졌는지 여부에 대한 판단 이전의 상태를 평범하게 표현한 것으로 이해하면 된다.

이와 같은 개념 구분 아래에서 보면, 상표에 의한 보호 여부가 문제되는 입체적인 형상 또는 색채가 "기능적인 특성(functional feature)"을 가지고 있다고 하더라도, 지적재산권법의 전반적인 체계와 상표법의 정책목표 등을 고려하여 결정해야 하는 법률적인 관점에서의 "기능성(functionality)" 역시 반드시 인정되는 것은 아니다.[3] 따라서 기능성원리를 논하는 이 글에서 규명하고자 하는 것은 "기능성(functionality)"의 개념 및 판단기준이지, "기능적 특성(functional features)"의 개념 및 판단기준이 아니다. 그리고 이 글에서는 어떠한 입체적 형상 또는 색채가 "기능적(functional)"이라고 서술하는 경우가 상당히 있는데, 이 경우는 그러한 형상 또는 색채에 법률적 개념인 "기능성(functionality)"이 있다는 의미이다.

이러한 용어의 차이는 이 글에서 논의를 전개함에 있어 매우 중요하므로, 여기서 미리 밝혀 두는 것이다.

---

3) 다른 표현으로 말하면, 그러한 형상 또는 색채가 "기능적(functional)"인 것은 아니다.

제2장

기능성원리(functionality doctrine) 일반론

제1절 개념

1. 의의

기능성원리(functionality doctrine)는 상품의 기능적인 특성(functional features)과 관련된 입체적 형상 또는 색채 등에 대해서는 일정한 경우[1] 상표에 의한 보호를 받을 수 없다는 원리를 말한다.

상표의 의의 및 기능에 비추어 보면, 만일 어떠한 표지가 자타 상품의 식별력(distinctiveness)을 가지기만 하면 상표로 보호될 수 있을 것이다. 이와 같은 맥락에서, 문자나 기호, 도형, 색채 등은 물론 상품의 디자인이나 형상, 그 포장형태와 같은 입체적 형상을 비롯한 어떤 유형의 표지(標識)라도 그것이 식별력이 있기만 하면 상표에 의한 보호가 가능하다는 생각 아래, 상표에 의한 보호대상이 점점 더 확대되어 가고 있는 것이 현재 우리나라를 비롯한 세계적인 추세이다.[2] 그런데 상품

---

1) 기능적인 특성(functional features)을 가지는 입체적 형상 또는 색채에 대해 어떤 경우에 기능성원리를 적용하여 상표에 의한 보호를 거부해야 하는지 그 기준을 설정하는 문제는 기능성원리를 논함에 있어서 가장 핵심적인 문제라 할 것인데, 그 명백한 기준을 세우는 것은 쉽지 않다. 이 문제에 대한 미국 판례들을 중심으로 한 논의는 제3장에서 검토한다. 거기에서 살펴보듯이 미국의 판례들도 이에 대한 통일적인 해답을 아직까지 제시하지 못하고 있는 실정이다.
2) 동작, 소리, 냄새 등 비전형상표에까지도 상표에 의한 보호를 확대하고자 하는 것이 국제적인 경향이다. 현재 이에 대한 국제적인 통일규범을 만들기 위한 논의가 WIPO의 SCT(Standing Committee on Trademark) 회의 등에서 꾸준히 논의되

이나 상품 포장의 형태와 같은 입체적인 형상은 그러한 형태로 이루어
지는 상품이나 상품 포장의 기능(function)과 밀접하게 관련되어 있는
경우가 많다. 따라서 이러한 입체적인 형상이 상품의 출처를 나타내는
표지로서의 역할을 한다고 하여 이를 아무런 제한 없이 상표로 보호한
다면, 그 입체적인 형상과 밀접하게 관련되어 있는 상품의 기능(function)
에까지 상표의 보호범위가 확대되는 결과를 초래하고 만다.

　그러나 상품의 기능과 밀접하게 관련되어 있는 입체적인 형상을 무
분별하게 상표로 보호함으로써 근본적으로 특허에 의해 보호되어야 하
는 상품의 기능을 결과적으로 상표에 의해서도 보호되도록 하는 것은
허용될 수 없다. 왜냐하면, 이와 같이 상품의 기능에까지 상표에 의한
보호 대상을 확대하는 것은 특허법의 본질과 입법목적을 훼손하는 결
과에 이르게 되고, 또한 어떠한 입체적 형상이 식별력이 있다고 하더라
도, 그것이 상품의 기능을 구현하기 위한 본질적인 부분에 해당하여 다
른 경쟁자들도 그 상품을 제조하기 위하여 이를 사용할 수밖에 없음에
도 불구하고 상표권에 의하여 그 사용을 금지시킨다면, 이는 공정한 경
쟁을 도모하고자 하는 상표법의 내재적인 목적에도 오히려 반하는 것
이기 때문이다.

　기능성원리는 바로 이와 같은 고려에서 등장한 원리로서 특허제도와
상표제도 사이의 조화로운 해석을 가능하게 하는 역할을 한다. 즉, 상
품의 기능을 특허가 아닌 상표에 의해 보호하는 것은 금지된다는 것이
므로, 입체적인 형상이 기능적인(functional) 것으로 판단되면 설사 그
것이 식별력이 있어서 상표로서 역할을 할 수 있다고 하더라도 상표로
보호받을 수 없도록 한다. 따라서 기능성원리는 지적재산권법 체계에
서 상품의 기능적인 특성(functional features)과 관련하여 특허와 상표
에 의한 보호영역의 한계를 설정하는 원리로 작용한다고 말할 수 있다.

고 있는데, 우리나라도 위 회의에 적극적으로 참여하고 있다.

미국에서는 trade dress라는 다소 모호하고 광범위한 개념 아래 제품의 디자인 또는 형상에까지 아울러 상표 보호의 범위를 확장하고 있는데, 기능성원리는 이처럼 상표 보호의 범위를 광범위하게 확장해 감에 따라 초래될 수 있는 제반 문제점들을 회피하거나 완화할 수 있는 핵심적인 원리로 이해되고 있다.[3]

2. 지적재산권법에서 문제되는 여타 기능성 개념과의 구분

이 글에서 문제 삼고 있는 기능성(functionality)의 개념은 특허와 상표 사이의 경계에서 문제되는 것으로서, 기능적(functional)인 입체적 형상 또는 색채를 상표로 보호하는 것을 거부하기 위한 도구개념이다.

그런데 기능성 개념은 특허와 상표 사이에서만 문제되는 것이 아니라, 그 외의 다른 종류의 지적재산 영역들 사이에서도 자주 문제되는 개념이다. 즉, 특허와 디자인에 의한 보호영역의 경계에서 문제되기도 하고, 디자인보호법에서 디자인의 요부 파악을 위한 하나의 방법으로서 기능성의 개념이 문제되기도 하며, 디자인에 의한 보호와의 관계에서 저작권에 의한 보호한계로서 기능성이 문제되는 경우도 있고, 특히 사실적 저작물(works of fact) 또는 기능적 저작물(works of function)과 관련하여 특허와 저작권 사이의 보호영역의 한계로서 '아이디어·표현 이분법(idea expression dichotomy)'에 기초한 사상(idea)과 표현(expression)의 구별문제로서의 기능성 개념이 문제된다.

---

3) Graeme B. Dinwoodie & Mark D. Janis, Trademarks and Unfair Competition, 153-154, Aspen (2004); Deborah J. Krieger, "The Broad Sweep of Aesthetic Functionality: A Threat To Trademark Protection of Aesthetic Product Features", 51 FDMLR 345, 349-350 (1982).

이와 같이, 이 글에서 다루는 기능성의 개념은 특허와 상표 사이에서 문제되는 것으로 다른 영역에서 문제되는 기능성 개념과는 다른 개념이기는 하나, 이들 개념은 일정한 경우 서로 연관되거나 중첩되는 경우가 있을 수 있다. 그리하여 다른 영역에서 기능성이 어떻게 문제되는지를 살펴보는 것은, 다른 영역에서의 기능성 개념과 이 글에서 논하는 기능성원리에서의 기능성 개념과의 차이점을 명백히 하여 이들 기능성 개념 사이의 혼동을 방지하는 한편, 이 글에서 논하는 기능성원리의 개념을 보다 더 명확히 하는 데 도움을 줄 것으로 생각된다. 또한, 지적재산권법의 전체 체계 내에서 기능(function)과 관련된 지적 산물이 어떻게 취급되고 어떠한 문제점을 야기하는지를 더 넓은 시각에서 전반적으로 살필 수 있는 기회를 제공함으로써, 이 글에서 논하는 기능성원리를 바라보는 시야도 더 넓힐 수 있을 것으로 생각된다.

따라서 아래에서는 기능성원리에 대한 논의에 도움을 줄 수 있는 범위 내에서 이들 여타의 기능성 개념에 대해서 간략히 살펴보도록 한다.

가. 디자인에서 논의되는 기능성

(1) 특허와의 관계에서 보호의 한계로서의 기능성

(가) 미국에서의 논의

미국 특허법상 특허는 실용 특허(utility patent)와 디자인 특허(design patent) 등으로 나누어져 있는데, 실용 특허는 발명의 유용성(usefulness)을 그 요건으로 하고, 디자인 특허는 디자인의 장식성(ornamentality)을 그 요건으로 하는 것이다.[4] 따라서 미국의 특허 법제에 있어서, 발명이

---

4) 미국 특허법(35 U.S.C.) 제101조는 실용 특허에 대해 "Whoever invents or discovers any new and *useful* process, machine, manufacture, or composition of

기능적인(functional) 것이라면 실용 특허를 취득하여야 하고 디자인 특허를 취득할 수 없으며, 만일 디자인 특허권자가 디자인이 가진 기능성(functionality)에 대하여 실용 특허를 취득하지 못하는 경우에는 다른 사람이 그 디자인이 지닌 기능을 가진 물품을 정당한 권한 없이 제조, 판매하더라도 위 행위를 특허침해라는 이유로 금지할 수 없다.[5]

그런데 여기서 말하는 기능(function)의 의미는 특정한 디자인 자체가 가지는 기능을 말하는 것이지 디자인을 지닌 물품이 가지는 기능성을 말하는 것이 아니다.[6] 예를 들어, 신발이라는 물품 자체와 신발 디자인의 어떤 특성은 모두 다 일정한 기능을 수행할 수 있는 것인데, 만일 이들 기능성을 구별하지 않으면, 유용한 제품(utilitarian article of manufacture)에 대해서는 항상 디자인 특허를 얻는 것이 불가능하다는 결론에 이를 수 있기 때문이다.[7]

한편, 디자인의 실용성 또는 기능성이 강조되는 현대사회에서 디자인 창작자들은 디자인을 창작함에 있어서 그 기능성에 매우 주목하고 있고, 이에 따라 디자인은 대부분 어느 정도 기능성을 포함할 수밖에 없게 되었다. 여기서 과연 구체적으로 어떤 경우에 디자인 특허를 받을 수 없을 정도로 디자인이 기능적인 것이라고 할 수 있는지 어려운 문

---

matter, or any new and useful improvement thereof, may obtain a patent therefor, subject to the conditions and requirements of this title."이라고 규정하고, 제171조는 디자인 특허에 대해 "Whoever invents any new, original and *ornamental* design for an article of manufacture may obtain a patent therefor, subject to the conditions and requirements of this title."이라고 규정하여, 실용 특허는 유용성(usefulness)을, 디자인 특허는 장식성(ornamentality)을 그 요건으로 함을 명백히 하고 있다.

5) 나종갑, "Design 특허와 디자인의 기능성: 미국 특허법을 중심으로", 연세법학연구 제7집 제1권(2000), 연세대학교 법과대학 법률문제연구소, 357-358면.

6) Id. 358면.

7) Avia Group International Inc. v. L.A. Gear California, 853 F.2d 1557, 1562 (Fed. Cir. 1988).

제가 발생한다.

이 문제에 관하여 미국에서는, '유일기능기준(solely functional standard)'
과 '주요기능기준(primarily functional standard)'의 두 가지 견해로 나누
어져 있다.[8] 전자는 디자인이 '오직(solely)' 기능만을 고려하여 디자인
되었는지에 따라 그 디자인의 기능성 및 특허 가능성을 판단하여야 한
다는 견해로서, 그 디자인이 오직 기능만을 고려하여 디자인된 경우에
한하여 그 디자인에 대하여는 실용 특허를 취득할 수 있을 뿐 디자인
특허가 인정될 수 없다고 하며, 이 견해를 취한 대표적인 사례로는 In
re Carletti 판결[9]이 있다. 후자는 디자인이 기능을 '주로(primarily)' 고
려하여 디자인되었는지에 따라 그 디자인의 기능성 및 특허 가능성을
판단하여야 한다는 견해로서, 디자인의 기능적인 면만이 오직(solely)
고려되어 디자인된 경우뿐만 아니라 '주로(primarily)' 고려되어 디자인
된 경우에도 디자인 특허가 인정될 수 없다고 하며, 이 견해를 취한 대
표적인 사례로는 G.B Lewis Co. v. Gould Products, Inc. 판결[10]이 있
다. 전자의 견해를 취하는 경우, 기능성 여부의 판단은 결국, '같은 기
능을 갖는 선택 가능한 다른 디자인이 존재하는지 여부'에 의해 결정
되어, 이러한 선택 가능한 디자인이 존재하지 않는다면 그 디자인은 오
직 기능만을 고려하여 디자인된 것으로 판단된다. 그러나 후자의 견해
를 취하는 경우에는 그 이외에 더 나아가 그 디자인이 기능적인 측면
만을 주로(primarily) 고려하여 디자인되었다면 다른 선택 가능한 디자
인의 존재에도 불구하고 그 디자인은 기능적이라고 할 수 있게 된다.
따라서 후자의 견해를 취하는 경우 디자인이 기능적인 경우가 더 넓어
져 디자인 특허에 의한 등록 가능성은 줄어들게 된다.

---

8) 이에 대한 구체적인 논의는, 나종갑(주 5), 361-374면 참조. 아래의 설명도 위 논
문 부분을 주로 참고한 것이다.
9) 328 F.2d 1020 (CCPA 1964).
10) 297 F. Supp 690 (E.D.N.Y. 1968).

(나) 우리나라의 디자인보호법 규정 및 해석

우리나라 디자인보호법 제2조 제1호에서는 디자인을 '물품의 형상·모양·색채 또는 이들을 결합한 것으로서 시각을 통하여 미감을 일으키게 하는 것을 말한다'고 규정하고 있으므로, 일반적으로 물품성, 형태성, 시각성, 심미성 등을 그 요건으로 한다고 설명되고 있다. 이와 같이 우리나라의 경우에는 특허를 실용 특허(utility patent)와 디자인 특허(design patent) 등으로 분류하여 각각의 요건을 규정하고 있는 미국과는 달리, 디자인보호법을 특허법과 별도의 법체계에서 규정하면서, 특별히 '기능성'이 있는 것은 디자인의 보호 대상에서 제외한다는 규정도 없다. 따라서 디자인보호법에 의한 보호를 받기 위한 요건으로 기능성이 없어야 한다는 요건의 판단기준은 디자인 자체의 개념과 관련하여서는 미국에서보다 많이 완화되어 있다고 할 수 있다. 즉, 미국에서 디자인 특허의 요건이 되는 '장식성'과 대비되는 우리나라에서의 디자인의 요건은 '심미성'이라 할 것인데, 심미성에서의 미(美)는 장식적인 미(美)이거나 기능적인 미(美)이거나를 막론하고 여기에 해당한다고 하고 있다.[11] 단, 물품의 형상·모양·색채 또는 이들을 결합한 것이라고 하더라도 시각효과라는 관점이 아니고 기능, 작용효과를 주목적으로 한 것이라면 디자인의 창작을 의도한 것이 아니고 미감(美感)도 거의 일으키지 않는 것이기 때문에 디자인을 구성하지 않는 것으로 취급하는 것이 특허청의 심사 실무이다.[12]

그런데 우리나라도 구 의장법을 2001. 2. 3. 법률 제6413호로 개정하면서, "물품의 기능을 확보하는데 불가결한 형상만으로 된 디자인"은 등록받을 수 없다는 제6조 제4호를 신설하여, 현재의 디자인보호법에 그대로 이어져 오고 있다. 여기에서 "형상만"이라는 것은 물품의 기술

---

11) 노태정·김병진 공저, 디자인보호법(개정판), 세창출판사(2007), 199면.
12) Id. 200면.

적 기능은 오로지 형상에 의해서 체현되는 것에서 디자인의 구성요소
인 모양, 색채의 유무를 불문하고 그 디자인의 형상에만 주목한다는 취
지이다.13) 위 규정이 없을 때에는 앞서 본 바와 같이 기술적 기능을 주
목적으로 하여 창작된 디자인이라고 하더라도 미감을 일으키면 등록받
을 수 있었다. 그러나 물품의 기능을 확보하는 데 불가결한 형상은 기
술적 사상의 창작으로서 본래 특허법에 의해 보호되어야 할 것이므로,
그와 같은 형상이 디자인보호법에 의해 보호되게 되면 디자인보호법이
보호를 예정하지 않는 기술적 사상의 창작에 대해서까지 독점배타권을
부여하는 것과 같은 결과를 초래하여 부당하다. 또한, 물품의 호환성의
확보를 위해 표준화된 규격에 의해 결정되는 형상으로 이루어지는 디
자인이 디자인보호법에 의해 보호되면 제3자가 그 규격 등에 의해 기
초하는 물품을 실시하고자 하는 경우 디자인권의 침해가 되기 때문에
경제활동을 제한하고 오히려 산업발전을 저해할 요인이 된다. 그리고
이미 영국, 프랑스, 독일, 일본 등 다수의 국가에서 기술적 기능에만 기
초하는 디자인에 대해서는 디자인보호법의 보호대상에서 제외하는 등
의 규정을 두고 있다. 이러한 사정들을 감안하여 우리나라도 위 규정을
입법하게 된 것이다.14)

위 규정의 "물품의 기능을 확보하는데 불가결한 형상만으로 된 디자
인"에는 ① 물품의 기술적 기능을 확보하기 위해 필연적으로 정해진
형상(필연적 형상)으로 이루어진 디자인, ② 물품의 호환성 확보 등을
위해 표준화된 규격에 의해 정해진 형상(준필연적 형상)으로 이루어진
디자인이 포함되는데, ① 디자인에 해당하는지 여부는 디자인이 물품
의 기술적 기능을 체현하고 있는 형상에만 주목하여 판단하는 것으로
'그 기능을 확보할 수 있는 대체적인 형상이 존재하는지 여부'를 고려

---

13) Id. 438면.
14) Id. 438-439면.

하고, ② 디자인에 해당하는지 여부는 '그 형상이 표준화된 규격에 의해 정해진 것인지 여부'를 고려해서 판단한다.[15]

우리 대법원의 입장을 보면, "디자인의 구성 중 물품의 기능에 관련된 부분에 대하여 그 기능을 확보할 수 있는 선택가능한 대체적인 형상이 그 외에 존재하는 경우에는, 그 부분의 형상은 물품의 기능을 확보하는 데에 불가결한 형상이라고 할 수 없다"고 판시하여,[16] '그 기능을 확보할 수 있는 선택가능한 대체적인 형상의 존재 여부'를 디자인 등록을 받을 수 없는 기능성의 판단기준으로 삼고 있음을 알 수 있다. 이러한 판단기준은 결국, 디자인 특허를 받을 수 없는 기능성 여부를 '같은 기능을 갖는 선택 가능한 다른 디자인이 존재하는지 여부'에 의해 결정하는 미국의 '유일기능기준(solely functional standard)'과 같은 것으로 해석할 수 있다.

(다) 기능성원리(functionality doctrine)와의 관계

앞서 본 바와 같이, 디자인보호법 제6조 제4호는 디자인등록을 받을 수 없는 디자인의 하나로 "물품의 기능을 확보하는데 불가결한 형상만으로 된 디자인"을 규정하고 있고, 상표법 제7조 제1항 제13호는 상표 등록을 받을 수 없는 상표의 하나로 "상품 또는 그 상품의 포장의 기능을 확보하는데 불가결한 입체적 형상만으로 되거나 색채 또는 색채의 조합만으로 된 상표"라고 규정하고 있어, 디자인 또는 상표 등록을 받을 수 없는 기능성의 요건에 관하여 "기능을 확보하는 데 불가결한 형상"이라는 동일한 문구로 규정하고 있다.

그리고 위에서 본 바와 같이, 우리 대법원 판례나 미국의 '유일기능기준(solely functional standard)'의 기능성 판단기준은 '같은 기능을 갖

---

15) Id. 440-441면.
16) 대법원 2006. 9. 8. 선고 2005후2274 판결(공2006하, 1697).

는 선택 가능한 다른 디자인이 존재하는지 여부'에 의해 디자인의 기
능성 여부, 즉 디자인으로 보호될 수 없고 특허로만 보호될 수 있는 기
능적인 특성(functional features)의 한계를 설정한다. 그런데 이러한 판
단기준을 취한다면, 이 글에서 논하는 기능성원리에서의 기능성(functionality)
의 판단기준과도 유사한 면이 있게 된다. 왜냐하면, 이 글 제4장 제4절
(-우리나라에서 기능성원리의 해석 및 적용)에서 자세히 살펴보듯이,
'대체 가능한 다른 디자인의 존부'는 이 글에서 논하는 기능성원리에서
의 기능성을 판단하는 기준과 관련하여서도 중요한 고려요소가 될 수
있기 때문이다.

　이와 같이 특허와의 관계에서 디자인의 보호한계와 상표의 보호한계
로서의 기능성 판단기준이 유사하게 도출되는 이유는, 둘 다 모두 특허
제도와의 충돌을 방지하기 위한 고려 아래 특허에 의해서만 보호될 수
있는 '기능(function)'이 무엇인가를 탐색하여 '기능성'의 판단기준을
도출한다는 공통점을 가지기 때문일 것이다.

　다만, 상표와 특허의 한계를 설정하는 기능성원리에서 기능성의 판
단기준을 도출하는 접근관점은 특허와의 충돌을 피하고자 하는 제도적
관점에서 상표 자체에 내재된 한계를 고려하는 것이므로, 상표와 제도
적 목적이 다른 디자인과 특허 사이의 한계 설정 작업과의 차이점은
엄연히 존재한다. 따라서 특허와의 관계에서 상표와 디자인으로의 등
록대상(보호대상)에서 제외되는 기능성의 판단기준이 비록 일부에서
유사한 면이 있다고 하더라도, 이들 기준의 도출 과정과 그 본질 자체
를 동일선상에서 이해하는 것은 바람직하지 않다. 여기서는 이와 관련
한 상세한 논의를 생략하고, 이 글 제4장 제4절에서 우리나라의 지적재
산권법 체계 아래에서 디자인과 상표와의 관계에 대해 살피면서 더 자
세히 논하도록 한다.

(2) 디자인의 요부(要部) 판단에 있어서 논의되는 기능성[17]

양 디자인의 유사성을 판단함에 있어서는 디자인의 전체를 관찰해서 비교해야 하지만, 그 중 특히 전체적인 디자인의 심미감에 영향을 주는 디자인 의 특징적인 요부(要部)를 중심으로 유사 여부를 가리는 것이 타당하고, 이러한 관찰방법이 실무상 정착된 것이다. 그런데 디자인의 기능성은 이와 같은 디자인의 요부를 판단함에 있어서 중요한 영향을 미친다. 즉, 우리 대법원 판례에 따르면, 단순한 상업적·기능적 변형에 불과한 부분[18], 그 물품으로서 당연히 있어야 할 부분 내지 디자인의 기본적 또는 기능적 형태에 해당하는 부분[19] 등은 전체적인 심미감에 영향을 주지 않는 부분으로 디자인의 요부에서 제외되는 것이다.

여기서 단순한 상업적·기능적 변형에 불과한 부분이라 함은 시각효과가 아니라 단순히 기능, 작용효과의 차이를 주목적으로 한 부분으로서, 디자인의 창작을 의도한 것으로 볼 수가 없어 전체적으로 아무런 심미감(審美感)을 일으키지 않는 부분을 의미한다. 그리고 물품의 기본적인 형태란 물품의 기능 등 속성에 의해 저절로 형성되어 그 물품이라고 인식되기 위하여 갖출 수밖에 없는 형태를 말하고, 물품의 기능적 형태라는 것은 그 물품의 기능적 필연에 의해 생기는 형태로서 그 물품의 특정된 목적, 기능을 달성하기 위해 있을 수밖에 없는 형태를 의미한다.[20] 이와 같이 어떤 물품에 있어서 그 물품으로서 당연히 있어

---

17) 기능성이 디자인의 요부 판단에 어떤 영향을 주는지 자세한 것은, 유영선, "등록 무효소송에서 기본적 또는 기능적 형태를 포함하고 있는 디자인의 유사성 판단 기준: 특허법원 2008. 9. 18. 선고 2008허7355 판결", 지적재산권 Vol. 32(2009. 7.), 한국지적재산권법제연구원, 57-68면을 참조하기 바란다.

18) 대법원 2001. 6. 29. 선고 2000후3388 판결(공2001하, 1778); 대법원 1999. 11. 26. 선고 98후706 판결(공2000상, 59) 등.

19) 대법원 2005. 10. 14. 선고 2003후1666 판결(미간행).

20) 노태정 외 1인(주 11), 408면.

야 할 부분 내지 디자인의 기본적 또는 기능적 형태에 해당하는 부분
은 개별 디자인이 반드시 가질 수밖에 없는 행태로서 개별 디자인은
이러한 형태를 기초로 하여 이루어질 수밖에 없으므로, 일반적으로 이
러한 부분은 그 디자인을 다른 디자인과 구별하는 특징을 이루는 요부
가 될 수 없다. 단순한 형태로서 옛날부터 흔히 사용되어 왔고, 여러
가지의 디자인이 많이 고안되어 있으며, 구조적으로도 그 디자인을 크
게 변화시킬 수 없고, 취미나 유행의 변화에 한도가 있는 경우에 디자
인의 유사의 폭을 좁게 해석하고자 하는 판례들[21]이 많은데, 이런 판
례들에도 디자인의 기본적 또는 기능적 형태에 해당하는 부분은 디자
인의 특징을 이루는 요부가 될 수 없다는 생각이 그 밑바탕에 깔려 있
다고 할 수 있다. 이와 같이 디자인의 기본적 또는 기능적 형태는 일반
적으로 디자인의 요부가 될 수 없으므로, 이러한 부분의 유사 여부는
전체 디자인의 유사 여부 판단에 영향을 미치지 않고, 그 외 특징적인
부분이 유사하지 않다면 디자인은 서로 유사하지 않은 것으로 된다.

디자인의 기본적 또는 기능적 형태를 이룸에 있어서는 서로 다른 두
가지 유형이 있다. 첫째는, 그 물품의 기능상 필연적으로 그런 형태를
가질 수밖에 없어서 디자인의 기본적 또는 기능적 형태가 되는 경우이
다. 즉, 디자인 중 어떤 부분의 형태가 물품의 기능을 확보하는 데 불
가결한 형상인 경우인데, 앞서 살펴본 바와 같이 디자인의 구성 중 물
품의 기능에 관한 부분이라 하더라도 그 기능을 확보할 수 있는 선택
가능한 대체적인 형상이 존재하는 경우에는 이러한 부분이 될 수 없
다.[22] 둘째는, 종래부터 흔히 사용되어 오던 것들이라서 디자인의 기본

---

21) 대법원 1996. 6. 28. 선고 95후1449 판결(공1996하, 2378); 대법원 1996. 1. 26.
   선고 95후750 판결(공1996상, 789); 대법원 1995. 12. 22. 선고 95후873 판결(공
   1996상, 548) 등.
22) 대법원 2006. 9. 8. 선고 2005후2274 판결(공2006하, 1697); 대법원 2006. 7. 28.
   선고 2005후2922 판결(공2006하, 1570).

적 또는 기능적 형태로 인정할 수 있는 경우인데, 우리 대법원도 디자인의 출원 전에 이미 그 디자인이 속하는 분야에서 오랫동안 널리 사용되어온 형태의 경우 물품의 기본적 또는 기능적 형태가 될 수 있음을 인정하고 있다.[23]

이와 같이 디자인의 요부에서 제외하기 위한 특성으로서 기능성은 디자인의 특징적인 부분을 포착하여 유사 여부 대비에서 활용하기 위한 것이므로, 기능적인(functional) 입체적 형상 또는 색채에 대한 상표법에 의한 보호를 거부하기 위한 원리인 기능성원리에서 말하는 기능성(functionality)과는 그 개념이 전혀 다른 것이다. 다만, 디자인의 요부 판단에 있어서도 '물품의 기능을 확보하는 데 불가결한 형상'인지 여부가 고려되는 경우가 있고, 이 경우는 앞서 디자인등록을 받을 수 없는 디자인의 기능성 판단기준과 동일한 것이므로, 기능성원리와의 사이에서 위 해당 부분에서 살핀 것과 같은 정도의 관련성은 가지고 있다고 하겠다.

나. 디자인과의 관계에서 저작권에 의한 보호의 한계로서 기능성

디자인과의 관계에서 저작권에 의한 보호한계로서 논해지는 기능성의 문제는, 순수 미술작품이 아닌 실용적 미술작품이나 대량생산을 목

---

23) 대법원 2005. 10. 14. 선고 2003후1666 판결(미간행). "등록디자인과 비교대상디자인은 모두 용기본체가 직육면체의 형상이고, 용기뚜껑의 4변에 잠금날개가 각 형성되어 있고, 각 잠금날개에는 용기본체에 형성되어 있는 잠금돌기와 결합되는 가로막대형 잠금구멍이 2개씩 형성되어 있는 점에서 서로 공통점이 있으나, 이들 부분은 양 디자인의 출원 전에 이미 그 디자인이 속하는 분야에서 오랫동안 널리 사용되어온 음식물저장용 밀폐용기의 기본적 또는 기능적 형태에 해당하므로, 이들 부분에 위와 같은 공통점이 있다는 사정만으로는 곧바로 양 디자인이 서로 유사하다고 단정할 수 없다"고 설시하고 있다.

적으로 반복적으로 생산되는 상품에 사용되는 산업디자인이 어떤 요건
아래에서 저작권에 의해서도 보호될 수 있는지의 문제로 논하여진다.
이와 관련된 논의를 아래에서 간략히 요약해 본다.

　현대사회의 산업디자인은 예술적인 고려 이외에 그 물품이 나타내고
갖추어야만 할 실용성과 기능성이 함께 고려되는데, 산업디자인 창작
자들은 예술적 매력 또는 가치를 위한 창작활동을 하는 일반적인 예술
가들과는 달리 각자의 상품의 기능적인 작동에 조화될 수 있는 디자인
을 고안하도록 강제되므로,[24] 산업디자인에는 예술성 이외에 실용성과
기능성이 함께 혼합되게 된다. 따라서 이러한 실용성과 기능성을 거르
지 않고 이를 곧바로 문화의 향상발전을 그 입법목적으로 하는 저작권
에 의한 보호대상이 되는 저작물로 취급하는 것은 옳지 않을 것이다.
여기서 실용 미술작품 또는 산업디자인을 저작권으로 보호하기 위해
저작권에 의한 보호와 친하지 않은 실용성과 기능성 부분을 가려낼 기
준을 어떻게 설정할 수 있을 것인지가 문제되는 것이다.

　미국에서는 1954년 실용적 미술작품의 경우에도 저작권으로도 보호
할 수 있다는 획기적인 판결인 Mazer v. Stein 판결[25]을 거쳐 1976년의

---

24) Robert C. Denicola, "Applied Art And Industrial Design: A Suggested Approach
　　To Useful Articles", 67 Minn. L. Rev. 707, 739-740 (1983).

25) 347 U.S. 201 (1954). 원고가 춤추는 여인의 모습을 한 조각품을 제작하여 저작
　　권등록을 한 후 이를 받침대로 하여 여기에 램프의 갓, 전기배선, 전구소켓 등을
　　붙여 만든 램프를 대량으로 생산, 판매하였는데, 피고가 같은 모양의 램프받침대
　　를 만들어 판매하자 저작권침해소송을 제기하였다. 피고는 ① 원고의 저작권등
　　록은 순수미술(fine art)로서의 조각품에 대해서 한 것이므로 실용품인 램프대로
　　응용된 경우에는 저작권의 효력이 미치지 아니하고, ② 저작권과 디자인 특허의
　　효력이 중첩적으로 적용될 수는 없고, 디자인 특허의 보호대상은 실용품인데 램
　　프대는 실용품이므로 디자인 특허등록이 없는 한 권리침해는 있다고 볼 수 없으
　　며, 또 이러한 보호만으로 실용품에 대한 보호는 충분하다고 주장하였으나, 연방
　　대법원은 피고의 이런 주장을 배척하고 대량생산, 판매할 의도로 제작되고 또 실
　　제로 판매된 램프대 역시 디자인 특허와 독립된 저작권의 보호를 받을 수 있으
　　며, 미술과 산업은 상호 배타적인 것이 아니라고 판시하였다.

개정에서는 저작권으로 보호되기 위한 요건을 명정하였다. 그 구체적인 규정 내용을 보면, 제102조의 (a)(5)에서 저작물의 하나로 "회화, 그래픽 및 조각 작품(pictorial, graphic and sculptural works)"을 드는 한편, 제101조에서 이들 작품에 대해서 정의하면서 "2차원 그리고 3차원의 순수미술, 그래픽, 응용미술, 사진 … 을 포함한다. … 실용품의 디자인(the design of a useful article)은 그러한 디자인이 제품의 실용적인 면으로부터 분리하여 인식될 수 있고(can be identified separately from), 독립하여 존재할 수 있는(are capable of existing independently of) 회화, 그래픽 또는 조각의 형상을 포함하고 있는 경우에 한하여 회화, 그래픽 또는 조각 작품으로 취급된다"라고 하였다. 이러한 저작권법의 규정에 따라 미국 법원은 실용품의 디자인이 회화, 그래픽, 조각 저작물로서 저작권법에 의해서 보호될 수 있을 것인가의 판단 기준을 그 디자인이 실용품과 분리하여 독립적으로 존재할 수 있는지 여부, 즉 분리가능성(separability)에서 찾고 있다.

　우리 저작권법도 2000. 1. 12. 법률 제6134호로 개정되면서 제2조 제11의2호에서 응용미술저작물에 대해 "물품에 동일한 형상으로 복제될 수 있는 미술저작물로서 그 이용된 물품과 구분되어 독자성을 인정할 수 있는 것을 말하며, 디자인 등을 포함한다"는 정의 규정을 둔 이래, 현재에도 그대로 이어져 내려오고 있다.[26] 위 규정의 해석과 관련하여서는 우리나라에서도 실용적 미술작품 또는 산업디자인을 '응용미술저작물'에 의한 저작권으로 보호하기 위한 판단기준으로 미국과 같은 분리가능성(separability) 기준을 채택한 것으로 이해함이 일반적이다.[27]

　이와 같이 실용적 미술작품 또는 산업디자인이 디자인권과의 관계에

---

26) 현행 저작권법에는 제2조 제15호에 동일한 정의 규정을 두고 있다.

27) 우리나라에서 실용적 미술작품 또는 산업디자인의 저작권에 의한 보호를 다룬 것으로는, 유영선, "우리나라 법에 의한 산업디자인의 보호 및 한계", 사법논집 제41집(2005), 법원행정처, 679-696면 참조.

서 저작권에 의한 보호가 가능한지 여부의 문제로서 논해지는 '기능성'은, 제품 자체가 미술성, 예술성보다는 실용성, 유용성을 가지고 있는지 여부와 관련해서 논의되는 개념이다. 그러므로 여기서 논의되는 '기능성'의 개념은 이 글에서 사용하는 사실적, 물리적인 개념인 '기능적 특성(functional features)'이란 용어의 개념보다는 훨씬 넓고, 따라서 기능성원리에서 말하는 '기능성(functionality)'과는 아무런 관련이 없는 전혀 다른 개념이라고 할 수 있다. 기능성원리에서 논의되는 상품 형태 등은 모두 판매를 목적으로 하여 대량생산되는 상품을 전제로 한 것이므로, 저작권에 의한 보호가 가능한지 여부와 관련해서 논해지는 '실용성' 또는 '유용성'의 요건은 당연히 충족되는 것이기 때문이다.

다. 특허와의 관계에서 저작권에 의한 보호의 한계로서의 기능성

(1) 논의 내용 개관

특허제도는 엄격한 출원·심사·등록을 통하여 기술적 사상(idea) 자체를 보호하는 것인 점에서, 아무런 절차를 거침이 없이 창작적인 표현(expression)이 완성됨과 동시에 즉시 권리가 발생하는 대신 '아이디어·표현 이분법(idea expression dichotomy)'에 의하여 그 보호범위는 표현(expression)에만 한정되고 사상(idea)에는 미치지 않는 저작권제도와 구분된다. 그런데 기술 또는 지식을 전달함을 그 내용으로 하는 사실적 저작물(works of fact) 또는 기능적 저작물(works of function)의 경우에는 이를 저작권으로 보호하는 경우 그 보호범위가 표현(expression) 자체뿐만 아니라 기술 또는 지식과 같은 사상(idea)에까지 미치게 될 수 있어 이러한 저작물의 경우에는 저작권에 의한 보호를 제한할 필요가 있다. 이와 관련된 논의가 특허와의 관계에서 기능적 저작물의 저작권에 의한 보호한계에 대한 논의이다.

기능적 저작물에서 말하는 '기능(function)'이 이 글의 기능성원리에서 말하는 '기능(function)'과 어떠한 공통점과 차이점이 있는지 살피기 위해, 아래에서 기능적 저작물의 저작권에 의한 보호한계에 대한 논의를 간략히 살펴본다.

(2) 기능적 저작물의 보호범위 제한

(가) 기능적 저작물의 의미[28)]

저작물은 그것이 목적으로 하는 바에 따라 문예적 저작물과 기능적 저작물로 분류된다. 문예적 저작물은 소설·시·희곡이나 회화·음악 등과 같이 주로 문학·예술적인 표현을 목적으로 하는 저작물임에 반하여, 기능적 저작물은 예술성보다는 특별한 기능을 주된 목적으로 하는 저작물, 예컨대 설계도·각종 서식·규칙집 등과 같이 특정한 기술 또는 지식·개념을 전달하거나, 방법 또는 해법, 작업과정 등을 설명한 것을 말하며, 자연히 예술적 표현보다는 그 저작물이 달성하고자 하는 기능을 위한 실용성에 초점을 맞추게 된다.

기능적 저작물은 그것이 목적으로 하는 기능을 수행하기 위하여 표준적인 용어와 개념을 사용하여야 하고, 아울러 다른 사람들이 쉽고 정확하게 알 수 있는 해설방식을 사용하여야 한다. 따라서 그 표현방식은 상당히 제한될 수밖에 없고, 그에 내재된 보호받지 못하는 요소들, 예컨대 개념이나 방법·해법, 작업과정 등 아이디어와 표현이 밀접하게 연관되게 마련이다. 그 결과 저작권으로 보호받을 수 없는 아이디어가 보호되는 일이 없도록 저작권의 보호범위를 제한적으로 해석할 수밖에 없다. 즉, 기능적 저작물의 표현을 보호함으로써 그와 밀접하게 연관되

---

28) 오승종, 저작권법, 박영사(2007), 136-137면.

어 있는 아이디어들을 보호하는 결과가 되지 않도록 해야 한다. 왜냐하면, 이와 같은 아이디어는 원래 특허법에 의해 보다 엄격한 심사를 거쳐 보호되어야 하는 요소이기 때문이다.

(나) 기능적 저작물의 저작물성

우리 대법원은 기능적 저작물의 저작물성에 대하여, "예술성의 표현보다는 기능이나 실용적인 사상의 표현을 주된 목적으로 하는 이른바 기능적 저작물은 그 표현하고자 하는 기능 또는 실용적인 사상이 속하는 분야에서의 일반적인 표현방법, 규격 또는 그 용도나 기능 자체, 저작물 이용자의 이해의 편의성 등에 의하여 그 표현이 제한되는 경우가 많으므로 작성자의 창조적 개성이 드러나지 않을 가능성이 크며, 동일한 기능을 하는 기계장치나 시스템의 연결관계를 표현하는 기능적 저작물에 있어서 그 장치 등을 구성하는 장비 등이 달라지는 경우 그 표현이 달라지는 것은 당연한 것이고, 저작권법은 기능적 저작물이 담고 있는 사상을 보호하는 것이 아니라, 그 저작물의 창작성 있는 표현을 보호하는 것이므로, 기술 구성의 차이에 따라 달라진 표현에 대하여 동일한 기능을 달리 표현하였다는 사정만으로 그 창작성을 인정할 수는 없고 창조적 개성이 드러나 있는지 여부를 별도로 판단하여야 한다"고 판시하고 있다.[29] 이와 같은 기준에 따라 저작물성을 부정한 대법원 판례들의 예를 보면, i) "이 사건 도면은 지하철 통신설비 중 화상전송 설비의 장비 구성 및 그 장비의 연결관계를 도시한 기능적 저작물로서, 일반적인 도면 작성방법에 따라 작성된 것으로서 입찰시방서에 의하여 제한된 기술적인 내용을 표현함에 있어 작성자의 창조적 개성이 드러나 있다고 보기 어려워 그 저작물성을 인정할 수 없다"고 한 예,[30] ii)

---

29) 대법원 2005. 1. 27. 선고 2002도965 판결(집53형, 407; 공2005상, 359).
30) Id.

"이 사건 도면은 현대방폭전기 주식회사가 제작한 실링휘팅, 케이블그랜더, 500와트더블항공장해 등의 제품도면으로서 위 제품들의 구조, 규격, 기능 등을 당해 기술분야의 통상적인 기술자들이 정확하게 이해할 수 있도록 일반적인 표현방법, 도면 작성방법에 따라 표현된 것으로서 누가 작성하더라도 달리 표현될 여지가 거의 없을 뿐 아니라, 설령 작성자에 따라서 다소 다르게 표현될 수 있는 여지가 있다고 하더라도 이 사건 도면에 작성자의 창조적 개성이 드러나 있다고 할 수 없는 것이어서 저작권법의 보호대상이라고는 할 수 없다"고 한 예,[31) iii) "아파트의 경우 해당 건축관계 법령에 따라 건축조건이 이미 결정되어 있는 부분이 많고 각 세대전용면적은 법령상 인정되는 세제상 혜택이나 그 당시 유행하는 선호 평형이 있어 건축이 가능한 각 세대별 전용면적의 선택에서는 제약이 따를 수밖에 없고, 그 결과 아파트의 경우 공간적 제약, 필요한 방 숫자의 제약, 건축 관계 법령의 제약 등으로 평면도, 배치도 등의 작성에 있어서 서로 유사점이 많은 점, 이 사건 평면도 및 배치도는 기본적으로 건설회사에서 작성한 설계도면을 단순화하여 일반인들이 보기 쉽게 만든 것으로서, 발코니 바닥무늬, 식탁과 주방가구 및 숫자 등 일부 표현방식이 독특하게 되어 있기는 하지만 이는 이미 존재하는 아파트 평면도 및 배치도 형식을 다소 변용한 것에 불과한 것으로 보이는 점 등에 비추어 보면, 이 사건 각 평면도 및 배치도에 저작물로서의 창작성이 있다고 보기 어렵다"고 한 예[32) 등이 있다.

이들 판례는 설계도와 같이 기술적 아이디어와 밀접한 관련이 있는 도면에 대하여 그 저작물성(표현의 창작성) 자체를 부정하여 저작권에 의한 보호를 거부하였다는 공통점이 있는데, 여기에는 위와 같은 기술

---

31) 대법원 2007. 8. 24. 선고 2007도4848 판결(미간행).
32) 대법원 2009. 1. 30. 선고 2008도29 판결(미간행).

적 아이디어는 저작권이 아닌 특허에 의해 보호되어야 한다는 생각이
바탕에 깔려 있다고 할 수 있다.

(다) 기능적 저작물의 침해범위

이러한 기능적 저작물의 보호범위를 제한하는 방법에는, ① 창작성
의 수준을 매우 높게 설정함으로써 그러한 수준에 이르지 않은 경우에
는 애초에 창작성 자체(즉, 저작물성)를 부정하는 방법과, ② 창작성 자
체는 인정하면서도 그에 대한 침해를 엄격하게 해석하는 방법이 있다.
전자의 방법에 의하면 저작물성 자체를 부정하게 되므로 이를 완전히
똑같이 복사한 것(이른바 dead copy)도 저작권 침해로 보지 않게 되는
데, 앞서 본 우리 대법원 판례들이 설계도 등 도형저작물과 관련하여
취하고 있는 원칙적인 입장이라고 할 수 있다. 이에 비하여, 후자의 경
우에는 i) 제3자가 다른 표현방법을 사용할 수 있었음에도 불구하고 저
작권자가 사용한 구체적인 표현과 굳이 동일한 표현을 사용한 경우에
만 침해를 인정하는 등의 방법으로 보호범위를 제한하거나,[33] ii) 완전
히 똑같이 복사했거나(dead copy) 그것과 동일하게 볼 수 있을 정도의
표절의 경우에 한하여 침해를 인정하여 보호범위를 제한하므로,[34] 저
작권 침해의 여지를 다소 열어 놓는다는 점에서 전자의 방법과 구별된다.

결국, 이와 같이 구별되는 보호범위 제한방법 중 어느 것을 선택할
것인가는 대상물을 완전히 복사하거나(dead copy) 그것과 동일하게 볼
수 있을 정도로 표절한 경우를 용인할 것인가 아니면 저작권 침해로
보아 금지할 것인가 여부에 대한 정책적 판단의 결과에 따른 것이라고
할 수 있다.

---

33) 오승종(주 28), 137-138면.
34) 정상조 편, 저자권법 주해, 박영사(2007), 238면.

(3) 기능성원리(functionality doctrine)와의 관계

위에서 살펴본 바에 의하면, 기능적 저작물(works of function)에서 논의되는 기능성은 특허와의 관계에서 그 보호영역의 한계를 설정하고자 한다는 점에서 이 글에서 논하는 기능성원리에서의 기능성과 일맥상통하는 점이 있다고 할 수 있다. 즉, 양자의 논의는 모두 기능적인 것은 기본적으로 특허에 의해 보호되어야 한다는 생각에 기초하고 있다는 점에서 관련성을 가지는 것이다. 그러나 그 보호영역의 한계를 논함에 있어서, 전자는 '아이디어·표현 이분법(idea expression dichotomy)'이라는 저작물의 내재적인 한계 문제로, 후자는 '자유경쟁의 부당한 제한방지'라는 상표의 내재적인 한계의 문제로 접근한다는 점에서 뚜렷이 구별된다.

제2절 연혁 및 입법례

1. 미국

기능적인 특성(functional features)을 가지는 입체적 형상 또는 색채 등에 대해서는 일정한 경우 trade dress에 의한 권리를 주장할 수 없다는 기능성원리는, trade dress 법리를 특허법과 조화시키고 자유경쟁의 부당한 제한을 막기 위해 일찍이 미국의 판례법에 의해 발전해 온 법리로서,[1] 1998년 미국 연방상표법(Lanham Act) § 2(e)(5)에 성문화되었다. 그런데 위 규정에는 "전체적으로 기능적인(functional) 표장(mark)은 주등록부에의 상표 등록이 거절된다"고 규정되어 있을 뿐,[2] '기능적 (functional)'이란 용어의 의미나 그 구체적인 판단기준에 대한 아무런 규정을 두고 있지 않다. 따라서 이에 대한 해석은 오로지 판례와 학설에 맡겨져 있다.[3]

---

1) J. Thomas McCarthy, 1 McCarthy on Trademarks and Unfair Competition, § 7:63, at 7-140, Thomson West (4th ed. 2006); A. Samuel Oddi, "The Functions of Functionality in Trademark Law", 22 Hous. L. Rev. 925, 928-929 (1985).
2) "No trademark by which the goods of the applicant may be distinguished from the goods of others shall be refused registration on the principal register on account of its nature unless **it consists of a mark which comprises any matter that, as a whole, is functional.**"이라고 규정되어 있을 뿐이다.
3) 미국의 판례, 학설에 의한 기능성원리의 발전 과정과 기능성의 개념이나 판단기준에 대한 상세한 논의는, 이 글 제2장 제3, 4절 및 제3장에서 자세히 살펴보도록

그런데 이처럼 미국의 판례법에 의해 발전해 온 기능성원리는, 대륙
법계 국가에서도 입체상표를 도입하여 상품 또는 상품 포장의 입체적
인 형상도 상표로 보호하게 됨에 따라 그러한 형상이 가지는 기능적인
면에까지 상표에 의한 보호범위가 확대되는 것을 제한하기 위한 원리
로서 상표법 등에 명문으로 규정되기에 이르렀다.

2. 유럽연합

가. 유럽연합 규칙[4]

유럽연합의 경우를 보면, 유럽공동체(EC) 시절 회원국의 상표법을
조화시키기 위하여 1988. 12. 21. 이사회 제1지침(First Council Directive,
89/104/EEC)을 제정하였다.

그런데 위 지침 제2조는 "상표는 개인명을 포함한 단어, 도형, 문자,
숫자와 함께 상품 또는 상품의 포장의 형상 등 도안으로 나타낼 수 있
는 표지로서 자타기업의 상품 또는 서비스를 식별할 수 있는 것을 말
한다"고 하여 입체적 형상도 상표의 보호대상이 될 수 있음을 규정하
고 있었다. 반면, 위 지침 제3조 제1항 (e)호에서는 "① 상품 그 자체의
성질에서 유래하는 형상, ② 기술적인 성과를 얻기 위해 필요한 상품
의 형상, ③ 상품에 실질적 가치를 부여하는 형상으로만 이루어진 표

한다.

4) 김은기, "입체상표의 등록요건", 창작과 권리 11호(1998. 6.), 세창출판사, 58면;
김병일, "독일에서의 입체상표 보호", 창작과 권리 18호(2000. 3.), 세창출판사,
40-41면; 牛木理一(정광선 역), "입체상표의 도입에 대하여 : 의장법에의 도전과
한계", 산업재산권 5호(1997. 4.), 한국산업재산권법학회, 7-8면; 이상정, "유럽연
합의 상표법에 관한 연구", 창작과 권리 7호(1997. 6.), 세창출판사, 103면.

지는 상표등록될 수 없다"고 하여 기능성원리를 명문화하였다.[5] 위 규정에서 알 수 있듯이 유럽공동체(EC)의 지침은 미국의 입법례에 비해서는 비교적 구체적으로 기능성 개념을 규정하였다.

한편, 위 지침의 각 규정은 1993. 12. 20. 제정된 유럽공동체 상표규칙(Council Regulation, EC No. 40/94)에도 그대로 이어져, 상표적격에 대해서는 제4조에서, 기능성원리에 대해서는 제7조 제1항 (e)호에서 동일하게 규정하였다.

위와 같은 유럽공동체 상표규칙은 독일, 영국, 프랑스 등 유럽연합 국가들이 자국의 상표관련법을 개정하여 입체상표를 도입하는 한편 기능성원리에 대한 규정을 두는 하나의 표준 지침이 되었다.

나. 독일[6]

1930년대 독일에서는 입체상표의 등록을 인정하여야 한다는 논의가 있었지만, 특허청 및 법원은 이에 대하여 부정적인 입장을 취해왔다. 그리고 구 상표법(Warenzeichengesetz, 줄여서 'WZG')에 의하더라도 입체적 형상은 상표로서 등록될 수 없었고, 다만 상품의 외관이나 형태는 사용에 의한 거래통용성(Verkehrsgeltung)을 취득한 경우에 동법 제25조에 의한 표장권(Ausstattungsrecht)으로서 보호를 받을 수 있을 뿐이었다.

---

5) ①, ②항의 경우는 별 의문이 없으나, ③항의 경우는 기능성(functionality) 판단기준으로 적절한 것인지 의문이 있다. 미국 판례들 중에도 어떤 형상이 상품에 실질적인 가치를 부여하는지 여부를 기능성 판단기준으로 삼을 수 있다고 판시하고 있는 것도 있다. 그러나 현대 사회에서 상품 디자인은 대부분 상품의 실질적인 가치에 영향을 미친다는 점에서, 이를 기능성 판단기준으로 삼는 경우 기능성의 범위가 너무 확대되는 문제점이 있다. 따라서 이러한 기준을 기능성과 결부시켜 파악해서는 안 된다는 것이 필자의 생각인데, 이에 대해서는 뒤에서 기능성 판단기준에 대해 검토하면서 자세히 살펴본다.

6) 김병일(주 4), 38-39면 및 41-43면을 주로 참조했다.

그런데 독일은 1995. 1. 1.부터 구 상표법을 폐지하고 상표 및 기타 표지에 관한 법률(Gesetz über den Schutz der Marken und sonstigen Kennzeichen)을 제정하여 시행하고 있는데, 위 새로운 상표법은 유럽공동체 상표규칙을 국내에 입법화한 것으로 입체상표 제도를 도입하는 한편 기능성원리에 대하여도 규정하게 되었다. 즉, 독일 상표법 제3조 제1항은 모든 표지, 특히 개인의 성명을 포함하여 문자, 숫자, 소리표지, 상품의 형태 또는 그 포장의 형태를 포함하는 입체적 형상, 색채 및 색채의 결합을 포함하는 기타 외장은 어떤 기업의 상품 또는 서비스를 다른 기업의 그것과 식별할 수 있을 때에는 상표로서 보호된다고 규정함으로써, 자타상품 식별력을 가지고 있는 모든 표지 형태에 대하여 상표로 보호받을 수 있는 가능성을 열어 놓고 있다.

반면, 동법 제3조 제2항에서는 유럽공동체 상표규칙과 거의 유사하게 ① 상품 그 자체의 성질에서 유래하는 형상(제1호), ② 기술적인 성과를 얻기 위해 필요한 상품의 형상(제2호), ③ 상품에 실질적 가치를 부여하는 형상(제3호)만으로 이루어진 표지는 상표로 보호될 수 없다고 하여 기능성원리에 대한 규정을 두고 있다. 다만, 독일 상표법은 위 기능성원리 규정은 등록상표(상표법 제4조 제1호)뿐만 아니라 사용에 의하여 거래통용을 획득한 상표(상표법 제4조 제2호) 및 파리조약 제6조의2에 의한 유명상표(상표법 제42 제3호)를 포함한 상표법상의 모든 표지형태에 적용된다고 규정되어 있는 점에서, 기능성원리 규정이 등록상표에 관해서만 적용되는 것으로 규정되어 있는 유럽공동체 상표규칙과는 큰 차이가 있다.

이와 같은 기능성원리에 대한 규정은 일정 기간 동안만 특허법이나 디자인보호법 등에 의하여 보호되는 특정한 기본형상과 기능적 형태를 상표법에 의하여 갱신의 방법으로 사실상 영구적으로 독점하는 것을 방지하는 한편, 경업자(競業者)들이 이러한 형태를 자유롭게 사용해야 할 필요성이 있기 때문이라고 설명되고 있다.[7] 또한, 이 규정은 상표는 상품의 본질(Wesen der Waren)과 독립적으로 구별되어야 한다는 것으로 입체상표에 대한 상표적격성의 기준으로서 상표와 상품 자체의 분리가능성을 구체화한 규정이라고 파악되고 있다.[8]

다. 영국

영국의 구 상표법 제68조는 표장에는 "도안, 브랜드, 제목보기, 라벨, 티켓, 명칭, 기호, 단어, 문자, 숫자 또는 그 조합이 포함된다"고 정의하여 입체상표에 대해서는 명문 규정이 없었으므로, 3차원 형태가 선화(線畵)로 표현된 경우에는 상표 등록이 인정되기는 하였지만, 그 이외에 '상품 또는 용기'와 같은 입체상표는 상표등록이 인정되지 않았는데,[9] 코카콜라 병의 상표등록을 부정한 판결[10]을 그 예로 들 수 있다.

---

7) Hubmann·Götting, Gewerblicher Rechtsschutz, 6. Aufl., München(1998), 260면 [김병일(주 4), 43면에서 재인용함].

8) Fezer, Markengesetz, 2. Aful., 1999, MarkenG 3 Rdn. 211, 227, 229, 231 ff.[김병일(주 4), 43면에서 재인용함]; 이상정, 산업디자인과 지적소유권법, 세창출판사(1995), 237면.

9) 윤선희, "입체상표에 관한 고찰 : 기능성, 식별성을 중심으로", 한국산업재산권법학회지 9호(2000. 5.), 한국산업재산권법학회, 221-222면.

10) COCA-COLA TRADEMARKS R.P.C.(1986. 11. 20.) [윤선희(주 9), 221-222면에서 재인용함]. 코카콜라 회사가 코카콜라 병의 디자인권에 의한 보호기간이 이미 종료하자, 콜라의 병을 상표로 출원하였는데, 상표등록청에서 그 등록을 거절하자 이에 불복하여 제기한 소송 사건이다. 이에 대해 위 판결은 "가령 어떤 상품 또는 용기(병)가 식별성의 요건을 충족하고 있을 경우라 할지라도 상표로 등록하는 것은 인정되지 않는다"고 판시하였다. 이 판결에서 Templeman 판사는 병 그 자체를 상표로서 등록하는 것을 요구한 코카콜라 회사의 행위를 "지적소유권의 한계를 확장하고 권리를 보호하는 법률을 독점권의 근원으로 전환하고자하는 새로운 도전"이라고 표현하면서, 표장과 표장이 붙여지는 상품과의 차이에 주목하였다고 한다. 즉, 코카콜라 병이 상표등록될 수 없는 논거로 "표장은 상품

그런데 1994. 10. 31.부터 시행된 새로운 상표법 제1조(1)에서 상표를 자타상품이나 서비스를 구분할 수 있고 시각적으로 표시할 수 있는 표지로서 상품의 형상 또는 그 포장(The shape of goods or their packaging)도 상표의 대상이 될 수 있다고 규정하는 한편, 제3조(2)에서 "① 상품 그 자체의 성질에서 유래하는 형상, ② 기술적인 성과를 얻기 위해 필요한 상품의 형상, ③ 상품에 실질적 가치를 부여하는 형상"은 상표등록에서 제외된다고 하여 기능성원리에 관한 명시적인 법적 근거를 제시하고 있다.[11]

라. 프랑스

프랑스는 1991. 12. 28.부터 시행된 상표법 제1조 제2항 c)에서 "제품의 형상 또는 그 포장물의 형상"이 상표의 대상이 될 수 있음을 규정하는 한편, 제2조 c)에서 "상품의 성질이나 기능에 유래하는 형상만으로 된 표지 또는 상품의 본질적 가치를 정하는 형상만으로 표지"는 상표보호의 대상이 될 수 없다고 하여 기능성원리를 규정하고 있다.[12]

프랑스 상표법은 위 법 이전부터도 "현저한 제품의 형상 또는 제품 용기의 형상"이 상표로 등록될 수 있다고 규정하고 있었는데, 기능성원리와 관련하여 주목할 만한 프랑스 법원의 판례가 있다. 그것은 "어떤 실질적 기능을 갖는 특정한 형상이라는 것은 같은 기능을 하는 모든

에 부착되지 않으면 안 되어서 상품 그 자체로부터 독립할 수 없는(병이 없어진다면 속의 상품은 대부분 남지 않게 되어 버린다) 형태로 표장이 구성되는 경우 그 형태는 본래적으로 상품을 식별하는 기능을 가질 수 없으며 오히려 상품 그 자체일 뿐이다"라는 것을 제시하였다고 한다.

11) 김원오, "입체상표의 등록 및 보호요건에 관한 소고 : 상품의 형상이나 포장 형태의 입체표장을 중심으로", 산업재산권 11호(2002. 5.), 한국산업재산권법학회, 216면; 牛木理一(주 4), 9면.

12) 牛木理一(주 4), 8-9면.

물품에 공통하는 것이며, 이러한 물품에 있어서는 그 형상이 필요하다. 상표권은 영업 자유 원칙의 예외로서 등록권리자의 의사만으로 결정된 상표에 대하여 일정 기간 독점권을 부여하는 것이기 때문에 기능적(따라서 필요불가결한) 형상을 상표등록하게 되어 등록권리자가 공유재산이어야 할 물품의 경합적인 사용을 저지하고자 하는 것을 허락해서는 안 된다"고 한 1986년의 파리법원 제4법정 판결과, "제3자가 디자인권이나 실용신안권을 이미 소유하고 있는 경우 타인이 그것을 상표로서 이용하는 것은 허용되지 않으며, 따라서 이러한 권리 발생 후에 출원된 상표등록은 무효다"라고 한 1986년 파리 대심원의 판결이다.[13]

3. 일본

일본의 구 상표법은 제2조 제1항에서 상표의 대상에 대하여 "문자, 도형, 기호 혹은 이들의 결합 또는 이들의 색채와의 결합"이라고 규정하여 상표는 평면적인 것만으로 파악하고 있었다. 그리하여 일본에서는 입체표장이 상표법에 의해 보호되지 않고, 의장법이나 부정경쟁방지법에 의해 보호되고 있을 뿐이었는데, 부정경쟁방지법에 의한 보호와 관련한 많은 판례가 축적되어 있었다고 한다. 그리고 일본의 등록상표 중에는 원래 입체물인 것을 의장권 소멸 후에 또는 그 등록 중에 도형으로 표현하여 상표로 등록하거나(예를 들면, 만년필의 클립, 음식용 스푼의 자루, 점포의 간판), 또는 포장상자의 전체를 전개도에 의해 표현하고 이것을 상표로 등록하는 등 입체상표를 등록하고자 하는 수요가 이미 있었다고 한다.[14]

---

13) 위 판결은 윤선희(주 9), 223-224면에서 발췌하였다.
14) 牛木理一(주 4), 6면.

그런데 구 상표법이 개정되어 1997. 4. 1.부터 시행되고 있는 새로운 상표법에서는, 제2조 제1항에서 상표의 정의를 "문자, 도형, 기호나 입체적 형상 혹은 이들의 결합 또는 색채와의 결합"으로 하고, 제2조 제4항에서 상표의 사용에는 상품 또는 상품이 포장 등을 표장의 형상으로 하는 것을 포함하는 것으로 규정함으로써, 상표법에도 입체상표를 도입하였다. 이는 입법자가 과거에 있어서 부정경쟁방지법에 의하여 소극적으로만 보호해 온 상품표시로서의 주지의 상품 형태를 입체상표란 개념을 주어 이번에는 상표법에 의하여 권리화하고 적극적으로 보호하고자 의도한 것이라고 해석되기도 한다.[15] 그리고 이러한 입체상표의 도입과 함께, 제4조 제1항 제18호는 기능상 불가결한 입체적 형상만으로 된 상표는 등록받을 수 없다는 규정을 두었다.[16] 즉, 상품 또는 상품의 포장의 기능을 확보하기 위하여 불가결한 입체적 형상만으로 된 상표는 등록되지 않도록 한다는 기능성원리를 규정한 것으로, 미국의 입법례에 비해서는 좀 더 구체적이지만 유럽연합 국가들에 비해서는 추상적으로 기능성 개념을 규정하고 있음을 알 수 있다.

4. 우리나라

우리나라의 구 상표법(1997. 8. 22. 법률 제5355호로 개정되기 전의 것)은 일본의 구 상표법과 마찬가지로 상표를 "상품을 생산·가공·증명 또는 판매하는 것을 업으로 영위하는 자가 자기의 업무에 관련된 상품을 타인의 상품과 식별되도록 하기 위하여 사용하는, 기호·문자·도형 또는 이들을 결합한 것이나 이들 각각에 색채를 결합한 것"이라고만

---

15) Id.
16) 小野昌延 編, 註解 商標法 上卷, 新版, 靑林書院(2005), 443면; 網野誠, 商標, 第6版, 有斐閣(2002), 420-421면.

규정하여 평면적인 것만을 그 대상으로 하였다. 따라서 우리나라의 경우도 일본의 경우처럼 입체적 형상은 디자인보호법[17]이나 부정경쟁방지법에 의해서 보호되고 있었을 뿐이다.[18] 우리나라의 경우도 종래 입체적 형상이 상표에 등장하지 않은 것은 아닌데, 예컨대, 1960년대 대표적인 상표 중의 하나였던 삼호방직 주식회사의 "종표타래실" 상표는 범종의 입체적 형상을 표장으로 하고 있었다. 그러니 이는 입체적 형상을 문자 등과 결합하여 사용하고 있는 예이고 입체적 형상 그 자체만이 상표로서 인정된 것은 아니었다.[19]

그런데 1997. 8. 22. 법률 제5355호로 상표법을 개정하면서, 상표법 제2조 제1항 제1호 가목에 상표의 대상으로 "입체적 형상"을 추가하는

17) 디자인보호법 제2조 제1호는 디자인을 "물품(물품의 부분 및 글자체를 포함한다)의 형상·모양·색채 또는 이들을 결합한 것으로서 시각을 통하여 미감을 일으키게 하는 것"으로 정의하고 있으므로, 입체적 형상은 디자인보호법이 보호하는 주요 대상이다.

18) 1961. 12. 30. 법률 제911호로 제정된 우리나라 구 부정경쟁방지법은 제2조 제1호에서 "국내에 널리 인식된 타인의 성명, 상호, 상표, 상품의 용기, 포장 기타 타인의 상품임을 표시한 표지(標識)와 동일 또는 유사한 것을 사용하거나 이러한 것을 사용한 상품을 판매, 무상반포 또는 수출하여 타인의 상품과 혼동을 일으키게 하는 행위"와 제2호에서 "국내에 널리 인식된 타인의 성명, 상호, 표장 기타 타인의 영업임을 표시하는 표지와 동일 또는 유사한 것을 사용하여 타인의 영업상의 시설 또는 활동과 혼동을 일으키게 하는 행위"를 부정경쟁행위의 하나로 규정하였는데, 위 규정은 현재에도 이어져 부정경쟁방지법 제2조 제1호 가목에서 "국내에 널리 인식된 타인의 성명, 상호, 상표, 상품의 용기·포장, 그 밖에 타인의 상품임을 표시한 표지(標識)와 동일하거나 유사한 것을 사용하거나 이러한 것을 사용한 상품을 판매·반포 또는 수입·수출하여 타인의 상품과 혼동하게 하는 행위"와 제2조 제1호 나목에서 "국내에 널리 인식된 타인의 성명, 상호, 표장(標章), 그 밖에 타인의 영업임을 표시하는 표지와 동일하거나 유사한 것을 사용하여 타인의 영업상의 시설 또는 활동과 혼동하게 하는 행위"를 부정경쟁행위로 규정하고 있다. 따라서 위 규정에 따라 상품 형태 등의 입체적 형상이 특정상품 또는 서비스를 식별할 수 있는 표지로서 국내에 널리 인식되게 된 경우, 즉 주지성을 취득한 경우 보호받을 수 있다.

19) 김은기(주 4), 56면.

한편, 제2조 제1항 제6호 가목 내지 다목이 규정한 상표의 사용행위에는 "상품, 상품의 포장, 광고, 간판 또는 표찰을 표장의 형상으로 하는 것을 포함한다"는 제2조 제2항을 신설하였다. 그리고 기술적표장에 대한 규정인 상표법 제6조 제1항 제3호가 규정한 형상 등을 보통으로 사용하는 방법으로 표시한 표장만으로 된 상표에서 위 형상에는 "포장의 형상"도 포함되는 것으로 규정하였고, "상표등록을 받고자 하는 상품 또는 그 상품의 포장의 기능을 확보하는데 불가결한 입체적 형상만으로 된 상표는 상표등록을 받을 수 없다"는 상표법 제7조 제1항 제13호와 "상표등록을 받고자 하는 상품 또는 그 상품의 포장의 기능을 확보하는데 불가결한 입체적 형상만으로 된 상표"에는 상표권의 효력이 미치지 않는다는 상표법 제51조 제4호를 신설함으로써 기능성원리를 규정하였다. 위 규정 형식으로 볼 때, 기능성원리에 관하여 우리의 상표법은 일본의 상표법과 거의 동일한 규정을 두고 있다고 할 것이다.

한편, 색채의 기능성과 관련한 우리 상표법 규정을 보면, 위와 같이 처음으로 기능성원리를 도입하면서는 색채와 관련해서는 아무런 규정을 두고 있지 않다가, 상표법이 2007. 1. 3. 법률 제8190호로 개정되면서는 상표법 제7조 제1항 제13호와 제51조 제4호의 기능성원리 관련 규정들에 "상품 또는 그 상품의 포장의 기능을 확보하는데 불가결한 입체적 형상만으로 되거나 색채 또는 색채의 조합만으로 된 상표"라고 색채에 관해서도 규정하기에 이르렀다. 이것은 종래 우리 상표법이 기호·문자·도형·입체적 형상에 색채가 결합된 색채상표만을 등록의 대상으로 규정하여 색채 자체에 대해서는 독립적인 상표로서의 의미를 부여하지 않았으나, 선진 외국의 경우 색채 단독으로도 상표로 보호해 주고 있는 데 영향을 받아 위 2007년의 법률 개정에 의하여 '색채 또는 색채의 조합만으로 이루어진 상표'도 등록받을 수 있다고 규정함(상표법 제2조 제1항 제1호의 상표의 정의 규정 참조)에 따른 것이다.

제3절 기능성원리의 정책목표

1. 논의의 방향

앞서 제2절에서 살펴본 바와 같이 기능성원리(functionality doctrine)
는 미국의 판례법에 의해 등장하여 유럽과 일본을 거쳐 우리나라에도
입법되기에 이르렀는데, 위 원리가 탄생한 국가인 미국에서조차도 기
능성원리에서 말하는 기능성(functionality)의 개념이 무엇인지에 대한
명확한 정의나 그에 대한 통일된 판단기준이 정립되어 있지 않다. 이는
그 만큼 기능성원리에서의 기능성 개념이나 그 판단기준을 정립하기가
어려움을 의미하는 것이다.

그런데 기능성원리를 논함에 있어서 항상 염두에 둬야 하는 것은, 기
능성원리를 통해 달성하고자 하는 정책목표를 어떻게 설정하느냐에 따
라 기능성의 개념이나 그 판단기준 등이 달라질 수 있다는 것이다. 뒤
에서 자세히 살펴보겠지만, 기능성원리에 대한 미국에서의 다양한 논
의 역시 그 정책목표에 대한 견해의 차이에서 비롯된 면이 크다고 할
수 있다. 따라서 기능성원리의 정책목표를 제대로 이해하는 것은 기능
성원리에서 말하는 기능성의 의미와 본질을 규명하고 이에 대한 합리
적이고 타당한 판단기준을 설정함에 있어서 필수적이다.

기능성원리의 정책목표는 대개 두 가지 관점에서 논의되고 있다.[1]

---

1) J. Thomas McCarthy, 1 McCarthy on Trademarks and Unfair Competition, §

하나는 특허 또는 디자인 등 다른 지적재산 영역과의 관계에서 상표에 의한 보호 한계를 설정해야 한다는 관점이다. 이 관점에서는 물품의 기능(function)에 대한 독점배타적인 권리를 설정하는 것은 오로지 특허(이와 함께 디자인도 드는 견해가 있다)일 뿐이므로, 이를 상표에 의해 보호하는 것은 허용될 수 없다고 한다(이하에서는, 이러한 정책목표를 '특허 등과의 충돌방지' 정책목표라고 한다). 다른 하나는 상표법이 경쟁법으로서 자유로운 경쟁을 부당하게 제한해서는 안 된다는 그 자체의 내재적인 한계가 있다는 관점이다. 이 관점에서는 경쟁업자가 자유롭게 경쟁하기 위해 필요하면 기능적인 특성(functional features) 또는 실용적 특성(utilitarian features)을 복제해 사용하는 것이 충분히 보장되어야 하므로, 이를 상표에 의해 독점배타적으로 보호해서는 안 된다고 한다(이하에서는, 이러한 정책목표를 '자유경쟁의 부당한 제한방지' 정책목표라고 한다).

이러한 기능성원리의 두 가지 주요 정책목표에 대해서는, 지적재산권의 전반적인 체계와 공공영역(public domain)의 보장이라는 관점에서 그 구체적인 내용을 어떻게 파악해야 하는가, 이들 정책목표 중 어느 것을 더 중요하게 고려하여야 하는가, 그리고 이들 정책목표의 관계를 어떻게 설정해야 하는가 등과 관련하여 다양한 논의가 전개되고 있다. 예를 들어, 미국의 판례들을 보면, 기능성원리의 근거를 '특허 등과의 충돌방지' 정책목표에만 두고 있는 판례들이 있는가 하면, 오로지 '자유경쟁의 부당한 제한방지' 정책목표에만 그 근거를 두고 있는 판례들도 있다. 그리고 McCarthy 교수와 같이 어떠한 형상이나 디자인이 기

7:68, at 7-155, Thomson West (4th ed. 2006); 김원오, "입체상표의 등록 및 보호 요건에 관한 소고 : 상품의 형상이나 포장 형태의 입체표장을 중심으로", 산업재산권 11호(2002. 5.), 한국산업재산권법학회), 218면; 이대희, "상표법상의 기능성 원리에 관한 연구", 창작과 권리 12호(1998. 9.), 세창출판사, 29면; 진효근, "입체상표와 기능배제의 원칙", 판례연구 16집(상)(2002. 8.), 서울지방변호사회, 14-15면.

능적(functional)인지 여부를 판단함에 있어 이러한 두 가지의 정책목표
는 둘 다 모두 중요하게 고려되어야 한다고 주장하는 견해도 있다.[2]

한편, 미국 연방대법원의 기능성원리에 대한 가장 최근의 판례인
TrafFix Devices, Inc. v. Marketing Displays, Inc. 판결[3]에서는 "자유경
쟁의 부당한 제한방지라는 것은 정책목표의 서술일 뿐, 이를 어떤 특성
(features)을 기능적이라고 할 것인가에 대한 법률적인 정의로 사용해서
는 안 됨을 주의해야 한다"고 판시하기도 하였다.

아래에서는 기능성원리에 대한 논의가 가장 활발한 미국을 중심으로
하여 이들 기능성원리의 정책목표에 대한 논의가 어떻게 전개되고 있
는지 상세히 살펴보도록 한다.

2. 특허 등과의 충돌방지 정책목표

가. 의미

특허 등과의 충돌방지를 기능성원리의 정책목표로 삼는 견해는, 보
호기간의 만료 또는 그 요건의 결핍으로 인하여 특허나 디자인에 의해
보호되지 않는 기능적인 특성(functional features) 또는 실용적인 특성
(utilitarian features)을 상표에 의하여 보호하게 되면, 특허나 디자인과
상표 사이에 그 보호 영역의 충돌이 일어나므로, 이러한 충돌을 회피하
고 이들 법률의 보호 영역을 서로 조화시키기 위한 원리로서 기능성원
리가 필요하다고 이해한다.

이러한 정책목표와 관련한 미국 제3연방항소법원의 판시를 보면,

---

2) J. Thomas McCarthy(주 1), § 7:63, at 7-142.
3) 532 U.S. 23 (2001). 뒤에서 미국 판례에 의한 기능성원리에 대한 논의의 전개
   과정을 살펴보면서 그 구체적인 내용을 더 자세히 검토한다.

"특허의 보호기간이 만료하거나 특허 요건을 충족시키지 못하였다는 이유 등으로 특허가 부여될 수 없어 특허에 의한 보호를 받을 수 없음에도 불구하고 이를 상표로 보호함으로써 영구적인 독점권을 허용하는 것을 막는 것이다"고 설시해 오고 있다고 한다.[4] 즉, 기능적인 것으로 특허로 보호될 자격이 없는 제품 형상이나 특성은 공공영역(public domain)에 있어 모방과 복제를 하는 것이 공정한 것(fair game for imitation and copying)이기 때문에 이를 상표로 보호해서는 안 된다는 것이다.[5] 또한, 제2연방항소법원은 이와 관련하여 "한정된 기간 동안의 독점이 만료한 후에 유용한 기술혁신을 공공영역(public domain)에 두고자 하는 특허법의 목적을 훼손하지 않기 위해, 유효한 특허가 없는 경우 시장에 개방되어 있었을 것을 trade dress에 의한 보호로 인해 모두 막아 버리는지 여부에 관하여 법원은 면밀히 살펴야 한다"고 판시한 바 있다.[6]

그리고 이들 연방항소법원 판결 이후에 미국 연방대법원은 기능성원리의 근거와 관련하여 "생산자가 유용성 있는 제품의 특성(useful product feature)을 컨트롤할 수 있도록 함으로써 회사의 명성을 보호하여 경쟁을 촉진시키고자 하는 목적을 가진 상표법이, 도리어 합법적인 경쟁을 억제하게 되는 경우가 있게 되는 것을 기능성원리를 통해 방지한다. 발명자에게 새로운 제품 디자인 또는 기능에 대하여 한정된 기간 동안(그 기간이 지나면 경쟁자는 그러한 혁신을 자유롭게 이용할 수 있게 된다) 독점을 허용함으로써 발명을 장려하는 것은 특허법의 영역이지 상표법의 영역이 아닌 것이다. 그런데도 만일 제품의 기능적인 특성(functional features)이 상표로 이용될 수 있도록 한다면, 그러한 특성에 대해 특허가 허용될 수 있는지 여부와 관계없이 독점이 가능하고 또한

---

4) J. Thomas McCarthy(주 1), § 7:64, at 7-144, 145.
5) Keene Corp. v. Paraflex Industries, Inc., 653 F.2d 822 (3d Cir. 1981).
6) Stormy Clime, Ltd. v. Progroup, Inc., 809 F.2d 971 (2d Cir. 1987).

이러한 독점이 무한히 연장될 수 있게 된다(왜냐하면 상표는 무한히 갱신될 수 있기 때문이다)."고 판시하였다.[7]

나. 이론적 근거

(1) 이론적 근거의 유형

Margreth Barrett 교수는 기능성원리의 이론적 근거를 어디에 두느냐에 따라, ① Sears/Compco/Bonito Boats 판례의 설시에서 찾는 견해, ② 실용 특허 법제에 대한 훼손방지(the policy to avoid undercutting utility patents)에서 찾는 견해, ③ 공중거래원리(public bargain doctrine)에서 찾는 견해 등으로 세분하고 있다.[8] 이러한 견해들은 모두 특허나 디자인과 상표와 사이의 충돌을 피하고 이들에 의한 보호 영역을 조화시키고자 함에 그 사고의 바탕을 두고 있다는 점에서 특허 등과의 충돌방지를 기능성원리의 정책목표로 삼는 견해들로 분류될 수 있을 것이다.

①의 견해는 기능성원리의 근거를, 특허 대상의 범위 안에 있는 것들(things falling within the subject matter of patents)은 만일 그것이 특허가 되지 않는 경우에는 경쟁자들이 자유롭게 이를 이용할 수 있도록 공공영역(public domain)에 두어야 한다고 한 Sears/Compco/Bonito Boats 판례의 설시에서 찾는 견해이다.[9] 이 견해에 의하면, 위 판례들의 문구 그대로 기능적인 특성(functional features)이 특별히 실용 특허(utility patent)의 대상인지 디자인 특허(design patent)의 대상인지 여부

---

7) Qualitex Co. v. Jacobson Products Co., Inc., 514 U.S. 159, at 164-165 (1995).
8) Margreth Barrett, "Consolidating the Diffuse Paths to Trade Dress Functionality: Encountering Traffix on the Way to Sears", 61 Wash. & Lee L. Rev. 79, 137-157 (2004).
9) Id. at 136.

를 구분하지 않고 기능성원리를 적용하여 상표에 의한 보호를 거부할
수 있다는 결론에 이르게 될 수 있다. 다음으로, ②의 견해는 기능성원
리를 실용 특허(utility patent)와의 사이에서만 상표의 보호한계를 설정
하고자 하는 것으로 이해하여,[10] 디자인 특허(design patent)와 상표 사
이의 충돌 방지는 그 정책목표가 아니라고 보는 관점이다. 그리고 ③
의 견해는 특허를 부여한 대가로 공공(public)은 특허기간이 만료되면
그 발명을 복제할 권리를 갖는다는 공중거래원리(public bargain
doctrine)에서 기능성원리의 근거를 찾는 견해이다.

아래에서 항을 바꾸어 이들 세 가지 유형의 견해에 대하여 자세히
살펴본다.

(2) Sears/Compco/Bonito Boats 판례가 설시한 근거

(가) Sears/Compco/Bonito Boats 판례 설시 내용 및 기능성원리 이론에 대한 영향

미국 연방대법원은 Sears 사건[11], Compco 사건[12]에서 연방 특허법
에 의해 실용 특허나 디자인 특허의 어느 것도 받을 만한 자격이 없는
제품 특성(product features)에 대해 주(州)의 부정경쟁방지법을 적용하
여 그 복제를 금지함으로써 위 제품 특성을 보호할 수 있는지 여부에
대한 문제를 다루었다.[13] 연방대법원은 이들 사건에서 아래와 같이 이
론 구성을 하면서 주(州)의 부정경쟁방지법 규정에 의해 이들 제품 특
성을 보호할 수는 없으므로 경쟁자의 이에 대한 모방행위를 막을 수는
없다고 하였다.

---

10) Id.
11) Sears, Roebuck & Co. v. Stiffel Co., 376 U.S. 225 (1964).
12) Compco Corp. v. Day-Brite Lighting, Inc., 376 U.S. 234 (1964).
13) Margreth Barrett(주 8), at 137.

즉, 연방대법원은 Sears 사건에서는 "특허법은 발명에 대한 인센티브로서의 재산권을 부여하는 것과 다른 사람의 아이디어를 자유롭게 이용하는 것을 허용하여 경쟁적인 시장현장을 유지하고자 하는 두 가지의 충돌하는 정책목표들 사이의 균형을 신중하게 고려하고 있다. 의회는 실용 특허의 경우는 신규성(novelty), 비자명성(nonobviousness), 유용성(usefulness)의 요건 아래, 그리고 디자인 특허의 경우에는 신규성(novelty), 비자명성(nonobviousness), 장식성(ornamentality)의 요건 아래, 가장 중요한 발명에 대해서만 한정된 기간 동안 독점을 제공함으로써 이를 조절하고자 하는데 이르렀다. 이와 같은 엄격한 기준을 설정함에 있어서, 의회는 특허의 보호를 받을만한 자격이 없는 모든 발명은 공공영역(public domain)에 둠으로써 경쟁자가 이를 자유롭게 이용할 수 있도록 의도하였다. 만일 특허에 의해 보호받지 못하는 발명에 대하여 각 주가 그들 법에 의한 보호를 제공하고자 한다면, 이는 의회가 이룬 신중한 균형을 훼손하는 것으로 받아들일 수 없다."고 판시하였다.[14] 그리고 Compco 사건에서는 "연방 특허법과 저작권법이 공공영역에 둔 것은 그것이 무엇이든지 간에 자유롭게 모방할 수 있도록 허용하고자 하는 것이므로, 이러한 것들에 대한 모방을 금지하는 것은 위 연방법들이 구현하고자 하는 연방 차원의 정책목표(federal policy)를 훼손하는 것이다. 이 사건에서 Day-Brite 회사의 설치물(fixture)은 디자인특허 또는 기계특허를 받을 자격이 없다고 판단되어 왔으므로, 연방 특허법 아래에서는 공공영역에 있는 것이고, 따라서 원하는 사람은 누구든지 위 설치물의 모든 부분을 모방할 수 있다."고 설시하였다.[15]

그 후 약 20여 년 동안 미국 연방대법원은 Sears 사건과 Compco 사건에서 설시한 엄격한 입장에서 벗어난 듯 보이다가,[16] Bonito Boats

---

14) 376 U.S., at 230-232.
15) 376 U.S., at 237-238.
16) Margreth Barrett(주 8), at 138. Margreth Barrett 교수는 그러한 연방대법원 판결

사건[17]에서 다시 Sears 사건과 Compco 사건에서 판시한 기본적인 논리로 돌아갔다. 즉, 연방대법원은 Bonito Boats 사건에서 주(州)가 특허법에 의하여 보호되지 않는 실용적인 아이디어와 디자인 아이디어(utilitarian and design ideas)를 실질적으로 보호하려고 하는 것을 연방 특허법이 어느 정도 범위에서 한계를 설정할 수 있는지 여부를 다루었는데, Sears 및 Compco 사건에서와 마찬가지로 "특허법은 발명의 장려와 모방 또한 발명 자체나 경쟁적인 경제구조의 활력을 위해 필요하다는 인식 사이의 균형을 고려하고 있다"고 하면서 특허법 아래에서는 보호받을 자격 있는 발명을 보호하는 것과 함께 그렇지 못한 발명을 공공영역에 두는 것 역시 중요하다고 강조하였다.[18] 그리고 "Sears 및 Compco 판례의 핵심은 연방 특허제도의 효율적인 운영은 특허되지 않은 디자인과 실용적인 착상들(unpatented design and utilitarian conceptions)을 실질적으로 자유롭게 이용할 수 있다는 데 기초하고 있다고 하는 것이다. 이와 같이 특허가 부여되지 않고 발명자에 의해 공공에게 공개된 디자인이나 착상들을 자유롭게 이용하는 것은 연방 특허법의 핵심이므로, 주(州) 법률에 의해 이러한 이용을 실질적으로 훼손하는 것은 허용될 수 없다. 게다가, 이러한 주(州) 법률을 허용한다면, 특허권과 유사한 권리를 통하여, 발명자들로 하여금 200여년에 걸쳐 의회가 심사숙고하여 발전시켜 온 특허성의 요건을 무시하고 다른 길을 찾게 할 위험도 있다. 우리는 이러한 논리를 Sears 및 Compco 판례의 핵심으로 이해하는 한편, 이러한 논리를 수긍한다."고 판시하였다.[19]

들의 예로, 연방 특허법과 주(州)의 계약법이 충돌하지 않는다고 한 Aronson v. Quick Point Pencil Co. 판결[440 U.S. 257, 266 (1979)], 영업비밀보호법의 우선 적용을 인정하지 않은 Kewanee Oil Co. v. Bicron Corp. 판결[416 U.S. 470, 491 (1974)], 음원 녹음을 금지하는 주법(州法)을 지지한 Goldstein v. California 판결 [412 U.S. 546, 571 (1973)] 등을 들고 있다.

17) Bonito Boats, Inc. v. Thunder Craft Boats, Inc., 489 U.S. 141 (1989).
18) 489 U.S., at 146, 151.

위의 Sears, Compco, Bonito Boats의 일련의 사안들은 기능성원리의 정의를 내리거나 기능성원리의 문제를 직접 다룬 것은 아니었고, 단지 그 판시내용은 연방 특허법이 '주(州)의 부정경쟁방지법'보다 우선하여 적용된다는 것일 뿐이므로, 이 판례들은 법원이 특허가 부여될 수 없는 제품 특성에 '연방상표법(Lanham Act)'에 따라 trade dress의 보호 범위를 확장하는 것까지 막는 것은 아니라고 해석한 판례들이 있다.[20] 반면, 표면적으로 보면 위와 같은 견해가 맞는 것 같지만, 연방상표법 (Lanham Act)은 근본적으로 common law(州法)인 상표법과 부정경쟁방지법을 연방법으로 성문화한 것에 불과하고, 만일 디자인을 상표화함으로써 디자인 특허권을 영구적으로 보장받을 수 있게 된다면, 연방대법원이 Sears, Compco, Bonito Boats 사안들에서 말한 주법(州法)과 연방 특허법 사이의 충돌은 연방 특허법과 연방상표법 사이에도 그대로 똑같이 생기게 될 것이므로, 연방상표법과의 관계에서도 위 사안들의 판례가 그대로 적용되어야 한다고 주장하는 견해도 있다.[21]

이와 같이 위의 Sears, Compco, Bonito Boats의 일련의 판례들이 연방상표법에도 적용되는지 여부에 대해서는 견해 대립이 있으나, 위 판례들이 기능성원리에 내재된 논리의 근간이 무엇인지를 이해하는 데

---

19) 489 U.S., at 156-157.

20) Bonito Boats와 Sears 사건에서 연방대법원은 연방 특허법과 주(州)의 부정경쟁방지법 사이의 관계를 다루었을 뿐, 연방 특허법과 연방상표법 사이의 관계를 다루지 않았으므로, 연방상표법 또는 부정경쟁방지법의 효력 범위에는 아무런 영향이 없다고 판시한 Thomas & Betts Corp. v. Panduit Corp. 판결[138 F. 3d 277, 286 (7th Cir. 1998)], Sears/Compco/Bonito Boats 판례는 연방상표법(Lanham Act)에는 적용되지 않는다고 판시한 Esercizio v. Roberts 판결[944 F.2d 1235, 1241 (6th Cir. 1991)], 연방상표법은 Sears/Compco/Bonito Boats 판례와는 구분된다고 판시한 In re Honeywell, Inc. 판결[497 F.2d 1344, 1349 (CCPA 1974)] 등이 그 예이다.

21) Kohler Co. v. Moen, Inc. 사안에서 Cudahy 판사의 소수 의견이었다[12 F.3d 632, 646-647 (7th Cir. 1993)].

있어서 설득력 있는 논리적 기초를 제공하고 있다는 점은 부인할 수
없을 것으로 생각된다. 위의 판례들은 기능성원리에 대해 판시한 미국
연방대법원의 가장 중요한 두 개의 판결인 Inwood Laboratories, Inc. v.
Ives Laboratories, Inc. 판결[22]과 TrafFix Devices, Inc. v. Marketing
Displays, Inc. 판결[23]에서 그 선례로 인용되고 있는 것도 이 때문이라
고 할 것이다. 즉, 기능성에 대한 명확한 정의를 내린 최초의 연방대법
원 판결인 Inwood 판결에서는 그 정의를 내리면서 Sears 판결을 인용
하고 있는데, Sears 판결이 기능성에 대한 정의를 내리거나 기능성원리
의 문제를 다루지 않았음에도 불구하고 Inwood 판결이 Sears 판결을
인용한 것은, '특허가 부여되어 있지 않은 제품 특성은 경쟁자가 이용
할 수 있도록 남겨둬야 한다'는 Sears 판결의 정책목표에 주목하여 이
러한 정책목표를 기능성에 대한 정의와 연결시키고자 하였기 때문이라
고 할 수 있다.[24] 또한, TrafFix 판결에서도 '제품이 특허되거나 저작권
이 부여되지 않으면, 그것은 일반적으로 모방될 수 있다'는 Bonito
Boats 판결을 선례로 들면서 기능성원리에 대한 논의를 전개하고 있는
것도 같은 취지로 이해할 수 있다.[25]

더 나아가서, 연방대법원의 위 판례뿐만 아니라 연방항소법원들과
학자들도 기능성원리를 위의 Sears, Compco, Bonito Boats 판결들에서
설시한 정책목표와 관련지어서 설명하고 있는 예가 많이 있다고 한다.[26]

---

22) 456 U.S. 844 (1982).
23) 532 U.S. 23 (2001).
24) Margreth Barrett(주 8), at 143.
25) 532 U.S., at 29.
26) Margreth Barrett(주 8), at 143.

(나) 기능성원리의 범위와 관련한 Sears/Compco/Bonito Boats 판례의 의미 분석

Sears/Compco/Bonito Boats 판례는 앞서 본 바와 같이 "연방 특허제도의 효율적인 운영은 특허되지 않은 디자인이나 실용성에 대한 착상들(unpatented design and utilitarian conceptions)을 실질적으로 자유롭게 이용할 수 있다"고 하는 데 기초하고 있으므로, 문언을 그대로 해석하면, 제품 특성(product features)이 실용 특허의 대상이든 디자인 특허의 대상이든지를 불문하고, 위와 같은 특성에 특허가 부여되지 않은 경우 상표나 trade dress에 의해 이를 보호할 수 없다는 논리를 전개할 수 있다.

또한, 이와 같이 기능성원리를 상표와 디자인 특허 사이의 충돌을 방지하는 수단으로 이해하게 되는 경우, 디자인 특허의 대상이면서도 디자인 특허에 의해 보호가 되지 않는 디자인들에 대해서 상표에 의한 보호 역시 거부하기 위해서, 또는 디자인 특허에 의해 보호될 수 없는 디자인들 중에서 상표에 의해 보호될 수 있는 디자인과 보호될 수 없는 디자인을 구분하기 위해서 심미적 기능성(aesthetic functionality)의 개념이 필요하다는 것이 제안될 수 있다.[27] 왜냐하면, 실용 특허와 상표의 보호대상은 뚜렷이 구별될 수 있지만, 디자인 특허와 상표의 경우에는 둘 다 장식과 심미적인 특성(ornamentation and aesthetic features)을 다루고 있어, 그 보호대상이 실질적으로 겹치게 될 수 있기 때문이다.[28] 즉, 기능성원리에 의해 상표 보호 대상에서 제외되는 디자인 특

---

27) 즉, trade dress와 디자인 특허 보호 사이에 충돌이 있을 수 있고, 이러한 충돌을 피하거나 경감하기 위하여 심미적 기능성 이론이 채택되어야 한다고 주장하는 견해들인데, 이러한 견해들로는, Perry J. Saidman, "Kan TrafFix Kops Katch the Karavan Kopy Kats? or Beyond Functionality: Design Patents Are the Key to Unlocking the Trade Dress/Patent Conundrum", 82 J. Pat. & Trademark Off. Soc'Y. 839, 853-857 (2000)과, David S. Welkowitz, "Trade Dress and Patent-The Dilemma of Confusion", 30 RUTGERS L. J. 289, 334-343 (1999) 등을 참고하기 바란다.

허 대상을 판별함에 있어서는 '실용적 기능성'이란 개념만으로는 상표
보호를 하지 않으려는 제품 특성이 왜 '기능적'인지 설명할 수 없으므
로, 이를 설명하기 위하여 기능성에 대한 접근의 관점을 달리한 '심미
적 기능성'이란 개념이 필요하게 되는 것이다.

(3) 실용 특허 법제에 대한 훼손방지

(가) 내용

이러한 정책목표와 관련하여, 디자인 특허(design patent)를 배제한 채
오로지 실용 특허(utility patent)와의 충돌만을 언급하고 있는 견해가 있다.

즉, McCarthy 교수는 "기능성원리의 근거는, trade dress의 보호를 통
해 실용 특허법(utility patent law)이 규정하고 있는 엄격한 요건을 대체
하여, 뒷문 특허(back-door patents)를 창설하는 것을 자유롭고 공개된
경쟁의 측면에서 막고자 한다는 데 있다. 기능성원리의 근거를 이와 같
이 보면, 무엇이 '기능적'인가에 대한 기준은 특허법에서의 기준과 매
우 유사하게 된다. 즉, 기능적인 특성이나 디자인은 실용적이고 공학적
인 고려(practical, engineering- type considerations)에 따라 형성된 형상
또는 디자인으로 정의되어야 한다. … 이를 기능성원리의 근거로 보는
관점에서는, 이와 같은 종류의 실용적인 고려(utilitarian considerations)
가 기능성을 정의함에 있어서 그 기초가 되어야 한다"라고 하고,[29] 또
한 "미국의 지적재산권법 체계에서는, 기능적이고 실용적인 모양
(functional, utilitarian shapes)에 대한 독점권을 부여하는 유일한 법원
(法源, legal source)은 바로 실용 특허다. 디자인 특허, 저작권, 상표권,
그리고 부정경쟁법 등에 의해서 실용 특허와 동등한 권리를 부여함으

---

28) Jay Dratler, Jr., "Trademark Protection for Industrial Designs", 1988 U. Ill. L.
   Rev. 887, 941 (1988).

29) J. Thomas McCarthy(주 1), § 7:64, at 7-145, 146.

로써 특허법이 정하고 있는 엄격한 실용 특허 요건을 교묘히 빠져나가게 해서는 안 된다"라고 주장한다.[30]

한편, Dratler 교수는 "기능성원리는 핵심적으로 상표법이 영구적인 실용 특허에 대한 보호(perpetual utility patent protection)를 얻기 위한 지름길을 제공해서는 안 된다는 명제에 기초하고 있다. 따라서 기능성원리에서 기능성이란 단어의 기본적인 의미는 실용 특허(utility patent)에서의 유용하고 실용적인 목적(a useful or utilitarian purpose)에 다름 아니다. 만일 제품의 형상이 그와 같은 유용한 목적에 의해 지배된다면, 그것은 기능적인 것이고, 실용 특허에 의해서만 보호되어야 한다."고 주장한다.[31]

(나) 기능성원리의 범위와 관련한 의미 분석

1) 디자인과의 관계

가) 개관

기능성원리의 근거를 실용 특허(utility patent) 법제에 대한 훼손방지로 보는 견해에 의하면, trade dress 법과 디자인 특허(design patent) 법은 모두 서로 다른 형태로 합법적인 연방정책 목표를 달성하기 위해 기능하기 때문에, 기능성원리는 trade dress의 보호가 디자인 특허를 훼손하거나 이와 중복될 가능성이 있다는 점과는 아무런 관련이 없는 원리로 이해되어야 한다고 주장한다.[32] 따라서 디자인 특허를 취득하기 위한 요건을 충족하지 못하여 디자인 특허에 의해 보호되지 못하거나, 혹은 디자인 특허로 보호되다가 그 보호기간이 만료되어 더 이상 디자

---

30) Id. § 7:64, at 7-149.
31) Jay Dratler, Jr.(주 28), at 938-939.
32) Margreth Barrett(주 8), at 147-148. 미국에서 디자인의 기능성에 대한 논의는 앞의 제2장 제1절 2.가.항 참조.

인 특허에 의한 보호를 받을 수 없는 모양이나 형상이라고 하더라도, 상표에 의해 보호될 수 있게 된다. 이와 관련하여 Margreth Barrett 교수는 "trade dress의 보호는, 그러한 형상이 우선 식별력을 가져야 하고, 또한 유사한 제품 형상이 사용되더라도 그로 인하여 수요자의 혼동을 일으킬 염려가 있는 경우에 한하여 주어지는 것이기 때문에, 미적인 (aesthetic) 제품 형상에 대하여 디자인 특허에 비하여 좁은 범위에서 더 약한 보호만을 할 수 있다"라고 trade dress와 디자인 특허의 차이를 설명한다.[33]

기능성원리를 이와 같이 디자인 특허와는 무관하게 이해하는 이유는, 디자인 특허가 미국 특허법(35 U.S.C.) 제171조의 규정상 '기능적(functional)'이 아니라 '장식적(ornamental)'인 제품 디자인에 부여되는 것으로 해석해야 한다는 점에 있는 것으로 보인다.[34] 즉, 위 규정에 근거하여 미국 연방법원들은 디자인 특허는 제품의 구조적이거나 기능적인 특성을 보호할 수 없다고 하고,[35] 디자인이 디자인 특허를 받기 위한 요건으로서 '장식성'이 있는지 여부는 그 디자인이 물건의 기능을 수행하는데 지배받고 있는지 여부에 의해 결정된다고 하면서,[36] 디자인 특허는 기능적인 것과 관련이 없는 형상만을 보호하는 것으로 이해한다. 따라서 본질적으로 '기능적인 것'은 그 보호대상이 될 수 없는

---

33) Margreth Barrett(주 8), at 148-149.
34) Id. at 147(footnote 293 부분) 참조.
35) Lee v. Dayton-Hudson Corp., 838 F.2d 1186, 1188 (Fed. Cir. 1988).
36) Berry Sterling Corp. v. Pescor Plastics, Inc., 122 F.3d 1452, 1455 (Fed. Cir. 1997). 이 판결은 디자인이 기능적인지 여부를 판단하기 위한 적절한 고려사항으로, ① 대체 가능한 디자인이 있는지 여부, ② 보호되고자 하는 디자인이 최선의 디자인인지 여부, ③ 대체 가능한 디자인이 역으로 제품의 유용성에 영향을 미치는지 여부, ④ 실용 특허가 별도로 존재하고 있는지 여부, ⑤ 광고에서 디자인의 특정 형상이 특별한 유용성을 가지고 있다고 선전하고 있는지 여부, 그리고 ⑥ 디자인의 일정 요소나 전체적인 외관이 기능에 의해 지배되지 않음이 명백한지 여부 등을 들고 있다(Id. at 1455-1456 참조).

디자인 특허와 사이에 상표 보호영역의 충돌을 방지하기 위해 기능성 원리가 개입될 여지는 전혀 없게 되는 것이다.[37]

나) 미국 법원의 판례 분석

미국 법원은 아주 오래 전부터 디자인 특허(design patent)가 상표 보호에 미치는 영향과 관련한 문제를 다루었는데, 예를 들면, 1883년 Wilcox & Gibbs Sewing-Machine Co. v. The Gibbens Frame 사건[38]이 있다. 이 사건에서 Wilcox & Gibbs 회사는 재봉틀의 G 모양 프레임 (G-shaped frame)에 대하여 실용 특허(utility patent)와 디자인 특허 (design patent) 모두를 부여받았는데, 1872년 이들 특허가 모두 소멸하자, 위 모양을 1859년부터 계속하여 사용해 왔다고 주장하면서 이를 상표로 보호받고자 하였다. 법원은 이에 대해 다른 사람들이 유사한 디자인의 재봉틀을 만들지 못하도록 할 수 있는 권리는 특허권에서 나온 것이었으므로, 이러한 권리는 특허권이 만료함으로써 종료하고, 그것이 무엇이든지 간에 이에 대한 특허권이 만료되면 공공(public)에게로 이전되어 누구나 자유롭게 이를 이용할 수 있다고 판시하였다.[39] 위 판례는 기능성(functionality)의 개념을 직접 다룬 것은 아니지만, 그 결론에 이름에 있어서, '이러한 형태의 프레임이 다른 부품들이 차지하는 공간에

---

37) 미국 법원은 때때로 제품 디자인이 디자인 특허의 대상이 된다는 것을 기능성이 없다는(non-functionality) 관련 증거로 파악한다. 예를 들어, 미국 연방항소법원 (Federal Circuit)의 경우, CAFC의 전신인 CCPA는 In re Morton-Norwich Prods., Inc. 사건에서 전에 디자인 특허가 존재하였다는 것을 기능성이 없다는 관련 증거라고 판시한 바 있다[671 F.2d 1232, 1342 n.3 (CCPA 1982)]. 그러나 전에 디자인 특허가 있었다는 것이 기능성이 없다는 결정적인 증거가 되는 것은 아니라고 판시한 미국 상표항고심판원의 사례도 있다[In re Am. Nat'l Can Co., 41 U.S.P.Q.2d 1841, 1843 (TTAB 1997)]. 자세한 논의는 제5장 제4절 5.다.(1)항 부분 참조.

38) 17 F. 623 (CCSDNY 1883).

39) Id. at 623-624.

비하여 그 공간을 적게 차지한다는 점에 있어서, 다른 형태의 프레임들
에 비해서 얼마나 장점(advantages)이 있는지' 여부를 논하였다.[40]

한편, Kellogg Co. v. National Biscuit Co. 사건에서 연방대법원은, 베
개 모양의 조각 비스킷(pillow-shaped shredded wheat biscuits)에 대한
실용 특허와 디자인 특허가 만료하면, 그러한 형상은, 그 이름과 함께,
공공의 영역에 들어가게 된다고 판결한 바가 있다.[41]

위 사안들은 문제의 형상에 대해 실용 특허와 디자인 특허 모두를
받은 후 그 특허가 소멸한 후 상표 보호와 관련한 사안들이었다. 그런
데 디자인 특허의 존재 자체가 상표에 의한 보호를 하지 못하도록 하
는가 하는 문제를 직접 다룬 최초의 판결은, 특허전담연방항소법원[the
Court of Appeals for the Federal Circuit(줄여서 'CAFC'), 이하 'CAFC'
라 한다]의 전신인 관세 및 특허 항소법원[the Court of Customs and
Patent Appeals(줄여서 'CCPA'), 이하 'CCPA'라 한다]의 1964년 In re
Mogen David Wine Corp. 사건[42]에서였다.[43] 위 사안은 Mogen David
Wine 회사가 자신의 독특한 포도주병 형상에 대한 상표등록을 거절한
상표항고심판원[the Trademark Trial and Appeal Board(줄여서 'TTAB')]
의 결정에 대해 항소한 사건이었다. 상표항고심판원이 상표등록을 거
절한 이유는, Mogen David Wine 회사가 상표등록을 받고자 하는 포도
주병 형상에 대한 디자인 특허권이 이미 부여되어 있었기 때문이었다
(위 회사가 위 디자인 특허권을 양수하여 그 권리자가 되었다). 상표항
고심판원은 만일 포도주병 형상에 대한 등록을 허용한다면, 특허법의
목적이나 의도에 반하여, 디자인 특허에 의해 부여된 독점을 불법적으

---

40) Id. at 623.
41) 305 U.S. 111, 119-120 (1938).
42) 328 F.2d 925 (CCPA 1964).
43) Tracy-Gene G. Durkin & Julie D. Shirk, "Design Patents And Trade Dress
    Protection: Are The Two Mutually Exclusive?", 87 J. Pat. & Trademark Off.
    Soc'Y 770, 772 (2005).

로 연장하게 된다는 것을 이러한 결정의 근거로 삼았다.[44]

이에 대해 CCPA는 디자인 특허의 만료 후에도 계속 존속하는 상표권(또는 부정경쟁방지법 아래에서의 다른 권리)은 디자인 특허권에 의한 독점을 연장하는 것이 아니라고 하면서 상표항고심판원의 결정을 파기했다. 즉, 위 법원은 특허법과 상표법은 서로 다른 목적을 위하여 독립적으로 존재함을 강조하면서, 어느 하나의 권리가 소멸한다고 하여 다른 하나의 권리의 존속에 영향을 미치는 것은 아니라고 하는 한편, 디자인 특허의 존속 기간 동안에 디자인 특허의 대상(the subject matter of a design patent)을 사용하는 것은 상표의 사용으로도 생각될 수 있다고 판시하였다.[45] 그리고 이와 같은 맥락에서, "특허권자가 제조업자 또는 판매업자로서도 유명한 경우, 상표, 2차적인 의미(secondary meaning)를 취득한 기능적이지 않은 장식적인 형상(non-functional decorative features), 또는 공중의 인식(the public mind) 속에 제품과 그 생산자를 상호 연결할 수 있도록 하는 독특한 디자인의 포장이나 레이블(label)과 같은 trade dress에 의해서 식별된 바에 따라, 특허권자의 상품이 특허권자에 의해서 만들어진 상품이라는 점에 대한 수요를 창출한다. 그런데 이러한 형상들은 특허권과는 아무런 상관이 없다. 그러한 형상들은 특허권 이외에 특허권자가 가지는 재산권인 것이다. 이러한 특성과 관련해서는, 특허권이 전혀 관련되지 않는 경우와 마찬가지로 상표나 trade dress와 관련한 일반적인 원칙이 적용된다."고 판시하였다.[46]

---

44) 328 F.2d, at 927.
45) Id. at 930-932.
46) Id. at 928. 이와 같은 취지로 판시한 Mogen David 판결에서는 특허권의 이용과 관련하여 발생하는 상표권의 존재는 불합리한 '독점의 연장(extension of

위와 같은 취지의 판결로는 그 이외에 In re Honeywell, Inc. 판결[47]
도 있다. 위 사건에서 상표항고심판원은 오른쪽 그림과 같은 둥근 모양
의 자동온도조절장치(thermostat) 형상에 대한 상표등록을 거절하였다.
Honeywell 회사는 위 형상에 대한 디자인 특허를 가지고 있었는데,
Honeywell 회사가 위 디자인에 대한 상표등록 출원을 했을 당시 디자
인 특허는 아직 소멸되지 않은 상태였으나, 상표항고심판원의 결정 당
시에는 소멸하였었다. 상표 심사관은 기능성(functionality)을 상표등록
거절의 근거로 삼았음에 반하여, 상표항고심판원은 Honeywell 회사가
가지고 있던 이전의 디자인 특허만을 근거로 하여 상표등록을 거절하
였다. 즉, 심판원은 디자인 특허가 부여된 대상과 동일한 대상에 상표
등록을 허용하는 것은 실제로 특허된 디자인의 보호를 연장함으로써
특허법의 목적과 의도에 반하게 된다고 본 것이다.[48]

이에 대해 CCPA는 심판원의 논거는 잘못되었다고 하고, 소멸한 디
자인 특허의 비기능적인 특성(non-functional features)에 대한 Mogen
David 판결의 논리를 따라 설시하였다. 즉, 위 법원은 "실용 특허의 대
상으로서 개시된 것은 기능성이 있는 것이고(functional subject matter
disclosed in utility patents), 디자인 특허에서 개시된 대상은 상표와의
관계에서 볼 때 기능적이거나 기능적이지 않을 수 있으므로(subject
matter disclosed in design patents, which may or may not be functional),
이들 사이에는 뚜렷한 차이점이 있다고 강조하였다. 그러면서 '연방 디
자인 특허법은 장식적인 디자인의 발명을 장려하기 위한 것이다. 연방
상표법은 그 기원이 디자인 특허법과는 독립된 것으로, 공중이 상품이

---

monopoly)'이라고 보는 관점에서 특허권의 존재는 기능성(functionality)의 증거
로 고려될 수 있을 뿐이라는 관점으로 변한 것이라고 보는 견해가 있다
[Tracy-Gene G. Durkin & Julie D. Shirk(주 43), at 773].
47) 497 F.2d 1344 (CCPA 1974).
48) 위 사안의 경위에 대해 자세한 것은, Id. at 1345-1346.

나 서비스를 구입함에 있어서 혼동(confusion), 실수(mistake), 기망 (deception)이 없도록 하고, 상표권자의 제품에 대한 식별력을 온전히 보호하기 위한 것이다. 이러한 차이를 감안할 때, 이 법원은, 만일 상표가 기능적이지 않고(non- functional), 실제로 상표권자의 상품을 타인의 상품과 식별할 수 있다면, 상품이나 서비스를 구입함에 있어서 혼동, 실수, 기망이 없도록 한다는 공공의 이익(public interest)이 디자인 특허권을 연장하고자 한다는 주장보다 우선해야만 하는 것으로 판단한다." 고 하였다.[49]

이와 같이 디자인 특허의 존재를 상표 보호에 별다른 영향이 없다고 보는 경향은 그 뒤 미국 법원의 판례들에 그대로 이어져 내려오고 있는 것으로 보인다.[50] 그러나 이와 같이 디자인 특허와 실용 특허를 달

---

49) Id. at 1347-1348. 위와 같이 상표항고심판원의 결정은 취소되었지만, 위 취소에 따라 위 사건을 다시 심리하게 된 상표항고심판원은 그러한 형상이 '기능적'이라는 이유로 재차 상표등록을 거절하였고, 이에 대해 Honeywell 회사가 다시 불복하였으나, 이에 대해서는 CCPA도 '기능성'을 근거로 하여 상표등록을 거절한 결정을 정당하다고 판시하였다[In re Honeywell, Inc., 532 F.2d 180, 182-183 (CCPA 1976)]. 그런데 여기서 끝나지 않고, Honeywell 회사는 1986년 다시 둥근 자동온도조절기 형상에 대한 상표등록을 출원하였고, 이번에는 상표항고심판원이 그 등록을 허용하였다. 그 후 2003년에는 Eco Mfg. v. Honeywell Int'l, Inc. 사건[295 F.Supp.2d 854 (S.D. Ind. 2003)]에서 위 형상이 상표권의 보호를 받을 수 있을 것인지가 문제되었는데, 위 법원은 그러한 형상이 이전에 디자인 특허와 실용 특허 모두에 의해 보호되었고, Honeywell 회사가 위 형상이 원형의 볼록한 모양이 신규성이 있고 유용하다고 미국 특허청을 설득하여 이에 대한 실용 특허를 받은 점을 그 사실관계로 인정한 다음, TrafFix 판결을 위 사안에 적용하여, 실용 특허를 받았다는 것은 그 둥근 형상이 기능적이라는 증거가 되므로 상표로 보호받을 수 없다고 판결하였다.

위 사건의 이후 쟁송 과정에 대한 자세한 것은, Tracy-Gene G. Durkin & Julie D. Shirk(주 43), at 775 FN4를 참조하기 바란다.

50) 전기 커넥터와 플러그에 대한 디자인 특허의 만료 후에 이를 trade dress로 보호하는 것은 특허권의 독점기간을 연장하려는 불법적인 시도라는 주장을 기각한 Hubbell Inc. v. Pass & Seymour, Inc. 사건[883 F.Supp. 955 (SDNY 1995)], 금

리 취급하는 것에 대한 반대 견해도 있다. 즉, Cudahy 판사는 Kohler 판결에서 "디자인 특허의 대상과 실용 특허의 대상에 대한 취급을 달리 해야 할 아무런 근거가 없다. 만일 실용 특허에 의해서 보호받지 못하는 기능적인 특성을 누구나 모방할 수 있다면, 디자인 특허에 의해 보호받지 못하는 장식적이거나 미적인(ornamental or aesthetic) 디자인 역시 모두가 자유롭게 모방할 수 있어야 한다. 디자인 특허와 실용 특허는 같은 특허법에 의해 창설된 것이다. ⋯ 특허법 자체에는 상표에 의한 보호를 확장함에 있어서 하나는 되고 하나는 되지 않는다고 디자인 특허와 실용 특허를 구분하도록 하는 아무것도 존재하지 않는다. 오히려, '발명에 대한 특허와 관련되는 이 법의 규정은 다른 규정이 없는 한 디자인에 대한 특허에도 적용되어야 한다'[51]고 하여 실용 특허에 적용될 수 있는 법은 디자인 특허에도 적용된다는 규정이 있을 뿐이다."라고 하면서 그의 반대의견을 내었다.[52]

속 프레임 스태킹 체어(stacking chair)에 대한 디자인 특허 만료 후 연방상표법 (Lanham Act)에 의해 trade dress로 보호될 수 없다는 같은 취지의 주장을 기각한 Krueger International, Inc. v. Nightingale, Inc. 판결[915 F.Supp. 595 (SDNY 1996), 디자인 특허의 만료 후 그 디자인을 모방할 수는 있으나, 수요자가 그 출처를 오인하도록 하는 방법으로 모방할 수는 없다고 판시함], 보석 모양의 캔디가 꼭대기에 붙어 있는 플라스틱 반지에 대한 디자인 특허의 만료 후에 그 상표 등록을 허용한 데 대해, 만료된 디자인 특허가 상표권에 의한 보호나 상표권의 등록을 막지 못한다고 설시한 Topps Co., Inc. v. Gerrit J. Verburg Co. 사건[1996 U.S. Dist. LEXIS 18556 (SDNY Dec. 12, 1996)], 풍선껌 기계에 대한 디자인 특허의 만료 후에 그 형상에 대해 상표권을 취득하는 것은 독점금지법에 위반한다는 주장을 받아들이지 않은 Northwestern Corp. v. Gabriel Mfg. Co. 판결[1996 U.S. Dist. LEXIS 19275 (N.D. Ill. Dec. 10, 1996), 위 법원은 기능성은 영구적인 '실용 특허'의 보호를 막는 정책원리라고 하였다] 등이 그 예이다.

51) "The provisions of this title relating to patents for inventions shall apply to patents for designs, except as otherwise provided."라는 35 U.S.C. 171조의 규정 참조.

52) Kohler Co. v. Moen, Inc., 12 F.3d 632, 648 (7th Cir. 1993) (Cudahy, J. dissenting).

이상에서 본 바를 종합하면, 반대론이 있기는 하나, 미국의 판례들은 대부분 디자인 특허(design patent)의 존재 자체는 상표보호 여부에 별다른 영향을 미치지 않는다는 쪽으로 설시하고 있다. 즉, 디자인 특허의 존재 그 자체는 기능성이 있다는 것과 아무런 관련이 없고, 더 나아가 이와 같이 디자인 특허를 받은 형상이 만일 기능성이 있다는 것까지 인정될 경우에 한해서 상표보호를 거절할 수 있을 뿐이라는 것이다. 이에 반하여, 실용 특허(utility patent)가 존재하는 경우에는 대체로 미국 판례들은 그 형상을 기능성이 있는 것으로 봐서 이에 대한 상표보호를 거부한다.

한편, 이와는 조금 입장을 달리하는 것으로, 미국 연방대법원은 2001년 선고한 TrafFix 판결[53]에서 실용 특허(utility patent)의 존재는 그 형상이 기능성이 있다는 데 대한 강력한 증거(strong evidence)가 된다고 판시하였다. 이에 대해서는 뒤에서 더 자세히 살펴본다.

다) 디자인 특허와 실용 특허를 구분하는 기능성 개념과의 관계

위와 같이 기능성원리의 근거를 실용 특허(utility patent) 법제에 대한 훼손방지로만 보고 디자인 특허(design patent)와는 무관한 것으로 보는 경우에는, 기능성원리에서의 기능성 개념과 디자인 특허의 실용 특허에 대한 한계를 설정하기 위한 기능성 개념[54]을 같은 법률적인 의

---

53) TrafFix Devices, Inc. v. Marketing Displays, Inc., 532 U.S. 23 (2001).
54) 미국의 경우 디자인 특허는 '기능적(functional)'이 아니라 '장식적(ornamental)'인 제품 디자인에 부여되는 것이라는 점에서 실용 특허와 구분되고, 따라서 디자인이 기능적인(functional) 것이라면 실용 특허를 취득하여야지 디자인 특허를 취득할 수 없음은 앞서 살펴본 바 있다. 그리고 우리나라 디자인보호법도 제6조 제4호에서 디자인등록을 받을 수 없는 디자인으로 "물품의 기능을 확보하는 데 불가결한 형상만으로 된 디자인"을 규정하고 있는데, 이에 대한 우리 대법원 판례의 판단기준은 미국의 '유일기능기준(solely functional standard)'과 마찬가지로 '같은 기능을 갖는 선택 가능한 다른 디자인이 존재하는지 여부'라는 점도 앞서 살펴본 바 있다.

미로 파악할 수 있는지 여부가 흥미로운 논란거리이다.

일반적으로 말하면, 전체 지적재산권법 체계에서 기능성(functionality)
은 원칙적으로 실용 특허(utility patent)에 의해 보호되어야 한다는 명제
에 의해서, 상표뿐만 아니라 디자인 특허에 있어서도 위 기능성의 개념
은 모두 특허 제도와의 충돌을 방지하기 위한 고려 아래 특허에 의해
보호되어야 하는 '기능성'의 개념이 무엇인가를 탐색한 결과 도출된 개
념이라는 공통점을 가진다고 할 수 있으므로, 각자 법체계에서 보호를
거부하는 이유로서의 기능성에 대한 해석 역시 어느 정도 공통점을 가
질 수밖에 없을 것이다.[55]

미국의 판례 중에도 '실용 특허의 존재는 그 형상이 기능성이 있다
는 데 대한 강력한 증거(strong evidence)가 된다'는 연방대법원의 TrafFix
판결을 적용하여 이와 같은 취지로 판시한 E-Z Bowz, L.L.C. v. Prof'l
Prod. Research Co. 판결[56]이 있다. 즉, 미국의 뉴욕남부 연방지방법원
은 위 사건에서 trade dress에 디자인 특허(design patent)가 존재했던 사
정이 기능성원리에서의 기능성에 미치는 효과에 대하여 특별히 검토하
여 그 결론을 도출하였는데, 디자인 특허는 같은 디자인의 상표에 의한
보호를 배제하지 않을 뿐만 아니라, 만일 그 디자인이 기능적인(functional)
것이라면 부여될 수 없기 때문에 기능적이지 않다(non-functionality)는

---

55) 디자인은 그 디자인의 외양이 그 제품의 사용이나 목적에 의해 지배된다면 기능
   적인 것이라고 설명하는 견해[Scott D. Locke, Fifth Avenue and the Patent
   Lawyer: Strategies for Using Design Patents to Increase the Value of Fashion
   and Luxury Goods Companies, 5 J. Marshall Rev. Intell. Prop. L. 40, 52 (2005)]
   도 이와 같은 취지인 것으로 이해된다. 왜냐하면, '그 제품의 사용이나 목적에
   의해 지배된다는 것'은 미국 연방대법원의 Inwood Laboratories, Inc. v. Ives
   Laboratories, Inc. 판결이 기능성원리에서의 기능성 판단기준으로 설시한 '제품
   의 사용 또는 목적에 있어서 필수불가결하다(essential to the use or purpose of
   the article)'는 문구와 매우 유사한데, 이를 디자인 특허의 소극적 요건으로서의
   기능성 판단에도 그대로 적용하고 있기 때문이다.
56) No. 00 Civ. 8670, 2003 U.S. Dist. LEXIS 15364 (SDNY Sept. 5, 2003).

증거가 된다고 판시하였다.[57] 이러한 판시는 기능성원리에서의 기능성
과 디자인 특허의 소극적 요건으로서의 기능성이 밀접한 연관이 있다
고 봄을 전제로 하였다고 할 수 있다.

다만, 앞서도 언급하였듯이, 상표와 특허의 한계를 설정하는 기능성
원리에서 기능성의 판단기준을 도출하는 접근관점은 특허와의 충돌을
피하고자 하는 제도적 관점에서 상표 자체에 내재된 한계를 고려하는
것으로, 상표와 제도적 목적이 다른 디자인과 특허 사이의 한계 설정
작업과의 차이점은 엄연히 존재하는 것이다. 따라서 특허와의 관계에
서 상표와 디자인으로서의 등록대상에서 제외되는 기능성의 판단기준
이 비록 일부에서 유사한 면이 있다고 하더라도, 이들 기준의 도출 과
정과 그 본질 자체를 동일선상에서 이해해서는 안 된다. 그리고 이와
같이 기능성의 본질이 다른 이상, 경우에 따라서는 상표에 의한 보호한
계를 정함에 있어서의 '기능성' 판단과 디자인에 의한 보호한계를 정함
에 있어서의 '기능성' 판단은 서로 달라질 수도 있는 것이다. 특히, 자
유경쟁의 부당한 제한방지라는 상표법 자체의 내재적인 정책목표와 관
련하여 이들 사이의 차이점을 부각시킬 수 있다. 그리고 디자인과 상표
는 상호 배타적인 것은 아니지만, 위와 같은 각 영역의 '기능성' 판단
기준의 차이점에 의하여 디자인과 상표 사이의 충돌도 어느 정도 완화
할 수 있을 것이라는 것이 필자의 생각이다.

이와 관련해서는, 뒤의 심미적 기능성에 관한 논의 부분이나 이 글
제4장 제4절에서 디자인과 상표와의 관계에 대한 논의 부분에서 또 언
급할 기회가 있으므로, 여기서는 이 정도 논의에 그친다.

2) 심미적 기능성(aesthetic functionality) 개념과의 관계

기능성원리가 trade dress 보호와 실용 특허(utility patent) 사이만을

---

57) Tracy-Gene G. Durkin & Julie D. Shirk(주 43), at 778-779.

조정해야 한다고 보는 이와 같은 견해에서는, 대체적으로 심미적 기능성(aesthetic functionality) 개념을 부정한다. 왜냐하면, 이들 견해에 의하면, 기능성의 의미는 앞서도 보았듯이 유용하고 실용적이거나 공학적인 고려에 의해 형성된 형상으로만 파악하므로, 이와 같은 의미의 기능성의 관점에서 벗어나 새로운 관점에서 기능성을 파악한 개념인 심미적 기능성을 인정할 수 없기 때문이다.

또한, 심미적 기능성 개념은 상표와 실용 특허(utility patent)뿐만 아니라 디자인 특허(design patent)와의 보호영역 충돌을 방지하고자 하는 관점과도 일맥상통하는 개념인데, 기능성원리가 상표와 디자인과의 보호영역 충돌을 방지하는 것과는 무관하다고 보는 위 견해에 따르면, 굳이 상표와 디자인과의 보호영역 충돌 방지를 위한 심미적 기능성의 개념을 인정할 필요가 없기 때문이다.

(4) 공중거래원리(public bargain doctrine)

(가) 내용

공중거래원리(public bargain doctrine)가 기능성원리의 근거라고 하는 견해는, 특허를 부여한 대가로 공공은 특허기간이 만료되면 그 발명을 복제할 권리를 갖는다고 판시한 연방대법원의 Singer 판결[58] 및 Kellogg 판결[59]에서 일반적으로 기능성원리의 근거를 찾고자 한다.

이와 같은 공중거래원리(public bargain doctrine)를 잘 표현하고 있는 판결은 연방대법원의 Scott Paper Co. v. Morcalus Mfg. Co. 판결[60]을 들 수 있다. 연방대법원은 위 판결에서 Singer 판결과 Kellogg 판결을 인용하면서 "특허법은 발명의 특허기간이 만료되면 위 발명을 공공에

---

58) Singer Mfg. Co. v. June Mfg. Co., 163 U.S. 169 (1896).
59) Kellogg Co. v. National Biscuit Co., 305 U.S. 111 (1938).
60) 326 U.S. 249, 256 (1945).

제공하는 것만이 아니라, 위 제공으로 인하여, 특허권자가 독점을 누리면서 특허된 제품에 쌓아온 신용(good will)을 공공이 나누어 가질 자격을 얻게 된다. 따라서 특허권자는 특허가 만료된 특허발명의 명세서나 도면 또는 청구항에 기술되어 있는 사항을, 그것이 그 발명 또는 청구항의 본질적인 요소인지 여부를 불문하고, 상표법에 의하여 상표로 이를 등록함으로써, 공공이 그러한 신용을 누리는 것을 막거나 그의 독점의 연속을 보장받을 수는 없는 것이다."고 판시하였다.[61] 그 후 연방대법원은 앞서 본 바와 같이 Bonito Boats 판결에서도 Singer 판결과 Kellogg 판결을 인용하면서 "특허권이 만료되면, 특허되었던 사항은 연방특허법에 의하여 공중이 자유롭게 이용할 수 있도록 된다"고 판시한 바 있는데,[62] 이 역시 같은 맥락의 판결로 이해할 수 있을 것이다.

그런데 Margreth Barrett 교수는 공중거래원리(public bargain doctrine)를 기능성원리와의 관계에서 어느 정도 관련이 있는 것으로 파악하느냐에 따라, ① 기능성원리의 근거를 공중거래원리에서 직접 찾는 견해,[63] ② 기능성원리가 trade dress의 보호를 공중거래원리와 조절하거나 조화시키는 것이라고 보는 견해,[64] ③ 앞서 본 바와 같은 판례 유형

---

61) Id.

62) Bonito Boats, Inc. v. Thunder Craft Boats, Inc., 489 U.S. 141, 152 (1989). 참고로, 연방대법원은 Dastar Corp. v. Twentieth Century Fox Film Corp. 판결에서 저작권의 문제도 함께 다루었는데, Bonito Boats 판결을 인용하면서 "특허권자나 저작권자의 권리는 심사숙고하여 정한 거래(carefully crafted bargain)의 일부분으로, 이러한 거래 아래에서는 특허권이나 저작권이 한 번 소멸하면, 공중은 그러한 발명이나 작품을 아무런 허락 없이 자유롭게 이용할 수 있다"고 판시하였다 [123 S.Ct .2041, 2048 (2003)].

63) 기능성원리는 공중거래원리(public bargain doctrine)에서 나온다고 판시한 Merchant & Evans, Inc. v. Roosevelt Bldg .Prods .Co. Inc. 판결[963 F.2d 628, 633-634 (3d Cir. 1992)]을 그 예로 들고 있다.

64) trade dress 보호와 공중거래원리(public bargain doctrine)를 조화시켜야 한다고 판시한 Midwest Indus. v. Karavan Trailers 판결[175 F.3d 1356, 1362-1364 (Fed. Cir. 1999)]과 그 이외에 Kohler Co. v. Moen, Inc. 판결[12 F.3d 632 (7th Cir.

들은 연방상표법(Lanham Act)에 의해 제품 형상을 trade dress로 보호
하는 것과 관련하여서는 직접 적용될 수 없다는 견해,[65] 즉 공중거래
원리에 의해 상표에 의한 보호를 제한할 수 없다는 견해로 나눌 수 있
다고 하고 있다.[66]

한편, 이와 좀 다른 시각에서, 특허기간이 만료된 후의 형상은 그 자
체로 상표에 의하여 보호를 받을 수 없는 것이고, 이러한 경우에 기능
성원리를 들어 trade dress 법리와 특허법을 조화시키는 것은 적절하지
않다고 판시한 판결도 있다.[67] 이 판결의 논리대로라면 공중거래원리
는 그 자체로 상표에 의한 보호를 배제하는 것으로 기능성원리와는 전
혀 무관하여 기능성원리의 근거로 삼을 수 없다는 것이 된다.

1993)], In re Honeywell 판결[497 F.2d 1344 (CCPA 1974)] 등을 그 예로 들고
있다.
이 이론에 따르면 기능성원리는 trade dress 보호와 '실용 특허(utility patent)'의
대상이 되는 발명이 특허기간의 만료로 공공영역에 들어간다는 원칙 사이의 충
돌을 조절할 수 있을 뿐이라고 한다. trade dress의 보호와 디자인 특허(design
patent)가 충돌하는 범위에서는 기능성원리가 이를 조절하는 원리로 작용할 수
없다고 한다. 그래서 몇몇의 법원은 Singer, Kellogg, Scott Paper 사건에서 설시
된 공중거래원리(public bargain doctrine)는 만료된 디자인 특허에 대해서는 적용
될 수 없다고 한다고 한다. 예를 들어, 위 In re Honeywell 판결에서는 "위와 같
은 연방대법원의 일련의 사건들은 만료된 디자인 특허의 비기능적인 특성을 다
룬 것이 아니라, 실용 특허의 기능적인 특성들에 대해, 실용 특허의 만료 후에
그 특허대상이 되었던 형상이 공공영역에 있게 되는지 여부를 다룬 것이다"라고
판시하였다고 한다[Margreth Barrett(주 8), 155면 FN321 참조].
65) Singer 판결과 Kellogg 판결은 사안이 다르다고 하고, Scott Paper 판결의 설시는
단순한 방론(merely dicta)에 불과하다고 판시한 Thomas & Betts Corp. v.
Parduit Corp. 판결[138 F.3d 277, 285-287 (7th Cir. 1998)]을 그 예로 들고 있다.
66) Margreth Barrett(주 8), at 154-155.
67) Vornado Air Circulation Sys. v. Duracraft Corp., 58 F.3d 1498, 1506-1507 (10th
Cir. 1995).

(나) 공중거래원리와 기능성원리의 적용범위

이 견해는 넓게 보면 실용 특허(utility patent)와 디자인 특허(design patent)를 특별히 구별하지 않고 상표 보호 영역과의 한계를 설정하고자 한다는 점에서 Sears/Compco/Bonito Boats 판례의 설시 유형에서 기능성원리의 근거를 찾는 견해와 같다고 할 수 있다.

다만, 이 견해는 특허를 받은 후 그것이 만료되었을 경우에 한하여 특허와 상표에 의한 보호영역을 구분하고자 한다는 점에서, 애초부터 특허를 받지 못한 경우에도 그러한 제품 형상에까지 기능성원리를 적용하고자 하는 Sears/Compco/Bonito Boats 판례의 설시 유형과는 차이가 있다. 즉, 기능성원리의 근거를 공중거래원리(public bargain doctrine)에서만 찾게 된다면, 만일 어떤 기능적인 특성(functional features)이 아예 특허를 받지 못한 것인 경우 그러한 형상은 독점권에 의하여 보호된 바가 없으므로, 공공과 독점권의 부여 후 그 기간이 만료되면 공공이 자유롭게 이용할 수 있다는 협약을 상정할 수가 없게 된다. 따라서 이러한 경우에는 기능성원리에 의해 상표보호를 거부할 수 없다는 논리로 이어진다는 점에서 기능성원리의 적용범위는 일정한 범위로 축소되게 된다.

3. 자유경쟁의 부당한 제한방지 정책목표

가. 미국의 학설과 판례에 의한 논의 내용

기능성원리는 경쟁자들이 효과적으로 경쟁하기 위해서 필요한 특성(features)을 복제할 수 있도록 함으로써 자유롭고 효과적인 경쟁을 보호하고자 하는 데 그 근거가 있다고 일반적으로 설명되고 있다.[68) 이와 같이 기능성원리의 근거를 자유경쟁의 부당한 제한을 방지하고자 하는 데에서 찾는 견해는 자유경쟁을 위해 복제를 허용해야 한다는 경쟁자의 이익과 상표 권리자의 신용(goodwill) 보호와 함께 수요자의 혼동방지라는 상표 보호의 이익 사이에 균형을 이뤄야 함을 강조하기도 한다.[69]

미국 연방대법원은 trade dress의 보호와 자유로운 경쟁 사이의 관계에 대하여 "법원은 경쟁자들이 효율적으로 경쟁하기 위하여(compete effectively) 필요한 형상을 복제할 수 있도록 보장함으로써 자유롭고 효율적인 경쟁을 보호해 줘야 한다"고 판시한 바가 있는데,[70] 이러한 판시는 기능성원리의 근거에 대한 단초를 제공하고 있다고 볼 수 있다.

또한, 미국 연방대법원은 Qualitex Co. v. Jacobson Products Co.[71] 판결에서 기능성의 판단기준에 대하여 "제품의 특성(product feature)은 만일 그것이 상품의 사용 또는 목적에 있어서 필수불가결하거나(essential to the use or purpose of the article) 또는 상품의 비용이나 질에 영향을 미치는 경우(affects the cost or quality of the article), 즉 만일 그 특성의 배타적인 사용이 경쟁자를 명성과 관련되지 않은 중대한 불이익을 받도록 한다면(if exclusive use of the feature would put competitors at a significant non-reputation-related disadvantage), 기능적이어서 상표로 작용할 수 없다"고 판시한 바 있다.[72] 이 판결 역시 '만일 그 특성의 배타적인 사용이 경쟁자를 명성과 관련되지 않은 중대한 불이익을 받도록 한다면'이라는 후단부의 기능성 판단기준으로 볼 때, 자유경쟁의 부당한 제한방지가 기능성원리의 하나의 정책목표가 됨을

---

68) J. Thomas McCarthy(주 1), § 7:65, at 7-150; Margreth Barrett(주 8), at 151.
69) Margreth Barrett(주 8), at 152.
70) Two Pesos, Inc. v. Taco Cabana, Inc. 505 U.S. 763 (1992).
71) 514 U.S. 159.
72) Id. at 165.

인식하고 있는 것으로 해석할 수 있다.

미국의 연방항소법원들도 일반적으로 자유경쟁의 보장을 기능성원리의 근거로 들고 있다. 예를 들어, "색채의 모방이 효율적인 경쟁에 필수적인 실용적인 목적을 위한 것인지 아닌지에 의해 기능성 여부가 결정된다"고 한 판결,[73] "경쟁에 대한 영향이 기능성원리라는 문제의 핵심이고, 따라서 대체 가능한 디자인이 존재하는지 여부가 중요하다"고 판시한 판결,[74] "기능성은 우리 법원과 연방대법원에 의하여 경쟁상의 필요(competitive need)가 있는지 여부에 의하여 정의되어 왔다"고 판시한 판결,[75] "기능성원리의 근간을 이루는 중요한 정책목표는 경쟁의 보장이다"고 판시한 판결[76] 등이 그 대표적인 판결들이다.

한편, 부정경쟁에 관한 제3 Restatement도 기능성원리와 관련하여 "상표의 보호대상으로부터 기능적인 디자인(functional design)을 제외하는 이유는 이에 대한 독점권의 부여로 인한 반경쟁적인 결과가 식별력 있는 디자인을 보호하는 것에 대한 공적, 사적인 이익보다 크기 때문이다."라고 설명함으로써, 자유경쟁의 보장을 기능성원리의 근거로 파악하고 있다.[77] 부정경쟁에 관한 제3 Restatement는 이와 같이 자유경쟁의 보장을 기능성원리의 가장 큰 정책목표로 설명하고 있는데, 그러면서도 기능성원리를 파악함에 있어서 "상표권 부여로 인한 배타적인 권리와 그 모방에 의한 자유로운 경쟁 사이의 균형"을 고려해야 한다고 설명하고 있는 점은 주목할 만하다.

---

73) Ives Laboratories, Inc. v. Darby Drug Co., 601 F.2d 631, 643 (2d Cir. 1979).

74) In re Morton-Norwich Products, Inc., 671 F.2d 1332, 1340 (CCPA 1982).

75) Vornado Air Circulation Sys., Inc. v. Duracraft Corp., 58 F.3d 1498, 1507 (10th Cir. 1995).

76) Valu Engineering, Inc. v. Rexnord Corp., 278 F.3d 1268, 1277 (Fed. Cir. 2002).

77) Restatement (Third) of Unfair Competition, § 17, comment a, at 172-173 (1995).

나. 기능성원리와 관련한 의미 분석

(1) 기능성의 정의와의 관계

기능성원리의 근거를 자유롭고 효과적인 경쟁의 보호에서 찾는 견해는, 뒤에서 자세히 검토하는 바와 같이 기능성의 판단기준에 대하여 기능적인 특성(functional features)을 상표로 보호하는 것이 경쟁을 심각하게 제한하는지 여부를 판단하는 기준인 실제적인 효과 기준(practical effect standard) 또는 경쟁상 필요 기준(competitive necessity standard)으로 이어진다.[78] 그리고 '대체 가능한 디자인(alternative designs available)'의 수가 얼마나 되는지 여부를 기능성 유무 판단을 위한 지침으로 자주 고려한다.[79][80]

(2) 심미적 기능성 개념과의 관계

자유경쟁을 기능성원리의 근거로 보는 경우 기능성의 판단기준에 활용하는 '대체 가능한 디자인의 존부(alternative designs available)'는, 뒤에서 심미적 기능성 개념에 대하여 자세히 논하면서 보듯이, 어떤 제품 특성(product features)이 심미적인 기능성이 있는지 여부를 판단하는 기준으로도 자주 거론되는 것이다.[81] 여기서 자유경쟁의 부당한 제한

---

78) Id.

79) J. Thomas McCarthy(주 1), § 7:65, at 7-150.

80) 다만, McCarthy 교수는 '경쟁의 권리'는 기능성원리가 추구하는 중요한 정책목표이지만, 이를 기능성(functionality)을 정의함에 있어서 기준으로 삼기에는 너무나 모호한 개념이라고 주장한다. 그리고 연방대법원이 TrafFix 판결에서, 원심 법원인 제6 연방항소법원이 기능성을 정의하면서 자유경쟁의 부당한 제한방지 정책목표를 사용한 것은 잘못된 것이라고 판시한 것도 자신의 이러한 견해를 받아들인 것이라고 하고 있다[J. Thomas McCarthy(주 1), § 7:65, at 7-152].

81) Qualitex 판결도 "부정경쟁에 관한 제3 Restatement는 '만일 디자인의 심미적인

방지를 기능성원리의 정책목표로 보는 것과 심미적 기능성 개념을 채택하는 견해가 어떤 관련이 있는 것인지 의문이 들 수 있다.

자유경쟁을 기능성원리의 근거로 보는 견해의 관점에서 볼 때, '대체 가능한 디자인의 존부'를 기능성의 판단기준에 활용하는 것은 당연한 결과이다. 어떤 디자인에 대하여 대체 가능한 디자인이 없는 경우 경쟁자로 하여금 그 디자인을 사용하지 못하도록 한다면 사실상 경쟁자는 그 제품을 제조할 수 없게 되어 효율적인 경쟁을 차단하는 결과가 될 것이므로, 기능성원리에 의하여 이러한 형상을 상표로 보호하는 것은 자유경쟁의 부당한 제한방지 정책목표에 비추어 허용될 수 없다고 해야 할 것이기 때문이다. 즉, '대체 가능한 디자인의 존부'라는 판단기준은 기능성원리가 가지고 있는 위 정책목표의 핵심에 접근하기 위한 구체적인 도구 개념이라고 할 수 있다.[82]

반면, 심미적 기능성의 개념은 그 기능성 여부를 판단함에 있어서 반드시 '대체 가능한 디자인의 존부'의 기준과 연결될 필요는 없다. 심미적 기능성의 개념을 실용적 기능성의 개념과 대비하여, 시각적으로 매력적이고 심미적으로 호감 있는 디자인(visually attractive and aesthetically

---

가치가 대체 가능한 디자인의 사용(the use of alternative designs)에 의해 실질적으로 복제될 수 없는 중대한 이익(significant benefit)을 가져오는 데 있다면, 그 디자인은 기능적이다'라고 기술하였다. 이는 심미적 기능성에 대한 궁극적인 테스트는 상표권의 인정이 경쟁을 중대하게 방해하는지 여부를 밝히는 것이라고 설명하고 있는 것이다."라고 판시하여(514 U.S. 159, at 170), 심미적 기능성이 있는지 여부의 기준이 '경쟁'의 관점이 되어야 한다고 하였다. 또한, 심미적 기능성의 개념을 인식하기 시작한 1938년의 불법행위에 관한 Restatement에서도 어떠한 특성이 기능적인지 아닌지 여부는 그 특성을 다른 사람이 모방하는 것을 금지하는 것이 다른 사람들이 경쟁하는 것을 중대하게(substantially) 방해하는지 여부에 의해 결정된다고 함으로써, 경쟁의 부당한 제한 여부를 고려하고 있다 [Restatement of Torts, § 742, comment a, at 629 (1938)].

82) 대체 가능한 디자인의 존부와 관련하여 기능성이 인정되는 경우는 대체 가능한 디자인이 전혀 없는 경우뿐만 아니라 매우 제한된 숫자만 있어서 경쟁에 방해가 되는 경우도 포함된다고 해야 한다.

pleasing designs), 즉, 디자인의 장식적인 특성 역시 기능적이라고 여겨질 수 있다는 개념으로 파악하는 경우, 어떤 형상이 심미적인 기능성이 있는지 여부를 판단함에 있어서 '대체 가능한 디자인의 존부'를 따지는 것은 그 개념상 오히려 적절한 것은 아닌 것으로 보인다. 그럼에도 불구하고, 심미적 기능성 개념을 수용한 학설과 판례들이 위와 같은 기준을 적용하고자 하는 이유는 심미적 기능성 개념의 모호함에 있다고 할 것이다. 즉, 심미적 기능성이란 개념이 매우 모호해서 이를 판단하는 적절한 기준을 설정하기가 불가능하므로, 보편적으로 기능성을 파악함에 있어서 받아들여질 수 있는 기준인 '대체 가능한 디자인의 존부' 기준을 채택한 것으로 보인다. 이는 뒤에서 심미적 기능성 이론에 대하여 고찰하면서도 보듯이, 심미적 기능성 개념을 채택하고 있는 학설이나 판례들이 그 판단기준으로 항상 '대체 가능한 디자인의 존부'만을 거론하고 있지는 않음에서도 알 수 있다.[83]

결국, 기능성원리의 근거를 자유경쟁의 부당한 제한방지로 보는 것과 심미적 기능성이란 개념을 채택하여 기능성의 개념을 파악하는 것과는 그 관점이 다르고 별다른 관련도 없는 것이라고 할 수 있다. 우연히 기능성의 판단기준으로 삼는 일부 표현에 있어서 공통된 점이 있을 뿐인 것이다. 따라서 자유경쟁의 부당한 제한방지 정책목표를 기능성원리의 정책목표 중 하나로 본다고 하여 반드시 심미적 기능성 개념을 받아들이거나 또는 받아들이지 말아야 하는 것은 아니라고 할 수 있다.

---

83) 예를 들어, 심미적 기능성의 개념을 채택한 대표적인 판결인 Pagliero v. Wallace China Co. 판결은 "일정한 형상이 그 제품의 상업적 성공에 있어서 중요한 요소(an important ingredient in the commercial success of the product)가 되는지 여부"를 심미적 기능성의 판단기준으로 삼고 있다[198 F.2d 339, 343 (9th Cir. 1952)].

4. 보통의(generic) 형상임에 근거가 있는지 여부

가. 기능성원리를 보통의(generic) 형상과 관련짓는 견해

기능성원리의 근거의 하나로, 만일 어떤 형상이 기능적이라면, 유사한 상품들은 모두 그 형상이 가지고 있는 것과 같은 기능적인 특성을 유사하게 가지게 될 것이고, 따라서 어떤 판매자가 판매하는 상품의 위와 같은 기능적인 특성을 본 수요자들은 이로부터 그것이 독특하다거나(unique) 출처를 식별할 수 있는(distincitive) 표장(標章)이라는 점을 인식할 수 없을 것이므로, 상표로서 보호받을 수 없다고 설명하는 견해가 있다.[84) 그러면서 어떤 표지(symbol)의 식별력(distinctiveness)의 정도는 그것의 기능성(functionality)의 정도에 반비례한다고 설명하기도 한다.[85)

이 견해는 보통명칭(generic mark)의 경우에는 2차적 의미(secondary meaning)를 취득하였는지 여부와 무관하게 아무런 식별력이 없어 상표로 보호받을 수 없는 것과 같은 이유로,[86) 어떤 형상이 기능적이라면 2차적 의미를 얻었는지 여부와 무관하게 상품의 출처(the origin of goods)를 표시하거나 구별하지 못하므로 상표로 보호받을 수 없다고 주장하는 것으로 이해할 수 있다. 또한, 보통명칭의 경우 이를 상표로 보호하게 되면 경쟁자들이 상품을 나타내기 위해 필연적으로 사용해야만 하는 명칭을 사용하지 못하게 되어 부당한 것과 마찬가지로, 만일 이러한 기능적인 형상을 상표로 보호하게 되면 경쟁자들로부터 상품의 본질적 특성을 통해 그들의 상품을 표현할 권리를 빼앗아 가서 부당하기 때문에, 이에 대해 상표로 보호해서는 안 된다는 취지로도 이해된

---

84) J. Thomas McCarthy(주 1), § 7:64, at 7-149.
85) Id.
86) 보통명칭은 2차적 의미 획득에 의한 식별력의 취득을 개념적으로 상정할 수 없다.

다.[87] 즉, 위 견해는 기능성원리의 근본적인 이유 중 하나를 기능성의 보통성 및 비식별성과 연결하여 설명하는 것으로 평가할 수 있다.

미국 연방항소법원들의 판례 중에도 기능성원리의 근거를 기능성(functionality)의 이와 같은 보통성 및 비식별성에서 찾는 것처럼 보이는 예가 있다. "기능성은 그 정의상 동일한 제품을 생산하는 각각의 생산자들이 공유하는 형상일 것 같고, 따라서 특정한 생산자를 식별할 것 같지가 않다"고 판시한 제7 연방항소법원의 Publications Int'l, Ltd. v. Landoll, Inc. 판결[88]이 그 예인데, 그 판시 문구에서 보듯이 기능적인 상품 형태가 보호받지 못하는 근거를 그러한 형태의 보통성으로 인한 식별력의 결여에서 찾고 있다.

나. 비판

(1) 견해에 대한 비판적 검토

어떤 상품 형태가 기능적인 경우 보통의 형상에 불과하여 식별력도

---

87) 대법원 2003. 8. 19. 선고 2002후321 판결(미간행) 등은 "상품의 보통명칭은 특정 종류의 상품의 명칭으로서 일반적으로 사용되는 것이므로 본질적으로 자타상품의 식별력이 없어 특정인에게 이를 독점하게 하는 것은 부적당하고 누구라도 자유롭게 사용하게 할 필요가 있다"고 판시해 오고 있다. 이와 같이, 우리나라에서도 보통명칭의 등록적격을 부인하는 취지는 자타식별력이 없다는 점(이른바 '자타상품식별력설')과 특정인에게 그 표장을 독점하도록 하는 것은 공익상 부당하다는 점(이른바 '독점적응성설') 모두에 있는 것으로 이해함이 일반적이다.

88) 164 F.3d 337, 340 (7th Cir. 1998). 대사전(unabridged dictionaries), 유아용 보드페이지(board-page) 책, 여행책, 백과사전, 지도책, 법률서, 만화책과 같은 책의 유형들은, 각각의 발행인에 의해 출판된 셀 수 없이 많은 매우 유사한 외관들을 포함하고 있기는 하지만, 그러한 유사함으로 인하여 특정한 책의 발행인을 식별함에 있어서 수요자들로 하여금 혼동을 초래하도록 하지는 않는다고 판시한 사례이다.

없는 경우가 상당수 있을 수 있음은 부정하기 어려우므로, '기능성(functionality)'과 '식별력(distinctiveness)'은 어느 정도 관련이 있는 개념이라고 할 수는 있다. 따라서 기능성원리를 식별력의 개념과 연결하여 이해하는 위 견해는 일면 타당한 점도 있다고 할 수 있다.

그러나 위 견해는 어떤 상품 형태가 상표로 보호받기 위한 '기능성(functionality)'의 요건(소극적 요건)과 '식별력(distinctiveness)'의 요건(적극적 요건) 모두를 충족하지 않는 경우가 있을 수 있음을 환기시키는 정도의 의미 내에서만 그 타당성을 인정할 수 있을 뿐이다. 만일 위 견해가 거기에서 더 나아가 기능성과 식별력의 요건이 상표 보호에 있어서 서로 병렬적인 요건임을 간과한 나머지, 기능성이 있는 경우에는 항상 식별력이 없다는 식의 사고로 발전하여 기능성의 요건을 식별력의 요건으로 대체하고자 하는 정도에 이르게 된다면,[89] 이는 매우 부당하다. 이러한 이해는 기능성과 식별력의 두 가지 요건은 상표로 보호받기 위한 전혀 별개의 독립된 요건이라는 분명한 명제를 희석하여, 이들 독립한 개념 사이에 혼란을 야기할 우려가 있기 때문이다. 즉, 상표로 보호받고자 하는 형상이 만일 식별력이 없다면 굳이 기능성 문제를 개입시키지 않고 상표에 의한 보호를 거부하면 되고, 만일 기능성이 있다면 식별력 문제를 개입시키지 않고 상표에 의한 보호를 거부하면 족한 것이므로, 이들 개념을 연결시켜 이해해야 할 아무런 이유가 없을 뿐만 아니라,[90] 경우에 따라서는 비록 어떠한 형상이 기능적이라고 할

---

89) 위 견해도 이와 같이 기능성을 식별력으로 융합하는 정도로까지 이들 사이의 관련성을 인정하는 것은 아닌 것으로 보인다. 왜냐하면, 위 견해도 특허 등과의 충돌방지 및 자유경쟁의 부당한 제한방지라는 기능성원리의 다른 정책목표는 그대로 수긍하고 있으므로, 식별력과 구분되는 기능성의 독자적인 의미는 인정하고 있는 것으로 이해할 수 있기 때문이다.

90) 우리 상표법도 식별력의 문제를 '상표등록의 요건'으로 하여 제6조 제1항에 규정하고, 기능성의 문제를 '상표등록을 받을 수 없는 상표'로 하여 제7조 제1항 제13호에 규정함으로써, 이들을 별개의 것으로 취급하고 있다.

지라도 식별력은 취득한 경우도 얼마든지 있을 수 있기 때문에, 위와 같은 이해는 타당하지 않은 것이다.

이 문제와 관련하여, CAFC의 전신인 CCPA도 In re Morton-Norwich Products, Inc. 사건에서[91] "상표에 대한 '기능성(functionality)'과 '식별력(distinctiveness)'은 명백히 구분되는 개념이므로, 어떤 형상을 상표로 보호할 수 있는지 여부를 가림에 있어서 이들 요건은 분리해서 판단되어야만 한다"고 판시함으로써 이들 요건이 독립된 별개의 것임을 명백히 한 바 있는데, 앞서 본 바와 같은 이유에서 지극히 타당한 판시라고 할 수 있다.

한편, 제2연방항소법원의 판례를 보면, 상품 형태 또는 색채가 상표로 보호받을 수 있는지 여부를 판단하면서, 그것들이 기능적인지 여부에 대한 판단은 하지 않은 채, '일반적으로 이용되는 종류의 특성(generally used type of features)'은 보통의(generic) 특성이므로 trade dress로 보호될 수 없다고 판시한 사례들이 있고,[92] 또한 기능성(functionality)과 보통성(genericness) 양자 모두에 의하여 상표에 의한 보호를 받을 수 없다고 판시한 사례도 있다.[93] 앞서 살펴본 것과 마찬가지 취지에서, 이

91) 671 F.2d 1332, 1343 (CCPA 1982).
92) Jeffrey Milstein, Inc. v. Greger, Lawlor, Roth, Inc., 58 F.3d 27, 33 (2d Cir. 1995). 이 판결은 "아이디어, 구상 또는 일반화된 유형의 외형은 보통의(generic) 것이고, 2차적 의미를 획득하였는지 여부와 관계없이 trade dress의 보호를 받을 수 없다"고 판시한 사례이다. 그 외에도 Mana Products, Inc. v. Columbia Cosmetics Mfg., Inc. 판결에서는 "검은색의 화장품 케이스에서의 형상과 색채는, 제품을 유사한 방법으로 포장하는 것이 관례인 특정 산업에서는 그와 같은 스타일의 trade dress는 보통의 일반적인 것(generic)이기 때문에, trade dress로 보호될 수 없다고 판시하였다[65 F.3d 1063, 1069-1070 (2d Cir. 1995)].
93) Nora Beverages, Inc. v. Perrier Group of America, Inc. 판결은 "1.5리터의 투명하고 이랑이 져 있는(clear, ribbed) 폴리에틸렌 재질의 생수병에 대하여 '보통의(generic)' 것이지만, 또한 '기능적(functional)'이라고 판단될 수 있었다"고 판시하였다[269 F.3d 114, 120 n. 4 (2d Cir. 2001)].

러한 판례들도 기능성 여부를 검토하기 전에 식별력의 단계에서 상표
로 보호받기 위한 요건을 충족하지 못하였다고 판단한 것이거나, 상품
형태가 기능적이면서 보통의 형상에 불과하여 식별력도 없다고 판단한
것으로 이해해야지, 기능성을 식별력의 문제로 대체하여 판단한 것으
로 이해해서는 안 될 것이다.

요컨대, 독립된 상표 제한 원리인 기능성원리를 보통의 제품 형상
(generic product features)과 연결시켜 그 근거를 식별력의 결여에서 찾
고자 하는 관점은, 자칫 식별력에 대한 기능성의 독자적인 위치를 간과
하거나 회석시킬 수 있으므로, 기능성원리를 이해하는 올바른 관점이
아니라고 할 것이다.

(2) 우리나라 실무에 대한 비판적 검토

입체적인 형상의 상표에 의한 보호 여부가 문제되는 사안들에 대한
우리나라 법원의 실무를 보면, 아직까지는 기능성원리에 대한 명확한
인식이 없는 관계로 '기능성'의 문제를 '식별력'의 문제로 융합하여 기
능성 자체에 독자적인 의미를 부여하지 못하고 있는 것으로 보인다. 그
리하여 기능성의 문제일 뿐 식별력의 문제는 아닌 사안(즉, 식별력을
취득하였다고 볼 수 있는 사안)에서도 기능성에 대해서는 아무런 분석
없이 만연히 식별력의 결여를 이유로 들어 상표보호를 거부하는 사례
들을 종종 발견할 수 있다.[94]

이러한 태도에 의하면, 입체적인 형상의 상표 보호 여부에 대하여 타
당한 결론에 이르지 못하거나, 설사 결론에서는 타당하다고 하더라도
그에 이르는 논리구성에 문제가 있는 경우가 발생하게 된다. 이러한 문
제점에 대해서는 이 글 제4장 제5절에서 우리나라의 구체적인 사례들

---

[94] 이는 아마도 우리나라의 입체상표 도입 및 기능성원리 적용의 역사가 짧은 데
그 원인이 있을 것이다.

을 분석하면서 자세히 살펴볼 예정이다. 따라서 여기서는, 추후 우리 법원이 입체적인 형상에 대한 상표 보호의 거부 근거를 만연히 '식별력'에서만 찾지 말고 '기능성'이라는 분석 도구를 함께 사용함으로써 정치한 분석을 바탕으로 한 논리적이고 올바른 결론의 도출이 가능하도록 하여야 할 것이라는 점만을 지적해 둔다.

5. 소결

앞서 본 기능성원리의 정책목표에 대한 논의를 정리해보면 아래와 같다.

기능성원리의 정책목표는 일반적으로 특허 등과의 충돌방지 정책목표와 자유경쟁의 부당한 제한방지 정책목표의 두 가지를 들 수 있다. 식별력과의 관계에서 그 근거를 찾는 견해도 있으나 기능성과 식별력은 독립적인 상표 보호 요건으로 파악되어야 한다는 점에서 올바른 관점이 아니다.

그런데 위 정책목표 중 특허 등과의 충돌방지 정책목표와 관련해서는, 기능성원리가 특허뿐만 아니라 디자인과의 관계에서도 상표에 의한 보호한계를 설정하기 위한 원리인지 여부를 두고 논란이 있다. 이러한 논란은 기능성 개념으로 '실용적 기능성(utilitarian functionality)' 개념뿐만 아니라 '심미적 기능성(aesthetic functionality)' 개념도 인정할 수 있을 것인가에 대한 문제와도 연결되는 것이므로, 이들 문제를 종합적으로 고려하여 논의할 필요가 있다. 이 문제에 대하여 반대의 견해가 없는 것은 아니나, 디자인과의 관계에서는 기능성원리가 적용되지 않는 것으로 보는 것이 미국 판례들의 주류적인 경향이다.

한편, 기능성원리의 특허 등과의 충돌방지 정책목표와 자유경쟁의 부당한 제한방지 정책목표 사이의 관계에 대한 미국의 학설과 판례는, 그 중 어느 하나에 비중을 두어 이해하는 견해와 두 가지 정책목표에 같은 비중을 두어 이해하는 견해로 나누어져 있다.

제4절 기능성(functionality)의 종류

기능성(functionality)은 추상적인 개념이므로, 이를 바라보는 관점의 차이에 따라 그 개념에 대한 이해도 달라질 수 있다. 그리하여 기능성원리를 논함에 있어서는 몇 가지 기능성 개념이 등장하는데, 사실상 기능성(de facto functionality)과 법률상 기능성(de jure functionality), 그리고 실용적 기능성(utilitarian functionality)과 심미적 기능성(aesthetic functionality)이 바로 그것이다.

이러한 기능성의 종류에 대한 논의는 기능성원리의 개념과 본질을 이해하는 데 도움이 될 뿐만 아니라, 기능성원리의 적용범위를 정하는 것과도 밀접한 관련을 맺고 있다. 따라서 아래에서 이들 기능성의 종류에 대한 논의를 구체적으로 살펴본다.

1. 사실상 기능성(de facto functionality)과 법률상 기능성(de jure functionality)

가. 의미

기능성의 종류를 사실상 기능성과 법률상 기능성으로 구분하는 것은 미국 연방항소법원(Federal Circuit, 이하 영문으로만 표시한다)의 판결에서 유래한다. 즉, CAFC의 전신인 CCPA는 In re Morton-Norwich Products, Inc. 판결에서 "기능적이라는 언어의 의미가 법률적인 결과를 의미하기 위하여 사용되는 개념이라면, 사실상 기능성(de facto functionality)과 법률상 기능성(de jure functionality)의 개념으로 분리하여 논의를 해야 한다는 결론에 이르게 된다. 여기서 사실상 기능성은 '기능적'이라는 어휘의 사용을 순수한 그대로의 의미로 사용하는 것으로, 비록 제품, 포장, 또는 그 중 하나가 기능을 수행하고 있어 사실상 기능성이 있다고 하더라도 법률적으로는 출처를 표시하는 것으로 인식되어 상표로 보호될 수 있는 것이다. 법률상 기능성의 개념은 그러한 디자인이 상표로 보호받을 수 없다는 것과 같은 법률적 의미로, 사실상 기능성과 상반되게 사용될 수 있을 것이다."라고 판시한 바 있다.[1]

또한, CAFC는 Valu Engineering, Inc. v. Rexnord Corp. 판결에서 "우리의 판결은 상표로 보호받을 수도 있는 사실상 기능적인 특성과 상표로 보호받을 수 없는 법률상 기능적인 특성을 구분하고 있다. 본질적으로 사실상 기능적이라는 의미는 제품 디자인이 기능, 즉 어떤 디자인의 병이 액체를 담는 것과 같은 것을 가지고 있는 것을 의미한다. 사실상 기능성이 있다고 하여 반드시 상표등록을 못하는 것은 아니다. 법률상 기능성은 제품이 특정한 형상에서 더 잘 작동하기 때문에 그러한 형상을 가지고 있는 것(the product has a particular shape because it works better in this shape)을 의미한다."라고 판시하였다.[2]

이러한 일련의 판시에 의하면, 사실상의 기능성이란 단순히 상품 또는 포장의 의도된 기능(예컨대, 코카콜라 병의 음료저장기능)을 가리키고, 법률상의 기능성이란 경쟁업자가 효율적인 경쟁을 위해서 사용할 필요가 있는 경우를 말하는 것이므로, 입체상표의 등록 및 보호요건으

---

1) 671 F.2d 1332, 1337 (CCPA 1982).
2) 278 F.3d 1268, 1274 (Fed. Cir. 2002).

로 문제되는 것은 법률상 기능성이 있는지 여부이다.[3]

그러나 이러한 Federal Circuit의 개념적 구분에 대해서는 비판이 제기되고 있다. 즉, 사실상 기능성은 그 전체 제품이 실용적(utilitarian)이라는 것이고(예를 들면 생수병), 법률상 기능성은 문제가 되고 있는 특정한 디자인의 형상(예를 들면, 마개를 잠그기 위해 위 생수병의 입구에 나사산이 형성되어 있는 형태)이 기능적이라는 의미로 이해되는데, 이러한 난해한 구분은 그렇지 않아도 어려운 기능성원리의 문제를 오히려 더 복잡하고 혼란스럽게 한다는 것이다.[4]

미국 특허청(United States Patent and Trademark Office, 줄여서 'PTO')도 이전에는 이와 같은 기능성 개념의 구분을 제품 모양이나 형상을 상표로 등록받고자 할 때 그것이 기능적인지 여부를 판단하면서 사용해 왔다고 한다. 그러나 미국 연방대법원이 이러한 구분을 사용하고 있지도 않고, 1998년 연방상표법(Lanham Act)도 '기능적(functional)'인 것은 상표등록을 금지한다고 하면서도 이러한 개념 구분을 사용하고 있지 않음을 이유로 들어, 명확성에 별다른 기여를 하지도 못하는 이러한 기능성 개념 구분을 2002년부터는 더 이상 채택하지 않기로 하였다고 한다.[5]

나. 검토

사실상 기능성과 법률상 기능성의 개념 구분은 기능성의 개념을 지

---

3) 김원오, "입체상표의 등록 및 보호요건에 관한 소고 : 상품의 형상이나 포장 형태의 입체표장을 중심으로", 산업재산권 11호(2002. 5.), 한국산업재산권법학회, 217면.

4) J. Thomas McCarthy, 1 McCarthy on Trademarks and Unfair Competition, § 7:69, at 7-168, Thomson West (4th ed. 2006).

5) Id.

적재산권법 체계 내에서 법률적 관점으로 접근해 파악해야 하는 개념이라는 점을 인식시켜 주고 있다는 점에서 다소 그 의미를 찾을 수는 있다. 그러나 기능성 개념을 법률적인 관점에서 파악해야 하는 것임은 당연한 것이므로 굳이 사실상 기능성의 개념을 따로 설정할 필요가 없을 것으로 생각된다. 이와 같은 분류는 명확성이 없을 뿐만 아니라 미국이나 우리의 상표법에도 규정된 개념이 아닌 점에서도 그렇다.

제1장에서 용어를 정의하면서 언급한 바와 같이 이 글에서는 '기능적인 특성(functional features)'이라는 의미를 '기능성(functionality)'의 의미와 분리해서 사용하고 있다. 그것은 어떤 형상이 '기능성'이 있다는 것은 모든 법률적 평가를 거친 결과로 상표보호를 할 수 없는 법률적 의미의 개념인 반면, '기능적인 특성'이 있다는 것은 어느 정도 기능적 요소를 가지고 있지만 위와 같은 법률적 평가를 거치기 전의 개념으로 구분할 필요가 있기 때문이다. 즉, 이 글에서 사용하고 있는 '기능성'의 개념도 법률적인 개념임을 당연한 전제로 하고 있다.

2. 실용적 기능성(utilitarian functionality)과 심미적 기능성(aesthetic functionality)

가. 논의의 배경

기능성의 개념을 어떻게 파악할 것인지와 관련하여 미국에서는 실용적 기능성(utilitarian functionality)과 대비되는 심미적 기능성(aesthetic functionality) 개념이 오래 전부터 판례와 학설, Restatement 등에서 논의되어 오고 있다. 이러한 논의는 기능성의 개념과 범위를 어디까지 확장할 것인지와 관련되는 문제인데, 일반적으로 실용적 기능성과 대비되는 심미적 기능성 개념을 인정하여 상품 형태의 심미적인 부분에까지도 기능성원리를 적용할 수 있을 것인지 여부의 문제로서 논의된다.

이와 같은 실용적 기능성과 대비되는 심미적 기능성 개념에 대한 논의는 미국에서 기능성원리를 논함에 있어서 가장 중요한 논점 중 하나를 이루고 있다. 그리고 미국 연방대법원의 판결도 심미적 기능성 개념을 인정하고 있는 Restatement의 설명을 인용하면서 위 개념을 인식하고 있고, 미국의 학설 중에 이러한 개념을 지지하고 있는 학설도 다수 있으며, 우리나라에서도 위 개념의 도입을 긍정적으로 평가하는 견해도 있다. 또한, 심미적 기능성 개념은 기능성원리의 정책목표가 특허뿐만 아니라 디자인과의 충돌방지에도 있는지 여부에 대한 논의와 관련하여서도 중요한 의미를 가지고 있기도 하다. 따라서 기능성원리에 대한 논의에서 심미적 기능성 개념에 대한 논의를 살펴보는 것은 매우 중요한 필수불가결한 사항이라고 할 것이다. 이러한 배경 아래, 이하에서는 실용적 기능성 개념과 대비되는 심미적 기능성 개념에 대한 논의가 어떻게 전개되고 있는지 그 논의가 가장 활발한 미국을 중심으로 하여 살펴보도록 한다.

다만, 한 가지 지적해 둘 것은, 이러한 기능성 개념에 대한 논의는 기능성의 범위를 실용적인 측면에 한정하지 않고 심미적인 측면에까지 확대할 수 있는지 여부의 관점에서 논의되는 것이므로, 이러한 기능성 개념은 기능성의 판단기준을 설정하는 데에 어느 정도 영향을 줄 수 있을지 몰라도 기능성의 판단기준 자체를 좌우하는 것은 아니라는 것이다. 뒤에서 살펴보듯이 심미적 기능성 개념을 채택한 미국 법원들 사이에서도 기능성의 판단기준이 반드시 동일하거나 같은 논리선상에 있는 것은 아닌 이유도 바로 여기에 있다.

나. 실용적 기능성

실용적 기능성의 개념은 '제품의 성공적이고 실용적인 사용(the successful practical use of the product)', '제품의 효율성(the efficiency of the product)', '제품의 구조적인 구성(the structural construction of the product)', 또는 '제품의 가장 경제적인 제작(the most economical manufacture of the product)' 등과 같은 제품의 실용적 특성(the utilitarian features of products)에 의하여 파악한 기능성의 개념이다.[6] 미국의 대다수의 법원들은 이와 같은 실용적 기능성의 개념을 지지하여 사용하고 있지만, 이러한 법원들 사이에서도 실용적 기능성에 대한 판단기준이 통일되어 있는 것은 아니다.

심미적 기능성의 개념을 받아들이지 않고 이러한 실용적 기능성으로만 기능성 개념을 파악하고 있는 대표적인 법원은 Federal Circuit이라 할 수 있다. Federal Circuit은 기능성의 개념과 관련하여, "실용적(Utilitarian)이라는 의미는 제품의 기능 또는 경제성에 있어서 우위에 있는 것을 의미하는데, 이러한 우월성(superiority)은 복제할 경쟁상의 필요성(competitive necessity to copy)의 관점에 의해서 결정된다"고 판시하고 있다.[7] 요컨대, Federal Circuit은 기능성 개념을 실용적 기능성의 관점에서만 파악하되, 다만 그 기능성의 판단기준을 '복제할 경쟁상의 필요성이 있는가' 하는 경쟁자의 필요 측면에서 접근하고 있다는 점에 주목할 필요가 있다.[8]

---

6) Deborah J. Krieger, "The Broad Sweep of Aesthetic Functionality: A Threat To Trademark Protection of Aesthetic Product Features", 51 FDMLR 345, 360 (1982).

7) In re Morton-Norwich Products, Inc., 671 F.2d 1332, 1339 (CCPA 1982).

8) 이 부분의 의미 등에 대한 구체적인 분석은 이 글 제3장 제3절에서 미국 연방항소법원의 기능성 판단기준을 살펴보면서 해 본다.

다. 심미적 기능성

(1) 개념

심미적 기능성의 개념에 따르면, 비록 디자인이 제품의 실용적인 특성과 연관되어 있지 않다고 하더라도 기능적인 것으로 판단될 수 있다. 즉, 실용적 기능성 개념과는 상반되게, 시각적으로 매력적이고 심미적으로 호감 있는 디자인(visually attractive and aesthetically pleasing designs), 다시 말하면 디자인의 장식적인 특성 역시 기능적인 것으로 판단될 수 있고, 따라서 이러한 장식적인 특성에 대하여도 자유로운 복제와 모방을 허용하게 된다.[9]

1900년대 초기에는 대부분의 법원들이 오직 실용적인 기능성만을 적용하였는데, 그것은 심미적인 특성은 이러한 특징들로 장식된 제품의 사용이나 효용에 본질적인 것으로 여겨지지 않았기 때문이다.[10]

(2) 개념의 발전과정

(가) 1938년의 불법행위에 관한 Restatement

심미적 기능성의 개념은 1938년의 불법행위에 관한 Restatement § 742 코멘트 a에서 아래와 같이 언급하면서 인식되기에 이르렀다. 즉, 위 코멘트는 "심미적인 가치 때문에 널리 제품이 팔린다면, 그러한 특성은 확실히 제품의 가치에 기여하였을 뿐 아니라 그 제품이 추구하고자 하는 목적의 수행에 도움을 준 것이기 때문에 기능적일 수 있다"고 하고 있는 것이다.[11]

---

9) J. Thomas McCarthy(주 4), § 7:79, at 7-198.3.
10) Deborah J. Krieger(주 6), at 363.
11) Restatement of Torts, § 742, comment a, at 629 (1938). 그러나 현대사회에서의

또한, 위 코멘트는 심미적인 의미에서 기능적인 것으로 판단될 수 있는 예로 ① 하트 모양의 Valentine Day 캔디상자와 ② 눈에 확 들어오는 활자 인쇄체(a distinctive printing type face)의 두 가지를 들었다. 그리고 그러한 형상이 기능적인지 아닌지 여부는, 다른 사람이 그 형상을 모방하는 것을 금지하면 그들이 경쟁하는 것을 중대하게(substantially) 방해하는지 여부에 의해 결정된다고 하고 있다.

(나) Pagliero v. Wallace China Co. 사건

1938년의 불법행위에 관한 Restatement의 주석에 영향을 받아, 미국의 연방 법원들에서도 1940년대와 1950년대에 심미적 기능성의 표준이 형성되었다. 예를 들어, 제8연방항소법원은 1941년 J.C.Penny Co. v. H.D. Lee Mercantile Co. 사건[12]에서 겉옷의 턱받이 디자인이 기능적인 것이라고 판단하면서 심미적 기능성 이론을 적용한 바 있다. 즉, 위 법원은 위 사건에서 "기능적(functional)이라는 단어는 문자 그대로 실용적(utilitarian)이라는 단어가 가지는 의미와 같은 개념으로 취급되어서는 안 된다. 디자인은, 예를 들어, 기술적인 측면에서는(in a technical sense) 실용적이지 않을 수 있으나, 상품의 일반적인 판매에 실질적으로 기여하고 있다는 측면에서는(in the sense that it will contribute

---

시장의 현실을 고려할 때, 이러한 코멘트 내용은 동의하기 어렵다. 현대사회에서는 어떤 상품의 디자인이나 그 유용성뿐만 아니라, 많은 경우에 그 상품에 부착되어 있는 상표 자체도 상품의 가치에 기여하는 주요 요인이 되고 있다. 왜냐하면, 현대사회에서 상품의 수요자들은 그들이 가지고 있는 상표에 대한 인식을 근거로 상품의 품질을 추정하기도 하고, 특히 명품과 같은 경우에는 특정 상표 자체를 구입한다고 해도 과언이 아닐 만큼 상표가 수요자들을 상품의 구입으로 유인하는 힘이 매우 크기 때문이다. 이와 같이 상표도 상품의 시장가치나 수요자의 구매 동기에 영향을 미치는 현대사회의 현실을 고려할 때, 상품의 시장가치나 수요자의 구매 동기에 영향을 미쳤다고 해서 그것을 상표로 보호할 수 없는 '기능성'의 개념으로 연결시키는 것은 적절하지 않은 것이다.

12) 120 F.2d 949 (8th Cir. 1941).

materially to a general sale of the goods) 기능적일 수 있다."고 판시하
였다.[13]

그 후인 1952년 제9연방항소법원은 Pagliero v. Wallace China Co. 사
건[14]에서 심미적 기능성 이론을 적용하였는데, 위 판결은 심미적 기능
성 이론을 채택한 가장 대표적인 판결이다. 위 사건은 원고 Wallace
China Co.는 경쟁자인 피고 Pagliero가 접시의 꽃디자인 4가지를 복제
하여 호텔과 식당에 판매하자 그 판매금지를 청구한 사건이다. 이에 대
해 위 법원은 "접시의 꽃디자인은 실용적인 동시에 심미적인 요구를
만족시키기 때문에 기능적이다"고 하면서 Wallace China Co.는 Pagliero
의 꽃디자인 접시의 판매금지를 청구할 수 없다고 판시하였다. 즉, 위
법원은 "만일 일정한 특성(particular feature)이 '그 제품의 상업적 성공
에 있어서 중요한 요소(an important ingredient in the commercial
success of the product)'가 된다면, 자유경쟁의 이익의 관점에서 특허
또는 저작권이 존재하지 않는 한 그 특성을 모방할 수 있어야 한다. 반
면, 그러한 특성, 보다 정확히 말하면 디자인이 단순한 자의적인 장식,
일차적으로 상품의 표시와 개성화를 목적으로 채택된 포장의 형태에
불과한 것이어서 그 제품과 관련한 수요자의 본질적인 요구와 무관하
다면, 2차적 의미의 획득이라는 요건이 충족되는 경우 그 디자인을 모
방하는 것은 금지되어야 한다. 이러한 상황에서는 효율적인 경쟁이 모
방 없이도 가능하기 때문에 법이 보호할 수 있는 것이다."고 판시하면
서,[15] 심미적 기능성에까지 확대된 기능성의 광범위한 적용을 가능하
게 하였다.

Pagliero 판결 이후 이를 따라 심미적 기능론을 적용한 몇몇 판결이
있었으나,[16] 대부분의 법원들은 심미적 기능성 이론의 적용을 거부하

---

13) Id. at 954.
14) 198 F.2d 339 (9th Cir. 1952).
15) Pagliero v. Wallace China Co., 198 F.2d 339, 343 (9th Cir. 1952).

였다.[17]

(다) 1995년의 부정경쟁에 관한 제3 Restatement

1995년의 부정경쟁에 관한 제3 Restatement는 앞서 본 1938년의 불법행위에 관한 Restatement에서와는 달리 심미적인 기능성 여부는 대체 가능한 디자인이 있는지 여부로 판단되어야 한다고 서술하고 있다. 즉, "디자인은 대체 가능한 디자인의 사용(the use of alternative designs)에 의해 실질적으로 복제될 수 없는 중대한 이익(significant benefit)이 있는 경우에 한하여 그러한 심미적인 가치로 인해 기능적이 되는 것이다. 어느 특정한 디자인이 심미적 우월성을 본래적으로 갖는다는 것을 판단하는 것은 어려우므로, 대체 가능한 다른 적절한 디자인이 없다는 증거가 있는 경우에 한하여 심미적 기능성이 있다고 하여야 한다. 심미적 기능성을 가진 것인가를 판단하는 궁극적 기준은 그 형상을 상표로 보호할 경우 중대하게 경쟁을 제한하는 것인가 여부이다."라고 하고 있다.[18]

---

16) Famolare, Inc. v. Melville Corp., 472 F. Supp. 738 (신바닥의 물결모양 디자인); International Order of Job`s Daughters v. Lindeburg & Co., 633 F.2d 912 (단체의 구성원에게 배포하는 멤버쉽 마크를 보석에 새긴 것); Gemveto Jewelry Co. v. Jeff Cooper, Inc., 568 F. Supp. 319 (SDNY 1938), 취소판결 800 F.2d 256, (Fed. Cir. 1986), 파기판결 694 F. Supp. 1085 (SDNY 1988), 확정판결 884 F.2d 1399 (Fed. Cir. 1989) (보석의 세팅 스타일 디자인) 등이 그 예이다.

17) J. Thomas McCarthy(주 4), § 7:80, at 7-201.

18) Restatement (Third) of Unfair Competition, § 17, comment c, at 176 (1995). 사용 가능한 대체 디자인이 있는지 여부를 고려해야 한다는 점에서 이를 전혀 고려하지 않는 Pagliero 판결과도 명백히 구분된다.

(3) 심미적 기능성 이론에 대한 미국 연방법원들의 입장 검토[19]

(가) 개관

제9연방항소법원의 Pagliero 판결은 광범위한 심미적 기능성 개념을 채택한 데 따라 매우 많은 비판에 직면하게 되었다. 그리하여 제9연방항소법원조차도 자신이 했던 Pagliero 판결에서 제시한 기능성 판단기준을 거절해 버렸다.[20]

그럼에도 불구하고, 심미적 기능성 개념은 미국의 연방대법원을 포함하여 여러 연방법원의 판결들에서 종종 판시되어 오고 있다. 그리고 Pagliero 판결에서와 같이 광범위하지는 않지만, 그 적용 범위를 제한하여 위 개념을 채택하고 있는 법원들도 있다. 또한, 명백히 심미적 기능성을 채택하지 않거나 심미적 기능성 개념을 거부한 연방법원들의 판례 중에서도, 기능성을 이유로 상표 보호를 거부함에 있어서는 심미적 기능성 이론과 그 사고의 기초를 같이 하고 있는 듯한 판례들을 찾아볼 수 있다.

미국의 각 연방법원에서 심미적 기능성 이론을 어떻게 취급하고 있는지를 연방대법원과 항소법원들을 중심으로 아래에서 차례로 살펴본다.

(나) 연방대법원

현재까지 미국 연방대법원이 사건의 결론을 좌우할 문제로서 심미적 기능성을 직접 언급한 바는 없다. 그러나 아래와 같이 심미적 기능성과 관련한 언급을 한 판결들이 있다.

우선 Qualitex 판결[21]에서 Breyer 대법관이 한 판시를 들 수 있다.

---

19) J. Thomas McCarthy(주 4), § 7:80, 7-200~7-213을 주로 참고하였다.
20) Graeme B. Dinwoodie & Mark D. Janis, Trademarks and Unfair Competition, 167, Aspen (2004); J. Thomas McCarthy(주 4), § 7:80, at 7-210, 211.
21) Qualitex Co. v. Jacobson Prods. Co., 514 U.S. 159 (1995).

즉, 그는 심미적 기능성에 대한 1995년의 부정경쟁에 관한 제3 Restatement의 일부분을 인용한 후 "결론적으로, 색채가 중요한 비상표적 기능에 기여하는 경우에는, 법원은 그 색채를 상표로 사용하는 것이 실제 또는 잠재적으로 중요한 제품 요소(product ingredient)를 배타적으로 사용함으로써 경쟁자로 하여금 합법적인 (즉, 타인의 상표 침해와는 무관한) 경쟁을 방해하게 되는지 여부를 살펴보아야 한다. 그러한 검토는 기업들이 심미적으로 호감을 주는 상표 디자인을 만드는 행위까지 못하도록 해서는 안 되는데, 왜냐하면 이러한 행위는 경쟁자들도 자유이기 때문이다."라고 판시하였는데, 이는 사라져가는 심미적 기능성 이론에 어느 정도 활기를 불어넣은 것이라고 종종 평가된다.

또한, 제품 디자인(product design)의 trade dress에 의한 보호 문제를 다룬 2000년의 Wal-Mart 판결[22]에서도 심미적 기능성에 대한 언급을 발견할 수 있다. 즉, Scalia 대법관은 위 판결에서 심미적 디자인 (aesthetic designs)에 대해 언급하면서 "본래의 고유한 식별력이 있다는 주장(alleged inherent distinctiveness)에 기초하여 새로운 시장 진입자에 대한 그럴듯한 소송의 위협을 가능하게 하는 법리에 의하여, 제품 디자인이 일반적으로 가지고 있는(ordinarily serves) 실용적이고 심미적인 목적(utilitarian and aesthetic purpose)과 관련한 경쟁에 의한 이익을 수요자들로부터 박탈해서는 안 된다"고 하였다. 그리고 Qualitex 판결을 인용하여 "제품 디자인의 기능성(functionality)를 판단함에 있어서는 그것의 심미적 호감(aesthetic appeal)을 고려해야 한다"고 판시하였다.

한편, 2001년의 TrafFix 판결[23]에서 Kennedy 대법관 역시 심미적 기능성 이론과 관련한 판시를 하였다. 즉, "어떤 특성이 전통적 고려요소인 공학적 측면(traditional engineering-drive rule)에 의해 '기능적

---

22) Wal-Mart Stores, Inc. v. Samara Brothers, Inc., 529 U.S. 205 (2000).
23) TrafFix Devices, Inc. v. Marketing Displays, Inc., 532 U.S. 23 (2001).

(functional)'인 것으로 판단되었다면, 경쟁자가 이러한 특성이 없이도 경쟁할 수 있는지 여부를 살펴보기 위하여 '경쟁상 필요한 대체 가능한 디자인의 존재 여부(competitive alternative designs available)'를 조사할 필요가 없다"고 하면서도, 다만 Qualitex 판결의 판시에 근거하여 "심미적 기능성이 문제되는 경우에는 이러한 대체 가능한 디자인의 존부를 살펴보는 것이 타당하다"고 판시하였다.[24]

요컨대, 미국 연방대법원은 심미적 기능성의 개념은 인식하고 있으나, 실제 사안에서 이 개념을 적용하여 '기능성'을 인정한 예는 아직 없다고 할 수 있다.

(다) 제2연방항소법원

제2연방항소법원은 Wallace International Silversmiths, Inc. v. Godinger Silver Art Co. 사건[25]에서 심미적 기능성을 다루었다. 사안을 보면, 원고 Wallace는 오른쪽 그림과 같이 화려하게 장식되고 육중하며 꽃무늬가 많은, 고전적인 바로크 디자인으로 된 은식기(Grand Baroque line of silverware)를 제조, 판매하고 있었는데, 피고가 바로크 스타일의 모든 요소를 갖춘 은쟁반을 싼 가격에 판매하자, 원고가 피고를 상대로 그 은식기 디자인의 사용금지 가처분을 구한 사건이었다. 피고의 디자인

---

24) 이러한 후반부 판시와 관련하여 McCarthy 교수는, "케네디 대법관은 이와 같이 판시한 다음 'Qualitex 판결에서는 심미적 기능성이 중심 문제였다'고 하는 실로 놀랍고 이해할 수 없는 판시를 하였다. Qualitex 판결에서는 심미적 기능성과 관련하여 Restatement로부터 따온 두 가지 인용이 그 언급의 전부였던 것이다. 따라서 심미적 기능성은 Qualitex 판결에서 '중심 문제'인 것은 고사하고 전혀 논점이 되지도 않았던 것이다. 케네디 대법관의 방론(dictum)은 심미적 기능성에 실제로 얼마나 비중을 둬야 하는가 하는 문제를 더욱 모호하게 하고 혼란만 가중시켰다."고 하면서, TrafFix 판결의 위와 같은 판시는 심미적 기능성 이론을 진흙탕으로 만들었다고 신랄하게 비판하고 있다[J. Thomas McCarthy(주 4), § 7:80, at 7-202 참조].

25) 916 F.2d 76 (2d Cir. 1990), cert. denied. 499 U.S. 976 (1991).

은 원고 디자인과 똑같은 것은 아니었으나 피고는 자신의 디자인이 유명한 원고의 디자인으로부터 영감을 받은 것임은 인정하였다.

이에 대하여 제2연방항소법원은 "우리에게 '기능성(functionality)'이란 것은 오로지 실용적인 고려(utilitarian considerations)만을 의미하는 것으로 보이고, 법 원리로서는, 경쟁자가 그 제품의 사용 또는 효율적인 생산에 필요한 디자인 특성(design features)에 대하여는 상표에 의한 보호를 받지 못하도록 하는 것만을 의도하였다고 여겨진다"고 판시함으로써,[26] 기능성원리에서 고려되는 '기능성'으로부터 심미적 기능성 개념을 명백히 제외하였다.[27] 즉, 위 판결은 심미적 기능성과 연결하기에 아주 적합한 '바로크 은식기 디자인'과 관련하여서도,[28] 이를 상표로 보호받고자 하는 원고의 주장을 심미적 기능성이 아니라 실용적 기능성(utilitarian functionality)을 근거로 하여 배척한 것이다.[29]

---

26) 916 F.2d, at 80. 필자는 제2연방항소법원의 위와 같은 판시는 '심미적 기능성'이라는 모호한 개념을 인정하지 않더라도 기능성원리에서 말하는 '기능성'의 문제를 충분히 해결할 수 있음을 보여주는 매우 중요한 판시로 생각한다. 중요한 판시임을 강조하는 의미에서 위 판시의 원문을 살펴보면 다음과 같다.

"Functionality" seems to us to imply only utilitarian considerations and, as a legal doctrine, to be intended only to prevent competitors from obtaining trademark protection for design features that are necessary to the use or efficient production of the product.

27) McCarthy 교수는 이러한 판시에 대해, "제2연방항소법원은 '제품의 상업적 성공에 중요한 요소인' 어떤 특성에라도 상표에 의한 보호를 거부한다는 Pagliero 판결의 심미적 기능성에 대한 정의를 배척하고, 대신 심미적으로 기능적이라는 것은 단순히 '순전히 장식적인' 특성을 의미하는 것으로 다시 정의한 것으로 보인다. 그리고 심미적이고 실용적이지 않은 특성은 오로지 경쟁자에게 가능한 대체 디자인이 없는 경우에 한하여 상표나 trade dress에 의한 보호가 금지된다고 한 부정경쟁에 관한 제3 Restatement의 견해를 채택한 것으로 보인다."고 설명하고 있다[J. Thomas McCarthy(주 4), § 7:80, at 7-202 참조].

28) 앞서 심미적 기능성 개념을 채택한 대표적인 판결인 Pagliero 사건에서도 '접시의 꽃디자인'을 상표로 보호할 것인지 여부가 문제되었다.

29) Erin M. Harriman, "Aesthetic Functionality : The disarray among modern courts",

또한, 위 판시에서 알 수 있듯이, 제2연방항소법원은 심미적 기능성이 아닌 실용적 기능성 여부를 판단하면서도 심미적 기능성과 관련하여 Restatement (Third) of Unfair Competition 에서 제시한 기준인 "경쟁자가 사용할 수 있는 대체 가능한 디자인이 존재하는지 여부"를 고려하고 있는 섬도 주목힐 민하다. 그리하여 위 법원은 "Wallace의 바로크 은식기 패턴이 어떠한 2차적 의미(secondary meaning)를 얻었든지 간에, Wallace는 경쟁자들이 바로크 은식기와 관련하여 시장에서 경쟁하기 위하여 필요한 그와 같은 바로크 디자인 요소들을 사용하는 것을 금지시킬 수 없다. 상표권자가 실제 시장으로부터 경쟁자를 몰아내려는 수단으로 상표를 사용할 수 없다는 것은 상표법의 제1원칙(first principle)이다."고 판시하면서[30] 원고 주장을 배척한 1심 판결[31]을 유지하였다. 바로크 문양의 기본 요소들은 일반인이 사용할 수 있는 공공영역(public domain)에 있는 것이고, Wallace에게 바로크 문양의 기본 요소들을 독점하도록 하는 것은 경쟁자들이 바로크 디자인을 구현함에 있어 적절한 다른 디자인 선택권을 제한하는 것이므로 허용될 수 없다는 취지로 이해된다.[32]

한편, 제2연방항소법원은 Wallace 사건 이후인 1993년 호텔에서 사용하는 도자기의 바구니(basket) 디자인은 기능적이지 않다고 판시하였다. 위 법원은 호텔이 한번 원고의 디자인 패턴을 쓰기 시작하면 그 디

The Trademark Reporter vol.86, INTA, 284 (1996).

30) 916 F.2d, at 81.

31) 1심 판결에서는, 바로크 스타일은 Wallace를 그 출처로 표시하는 이차적 의미(secondary meaning)을 획득하였으나, 그 디자인은 심미적으로 기능적임(aesthetically functional)을 이유로 가처분을 허용하지 않았다[J. Thomas McCarthy(주 4), § 7:80, at 7-203].

32) J. Thomas McCarthy(주 4), § 7:80, at 7-203, 204.

자인의 복제자가 호텔로 하여금 새로운 패턴으로 바꾸도록 설득하는 것이 어렵기 때문에 그 디자인은 기능적이라는 피고의 주장을 배척한 것이다.[33]

그리고 제2연방항소법원은 스웨터의 가을을 모티브로 한 패션 디자인에 대하여, Wallace 판결의 기능성 판단 공식을 그대로 채용하여, 만일 경쟁자가 이러한 특별한 디자인을 사용할 수 없다고 하더라도 시장으로부터 배제되지는 않을 것이기 때문에 그러한 스웨터 디자인은 심미적으로 기능적이지 않다고 판단하였다.[34]

(라) 제3연방항소법원

제3연방항소법원은 단순히 어떤 특성(feature)이 수요자들에게 제품을 보다 더 매력적으로 보이게 한다고 하여 기능적(functional)이라고 할 수 없다고 하였다. 즉, 위 법원은 "어떤 특성은 제품의 실용적 기능과의 중요한(significant) 관련이 있는 경우에 기능적이라고 선언될 수 있다"고 하면서 심미적 기능성 개념을 배척해 오고 있다.[35]

1981년에 Keene 판결[36]에서 한 아래와 같은 판시는 Pagliero 판결의 심미적 기능성 개념의 문제점을 매우 잘 지적하고 있다. 즉, 위 사건에서 Sloviter 판사는 Pagliero 공식에 따르면 '디자인이 호감을 주면(appealing) 줄 수록 더 적게 보호된다'는 터무니 없는 결과가 됨을 지

---

33) Villeroy & Boch Keramische Werke K.G. v. THC Sys., Inc., 999 F.2d 619 (2d Cir. 1993).

34) Knitwaves, Inc. v. Lollytogs Ltd., 71 F.3d 996 (2d Cir. 1995). 그러나 이 사건에서는 그 디자인이 순전히 장식적이고(decorative) 심미적이며(aesthetic), 출처표시의 목적이 없다(serve no source-identifying purpose)는 이유로 trade dress에 의한 보호는 거절되었다[J. Thomas McCarthy(주 4), § 7:80, at 7-205].

35) American Greetings Corp. v. Dan-Dee Imports, Inc., 807 F.2d 1136 (3d Cir. 1986).

36) Keene Corp. v. Paraflex Industries, Inc., 653 F.2d 822 (3d Cir. 1981).

적하면서, "만일 우리가 보통의 제품을 우아한 제품으로 변화시킬 수 있는 창작적 발상(spark of originality)의 의욕을 꺾는다면 그것은 불행한 일이다"고 판시하였다.[37]

그러나 제3연방항소법원은 경우에 따라서는 실용적 기능성과 심미적 기능성 양자를 혼합해 오고 있다고 한다.[38]

(마) 제4연방항소법원

심미적 기능성과 관련한 제4연방항소법원 자체의 판결은 없고, 다만 그 관할의 한 연방지방법원은 별다른 근거는 설시하지 않은 채 제4연방항소법원이 심미적 기능성 이론을 받아들이지 않을 것이라고 판시한 적이 있다고 한다.[39]

(바) 제5연방항소법원

제5연방항소법원은 심미적 기능성 이론을 명백히 배척해 오고 있다. '상업적 성공에 중요한 요소'인지 여부라는 심미적 기능성 판단기준에 따르면, 후사용자가 식별력 있는 trade dress(distinctive trade dress)를 자유롭게 복제하는 것이 거의 대부분 허용되어 부당하다는 것이다. 그리하여 위 법원에서는 기능성을 실용적인 면으로 제한하였는데, 구체적으로 보면 "디자인 또는 특성이 엔지니어링, 생산의 경제성, 또는 실용적

---

37) 653 F.2d, at 825.

38) J. Thomas McCarthy(주 4), § 7:80, at 7-207. McCarthy 교수는 그러한 예로 Standard Terry Mills, Inc. v. Shen Mfg. Co.[803 F.2d 778 (3d Cir. 1986)] 판결을 들고 있다. 위 사안은 "키친타월의 창유리 체크 무늬 패턴(windowpane check pattern)은 주방용 직물에 있어서 선호되는 패턴이고 현대의 주방 장식과 잘 어울리는 것이므로 기능적이다"고 한 사안이라고 한다.

39) J. Thomas McCarthy(주 4), § 7:80, at 7-207. McCarthy 교수가 그러한 예로 들고 있는 것은 Devan Designs, Inc. v. Palliser Furniture Corp.[25 U.S.P.Q.2d 1991, 2002 (M.D.N.C. 1992), aff'd, 27 U.S.P.Q.2d 1399 (4th Cir. 1993)] 판결이다.

기능이나 작용의 면에 있어서 우월하거나 적정한 것이어야 한다"고 하였다.[40]

1998년의 Pebble Beach 사건[41]에서도, 위와 같은 심미적 기능성에 대한 정의에 따르면 나중에 시장에 진입한 경쟁자에게 먼저 시장에 진입한 사람의 신용으로 영업하는 것을 허용하게 되어 부당하다는 이유로 심미적 기능성 원리를 배척하고, 골프코스 디자인이 반드시 기능적(functional)인 것으로 볼 수 없다고 하였다.

(사) 제6연방항소법원

제6연방항소법원은 티셔츠에 사용된 장식용 상표 디자인은 기능적이지도 않고 단순히 장식적인 것에 불과한 것도 아니라고 판시한 바가 있다.[42] 그리고 그 후에는 위 판시와 같은 견지에서 "출처를 표시하는 특정 디자인이 기능적이지 않다는 인정을 심미적 기능성에 의하여 뒤집을 수 없다는 것이 우리의 선례이다"고 판시하여[43] 심미적 기능성 이론을 명백히 배척한 바 있다.

그러나 위 법원은 그 후에 "의류 스타일에 대하여 모호하게 특정된 trade dress는 심미적으로 기능적(aesthetically functional)이기 때문에 보호받을 수 없다"고 판시하여[44] 선례와 어긋나게 심미적 기능성 개념을

---

40) Sicilia Di R. Biebow & Co. v. Cox, 732 F.2d 417 (5th Cir. 1984). 레몬 쥬스 병 모양과 관련한 사안이었는데, 이와 같은 기준에 의해 기능성을 판단하라는 취지로 파기하였다.
41) Pebble Beach Co. v. Tour 18 I, Ltd., 155 F.3d 526 (5th Cir. 1998).
42) WSM, Inc. v. Tennessee Sales Co., 709 F.2d 1084 (6th Cir. 1983).
43) Ferrari S.p.A. Esercizio Fabriche Automobili E Corse v. Roberts, 944 F.2d 1235 (6th Cir. 1991), cert. denied, 505 U.S. 1219 (1992).
44) Abercrombie & Fitch Stores, Inc., v. American Eagle Outfitters, Inc., 280 F.3d 619 (6th Cir. 2002). 원고가 천연 면과 울의 능직물로 만들어진, 견고한(solid) 격자 및 스트라이프 디자인과 조합된 원색(primary color)의 캐쥬얼 의류에 대하여 trade dress에 의한 보호를 주장한 사건이다.

인정하는 판결을 하였다.[45] 아마도 심미적 기능성 개념을 인정하는 듯
한 연방대법원의 TrafFix 판결의 영향을 받은 것으로 추측된다.

(아) 제7연방항소법원

제7연방항소법원은 심미적 기능성 개념을 명백히 배척하고, 기능성
은 "문제된 그 제품의 다른 생산자들이 시장에서 효율적으로 경쟁할
수 있기 위하여 제품의 일부분으로 가져야 하는 어떤 것"으로 정의한
바 있다.[46]

그러나 1989의 Schwinn Bicycle Co. v. Ross Bicycles, Inc. 사건[47]에
서 제1심 법원이 문제된 디자인의 심미적 기능성 여부를 고려함에 있
어서 그 디자인의 만족스러운 면(pleasing aspect)을 무시한 것은 잘못
된 것이라고 하면서 심미적 기능성 이론을 부활시켰다. 위 법원은 이
사건에서 복제자는 선사용자의 디자인이 매우 매력적이어서 이를 trade
dress로 보호하면 수요자들로부터 경쟁적인 대안을 앗아간다는 것을 입
증해야 하는 무거운 부담(heavy burden)을 진다고 판시하였다.

---

45) McCarthy 교수는 위 법원의 심미적 기능성에 대한 판시는 복잡하고 난해하며
   혼란스럽다고 비판하면서, 이와 같은 패션디자인과 관련한 trade dress는 심미적
   기능성이 아니라 연방대법원이 설시한 Inwood 기준과 같은 전통적인 기능성에
   관한 정의(즉 실용적 기능성)에 의해 그 보호를 거부함이 훨씬 쉬웠을 것이라고
   한다. 그 예로 심미적 기능성 개념이 아닌 전통적인 기능성 개념에 의해 검정색
   을 기능적(functional)이라고 판시한 Brunswick Corp. v. British Seagull Ltd. 판결
   [35 F.3d 1527 (Fed. Cir. 1994)]을 들고 있다[J. Thomas McCarthy(주 4), § 7:80,
   at 7-208].
   위 판결의 구체적인 판시 내용은 뒤의 심미적 기능성에 관한 Federal Circuit의
   입장을 살피는 부분에서 검토한다.
46) W.T. Rogers Co. v. Keene, 778 F.2d 334 (7th Cir. 1985).
47) 870 F.2d 1176 (7th Cir. 1989). 자전거타기 운동기구의 앞바퀴는 일반인이 이러
   한 앞바퀴를 매우 선호하므로 '심미적으로 기능적(aesthetically functional)'이라
   고 한 사안이다.

한편, Landoll 사건[48]에서는, 일련의 요리책의 발행인이, 그 책의 "큰 사이즈(8½ × 11 inches), 금박모서리, 기름을 먹인 표지"라는 세 가지 요소에 대하여 trade dress에 의한 보호를 주장하였는데, 제7연방항소법원은 이러한 요소들 각각은 모두 기능적인 것이고, 그 조합도 기능적임과 동시에 식별력도 없다고 하면서 위 주장을 배척한 바 있다.[49]

(자) 제9연방항소법원

제9연방항소법원은 심미적 기능성 이론과 관련하여 논란의 중심에 있는 Pagliero 판결을 한 법원인데, 그 이후 위 판결과 같은 입장에서 계속 후퇴하는 판결을 하였다.[50]

예를 들어, 위 법원은 Vuitton et Fils S.A. v. J. Young Enterprises, Inc. 사건[51]에서 루이뷔통 회사의 가방과 핸드백의 표면을 덮는 반복된 "LV"와 꽃무늬 심벌이 기능적인지 여부를 다루었는데, "제1심 법원이 수요자의 호감과 제품의 판매력에 기여하는 제품의 어떤 특성도 그 제품의 기능적인 요소라고 한 것에 동의할 수 없다. Pagliero 판결과 이를 따른 어떤 판결도 그러한 결론에 이르게 하지 않는다."고 하면서, 이를 기능적이라고 본 제1심 판결을 파기하였다. 위 법원은 루이뷔통 가방의 위 심벌 디자인이 미(美)에 대한 수요자의 취향을 만족시키는 제품의 양상임은 입증되지 않았다고 판시하였다.

더 나아가 1987년의 First Brands Corp. v. Fred Meyer, Inc. 판결[52]에

---

48) Publications Int'l, Ltd. v. Landoll, Inc., 164 F.3d 337 (7th Cir. 1998).
49) 이 판시에서는 금작의 모서리가 심미적으로 기능적이라고 하였는데, 이에 대하여 McCarthy 교수는 모서리에 금박을 입히는 것은 페이지 끝 색깔의 보기 흉한 차이를 없애고 금색은 많은 고급 책에서 일반적으로 사용되는 색깔이므로 위 금박 모서리가 실용적인 것이라고도 할 수 있었을 것이라고 주장하고 있다[J. Thomas McCarthy(주 4), § 7:80, at 7-209].
50) J. Thomas McCarthy(주 4), § 7:80, at 7-210.
51) 644 F.2d 769 (9th Cir. 1981).

서는 위의 루이뷔통 판례를 인용하면서 "심미적 기능성 테스트는 우리 법원에서 거절되지는 않았어도 제한된 바 있고, 실용적 기능성 테스트를 선호한다"고 판시하였다.

급기야는 2001년 Clicks Billiards, Inc. v. Sixshooters, Inc. 판결[53]에서 "우리 법원은 심미적 기능성 이론, 즉 순수하게 심미적인 특성이 기능적일 수 있다는 생각을 채택하지 않았다"고 판시하기에 이르렀다. 이러한 판시는 심미적 기능성 이론에 대한 50년의 관심에 종말을 고한 것으로 보인다.[54]

(차) 제10연방항소법원

제10연방항소법원은 심미적인 이유에 의한 기능성을 인정할 가능성이 전혀 없지는 않다고 하면서, 짧지만 심미적 기능성 이론을 채택하고 있다. 즉, 위 법원은 판결의 방론(dictum)에서 "제품의 심미적 호감에 본질적으로 내재하는 특성은 상표에 의한 보호를 받을 수 없다"는 견해를 밝힌 바 있다.[55]

(카) 제11연방항소법원

제11연방항소법원은 "상품 또는 그 포장이나 용기의 특성이 수요자에게 어필하고 그들의 선택에 영향을 주면, 그러한 특성은 기능적이다"고 한 Jury instruction이 잘못되었다고 판시하였다. 비기능적인 특성도 수요자에게 어필하고 그들의 선택에 영향을 줄 수 있기 때문에 위와 같은 기능성에 대한 정의는 너무 넓다는 것이다.[56]

---

52) 809 F.2d 1378 (9th Cir. 1987).
53) 251 F.3d 1252 (9th Cir 2001).
54) J. Thomas McCarthy(주 4), § 7:80, at 7-211.
55) Brunswick Corp. v. Spinit Reel Co., 832 F.2d 513 (10th Cir. 1987).
56) John H. Harland Co. v. Clarke Checks, Inc., 711 F.2d 966 (11th Cir. 1983).

이러한 판시만으로는 심미적 기능성 이론을 채택하고 있는지 불명확하나, 심미적 기능성 개념의 인정에 의한 기능성 개념의 확대를 경계하고 있는 것만은 분명하다.

(타) Federal Circuit

특허나 상표 등 지적재산권 관련 문제에 대한 Federal Circuit의 판결은 미국 특허청(PTO)의 실무에 영향을 주기 때문에 연방항소법원들 중 가장 영향력이 크고 중요하다고 할 수 있다. 그런데 앞서 실용적 기능성의 개념에 대해서 살피면서 보았듯이, Federal Circuit은 심미적 기능성의 개념을 받아들이지 않고 실용적 기능성으로만 기능성 개념을 파악하고 있는 대표적인 법원이다. 즉, 위 법원은 CAFC의 전신인 CCPA 시절부터 실용적인 것을 넘어 심미적 기능성까지를 기능성의 개념에 포함시키려는 이론을 일관적으로 배척해 오고 있다.[57]

다만, Federal Circuit이 이와 같은 심미적 기능성 이론을 배척하는 대신 실용적 기능성을 확장하여 기능성의 문제를 해결한 Brunswick Corp. v. British Seagull Ltd. 판결[58]은 주목할 만하다.[59] Federal Circuit은 위 사건에서 외관 전부가 검은색으로 되어 있는 모터가 기능적(functional)인 것이어서 등록받을 수 없다고 하였는데, 그 이유에 대해서 "검은색은 모터의 사이즈를 더 작게 보이게 하고 많은 다른 보트 색상들과 어울림을 보장하기 때문에 특별한 기능적 특성을 가지고 있는 것이다"고 판시하였다. 그리고 위 법원은 이러한 이익은 실용적인 성질의 것이지 심미적인 성질의 것이 아니라고 하였다. 즉, "색깔의 조화와 모터 사이즈를 더 작게 보이게 하는 것은 이 사안에서는 단순히 심미적인 특성

---

57) J. Thomas McCarthy(주 4), § 7:80, at 7-211, 212.

58) 35 F.3d 1527 (Fed. Cir. 1994).

59) 제2연방항소법원도 Wallace 판결에서 이와 같은 입장을 취하고 있음은 앞서 살펴보았다.

이 아니고, 이와 같은 비상표적 기능들은 경쟁상의 이익(competitive advantage)을 주는 것이다"고 판시하였다.[60]

이에 따라 미국 상표항고심판원(TTAB)도, "심미적 기능성 이론은 Federal Circuit에서 배척되어 왔고 미국 특허청(PTO)에서도 사용되고 있지 않으며, 기능성은 반드시 실용적인 관점을 기초로 하여서 판단되어야 한다는 것이 Federal Circuit의 판결 내용이다"라고 하고 있다고 한다.[61]

(4) 영국에서의 심미적 기능성에 대한 논의[62]

영국 상표법 제3조 (2)(c)는 "상품에 실질적인 가치를 부여하는 형상"을 상표 부등록사유로 규정하고 있다. 영국에서는 이러한 규정에 의해 어떤 형상이 주로 시각에 호소하는 것으로써 디자인되어 있고 출처를 표시하기보다는 미적 성질을 갖고 있는 것으로 인정될 경우에는 상표등록을 부정할 수 있도록 하고 있다고 한다. 그러나 일반적으로 심미적 기능성 이론을 적용하여 기능성을 인정하는 것에 관하여는 판례의 태도가 소극적인데, 이는 본래 미적 가치라는 개념이 주관적이기 때문이라고 한다.

다만, 예외적으로 "Must Match"와 같이 디자인상의 미적 통일성 때문에 다른 형상에의 의존이 불가피한 경우에는 심미적 기능성이 있다고 보아야 한다는 주장이 있다고 한다. 예를 들어, 자동차의 범퍼와 사이드 패널의 디자인은 그 자동차에 미적으로 match되도록 그 형상이 만들어져 있기 때문에, 그 예비부품의 형상 이외에 다른 대체 디자인을 미적 가치의 측면에서 상정할 수 없고, 이러한 형상에 대하여 상표로서

---

60) 35 F.3d, at 1533.
61) J. Thomas McCarthy(주 4), § 7:80, at 7-212, 213.
62) 김원오(주 3), 226면을 주로 참고하였다.

의 독점권을 인정한다면 다른 예비부품 제조업체의 신규참여가 불가능해지기 때문에 기능성이론의 자유경쟁 정책논리에 비추어 타당하지 않다는 것이다.[63]

(5) 심미적 기능성 이론에 대한 비판 및 평가

위에서 살펴본 바와 같이 심미적 기능성 개념은 아직도 연방항소법원들뿐만 아니라 연방대법원에도 남아 있고, 때때로 사안의 해결에 직접적으로 열쇠가 되기도 하지만, 이에 대해서는 많은 비판이 있다. 그러한 비판은 특히 심미적 기능성 개념에 대한 대표적인 판결인 Pagliero 판결의 설시에 초점을 맞추고 있다.

(가) 구체적인 비판의 내용

1) 정책적으로 부당하다는 비판

앞서 보았듯이 제3연방항소법원의 Keene 판결은, 제품 특성의 상업적 성공에 초점을 맞추고 있는 Pagliero 판결의 심미적 기능성 개념을 비판한다. 이러한 심미적 기능성 개념에 의하면 디자인이 더 멋지면 멋질수록 그에 대한 보호는 더욱 더 적어질 것이기 때문에, 상상력이 풍부하고 매혹적인 디자인을 창작하려는 동기를 없애버린다는 것이다.[64] 이와 같은 취지에서 제2연방항소법원도 Wallace 판결에서 Pagliero 판결의 기준은 별다른 증거 없이도 디자인을 그대로 모방할 수 있게 함으로써 창작자뿐만 아니라 나중에는 경쟁자까지 호감 있는 디자인 (pleasing designs)을 개발할 동기를 감소시켜 부당하다고 비판하고 있다.[65]

---

63) 최덕철, "입체상표의 기능성에 관한 판단사례 연구", 지식재산21 63호(2000. 11.), 특허청, 165면.

64) Keene Corp. v. Paraflex Industries, Inc., 653 F.2d 822, 825 (3d. Cir. 1981).

65) Wallace Intern. Silversmiths, Inc. v. Godinger Silver Art Co., Inc., 916 F.2d 76,

특허와의 충돌방지 및 자유경쟁의 부당한 제한방지라는 두 가지 주요 정책목표를 가지고 있는 기능성원리의 적용에 의하여 오히려 디자인 창작의 동기를 훼손하게 되는 결과에 이르도록 하는 것이 정책상 부당함은 두 말할 나위가 없다. 이러한 점에서 Pagliero 판결이 제시한 심미적 기능성 개념에 대한 제2, 3연방항소법원들의 위와 같은 비판은 설득력이 높다고 할 것이다.

2) 개념이 광범위하다는 비판

McCarthy 교수는 Pagliero 판결이 제시한 것과 같은 넓은 심미적 기능성 개념을 문자 그대로 적용된다면, 모든 상표에 대한 보호를 기능성의 원리에 의해 거부할 수 있게 되는 부당한 결과를 초래한다고 비판한다.[66] 기능성원리의 한 정책목표인 자유로운 경쟁의 보장과 관련하여서 보면, 어떠한 심미적 디자인을 무제한적으로 선택하는 것이 가능하므로 심미적인 디자인을 상표로 보호한다고 하여서 경쟁을 제한한다고 할 수 없음에도 불구하고, 심미적 기능성 이론은 이와 같이 자유경쟁 보장과 아무런 관련이 없는 심미적인 디자인들이 상표에 의해 보호받지 못하도록 하는 것이어서 부당하다고도 한다.[67]

그리고 기계적인 특성(mechanical features)과의 관계에서 다음과 같이 비판하는 학자도 있다.[68] 심미적인 특성(aesthetic features)과 관련된 디자인의 범위는 그것을 의도하는 취향에 따라 거의 무한하다고 할 수 있어 이를 상표로 보호하더라도 경쟁을 방해하는 정도가 크지 않다. 반면, 기계적인 특성은 심미적인 특성에 비하여 디자인의 범위가 더 좁아 이를 상표로 보호하는 경우 경쟁을 방해할 가능성이 더 크다. 그런데

---

80 (2d Cir. 1990).
66) J. Thomas McCarthy(주 4), § 7:81, at 7-213.
67) Id. at 7-195.
68) Deborah J. Krieger(주 6), at 380.

Pagliero 판결의 심미적 기능성 기준에 따른다면, 심미적인 특성에 적용되는 기능성의 개념이 기계적인 특성에 적용되는 기능성의 개념보다도 더 광범위하게 되고, 따라서 기계적인 특성에 대해서보다 경쟁을 저해할 위험이 적은 심미적인 특성에 대해서 오히려 상표로 덜 보호하는 모순된 결과를 초래하게 된다는 것이다.

현대 산업사회에 있어서 디자인의 특성은 수요자들이 상품을 선택함에 있어서 중요한 역할을 하고 있고, 따라서 대부분의 제조자들은 수요자들이 그들의 상품을 선택하도록 하기 위해서 심미적으로 멋진 디자인을 창작하기 위해 노력한다. 그리하여 결과적으로 상업적 성공에 영향을 미치는 심미적 특성을 가지고 있지 않은 상품은 거의 없다고 봐도 과언이 아니다. 그런데 Pagliero 판결이 제시한 것과 같은 '상업적 성공에 중요한 요소인지 여부'를 기준으로 기능성을 판단하는 심미적 기능성 개념에 의하면, 현재 시장에서 판매되는 대부분의 상품에 사용된 디자인들은 상표로 보호받을 수 없게 되는 상식에 반하는 결과를 가져온다. 이러한 관점에서 볼 때, Pagliero 판결의 심미적 기능성 개념이 부당함은 명백하다고 할 것이다.

아래와 같은 다른 측면에서 보더라도 Pagliero 판결의 심미적 기능성 개념 및 그 판단기준은 타당하지 않다. 오늘날 많은 상표는 그 자체로 판매력(selling power)을 가지고 있다. 즉, 소비자들은 단지 심미적으로 호감이 가는 상품의 디자인 특성 때문에 상품을 구입하는 것이 아니라, 그러한 특성이 원래부터 식별력이 있거나 없더라도 사용에 의한 식별력을 취득하고[69] 더 나아가 수요자나 거래자들 사이에 주지·저명하게 되어 명성을 가지게 됨으로써, 소비자가 그러한 식별력이나 명성으로부터 느끼는 신뢰감, 양질감, 만족감 때문에 그 상품을 구입하게 되는 경우도 많다.[70] 그런데 후자와 같은 경우에는 그 디자인의 심미적인

---

69) 미국 상표이론에 따르면 '2차적 의미(secondary meaning)'의 획득에 해당한다.

면이 아니라 식별력이나 명성과 같은 상표적인 면이 상업적 성공에 영향을 미친 중요한 요소라고 할 수 있다. 다른 관점에서 말하면, 후자와 같은 경우에는 그 디자인이 상표적으로 강하게 기능하고 있으므로, 이러한 디자인은 상표에 의하여 강하게 보호할 필요성이 있다. 그런데 Pagliero 판결과 같은 심미적 기능성 개념을 채택한다면, 디자인이 위와 같이 상표적으로 강하게 기능하면 기능할수록 그 제품의 상업적 성공에 중요한 요소가 되어 오히려 '기능석'인 것으로 상표에 의한 보호를 거부해야 하는 불합리한 점이 발생한다.

3) 개념이 모호하다는 비판

심미적 기능성의 핵심으로 상업적 성공을 고려하는 Pagliero 판결과 같은 기준을 선택하면, 법원은 그러한 기능성이 있는지 여부를 판단하기 위하여 수요자들이 어떤 상품을 구매하는 동기가 무엇인지 밝혀내야만 한다. 그리고 이러한 구매동기를 밝히기 위해서 법원은 '상품의 예술적 장점, 수요자들의 취향과 심미적 호감' 등 주관적인 문제들에 대해서 판단해야만 한다. 그런데 상품을 구매하도록 하는 소비자의 취향과 개인적인 호감을 판단한다는 것은 매우 어려우므로, 심미적 기능성 개념이 제시하는 기능성의 판단기준은 본질적으로 유용하지 못하다는 비판이 있다.[71]

법원이 실제 소송에서 상품 디자인의 심미적인 호감과 상업적 성공 사이의 인과관계 여부를 가린다는 것은 매우 어려울 것이므로 위와 같은 비판은 타당해 보인다.

---

70) 제9연방항소법원의 Vuitton et Fils S.A. v. J. Young Enterprises, Inc. 사건에서 문제된 루이뷔통 가방과 핸드백의 표면을 덮는 반복된 "LV"와 꽃무늬 심벌을 예로 들면, 수요자들은 그러한 심벌의 심미적인 호감 때문이 아니라 그 자체의 명성 때문에(즉, 상표적 요인 때문에) 그 가방과 핸드백을 구입하는 경우가 더 많을 것이다.

71) Deborah J. Krieger(주 6), at 378.

4) 심미적 기능성 개념이 불필요하다는 비판

McCarthy 교수는 심미적 기능성의 문제는 시각을 달리하면 소비자가 그 디자인을 특정 상품의 출처를 표시하는 상표로서 인식하는가의 문제로 볼 수 있는데, 미국 판례상 디자인이 오로지 그리고 단지 장식적인 것일 때는 상표로서 보호받지 않는다는 원칙("merely ornamental" rule)[72]이 이미 성립되어 있는 이상, 이 원칙 외에 심미적 기능성 이론을 별도로 인정할 필요가 없다고 비판한다.[73] 이와 같은 맥락에서 1938년 Restatement가 심미적 기능성의 개념을 인식하면서 상표에 의한 보호가 거부되어야 하는 예로 들고 있는 "하트 모양의 Valentine Day 캔디상자"의 경우도 굳이 심미적 기능성의 개념이 없더라도 '일반적 보통성(genericism)'의 개념[74]에 의하여 상표에 의한 보호를 거부할 수 있다고 주장한다.[75]

Dralter 교수도 심미적 기능성이란 개념 없이도 상표와 디자인 특허(design patent) 사이의 충돌은 완화될 수 있고 경쟁의 관점에서 본 이들 법체계 사이의 균형도 달성될 수 있다고 주장한다. 즉, 상표와 디자

---

72) 그와 같은 사례들을 예로 들면 다음과 같다. Ventura Travelware, Inc. v. Baltimore Luggage Co., 66 Misc. 2d 646, 322 N.Y.S.2d 93 (1971), aff'd, 38 A.D.2d 794, 328 N.Y.S.2d 811 (lst Dep't 1972) (색줄디자인에 대한 사례임); American Basketball Ass'n v. AMF Voit, Inc., 358 F. Supp. 981, 177 U.S.P.Q. 442 (SDNY 1973), 확정판결 487 F.2d 1393 (2d Cir. 1973), cert. denied, 416 U.S. 986 (1974) (농구공의 적색, 백색, 청백색 띠줄에 대한 사례임); In re Soccer Sport Suppy Co., 507 F.2d 1400, (CCPA 1975) (축구공의 흑색, 백색 띠줄에 대한 사례임); Major Pool Equipment Corp. v. Ideal Pool Corp., 203 U.S.P.Q. 577 (N.D. Ga. 1979) (수영장의 줄 디자인에 대한 사례임); Damn I'm Good, Inc. v. Sakowitz, Inc., 514 F. Supp. 1357, 212 U.S.P.Q. 684 (SDNY 1981) (팔찌의 장식 문구에 대한 사례임).

73) J. Thomas McCarthy(주 4), § 7:81, at 7-194.

74) 우리나라의 보통명칭이나 관용표장과 같이 식별력이 없는 것을 뜻한다.

75) J. Thomas McCarthy(주 4), § 7:81, at 7-215, 216.

인 사이의 충돌은 그리 심하지 않으므로, 예를 들어 '식별력'이나 '혼동
가능성' 같은 상표법의 다른 법논리에 의하여 이러한 충돌의 문제를
충분히 해결할 수 있고, 굳이 심미적 기능성과 같은 개념은 불필요하다
는 것이다.[76)

(나) 심미적 기능성 이론의 평가

위에서 본 바와 같이 Pagliero 판결에서의 심미적 기능성 개념은 여
러 가지 문제점과 모순점을 가지고 있어서 기능성원리의 정책목표에
부합하는 올바른 기능성 개념을 제시하기는커녕 기능성원리에 대한 불
필요한 혼란만을 가중시킨 것으로 평가할 수 있다. 그리하여 앞서 살펴
본 바와 같이 위 판결을 한 제9연방항소법원조차도 이제는 그와 같은
심미적 기능성 개념을 포기하였고, 아직 심미적 기능성이라는 개념 자
체는 유지하고 있는 다른 연방항소법원들도 Pagliero 판결의 '상업적
성공에 중요한 요소인지 여부'에 의해서 심미적 기능성을 판단하지는
않고 있는 것이다.

그러나 심미적 기능성 개념 자체는 기능성원리에서 말하는 기능성이
라는 것이 반드시 공학적이고 기계적인 기능성만을 의미하는 것이 아
니라는 점을 상기시켰다는 점에서 그 의미를 과소평가할 수는 없을 것
이다. 즉, 기능성원리에서 말하는 기능성은 그 정책목표와 관련하여 설
정되어야 하는 법률적인 개념으로서, 그 정책목표에 부합하는 범위 내
라면 기계적, 실용적 측면뿐만 아니라 심미적인 측면도 기능적이라고
판단될 수 있을 것이라는 점에서 일면 그 타당성이 있다고 할 수 있다.
아직까지 미국 연방대법원을 비롯하여 몇몇 연방항소법원들이 심미적

---

76) Jay Dratler, Jr., "Trademark Protection for Industrial Designs", 1988 U. Ill. L.
Rev. 887, 941 (1988). 이와 같은 Dralter 교수의 견해는 기능성이론의 정책목표
를 상표와 특허 사이의 충돌만을 방지하는 것이고 디자인과의 충돌까지 방지하
는 것은 아니라고 이해함을 전제로 한 것이라고 할 수 있다.

기능성 개념 자체를 포기하지 않고 있는 것도 바로 이러한 심미적인 측면에서의 기능성의 의미에 주목하고 있기 때문일 것으로 생각된다.

다만, 여기서 지적해 두고 싶은 것은, 이와 같은 심미적 기능성 개념 자체의 의미를 인정한다고 하여 기능성 개념을 실용적 기능성과 심미적 기능성으로 구분할 필요는 전혀 없다는 것이다. 뒤에서 살펴보겠지만, 기능성원리에서 중요한 것은 그 정책목표와 관련한 기능성의 판단기준이지 기능성 분류가 아니고, 구체적인 사례에서 어떤 제품 특성이 어떤 종류의 기능성인지를 구분하는 것은 매우 어렵고 때로는 불가능하며, 이러한 분류에 따라 각각의 기능성 개념을 별개로 정의하거나 그 각각에 맞는 독립된 기능성 판단기준을 세우는 것은 매우 난해하기 때문이다. 이와 같은 기능성 분류와 무관하게 기능성원리가 적용될 수 있는 통일된 판단기준을 세울 수 있다면 기능성원리에 대한 훨씬 간명하고 명확한 이론정립이 가능할 것으로 생각되고, 이에 따라 기능성 개념을 복잡하게 분류하는 난해한 작업도 필요가 없어지게 될 것이다.

제5절 기타 관련문제

1. 기능성원리의 한계에 대한 논의

가. 기능성원리의 한계에 대한 주장

앞서 본 바와 같이, 기능성원리가 추구하는 정책목표 중 하나는 상품의 형상에 대하여 엄격한 특허요건을 피하면서 상표권을 통해 특허권과 같은 독점권을 영구적으로 취득하는 것을 방지함으로써 상표법과 특허법 사이의 충돌을 막거나 완화하고자 하는 것이다.

그런데 기능성원리만으로 이러한 특허법과 상표법의 충돌을 방지하기에 충분하지 않다는 주장이 제기되기도 한다고 한다.[1] 그것은 특허법적인 측면에서의 기능(function) 내지 유용성(utility)과 상표법의 측면에서의 기능성(functionality)의 의미가 서로 다르다면, 즉 특허법에 있어서의 기능은 '유용한 목적'을 의미함에 반하여 기능성원리에 있어서의 '기능적'이라는 것은 유용한 목적이나 유용성을 가진 상품의 모양 그 이상을 의미한다고 한다면, 어떠한 상품의 모양이 유용한 목적을 가

---

1) 이대희, "상표법상의 기능성원리에 관한 연구", 창작과 권리 12호(1998. 9.), 세창출판사, 41면. 이에 관한 대표적인 판결로 제10연방항소법원의 Vornado Air Circulation Sys., Inc. v. Duracraft Corp. 판결[58 F.3d 1498 (10th Cir. 1996), cert. denied, 116 S. Ct. 753 (1996)]과 Kohler Co. v. Moen Inc. 판결[12 F.3d 632, 649 (7th Cir. 1993) (Dudahy, J.dissenting)]을 들고 있다.

지고 있어 특허법에 의해 보호를 받았다고 해서 항상 상표법의 보호대상에서 제외되는 것이 아니므로, 기능성원리가 추구하는 정책목표가 항상 달성될 수 있는 것은 아니라는 것이다.[2]

예를 들어, CCPA가 선고한 In re Morton-Norwich Products, Inc. 판결[3]에서는, 어떤 상품 디자인이 기능적인지 여부는 '디자인의 유용성'이 좌우하는 것이지 '상품의 유용성'이 좌우하는 것이 아니고, 특정한 디자인이 '월등한(superior)' 경우에만 기능적인 것이 되어서 상표로서 보호받지 못하게 되며, 더군다나 이러한 '월등'의 의미는 경쟁상의 필요성, 즉 타인이 효과적으로 경쟁하기 위하여 특정한 디자인을 이용할 필요성이 있는지 여부에 의하여 결정된다고 하므로,[4] 위 판결에서 상표에 의한 보호가 거절되는 '기능성'의 개념은 특허법에서 특허를 받기 위한 기능성의 개념과 다르게 된다. 따라서 특허법적인 측면에서의 기능(function) 내지 유용함(utility)이 있다고 하더라도 그것이 위 판결이 설시하고 있는 바와 같은 기능성원리에서의 기능성(functionality)에는 해당하지 않으면 상표법에 따라 보호될 수 있게 된다. 그리하여 이 경우에는 기능성원리에도 불구하고 특허로 보호받아야 하는 특성이 상표에 의하여 영구적으로 보호될 수 있으므로 기능성원리에 한계가 있다는 것이다.[5]

제10연방항소법원도 상품의 모양이 trade dress의 관점에서 기능적(functional)이지 않으면서 동시에 특허를 받을 수 있는 요건인 신규성(novelty), 유용성(utility), 진보성(nonobviousness)을 가질 수 있다고 판시한 바가 있다.[6]

---

2) 이대희(주 1), 41-42면.
3) 671 F.2d 1332 (CCPA 1982).
4) Id. at 1339-1340.
5) 이대희(주 1), 42면.
6) Vornado Air Circulation Sys., Inc. v. Duracraft Corp., 58 F.3d 1498, 1506 (10th Cir. 1996).

나. 한계론에 대한 검토

기능성원리에 대한 위의 견해의 주장의 당부는 기능성의 개념을 어떻게 설정하느냐에 따라 달라질 수 있을 것이다. 즉, 기능성의 개념을 특허의 대상이 되는 유용한 특성 모두를 포함하는 개념으로 이해하게 되면, 기능성원리의 한계의 문제는 발생하지 않으나, 만일 그 개념을 이와 다른 개념으로 이해하게 되면, 위 견해의 주장과 같은 공백이 발생하게 되는 것이다.

앞서 살펴보았듯이, 기능성의 정책목표 중 하나는 특허와의 충돌방지에 있는 이상 이와 같은 정책목표의 달성에 공백이 생기지 않도록 기능성의 판단기준을 세울 필요가 있고, 이러한 정책목표에 바탕을 둔 기능성의 판단기준은 앞서 본 In re Morton-Norwich Products, Inc. 판결에서 제시한 것과 같은 기준이 되어서는 안 된다. 왜냐하면, 이와 같은 기준에 의하면 한계론이 지적하는 것처럼 특허와의 충돌방지 정책목표를 달성하는 데 공백이 생기기 때문이다. 위 정책목표 달성을 위한 바람직한 기준은 뒤에서 보는 바와 같이 미국 연방대법원이 Inwood 판결에서 제시한 기능성 판단기준에 약간의 수정을 가한 것이 되어야 한다. 이 경우 한계론이 지적하는 것과 같은 공백은 방지될 수 있다. 그렇다고 해서 위 In re Morton-Norwich Products, Inc. 판결에서 제시한 기능성 판단기준이 무용하거나 잘못되었다는 것은 아니다. 이러한 기준은 기능성원리의 또 다른 정책목표, 즉 상표법 자체에서 나오는 내재적인 한계로서 자유경쟁을 부당히 제한해서는 안 된다는 정책목표와 관련하여 매우 유용하고 타당한 기준이 될 수 있다.7)

또한, 기능성원리에 대한 한계론은 다음과 같은 관점에서도 비판이 가능하다. 기능성원리의 적용범위는 곧 기능성을 어떻게 정의하느냐에

---

7) 뒤에서 기능성의 판단기준을 살펴보면서 자세히 검토한다.

따라 결정되는 것이다. 따라서 그 적용범위를 축소하고자 하는 경우에는 기능성에 대한 정의를 매우 엄격하게 하면 될 것이고, 이 경우 기능성원리는 정의된 범위 안에서만 적용하여 그 적용 영역 밖에서는 상표에 의한 보호를 해주면 그만이다. 기능성원리의 적용범위를 이와 같이 좁게 보고자 하는 입장에 따라 기능성을 정의할 때에는 그 적용범위 밖에 있는 영역을 상표와 특허가 동시에 보호할 수 있는 영역으로 설정하고자 하는 사고가 반영된 것이라고 할 수 있다. 따라서 이러한 기능성 개념을 기능성원리의 한계로 이해하기보다는 정책적 결단에 따라 기능성원리를 그와 같이 설정한 것으로 이해함이 더 타당한 것이다. 다시 말하면, 특허법과 상표법의 충돌 방지가 완벽하게 되어야 할 논리적, 정책적인 필연성은 없는 것이므로,[8] 어느 정도 범위에서 이들 충돌을 방지할 것인지의 문제는 기능성원리에 대한 시각 차이에 의한 기능성의 정의 및 판단기준의 설정 문제일 뿐이라는 것이다. 만일 이들 법률의 충돌을 완전히 회피하고자 한다면 기능성의 개념을 특허의 대상이 되는 경우까지 확대해 정의하면 족한 것이다.

2. 특허기간이 만료된 형상에 대한 상표 보호의 문제

가. 문제의 소재

앞서 본 바와 같이 특허가 부여되었던 형상은 그것이 기능적인 경우 기능성원리를 적용하여 상표 보호를 거부하게 된다. 그런데 특허권이

---

8) 또한, 특허의 대상이 유용성을 가지지 않아 원래 특허가 부여되지 않았어야 함에도 불구하고 특허가 잘못 부여된 경우, 그러한 특성은 기능성이 없다는 이유로 상표에 의한 보호까지 주어지게 되는 것이 이론적으로 가능하므로, 특허와 상표 양자 모두에 의하여 보호될 수도 있을 것이다.

부여된 형상에 대해서는 이러한 기능성원리를 적용하지 않고서도 상표에 의한 보호를 거절할 수 있는 것인가, 즉 이전에 특허를 받았다는 사실 자체가 특허 대상이 되었던 제품 형상을 상표로 보호함에 어떠한 영향을 미치게 되는가 하는 문제가 있다.

이는 특허가 부여된 형상이 기능적이지 않아 기능성원리를 적용할 수 없는 경우를 예정하는 것이므로, 표면적으로 보면 기능성원리 자체의 문제는 아니라고 할 수 있다. 그러나 앞서도 언급한 바 있듯이 기능성에 대한 정의를 어떻게 하고 기능성원리의 적용범위를 얼마나 넓게 하느냐에 따라 위 문제의 해결도 영향을 받게 되므로, 이 문제는 기능성원리와 밀접한 관련이 있다고 할 수 있다.

나. 미국의 판례

이 문제와 관련하여 연방대법원은 TrafFix 판결에서 "이 사안에서 문제의 핵심은 기간이 만료된 특허권이 trade dress 침해에 미치는 영향이다. 이에 대해 우리는 이전의 특허는 trade dress 주장을 해결하는 데 중요한 의미가 있다고 결론을 내렸다. 즉, 실용 특허(utility patent)는 trade dress에 의한 보호를 주장하는 그 특성이 기능적이라는 데 대한 강력한 증거(strong evidence)가 되는 것이다."라고 판시하여,[9] 특허권의 만료 자체만으로 trade dress 보호를 당연히 부정할 수 있는 것이라고까지는 결론을 내리지 않고, 단지 기능성을 입증하기 위한 증거가 될 뿐이라고 하였다. 그리고 위 판결은 "당사자인 TrafFix 회사와 이에 대해 동조하는 의견들(some of its amici)은 헌법의 특허 조항인 Art. I, § 8, cl. 8의 효력에 의해 특허권자가 특허기간이 만료된 실용 특허에 대해 trade dress에 의한 보호를 주장할 수 없다고 주장한다. 우리는 이 사안에서

---

9) 532 U.S. 23, 29 (2001).

이 문제를 해결할 필요가 없다. 만일 기능
적인 특성이 trade dress에 의한 보호대상이
될 수 없다는 원칙에도 불구하고, 기간 만
료한 실용 특허권과 실질적으로 동일한
trade dress에 의한 보호가 문제되는 그런
사안이 발생한다면, 그 때가 바로 우리가
이 문제에 대해 생각해 봐야 할 때이다."라

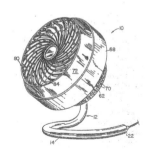

고 판시하여,[10] 특허권 만료와 trade dress에 의한 보호 문제를 언급하
면서도 위 문제를 정면으로 다루지는 않았다.[11]

　　이와 다른 취지의 판결로는, 제10연방항소법원이 한 Vornado Air
Circulation Systems, Inc. v. Duracraft Corp.[12] 판결이 있다. 이 사안에
서는 오른쪽 그림과 같은 나선형의 환풍기 그릴(fan spiral grill) 디자인
이 상표로 보호받을 수 있는지 여부가 문제되었다. 그런데 위법원은
"특허권이 만료된 후에 특허 받은 제품의 특징적인(significant) 형상을
자유롭게 모방할 수 없도록 하는 것은, 그러한 형상이 설사 경쟁을 위
해 필요한(necessary to competition) 경우가 아니라고 하더라도,[13] 특허
시스템의 핵심적인 목표를 심각히 훼손하는 것이다."라고 판시하였다.
즉, 위 판결에서는 특허권이 만료된 후에는 설사 그 제품 형상이 경쟁
상 모방이 필요한 것이어서 기능성이 없다고 하더라도 그 기능성 여부

---

10) Id. at 35.
11) 즉, 기능성원리만으로도 문제된 형상을 trade dress로 보호하지 않음에 충분하였
　　으므로, 그 형상에 기능성원리를 적용할 수 없을 경우, 즉 그 형상이 기능적이지
　　않을 경우를 가정하여, 특허권의 만료 자체만을 이유로 하여 trade dress에 의한
　　보호를 거부할 것인가의 문제에 대해서는 나아가 판단할 필요가 없었던 것이다.
12) 58 F.3d 1498, 1508 (10th Cir. 1996).
13) 위 판결은 대체 가능한 디자인이 존재하는지 여부, 즉 그 형상이 경쟁상 모방할
　　필요가 있는지 여부(competitive necessity to copy)를 기능성의 판단기준으로 삼
　　아 판시한 것이므로, 이 부분의 의미는 '기능성이 없다고 하더라도'와 동일한 의
　　미로 이해된다.

에 상관없이 상표로 다시 보호해 줄 수는 없다고 판시한 것이다. 이 견해를 확장하면, 특허든 디자인이든 저작권이든 한 번 지적재산권으로 보호를 받은 것은 다른 지적재산권에 의해 보호해서는 안 된다는 논리가 될 수 있다. 공중거래원리(public bargain doctrine)에 아주 충실한 판례로 평가할 수 있다.

다. 검토

Vornado 판결은 특허가 만료된 제품 특성을 상표를 통해 보호함으로써 초래될 수 있는 특허법 체계에 대한 손상을 너무 걱정한 것으로 아래에서 보는 바와 같은 이유로 부당한 판결이라고 생각된다.

이 판결은 아마도 특허 기간이 만료한 제품 특성은 공공영역(public domain)에 놓이게 되므로 아무런 제한 없이 사용될 수 있고 어떤 당사자에게 배타적으로 귀속되어서는 안 된다는 생각에 그 논거를 두고 있을 것이다. 그러나 위 판결은 공공영역에 있는 만료된 특허와 관련한 해석에 있어서 잘못을 범하고 있다. 보호기간이 만료되어 공공영역에 있는 특허가 다시 특허로 독점화되는 것을 허용할 수 없음은 명백하나, 특허가 만료된 제품 특성이 누군가에 의하여 특허 아닌 다른 지적재산권의 독립된 성립요건을 만족시킴으로써 요건이 만족된 다른 지적재산권으로 배타적으로 보호되는 것까지 불가능하다고 할 수는 없다. 왜냐하면, 여기에는 새로운 지적재산권 창설행위가 게재되기 때문이다. 특허가 만료된 제품 특성 이외에도, 만료된 지적재산권으로 인하여 또는 원래부터 그것들이 가지고 있는 내재적인 특성에 의하여 공공영역에 있는 제품 특성, 디자인, 단어, 모양, 색채, 소리 등등은 수없이 많다. 만일 그러한 것들이 상품 또는 서비스의 출처를 표시하고 식별할 수 있는 기능을 가지게 된다면, 그것들이 공공영역에 속해 있었던 것이기는 하지만 상표에 의해 보호될 수 있음은 당연한 것이다. 상표로 다시 배타적으로 보호함으로써 초래될 수 있는 특허법 체계에 대한 손상을 고려한다는 구실 아래, 이러한 공공영역에 있는 것들 중에서 유독 '특허 보호 기간이 만료된 제품 특성'만을 분리하여 취급하는 것은 타당성이 없다.

다시 말하면, 특허 보호 기간이 만료된 제품 특성이 상표로 보호받을 수 있는지 여부의 문제는 특허법 체계에만 본질적으로 관련된 문제가 아니라, 전체 지적재산권법 체계에서 통일적으로 검토되어야 하는 문제이므로, 특허제도에 대한 훼손에만 중점을 두어 이 문제의 결론을 도출하려고 하는 것은 타당하지 않다. 비록 특허가 제품 특성에 부여되었거나 또는 그 부여된 특허가 만료되었다고 하더라도, 그러한 특성이 '기능적(functional)'이지 않아 기능성원리에 의해 상표로 보호할 수 없는 경우가 아니라면 공공영역(public domain)에 있는 다른 것들과 마찬가지로 상표 요건을 충족한 경우, 즉 자타상품의 식별력을 취득한 경우 상표로 보호될 수 있는 것이다.

Vornado 판결에서 문제되는 제품 특성에 대하여 상표에 의한 보호를 거부하는 결론을 내리고자 하였다면, 특허와의 충돌방지 정책목표를 달성함에 있어서 부족함이 없도록 기능성의 개념을 설정한 다음, 기능성원리를 근거로 하여, 즉 문제된 제품 특성이 '기능적'이라는 이유로 상표에 의한 보호를 할 수 없다는 결론에 도달했어야 옳았다. 문제된 상품 특성을 기능성의 개념에 포섭하지 않고 단순히 특허 보호 기간이 만료되었다는 이유만으로 이를 상표로 보호할 수 없다고 한 것은 앞서 본 바와 같은 이유로 타당하지 않은 것이다.[14]

---

14) McCarthy 교수도 이와 같은 취지에서, Vornado 판결이 기능성의 개념을 좁게 정의하여 자신을 가두고 그곳에서 벗어나기 위해 만료된 특허의 대상이었던 제품 형상은 특허 만료 후 공중의 자유로운 이용에 놓이게 된다는 특허법의 취지를 근거로 설정한 것은 매우 부적절한 것이라고 비판한다. 그런 후에, 전통적인 실

하나 더 언급해 보자면, 위와 같이 특허와의 충돌방지 정책목표를 달
성함에 있어서 부족함이 없도록 기능성의 개념을 설정하였다고 하더라
도, 여전히 특허로 보호받았던 특성(features)이 '기능성'이 없다는 이유
로 상표에 의한 보호를 받는 경우가 이론적으로는 발생할 수 있다. 예
컨대, 애초부터 '기능성'이 없어 특허로 보호받을 수 없는데 특허가 잘
못 부여된 경우를 들 수 있다. 그러나 이러한 경우는 이론적으로 상정
할 수 있을 뿐 실제로는 발생하기 어려워 보일 뿐만 아니라, 설사 이러
한 경우가 실제로 발생한다고 하더라도 그것은 '특허를 잘못 부여한
데 따른 것'으로, 그러한 잘못을 특허 자체에서 해결하지 않고 상표에
의한 보호를 거부함으로써 치유하려고 해서는 안 될 것이라는 점에서
볼 때, 상표에 의해 보호하더라도 별 문제는 없다고 생각한다.

용적 기능성의 개념에 의하면 위 사안에서 문제가 되었던 spiral vane grill은 기
능적이라고 판단될 수 있었다고 말하고 있다[J. Thomas McCarthy, 1 McCarthy
on Trademarks and Unfair Competition, § 7:68, at 7-156~7-159, Thomson West
(4th ed. 2006) 참조]

제3장 미국 판례에 나타난 기능성에 대한 정의 및 판단기준

제1절 서설

1. '기능성'에 대한 판단기준의 혼란

기능성원리(functionality doctrine)를 논함에 있어서 가장 중요한 것 중 하나는 기능성원리를 적용하여 상표 보호를 거부하기 위한 '기능성(functionality)'에 대한 명확한 판단기준을 정립하는 것이다. 이에 대한 논의는 일찍이 미국에서 활발히 전개되어 오고 있는데, 미국 연방대법원이나 항소법원들도 기능성에 대한 각자의 판단기준을 제시한 바 있다.

그러나 기능성원리에 대한 활발한 논의에도 불구하고 미국의 학설들은 아직까지 '기능성'에 대한 통일된 판단기준을 정립하지 못한 채 의견이 분분하고, 미국 법원들이 제시한 각자의 판단기준도 서로 통일되어 있지 않다.[1] 그 원인은, 앞서 본 바와 같이 미국의 연방상표법(Lanham Act)에 '기능성'에 대한 아무런 정의 규정이 존재하지 않은데다가, 기능성원리가 추구하는 정책목표에 대한 다양한 시각 차이에 따라 기능성의 판단기준 역시 달라질 수 있고, 기능성원리에서 말하는 기능성의 개념 자체가 애초부터 정의하기가 난해한 성질의 것이기 때문으로 생각된다.

---

1) Margreth Barrett, "Consolidating the Diffuse Paths to Trade Dress Functionality: Encountering Traffix on the Way to Sears", 61 Wash. & Lee L. Rev. 79, 94-95 (2004).

특허 연방대법원의 2001년 TrafFix 판결[2])이 제시한 기능성 판단기준은 기존의 연방대법원이나 항소법원들이 제시해 온 기준과 같지 않고 그 의미도 불명확하여, 기능성에 대한 기존의 논의를 정리하기는커녕 오히려 연방항소법원들이나 학자들 사이에 위 판결이 설시한 판단기준의 해석을 둘러싸고 또 다른 분열이 발생하도록 하는 상황을 초래하였다. 이로써 현재 미국에서의 기능성에 대한 판단기준 논의는 훨씬 더 모호하고 복잡해져 버린 상황이라고 할 수 있겠다.

2. '기능성' 판단기준 정립을 어렵게 하는 요인들

기능성(functionality)의 개념 정의 및 그에 대한 판단기준의 정립을 어렵게 하는 이유로는 다음과 같은 세 가지 요인을 들 수 있다.

첫째는, 기능성원리는 지적재산권법 전체 체계에 대한 이해와 관련되어 있는 문제라 할 것인데, 그 이해의 관점이 법원이나 학자마다 다르다는 것이다. 예를 들면, 어떤 하나의 종류의 지적재산권에 의한 보호가 다른 종류의 지적재산권에 의한 보호에 어떠한 영향을 미치는지, 지적재산을 각각의 종류의 지적재산권으로 중첩적으로 보호하는 것이 바람직한지, 지적재산권으로 보호하지 않는 공공영역(public domain)의 범위를 어디까지로 할 것인지와 같은 문제들에 대한 견해가 전체 지적재산권 체계를 바라보는 철학의 차이에 따라 서로 다르다.

둘째는, 미국 법제에 있어서 실용 특허(utility patent)와 디자인 특허(design patent)라는 서로 다른 종류의 특허 모두에 있어서 상표와의 충돌이 방지되어야 하는지 여부에 대한 견해 차이가 있다는 것이다. 그 견해 차이에 따라 기능성원리에 대한 이해 및 기능성의 정의는 달라지게 된다.

---

2) TrafFix Devices, Inc. v. Marketing Displays, Inc., 532 U.S. 23 (2001).

예를 들면, 실용 특허와의 충돌방지는 실용적 기능성(utilitarian functionality) 개념과 더 관련되어 있고, 디자인 특허와의 충돌방지는 심미적 기능성(aesthetic functionality) 개념과 더 관련되어 있으므로, 위와 같은 견해 차이에 따라 기능성의 범위와 개념에 대한 차이가 있을 수밖에 없다.

셋째는, 상표에 의한 상품 특성의 보호에 있어서 기능성원리의 근본적인 역할이 무엇이냐에 대한 견해 차이가 있다. 다시 말하면, 미국에서 기능성원리는 trade dress의 보호로부터 초래될 수 있는 문제점들을 해결하기 위한 원리로 이해되고 있는데, 사람마다 이러한 문제점을 인식하는 범위 및 강도에서 차이가 있고, 이에 따라 상표에서 기능성원리가 차지하는 역할에 대한 견해 차이가 존재하게 된다. trade dress의 보호로부터 초래될 수 있는 문제점과 기능성원리의 역할을 중하게 여기면 여길수록, 기능성원리를 바람직하지 않은 상표 보호를 방지하기 위한 일반적인 근거로 활용하고자 하는 시각에서 기능성의 범위를 넓게 보게 될 것이다.

3. 판단기준의 유형분류

미국의 연방법원들이 제시하고 있는 '기능성'에 대한 각각의 판단기준을 몇 개 유형의 카테고리로 분류하는 미국 학자들이 있다. 그런데 이러한 분류는 기능성의 판단기준을 이해하고 타당한 판단기준을 모색하기 위한 매우 적절하고 유용한 작업이라고 생각되므로, 이하에서는 미국의 각 법원들이 제시한 구체적인 기능성 판단기준을 살펴보기 전에, 먼저 두 미국 학자가 분류한 기능성 판단기준의 유형을 살펴본다.

가. Margreth Barrett 교수의 분류[3]

Margreth Barrett 교수에 따르면, 연방대법원의 기능성에 대한 세 종류의 구별되는 접근방법으로 인하여, 연방항소법원 판결에서 제시한 기능성 판단기준 역시 대부분 아래와 같은 세 가지 유형 중 하나로 분류해 넣을 수 있다고 한다.

첫째는, '특성의 역할 기준(the role of the feature standard)'이다. 이 기준에서는 제품의 특성이 상품의 사용 또는 기능과 얼마나 관련되어 있는지, 즉 그 특성이 제품의 기능에 있어서 중요한 역할을 하는지 여부를 고려하여 기능성을 판단한다.

둘째는, '실질적인 효과 기준(the practical effect standard)'이다. 이 기준은 제품의 특성을 상표로 보호하는 것이 경쟁을 중대하게 손상할 것인지 여부에 주목하는 것으로서, 구체적으로 경쟁자에게 이용 가능한 충분하고 동등한 상품 특성이 있는지 여부를 고려한다.

셋째는, '중요한 요소 기준(the important ingredient standard)'이다. 이 기준에 의하면 만일 제품의 특성이 상품의 상업적 성공에 중요한 요소로 작용하였다면, 그 특성은 기능적이라고 한다.

나. Timothy M. Barber 교수의 분류[4]

Timothy M. Barber 교수는 기능성을 결정하는 기준을 아래와 같은 두 가지 유형으로 분류한다.

---

3) Margreth Barrett(주 1), at 95-96.
4) Timothy M. Barber, "High Court Takes Right Turn in Traffix, but Stops Short of the Finish Line: An Economic Critique of Trade Dress Protection for Product Configuration", 7 Marq. Intell. Prop. L. Rev. 259, 268 (2003).

하나는 '전통적인 테스트(traditional test)'이다. 이 기준은 trade dress 보호와 특허법 사이의 충돌을 피하는데 그 무게를 두어, 기능성을 판단함에 있어 제품 특성이 제품의 실용적, 유용적, 기계적인 면에 어떻게 기여하는지를 고려하고자 하는 것으로, Margreth Barrett 교수의 분류에 따르면 '특성의 역할 기준(the role of the feature standard)'과 비슷하다고 할 수 있다.

다른 하나는 '경쟁상의 필요 테스트(competitive need test)'이다. 이 기준은 Margreth Barrett 교수의 '실질적인 효과 기준(the practical effect standard)'과 비슷하게 제품 특성을 trade dress로 보호하는 경우 자유경쟁을 손상시키는지 여부에 그 초점을 두어 기능성 여부를 판단하는 것이다.

Timothy M. Barber 교수의 설명에 의하면, 비록 전자의 테스트가 법원에 의해 종종 언급되기는 하였지만, 후자의 테스트가 1970년대 중반까지 기능성을 평가하는 지배적인 접근방법으로 미국 법원에서 활용되었다고 한다.[5][6]

---

5) Id.
6) 아래에서는 Timothy M. Barber 교수가 분류한 '전통적인 테스트(traditional test)'는 Margreth Barrett 교수가 분류한 '특성의 역할 기준(the role of the feature standard)'과 동일한 내용의 기준으로, '경쟁상의 필요 테스트(competitive need test)'는 '실질적인 효과 기준(the practical effect standard)'과 동일한 내용의 기준으로 보고 논의를 전개한다.

제2절 미국 연방대법원에서의 기능성 판단기준의 전개

미국 연방대법원은 기능성원리의 정책목표, '기능성'의 정의 및 판단 기준 등에 대하여 오래 전부터 몇 개의 중요한 판결들을 선고해 왔다. 이러한 연방대법원의 판결들은 미국 내에서 연방항소법원들의 판시와 학자들의 논의에 많은 영향을 준 것은 물론이고, 우리에게도 기능성원리의 본질과 그 정책목표를 이해하고 기능성에 대한 판단기준을 정립하는 데 큰 시사점을 던져준다고 할 수 있다.

따라서 아래에서는 우선, 시대의 흐름에 따라 미국 연방대법원에서 기능성 판단기준이 어떻게 변천 및 발전해 왔는지 살펴본다.

1. Kellogg Co. v. National Biscuit Co. 판결

Kellogg Co. v. National Biscuit Co. 판결[1]은 연방대법원이 기능성원리를 다룬 최초의 사례 중 하나이다.[2] 이 판결은 Sears, Roebuck & Co.

---

1) 305 U.S. 111 (1938).
2) Margreth Barrett, "Consolidating the Diffuse Paths to Trade Dress Functionality: Encountering Traffix on the Way to Sears", 61 Wash. & Lee L. Rev. 79, 86 (2004); Timothy M. Barber, "High Court Takes Right Turn in Traffix, but Stops Short of the Finish Line: An Economic Critique of Trade Dress Protection for

v. Stiffel Co. 판결[3] 및 Compco Corp. v. Day-Brite Lighting, Inc. 판결[4]
과 함께 기능성원리를 다룬 대표적인 판결로 예시되고 있다.[5]

위 판결의 사안에서는 Kellogg 회사가 베게 모양의 아침 식사용 비
스킷에 대한 특허권 아래 위 비스킷을 만들어 판매해 왔는데, 그 특허
가 만료되자 National Biscuit 회사가 그와 같은 모양의 비스킷을 만들
어 판매한 것이 Kellogg 회사의 위 비스킷 모양에 대한 상표권을 침해
한 것인지 여부가 문제되었다. 연방대법원은 이에 대해 비스킷의 베게
모양은 '기능적'이라고 판시하였다. 그 이유는 만일 그 베게 모양을 다
른 모양으로 대체하려면 비스킷을 만드는 비용이 증가하고 비스킷의
좋은 품질이 감소되게 되기 때문이라는 것이다.

그런데 연방대법원은 이 판결에서는 기능성을 직접적으로 정의하거
나 그 판단기준에 대한 명확한 설시를 하지는 않았다. 위 판례의 주된
관점은 특허법과 상표법의 충돌을 피하기 위하여 특허법에 의하여 보
호될 수 없거나 특허법에 의한 보호기간이 만료된 제품 특성을 또 다
시 상표로 보호할 수 있는지 하는 문제에 있었기 때문이다. 그럼에도
불구하고 위 판결을 기능성의 판단기준 정립과의 관계에서 의미를 가
지는 것으로 거론하는 이유는, "만일 그 베게 모양을 다른 모양으로 대
체하려면 비스킷을 만드는 비용이 증가하고 비스킷의 좋은 품질이 감
소된다"는 설시 부분 때문이다. 기능성에 대한 이와 같은 생각은 뒤에
서 보듯이 연방대법원의 Inwood 판결에 영향을 준 것으로 보인다.

Product Configuration", 7 Marq. Intell. Prop. L. Rev. 259, 265 (2003).
3) 376 U.S. 225 (1964).
4) 376 U.S. 234 (1964).
5) Timothy M. Barber(주 2), at 267-268.

2. Inwood Laboratories, Inc. v. Ives Laboratories, Inc. 판결

가. 판시내용

연방대법원은 Inwood Laboratories, Inc. v. Ives Laboratories, Inc. 판결6)에서 위의 Kellogg 판결 및 Sears, Roebuck & Co. v. Stiffel Co.7) 판결에 기초하여 Kellogg 판결에서 제시한 기능성에 대한 판단기준을 발전시켰다. 즉, 연방대법원은 사안의 해결을 위해 기능성에 대한 정의가 반드시 필요하지는 않았지만, 기능성의 문제에도 주목하면서 각주에서 "일반적으로 제품의 특성(product feature)은 만일 그것이 제품의 사용 또는 목적에 있어서 필수불가결하거나(essential to the use or purpose of the article) 또는 제품의 비용이나 품질에 영향을 미치는 경우에는(affects the cost or quality of the article) 기능적인 것이다"라고 판시하였다.8)

나. 분석

(1) "제품의 사용 또는 목적에 있어서 필수불가결한 경우"의 의미

Inwood 판결에서 앞부분에 설시한 "제품의 사용 또는 목적에 있어서 필수불가결하다"는 판단기준의 의미에 대하여, "기능적으로 동등한 대체 디자인이 존재한다면 그 디자인 형상이 필수불가결하지 않고, 따라서 기능적이지 않다"는 것을 의미한다고 해석하는 견해가 있다.9) 앞서

---

6) 456 U.S. 844 (1982).
7) 376 U.S. 225 (1964).
8) Id. at 850 n.10.
9) Harold R. Weinberg, "Trademark Law, Functional Design Features, and the

의 기능성 판단기준 분류에 따라 설명하면, 이 견해는 연방대법원이 '실질적인 효과 기준(the practical effect standard)' 또는 '경쟁상의 필요 테스트(the competitive need test)'라는 기능성 판단기준을 택한 것으로 이해하는 견해라고 할 수 있다. 이러한 해석에 의하면, 같은 기능을 수 행할 대체적인 특성이 존재하는 한, 문제가 되고 있는 형상은 '필수적 인 것'이 아니므로 기능성이 없어 trade dress로 보호받을 수 있게 된다.

이와 달리, 위 설시 내용은 "만일 상품의 형상이 그 기능을 수행함에 있어서 실질적이거나 중요한(material or important) 역할을 한다면, 이 와 동일한 역할을 수행할 수 있는 대체 가능한 디자인이 존재하는지 여부와 상관없이, 필수불가결하여 기능적이다"는 것을 의미한다고 해 석하는 견해가 있다.[10] 앞서의 기능성 판단기준 분류에 따라 설명하면, 이 견해는 연방대법원이 특성의 역할 기준(the role of the feature standard)' 또는 '전통적인 테스트(traditional test)'를 택한 것으로 보는 견해라고 할 수 있다. 이러한 해석에 의하면, 기능성 여부를 판단함에 있어서 대체 가능한 디자인의 존재 여부는 전혀 고려할 필요가 없이, 단지 상표에 의한 보호 여부가 문제되고 있는 제품 특성이 제품의 작 동이나 기능에 필요한 실질적이거나 중요한 것이라면 기능성이 인정되 어 trade dress에 의한 보호를 받을 수 없게 된다.

Margreth Barrett 교수는 위 부분 판시내용을 후자와 같이 해석하고 있는데 그 근거를 아래와 같이 설명하고 있다.

"필수불가결한(essential)의 사전적 정의는 ① '어떤 것의 본질에 영 향을 주는', '실질적인(material)', '중요한(important)' 또는 ② '절대적 으로 필요한(absolutely necessary)', '필수불가결하게 요구되는(indispensably requisite)' 등의 의미인데, 연방대법원의 TrafFix 판결의 취지에는 그 중

Trouble with TrafFix", 9 J. INTELL. PROP. L. 1, 18 (2001); Stormy Clime, Ltd. v. Progroup, Inc., 809 F.2d 971, 977 (2d Cir. 1987).
10) Margreth Barrett(주 2), at 88; Timothy M. Barber(주 2), at 268.

① 정의가 훨씬 부합한다. 그렇다면, 필수불가결한 특성이라는 것은 그 제품 안에서 실질적이거나 중요한(material or important) 역할을 하는 것이거나 그 제품의 본질에 영향을 미치는 특성이라고 해석된다. 따라서 어떤 특성이 제품의 사용이나 목적에 필수불가결한지(essential to the use or purpose of the product) 여부를 결정하기 위해서는, 그 제품이 무엇이고, 그 제품의 목적이 무엇이며, 그 특성이 그러한 목적을 딜성하기 위해서 하는 역할이 무엇인지를 고려해야 한다. 그러한 특성에 대해서는 제품 자체의 관점에서만 평가되어야지, 그 제품 이외의 다른 제품이나 제품 특성과 관련하여 평가되어서는 안 된다. 또한, 제품 특성이 기능적이기 위해 다른 가능한 특성들보다 더 잘 기능할 필요는 없다. 단지 그러한 특성이 제품의 유용한 목적의 달성에 기여함이 명백하고, 임의적이거나 우연한(arbitrary or incidental) 특성이 아니면 되는 것이다."[11]

　사견으로는 아래와 같은 이유로 이들 견해 중 후자의 견해가 타당하다고 생각한다. Inwood 판결은 기능성의 정의를 위하여 Kellogg 판결과 Sears 판결을 그 선례로 인용하였다. 그런데 Kellogg 판결과 Sears 판결은 '이용 가능한 대체 디자인 특성의 존부(alternative design features available)'와 같은 기능성 판단기준을 아직 인식하지 못하고 있었다. 다시 말하면, 위 판결들은 앞서도 살펴 본 바와 같이,[12] 특허가 부여된 제품 특성과 상표 보호 사이의 관계 및 이들 법률의 충돌 문제에 대해서 고민하면서, 기능성을 오로지 그 상품의 기능에 있어서 상품 특성이 차지하고 있는 역할의 관점에서 파악하고 있었다. 따라서 이러한 판결들을 인용하고 있는 Inwood 판결도 후자의 견해와 같은 관점에서 기능성을 정의한 것으로 봄이 자연스럽다고 할 것이고, 전자의 견해와 같이

---

11) Margreth Barrett(주 2), at 121-122.
12) 이 글 제2장 제3절 2.나.(2)항 및 제3장 제2절 1항 참조.

'대체 디자인의 존부'를 염두에 두고 기능성을 정의했다고 보기는 어려운 것이다.

(2) "제품의 비용이나 품질에 영향을 미치는 경우"의 의미

Inwood 판결에서 뒷부분에 설시한 "제품의 비용이나 품질에 영향을 미치는 경우"라는 판단기준은 "만일 베게 모양을 다른 모양으로 대체하려면 비스킷을 만드는 비용이 증가하고 비스킷의 좋은 품질이 감소된다"라는 이유로 비스킷 형상에 대한 상표에 의한 보호를 거절한 Kellogg 판결로부터 영향을 받은 것이라고 할 수 있다. 이들 판시 부분은 모두 제품의 특성이 '비용' 및 '품질'과의 관계에서 어떤 영향을 미치는지 여부를 기준으로 하여 기능성을 판단하고 있기 때문이다.

그런데 이 부분 판시내용과 관련하여 그 적용범위가 너무 넓다며 비판하는 견해가 있다. 즉, 대부분의 디자인 특성은 대체 가능한 디자인의 존재 여부와 관계없이, 더 좋은 쪽으로건 또는 더 나쁜 쪽으로건 간에, 제품의 비용이나 품질에 영향을 미치기 때문에,[13] 위 기준을 문자그대로 해석하는 경우 대부분의 제품 디자인은 기능성이 있다는 이유로 상표에 의한 보호를 받지 못하는 불합리한 결과를 초래할 것이라고 비판한다.[14]

이러한 비판은 매우 설득력이 있다고 생각한다. 특히 현대사회에서 제품 디자인이 차지하는 비중을 생각할 때, 즉 대부분의 제품 디자인은 제품의 비용을 줄이고 품질을 향상시키기 위하여 창작되므로, 제품 디자인과 제품의 '비용' 및 '품질'과는 불가분의 관련이 있다는 점을 고

---

13) In re Morton-Norwich Prods., Inc., 671 F.2d 1332, 1339 (CCPA 1982)는 "모든 디자인은 그것이 체화된 제품의 유용성에 영향을 미치거나 기여하기 때문에, 이와 같이 영향을 미친다거나 기여한다는 의미는 너무 넓어서 무의미하다"고 판시하였는데, 그 의미도 이와 같은 취지로 이해할 수 있다.

14) Harold R. Weinberg(주 9), at 18; Margreth Barrett(주 2), at 89.

려할 때, Inwood 판결의 위 뒷부분의 설시를 문자 그대로 해석하여 받아들이는 것은 비판론이 지적한 것과 같은 불합리한 결과를 초래한다는 점에서 바람직하지 못할 것이다.

결국, 이 부분 설시 기준에 대해서는 재검토가 필요하다. 사견으로는 기능성의 판단기준을 설정함에 있어서 아예 이 부분 기준을 삭제하거나, 그렇지 않다면 이를 '대체 가능한 디자인의 존부' 또는 '그 디자인을 이용할 경쟁상의 필요' 등의 의미로 재해석하는 것이 필요하다고 생각한다.

(3) 그 외 기준(소수 의견)

Inwood 판결에서는 White 대법관이 기능성 판단기준에 대한 소수의견을 제시하였다. 그는 앞서 본 "제품의 사용 또는 목적에 있어서 필수불가결하거나(essential to the use or purpose of the article) 또는 제품의 비용이나 품질에 영향을 미치는(affects the cost or quality of the article) 경우"라는 다수의 기준에 동의하지 않고 "기능적인 특성이 제품의 상업적 성공(commercial success of the product)에 있어서 중요한 요소가 되었다면 그것은 기능적이다"고 하는 기준을 제시하였다.[15] 이 기준은 제품 특성과 전체로서의 제품과의 상호관계에 대한 분석보다는 제품 특성이 소비자의 구매 동기에 어떠한 영향을 미칠 것인가 하는 소비자의 관념에 더 초점을 맞추고 있다고 할 수 있다.[16]

이러한 기능성 판단기준은 Margreth Barrett 교수의 분류에 따르면 '중요한 요소 기준(the important ingredient standard)'에 해당한다. 그런데 이는 그 도출의 관점이나 과정이 같은 것인지는 알 수 없지만, 제9연방항소법원의 Pagliero 판결이 제시한 심미적 기능성에 대한 판단기

---

15) 456 U.S. 844, at 863.
16) Margreth Barrett(주 2), at 89.

준과 거의 같은 기능성 판단기준이다. 따라서 이에 대하여는, 오히려
훌륭한 디자인일수록 상표로 보호받을 가능성을 없애 창작자들로 하여
금 디자인 창작에 대한 인센티브를 감소시킨다는 등 앞서 심미적 기능
성 이론에 대해서 검토하면서 살펴본 것과 같은 다양한 비판들이 가능
하므로, 타당한 기능성 판단기준이라고 보기는 어려울 것이다.

(4) 종합

위에서 살펴본 바와 같이 Inwood 판결이 제시한 기능성 판단기준에
대해서는 그 해석을 둘러싸고 논란이 없지 않고, 그 기준 자체가 가지
고 있는 문제점도 있다. 따라서 Inwood 판결만으로는 기능성의 명확한
판단기준이 제시되었다고 보기는 어려운데, 이 점이 그 후 미국 연방대
법원이 Qualitex 판결과 TrafFix 판결에서 Inwood 판결을 재해석한 새
로운 기능성 판단기준을 제시한 이유라고 할 수 있다.

그러나 아래의 Qualitex 판결과 TrafFix 판결에서 보듯이 미국 연방
대법원 스스로도 Inwood 판결이 제시한 기준을 해석함에 있어서 많은
혼란을 빚고 있다. 이러한 혼란은 특히 위 기준이 '전통적인 테스트(the
traditional test)'와 '경쟁상의 필요 테스트(the competitive need test)' 중
어떤 기준을 택한 것으로 해석하느냐와 관련하여 나타난다. Inwood 판
결 이후의 위 두 판결의 내용을 차례로 살펴보면서 이와 관련된 문제
를 검토해 본다.

3. Qualitex Co. v. Jacobson Products Co. 판결

가. 판시내용

연방대법원은 1995년의 Qualitex Co. v. Jacobson Products Co. 판결[17]에서 Inwood 판결이 제시한 기능성 판단기준을 기초로 하여 새로운 기능성 판단기준을 실시하였다.

위 사안에서 Qualitex Company는 초록과 금색 색깔의 독특한 그림자 모양(a special shade of green gold)으로 되어 있는 드라이클리닝 프레스 패드(dry cleaning press pads)를 오랫동안 생산해 왔음을 이유로 하여, 위 프레스 패드 형상이 상표로 보호받아야 한다고 주장하였다. 연방대법원은 위 문제를 다루기 위하여 기능성의 판단기준에 대해 논하면서 아래와 같이 판시하였다.

"이 법원은 계속하여 '일반적으로 제품의 특성(product feature)은 만일 그것이 제품의 사용 또는 목적에 있어서 필수불가결하거나(essential to the use or purpose of the article) 또는 제품의 비용이나 질에 영향을 미치는 경우(affects the cost or quality of the article), 즉 만일 그 특성의 배타적인 사용이 경쟁자를 명성과 관련되지 않은 중대한 불이익을 받도록 한다면(if exclusive use of the feature would put competitors at a significant non-reputation-related disadvantage), 기능적이어서 상표로 작용할 수 없다'고 판시해 왔다. 비록 색깔은 때때로 제품을 보다 좋게 만드는 데 (출처표시와 상관없는) 중요한 역할을 하지만, 종종 그렇지 않은 경우도 있다. 그리고 이러한 후자의 사실, 즉 색깔이 때때로 제품의 사용 또는 목적에 필수불가결하지도 않고 비용이나 품질에 영향을 미치지도 않는다는 사실은 기능성원리에 의해 색깔 자체를 상표로 사

---

17) 514 U.S. 159 (1995).

용하는 것이 절대적으로 금지되는 것은 아님을 의미한다. … 기능성원리는, 우리가 판시해 왔듯이, 제품의 특성이 제품의 사용 또는 목적에 있어서 필수불가결하거나 또는 상품의 비용이나 질에 영향을 미치는 경우이어서 제품 특성을 상표로 보호하는 경우 경쟁자에게 중대한 불이익을 가하게 된다면 그러한 특성을 상표로 보호하는 것을 금지한다는 것이다. … 부정경쟁에 관한 제3 Restatement는 '만일 디자인의 심미적인 가치가 대체 가능한 디자인의 사용(the use of alternative designs)에 의해 실질적으로 복제될 수 없는 중대한 이익(significant benefit)을 가져오는 데 있다면, 그 디자인은 기능적이다'라고 기술하였다. 심미적 기능성에 대한 궁극적인 테스트는 상표권의 인정이 경쟁을 중대하게 방해하는지 여부를 밝히는 것이라고 설명하고 있는 것이다."[18]

나. 분석

(1) Inwood 기준을 '경쟁상의 필요 테스트 (the competitive need test)'의 관점에서 재해석

위의 설시 내용에서 알 수 있듯이, 연방대법원은 Qualitex 판결에서, Inwood 기준을 "만일 그 형상의 배타적인 사용이 경쟁자를 명성과 관련되지 않은 중대한 불이익을 받도록 한다면(if exclusive use of the feature would put competitors at a significant non-reputation-related disadvantage)"의 의미로 재해석하였다. 즉, Qualitex 판결은 기능성의 판단기준으로 Inwood 기준을 그대로 따르면서도, 그 의미에 대하여 "제품 특성을 상표로 보호하는 경우 경쟁자에게 중대한 불이익을 가하게 되는지 여부"와 같이 경쟁의 관점에서 Inwood 기준을 해석하려고 하였음을 알 수

---

18) Id. at 165, 169, 170.

있다.

따라서 Qualitex 판결은 Inwood 판결이 제시한 기능성 판단기준을, 제품 특성이 제품의 실용적인 면에 기여하는 정도를 고려하는 '전통적인 테스트(traditional test)'가 아니라, 복제할 경쟁상의 필요(competitive need to copy) 여부에 주목하는 '경쟁상의 필요 테스트(competitive need test)'로 취급하면서, 기능성의 판단기준을 '중대한 불이익 기준 (significant disadvantage standard)'이란 새로운 기준으로 통합한 것처럼 보인다.[19]

(2) 심미적 기능성 이론의 채택

반대의 견해가 없는 것은 아니나,[20] Qualitex 판결은 그 판시내용에서 알 수 있듯이 심미적 기능성의 개념을 설명하고 있는 Restatement (Third) of Unfair Competition을 인용하고 있으므로, 일반적으로 심미적 기능성의 개념을 채택한 것으로 설명되고 있다.[21] Qualitex 판결이 기능성의 판단기준으로 새롭게 설시한 '중대한 불이익 기준' 역시 위 Restatement의 심미적 기능성 개념에 대한 설명, 즉 "디자인은 대체 가능한 디자인의 사용(the use of alternative designs)에 의해 실질적으로 복제될 수 없는 중대한 이익(significant benefit)이 있는 경우에 한하여 그러한 심미적인 가치로 인해 기능적이 되는 것이다"라는 설명과 비슷

---

19) Vincent N. Palladino, Trade Dress Functionality After Traffix: The Lower Courts Divide Again, 93 Trademark Rep. 1219, 1225 (2003).
20) McCarthy 교수는, Qualitex 판결은 심미적 기능성과 관련하여 Restatement를 인용한 것이 전부이고, 따라서 심미적 기능성은 Qualitex 판결에서 전혀 논점이 되지 않았다고 주장하고 있다[J. Thomas McCarthy, 1 McCarthy on Trademarks and Unfair Competition, § 7:80, at 7-202, Thomson West (4th ed. 2006) 참조].
21) Vincent N. Palladino(주 19), at 1225; Mary LaFrance, Understanding Trademark Law, 21, LexisNexis (2005).

하다.

요컨대, Qualitex 판결은 연방대법원 차원에서 심미적 기능성 개념을 인식한 최초의 판결이라고 할 수 있다.

(3) Qualitex 판결에 대한 평가

뒤에서 연방항소법원들의 기능성 판단기준을 살피면서 보듯이, '경쟁상의 필요 기준(competitive need standard)'은 Qualitex 판결 당시 연방항소법원들이 일반적으로 채택하고 있던 기능성 판단기준이었다. 따라서 Qualitex 판결은 이처럼 하급심에서 채택하고 있던 기능성 판단기준을 연방대법원이 받아들임으로써 기능성 판단기준을 어느 정도 통일하였다는 점에서 평가할 만하다.

그러나 뒤에서 보는 바와 같이 심미적 기능성의 개념은 기능성의 정의를 위해 불필요하고 오히려 혼란만을 가중하는 개념이므로, 연방대법원이 Qualitex 판결에서 심미적 기능성 개념을 인식하였다는 것 자체에 그리 커다란 의미를 둘 필요는 없다.

4. TrafFix Devices, Inc. v. Marketing Displays, Inc. 판결

가. 판시내용

연방대법원은 2001년에 TrafFix Devices, Inc. v. Marketing Displays, Inc. 판결에서[22] 바람에도 도로 표지판이 꼿꼿이 서 있을 수 있도록 하는 dual-spring 디자인이 trade dress에 의해 보호될 수 있는지 여부를

---

22) 532 U.S. 23 (2001).

다루었다.

그 사실관계를 보면 다음과 같다. 원고인 Marketing Displays, Inc.는 아래의 도 1에서 보는 것과 같은 dual-spring 디자인의 메커니즘과 관련하여 실용 특허(utility patent)를 받았었다. 원고가 실제로 사용하고 있던 디자인은 도 2와 같은 것이었는데, 원고의 실용 특허의 보호기간이 만료된 이후에 피고 TrafFix Devices, Inc.은 의도적으로 원고의 도 2와 같은 디자인을 복제하여 만든 도 3과 같은 dual-spring 디자인이 장착된 표지판을 판매하기 시작하였다. 이에 대하여 원고는 위 디자인에 대한 trade dress에 의한 보호를 주장하면서 피고의 도로 표지판 제조 및 판매행위의 금지를 구하는 소를 제기한 사건이었다.

이에 대해 연방대법원은, 원고가 도 1과 같은 dual-spring 디자인에 대하여 실용 특허를 가지고 있었다는 점이 기능성이 있다는 강력한 증거라면서, 위 dual-spring 디자인은 기능적인 것으로 trade dress에 의해 보호될 수 없다는 결론을 내렸다.

그런데 여기서 한 가지 흥미로운 것은, 도 1에서 보듯이 특허를 획득한 형상은 '코일 스프링이 어느 정도 떨어져 있는 것(a pair of spaced apart coil springs)'이었는데, 도 2, 3에서 보듯이 실제로 사용한 것은 '가깝게 붙어 있는 듀얼 코일 스프링(dual coil springs placed close together)'으로 서로 차이가 있었음에도 불구하고, 도 1과 같은 형상에 실용 특허가 있었다는 점을 기능성 인정의 증거로 삼은 점이다. 원고는 이러한 디자인의 차이를 거론하며 도 1과 같은 형상에 대하여 특허를 받았던 사실이 도 2, 3과 같은 형상에 대한 상표 보호를 거부하는 증거가 될 수 없다고 주장하였다. 그러나 연방대법원은, 이전의 특허소송에서 원고가 가깝게 붙어 있는 제3자의 스프링 디자인에 대해서도 균등론(Doctrine of Equivalents)에 의해 원고의 특허를 침해한 것이라고 주

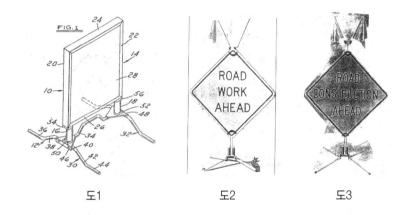

도1   도2   도3

장하여 승소하였으므로, 이 사건에서 보호를 받고자 하는 도 2와 같은 듀얼 스프링 디자인도 실용 특허를 받은 도 1과 같은 디자인의 권리에 포함된다는 이유로, 원고의 위 주장을 받아들이지 않았다.

한편, 연방대법원은 위 판결에서 그 이전의 Qualitex 판결과 Inwood 판결을 인용하고 그 의미에 대해 해석하면서 사안의 해결과 직접적으로 관련되는 기능성의 의미에 대하여 다음과 같이 판시하였다.

"우리는 '일반적으로 제품의 특성(product feature)은 만일 그것이 제품의 사용 또는 목적에 있어서 필수불가결하거나(essential to the use or purpose of the article) 또는 제품의 비용이나 질에 영향을 미치는 경우(affects the cost or quality of the article) 기능적이어서 상표로 작용할 수 없다'고 판시한 바 있다. ⋯ 이 구절의 의미를 확장하면서, 우리는 '그 특성의 배타적인 사용이 경쟁자를 명성과 관련되지 않은 중대한 불이익을 받도록 한다면(exclusive use of the feature would put competitors at a significant non-reputation-related disadvantage) 기능적인 것이다'라고 판시한 바 있다. 본 사안의 원심인 연방항소법원은 위와 같은 연방대법원의 판시내용으로부터 기능성 여부를 판단하기 위한 기준이 '특정의 제품 특성이 경쟁상의 필요성이 있는지 여부(whether the particular

product configuration is a competitive necessity)'를 밝혀야만 한다는 것
으로 해석한 것처럼 보인다. … 그러나 이러한 해석은 기능성에 대한
포괄적인 정의로서 틀린(incorrect) 것이다. Qualitex와 Inwood 판결에서
설명하였듯이, 제품 특성은 그것이 제품의 사용 또는 목적에 있어서 필
수불가결하거나 또는 제품의 비용이나 질에 영향을 미치는 경우 또한
기능적이라고 할 수 있다. Qualitex 판결은 이러한 전통적인 룰을 대체
해야 한다고 판시하지는 않았다. 오히려 Qualitex 판결은 Inwood 판결
이 제시한 바에 따라 이러한 전통적인 룰을 인용하였던 것이다.
Qualitex 사안에서와 같이 심미적 기능성이 문제되는 사안에서는 '명성
과 관련되지 않은 중대한 불이익(significant non-reputation
-related disadvantage)'의 문제를 검토하는 것은 적절하다. 그러나 디자
인이 Inwood 공식에 의해서 이미 기능적인 것으로 판명되면, 더 나아
가 그 특성에 대한 경쟁상의 필요성이 있는지 여부를 고려할 필요는
없는 것이다. Qualitex 사안에서는 이와 반대로, 심미적 기능성의 문제
가 중심이 되는 논점이었고, 세탁 프레스 패드의 초록의 금색(green
gold) 컬러가 그 제품의 사용 또는 목적이나 그 제품의 비용 또는 질과
관련이 있다는 어떠한 증표도 없었다."[23]

나. 판결에 대한 분석 및 비판

Inwood 판결과 Qualitex 판결만으로 연방대법원의 판결이 정리되었
다면, 그 판단기준의 당부를 떠나서 연방대법원의 기능성에 대한 정의
는 간단명료하기는 하였을 것이다. 왜냐하면, 복잡한 Inwood 기준을 독
립적으로 해석할 필요성은 없고, Qualitex 판결에서 정리된 바에 따라
오직 어떤 제품 형상이 '경쟁을 중대하게 방해하는지 여부', 즉 '경쟁자

---

23) Id. at 32-33.

를 명성과 관련되지 않은 중대한 불이익(significant non-reputation-relat ed disadvantage)을 받도록 하는지 여부'만을 살펴 기능성이 있는지 판 단하면 충분하기 때문이다. 앞서 본 바와 같이 Qualitex 판결은 Inwood 판결에서 제시한 다소 복잡하고 논란의 소지가 있는 기능성 판단기준 을 위와 같은 명확한 판단기준으로 새롭게 해석하면서 이러한 새로운 기준은 Inwood 기준과 동일한 의미로 파악하여 그 의미를 정리하였던 것이다.[24]

그러나 TrafFix 판결은 그 판시내용에서도 알 수 있듯이 Inwood 판 결과 Qualitex 판결이 판시한 기준을 동일한 기준으로 해석하지 않았 다. 이러한 태도는 Inwood 판결에서 제시한 기준을 재해석하여 동일한 기준을 제시하였다는 취지로 읽히는 Qualitex 판결의 문언에 비추어 볼 때 혼란스러운 것이라고 할 수 있다. 그리하여 이러한 TrafFix 판결에 대해서는, TrafFix 판결 이전에 모든 연방항소법원들이 이용해 왔던 일 반적인 기능성 판단기준을 간단히 배척해 버리면서, 단지 기존의 기준 은 잘못되었다고 선언하고, 비현실적이고 정당하지 않으며 쓸모도 없 는 판단기준으로 대체한 것이라는 신랄한 비판이 제기되기도 한다.[25] 즉, 미국 연방항소법원들은 연방대법원의 TrafFix 판결이 있기 전까지 는 기능성을 '경쟁상의 필요(competitive need)' 관점에서 정의하고 판 단함으로써 어느 정도 통일을 이루었는데, TrafFix 판결이 오히려 이러 한 연방항소법원들의 통일된 기능성 판단기준에 혼란을 가져왔다고 비 판하는 것이다.[26]

TrafFix 판결이 그 판시내용의 불명확함과 뒤에서 보듯이 기능성 판 단기준으로 매우 유용한 '경쟁상의 필요 테스트(competitive need test)'

---

24) Vincent N. Palladino(주 19), at 1226.
25) Mark Alan Thurmon, "The Rise and Fall of Trademark Law's Functionality Doctrine", 56 Fla. L. Rev. 243, 244 (2004).
26) Id. at 253.

를 과소평가하고 있는 점에서 비판의 여지가 많은 것이 사실이다. 특히 기능성 판단기준으로 '경쟁상의 필요 테스트(competitive need test)'를 중요시 하는 견해에서 볼 때에는 미국 하급심 법원에서 이와 같은 기준이 어느 정도 정착되어 있음에도 불구하고 이를 모두 뒤엎어 버린 TrafFix 판결을 매우 부당하다고 여길 것으로 생각된다. TrafFix 판결 이후 그 해석을 둘러싸고 연방항소법원들 사이에서 다시 견해가 나뉘어 통일을 이루지 못하게 된 배경도 바로 여기에 있다고 할 것이다.

그러나 문언적으로만 보면, 최소한 두 가지는 TrafFix 판결에서 명백하다. 첫째는, TrafFix 판결이 Inwood 판결의 기준을 '경쟁상의 필요 테스트(competitive need test)'[27]와 명백히 분리하였다는 것이다.[28] 둘째는, 실용적 기능성이 문제되는 사안에서는 Inwood 기준을 적용하여야 하고, 심미적 기능성이 문제되는 사안에서는 '경쟁상의 필요 테스트(competitive need test)'를 적용해야 한다고 판시하고 있는 점이다.[29] 이러한 TrafFix 판결의 판시내용은 앞서 본 바와 같은 문제점을 가지고 있으나, 나름 타당한 면도 있으므로 그 판시내용을 음미해 볼 필요가 있다고 생각한다. 뒤에서 필자가 생각하는 타당한 기능성 판단기준을 제시하면서 더 자세히 분석한다.

5. 연방대법원의 기능성 판단기준 종합

기능성의 판단기준에 대한 직접적인 설시를 한 미국 연방대법원의

---

27) Qualitex 판결에서 설시한 문구는 '중요한 불이익 기준(significant disadvantage standard)'인데, 같은 기준으로 이해하면 된다.
28) 필자의 견해로는 이 점은 TrafFix 판결에서 바람직한 판시였다고 생각된다.
29) Vincent N. Palladino(주 19), at 1226. 필자의 견해로는 이 점은 TrafFix 판결에서 바람직하지 않은 판시였다고 생각된다.

판결은 위에서 본 바와 같이 Inwood 판결에서 Qualitex 판결을 거쳐 TrafFix 판결로 이어져 내려오고 있다. 이들 판결이 적용한 기능성 판단기준을 간략하게 요약해 보면 다음과 같다.

우선, Inwood 판결에서는 '특성의 역할 기준(the role of the feature standard)', 즉 '전통적인 테스트(traditional test)'를 제시하였는데, 별개 의견으로 '중요한 요소 기준(the important ingredient standard)'도 제시되었다.

그리고 Qualitex 판결에서는 위 Inwood 기준을 '실질적인 효과 기준 (the practical effect standard)', 즉 '경쟁상의 필요 테스트(competitive need test)'로 재해석하여 이를 기능성 판단의 기준으로 통일하였다고 할 수 있다.

마지막으로 TrafFix 판결에서는 '전통적인 테스트(traditional test)'와 '경쟁상의 필요 테스트(competitive need test)'가 기능성 판단기준으로 함께 제시되었는데, 그 해석을 둘러싼 논란이 있기는 하지만, 이들 기준 중 '전통적인 테스트'가 기능성을 판단함에 있어서 우선적으로 적용되어야 하는 기준으로 판시한 점은 문언상 명백하다.

그런데 TrafFix 판결의 내용을 이와 같이 해석하는 경우에는 그 이전에 연방항소법원들이 일반적으로 채택하고 있던 것으로 매우 유용하고 타당성이 있었던 '경쟁상의 필요 테스트'를 부수적인 기준으로 취급할 수밖에 없게 되거나,[30] 또는 실용적 기능성과 구분되는 심미적 기능성 개념을 인정한 다음 구체적인 사안에서 심미적 기능성이 문제되는 사안만을 가려내어 '경쟁상의 필요 테스트'를 적용해야 하는 복잡하고 난해한 과정을 거쳐야 한다는 불합리한 점이 있게 된다. 그리하여 문언상

---

30) TrafFix 판결의 기준에 따르면, 어떤 제품 특성을 모방할 경쟁상의 필요가 없다고 하더라도 특성의 역할 기준에 의해 기능성이 인정된다면 기능적인 것으로 판단되어야 한다. 연방항소법원들이 채택했다는 실질적인 효과 기준에 의하면, 이러한 경우에는 기능성을 인정하지 않게 된다는 점에서 차이가 있다.

으로는 위와 같은 불합리한 해석기준을 채택한 것으로 보이는 TrafFix 판결에 대하여는 많은 비판이 제기되었고, 이러한 불합리한 점을 극복하기 위한 위 판결에 대한 해석론을 제시하는 과정에서 '전통적인 테스트(traditional test)'와 '경쟁상의 필요 테스트(competitive need test)'라는 두 종류 기준 사이의 관계를 어떻게 설정해야 할 것인지에 관하여 논란이 증폭되었던 것이다.

제3절 미국 연방항소법원의 판단기준

1. 서설

앞서 미국 연방대법원에 의해 기능성에 대한 판단기준이 어떻게 발달해 왔는지를 살펴보았다. 그런데 미국의 연방항소법원들도 수많은 판례를 축적하면서 각자의 고유한 기능성 판단기준을 정립해 왔으므로, 이들 법원의 기능성 판단기준을 살펴보는 것 또한 연방대법원의 판단기준을 살펴보는 것 못지않게 유용하리라 생각된다. 따라서 아래에서는 미국 연방항소법원들 각각의 기능성 판단기준에 대해 살펴본다.

연방항소법원들의 판단기준을 살펴봄에 있어서는 이들 법원의 기준이 연방대법원이 설시한 판단기준에 의해 어떤 영향을 받아왔는지, 이들 각 법원의 기준은 연방대법원의 판단기준과 어떠한 차이점이 있는지, 특히 연방대법원의 TrafFix 판결 이후에는 연방항소법원들의 판단기준이 어떻게 변화하였는지 등에 주목하여 볼 필요가 있을 것이다.

2. Restatement에서의 기능성에 대한 정의

연방항소법원들의 기능성 판단기준에 대해 살펴보기 전에, 이들 법원의 판결에 많은 영향을 준 Restatement는 기능성을 어떻게 정의하고 있는지 간략히 살펴본다.

1938년의 불법행위에 관한 Restatement는 "상품 또는 상품 포장의 특성은 상품을 제조하거나 상품 판매 과정에서 이를 취급함에 있어서 효율성이나 경제성에 기여하는 것이라면 기능적이라고 할 수 있다. 또한, 그러한 특성이 상품의 실용성, 내구성, 또는 상품의 작동이나 사용자에 의한 취급의 용이함이나 경제성에 영향을 준다면, 그 모양은 기능적인 것이다."고 기능성을 정의하였다.[1]

그리고 1995년의 부정경쟁에 관한 제3 Restatement에서는 "어떠한 디자인이 출처를 나타내는 것에 기인하는 이익과는 별개로 그 디자인이 사용되는 상품이나 서비스를 생산·판매·이용하는데 있어서 이익을 부여하는 경우에는 기능적이다. 이러한 이익은 타인이 효과적인 경쟁을 하는 데 중요한 것이어야 하며 다른 대체 가능한 디자인(alternative designs)을 이용하는 것에 의하여서는 사실상 구할 수 없는 것이어야 한다."고 하고 있다.[2] 그리고 그에 대한 코멘트 b에서는, "일정한 디자인으로부터 생기는 이익이 다른 디자인을 이용하는 경우에는 사실상 얻을 수 없는 것이라면 그러한 디자인의 모양은 기능적이다"라고 하고, 더 구체적으로는 "특정한 디자인에 의하여 주어지는 이익만으로는 그 디자인이 기능적인지 여부를 결정할 수 없다. 즉, 다른 디자인을 이용하게 되면 동일한 이익을 실제로 얻을 수 없는 경우에만 기능적으로 된다. 그러므로 유용성 요건을 만족시키거나 기타 유사한 이익을 주는 다른 대체디자인의 이용가능성이 기능성을 결정하는 데 결정적인 것이 된다. 만약 특정한 디자인이 다른 대체디자인이 주는 이익보다 월등한 경우 그 이익이 효과적인 경쟁에 중요하다면 그 디자인은 기능적인 것이다." 라고 설명하고 있다.[3]

---

1) Restatement of Torts, § 742, comment a, at 629 (1938).
2) Restatement (Third) of Unfair Competition, § 17, at 172 (1995).
3) Id. § 17, comment b, at 173.

3. 각각의 연방항소법원들의 기능성 판단기준

가. TrafFix 판결 이전[4)]

(1) 제1연방항소법원

제1연방항소법원은 나무를 태우는 난로의 두 갈래로 찢어진 디자인에 대하여 난로 문을 열 때 연기가 빠져나오지 못하도록 하는 것과 같은 기능성을 가지는 것이므로 상표에 의한 보호를 받을 수 없다고 판시한 바가 있다.[5)] 다만, 위 법원은 기능성에 대한 정의를 내리지는 않았다.

(2) 제2연방항소법원

제2연방항소법원은 "어떤 특성이 수행하는 기능에 의하여 지배되는 경우에 한하여(only if the feature is dictated by the functions to be performed) 그 특성은 제품의 사용과 목적에 필수불가결한 것(essential to the use or purpose of an article)이라고 할 수 있고,[6)] 단지 그 특성이 실용적인 기능에 적합한 형태로 되어 있다는 것만으로는(a feature that merely accommodates a useful functions) 충분하지 않다"고 판시하였다.[7)] 그리고 위와 같은 취지에서, "기능성을 판단하기 위해서는, 어떤 특성이 일정한 기능을 수행하는지 여부가 아니라, 그 특성이 수행하고

---

4) J. Thomas McCarthy, 1 McCarthy on Trademarks and Unfair Competition, § 7:69, at 7-161~7-169, Thomson West (4th ed. 2006)를 주로 참고하였다.

5) Fisher Stoves, Inc. v. All Nighter Stove Works, Inc., 626 F.2d 193, 195 (1st Cir. 1980).

6) 이 설시 내용으로 볼 때, 제2연방항소법원은 앞서 본 연방대법원의 Inwood 판결 기준을 그대로 따른 것이라고 할 수 있다.

7) Stormy Clime, Ltd. v. Progroup, Inc., 809 F.2d 971 (2d Cir. 1987).

자 하는 기능에 의하여 지배되는 것인지 여부를 살펴야 한다"고 판시
하였다.[8]

또한, 제2연방항소법원은 "① trade dress라고 주장된 특성의 기능성
의 정도, ② 경쟁하는 제품 간의 비기능적인 요소의 유사함의 정도, ③
같은 효과를 나타내는 다른 대체 가능한 디자인의 존재 여부 등을 고
려하여, 기능적인 특성을 자유롭게 사용할 수 있는 경쟁상의 필요와 그
기능적인 특성에 의한 출처표시로 인하여 소비자의 혼동을 방지해야
한다는 상반된 정책목표 사이에 균형을 이룰 수 있도록 하여야 한다"
고 판시하였다.[9]

(3) 제3연방항소법원

제3연방항소법원은 "어떤 상품의 요소가 상품의 출처를 표시하는 것
(identification) 이외에 다른 목적이 없다면 비기능적이다"라고 하는 기
능성 판단기준을 제시한 바 있다.[10] 그 이후 선고한 판결[11]에서는 "기
능성이 있는지 여부를 결정하는 가장 본질적인 문제는, 어떤 제품이나
서비스의 특정한 형상이 제품이나 서비스로서의 가치와 실질적으로 관
련되어 있는지, 즉 그 형상이 제공되는 기능의 일부인지, 또는 특정한
형상의 주된 가치가 제품이나 서비스의 제공자를 식별하는 것인지 여
부에 달려있다"고 판시하였는데, 이 역시 같은 취지의 판결이라고 할

---

8) Brandir Int'l, Inc. v. Cascade Pacific Lumber Co., 834 F.2d 1142 (2nd Cir. 1987).
9) Fabrication Enters. v. Hygenic Corp., 64 F.3d 53 (2d Cir. 1995).
10) Ideal Toy Corp. v. Plawnet Toy Mfg. Corp., 685 F.2d 78 (3d Cir. 1982).
11) American Greetings Co. v. Dan-Dee Corp., 807 F.2d 1136 (3d Cir. 1986). 이
   사안의 쟁점은 Care Bears라는 곰 인형의 배에 있는 그림(tummy graphics)이 기
   능성이 있는지 여부이었다. 그런데 Care Bear의 목적은 어린이와 어른이 그들의
   감정을 표현하고 이를 공유하려는 것이고, 배의 그림은 전형적으로 곰의 감정에
   관한 메시지를 전하는 것이기 때문에, 위 그림은 기능적인 것이라고 판단하였다
   (Id. at 1149).

수 있다.

그런데 이와 같은 제3연방항소법원의 판단기준 설시는 문제된 특성 그 자체가 기능적이면 상표로 보호받을 수 없다는 기능성원리의 원칙을 거꾸로 설명한 것이므로[12] 부적절한 면이 있다. 또한, 위 설시는 기능성 여부를 식별 여부와 관련지어서 설명하고 있다는 점에서도 바람직하지 않다고 할 것이다. 기능성은 식별력과는 구별되는 독립적인 문제임은 앞서 살펴보았다.

(4) 제5연방항소법원

제5연방항소법원은 "디자인이나 형상이 기능적이기 위해서는, 공학적으로나 생산경제에 있어서, 또는 실용적인 기능이나 작동에 있어서 월등하거나 최적이어야 한다(superior or optimal)"고 판시하였다. 그러면서 "디자인이 만일 효율성이 같은 제한된 숫자의 디자인 중의 하나에 불과하고, 그러한 디자인을 상표로 보호하는 경우 자유로운 경쟁이 부당하게 제한된다면, 그 디자인은 기능적인 것이다"고 판시하였다.[13]

그리고 다른 판결에서는 "여러 생산업자들이 원고의 상품 디자인을 사용하지 않고서도 성공적으로 경쟁하고 있다는 것은, 그러한 디자인에 대하여 trade dress에 의한 배타적인 권리를 준다고 하더라도 다른 사람들이 효율적으로 경쟁하는데(compete effectively) 영향을 주지 않음을 의미하므로, 그 디자인이 비기능적이라는 증거이다"고 판시하기도 하였다.[14]

---

12) J. Thomas McCarthy(주 4), § 7:69, at 7-165.

13) Sicilia Di R. Biebow & Co. v. Cox, 732 F.2d 417, 429 (5th Cir. 1984).

14) Sunbeam Prods. Inc. v. West Bend Co., 123 F.3d 246 (5th Cir. 1997). 이 판례는 효율적으로 경쟁할 수 있는지 여부를 기능성을 판단하는 '리트머스 테스트'라고 표현하고 있다. 그리고 위와 같이 판시하면서 부엌용 믹서기의 형상이 비기능적이라고 판시하였다.

한편, 위 법원은 상업적인 성공에 기여하는 어떤 제품 특성은 기능적임에 틀림이 없다는 주장을 기각한 바 있다. 위 법원은 그러한 기준을 세우면 후발업자가 선발업자의 신용에 편승하는 것을 허용하는 셈이 되어 부당하다고 판시하였다.[15)

(5) 제7연방항소법원

제7연방항소법원은 기능성은 궁극적으로 "선사용자의 디자인을 복제하지 않고서도 효과적으로 경쟁할 수 있는지(compete effectively) 여부에 달려 있다"고 판시한 바 있다.[16) 그리고 이러한 기능성을 입증하기 위한 증거로, 다른 모양을 이용하는 것이 생산비용을 증가시켜 경쟁자의 생산비용보다 높아지게 됨이 요구될 수 있다고 한다.[17)

(6) 제8연방항소법원

제8연방항소법원은 상표나 trade dress의 보호를 받아야 한다고 주장되는 형상이 '주로 식별을 목적으로 채택된, 단순히 임의적인 장식인지' 아니면 '제품의 상업적인 성공에 중요한 요소인지' 여부를 가려서 기능성 여부를 판단해야 한다고 판시하였다.[18)

(7) 제9연방항소법원

제9연방항소법원은 "상품의 형태는 그 상품의 사용에 있어 필수 불

---

15) Pebble Beach Co. v. Tour 18 I, Ltd., 155 F.3d 526 (5th Cir. 1998).
16) Schwinn Bicycle Co. v. Ross Bicycles, Inc., 870 F.2d 1176, 1189, 1191 (7th Cir. 1989).
17) Abbott Laboratories v. Mead Johnson & Co., 971 F.2d 6 (7th Cir. 1992).
18) Aromatique, Inc. v. Gold Seal, 28 F.3d 863 (8th Cir 1994). 포푸리(potpourri)를 감싸기 위한 셀로판 가방을 기능적이라고 하였다.

가결한 것이거나 그 상품의 가격과 품질에 영향을 주는 경우 기능적인 것이다."라고 판시함으로써,[19] Inwood 판결에서 제시한 기준과 동일한 기준을 설시한 바가 있다. 그리고 "제품의 실용적인 모습이 제품의 본질이라면, 특허법만이 그러한 형상을 경쟁자의 사용으로부터 보호할 수 있는 것이다."라고 판시하였다.[20]

또한, 위 법원은 기능성 여부를 판단함에 있어서 고려해야 할 요소로 '① 그 디자인이 실용적인 우월성을 가져오는지 여부, ② 선택적으로 다른 디자인을 이용할 수 있는지 여부, ③ 광고에서 그 디자인의 실용적인 우월성으로 고객을 유인하는지 여부, ④ 특정 디자인이 다른 디자인과 비교하여 단순하거나 저렴하게 생산하기 위한 방법에서 나오는 것인지 여부'의 네 가지를 들고 있다. 그리고 "제품 특성이 기능적이기 위해서는, 어느 정도 실용적인 이점이 있으면 족하고, 반드시 다른 디자인보다 월등한(superior) 실용적인 이점이 있어야 하는 것은 아니다"고 판시하였다.[21]

(8) 제10연방항소법원

제10연방항소법원은 "어떠한 특성이 기능적인지 여부의 문제는, 그 특성을 보호하는 것이 경쟁을 방해하거나(hinder competition) 또는 다른 사람들이 물품을 판매함에 있어서 효과적으로 경쟁할(compete effectively) 권리를 침해하는지 여부에 달려 있다. ⋯ 만약 그 특성이 동일한 기능의 제품을 얻기 위하여 그대로(slavishly) 복제되어야 한다면, 그러한 특성은 보호받을 자격이 없다. 그러나 그 특성이 후발업자가 단순히 그

---

19) Fuddruckers, Inc. v. Doc's B.R. Others, Inc., 826 F.2d 837 (9th Cir. 1987).
20) Clamp Mfg. Co. v. Enco Mfg. Co., 870 F.2d 512 (9th Cir. 1989), cert. denied, 493 U.S. 872 (1989).
21) Disc Golf Ass`n Inc. v. Champion Discs, Inc., 158 F.3d 1002 (9th Cir. 1998).

제품을 좀 더 효과적으로 판매할 수 있도록 하는 것이라면 그러한 특성은 보호받을 수 있다."고 판시하면서, 대체 가능한 디자인이 있는지 여부를 기능성 판단의 주요 요소로 삼았다.[22] 이 같은 대체 가능한 디자인의 존재여부는 그 후의 Hartford House Ltd. v. Hallmark Cards, Inc. 판결에서도 채택되었는데, 이 판결에서는 인사장(greeting card)을 만드는 데 있어서는 접는 것, 색칠하는 것, 모양을 만드는 것, 자르는 것, 가장자리를 손실하는 것, 디자인하는 것 등을 무한한 방법으로 행할 수 있고, 그럼에도 메시지를 전하는 동일한 기능을 행사할 수 있으므로, 위와 같은 특성들은 비기능적이라고 하였다.[23]

위 법원은 또한, Vornado Air Circulation Sys. v. Duracrft Corp. 판결에서도 경쟁상의 필요성을 강조하여 기능성을 정의하였다.[24]

(9) 제11연방항소법원

제11연방항소법원은 기능성의 판단기준에 대하여 "형상(configuration)이 그 모양(Shape)의 사용 또는 목적에 필수적인 것인지, 그리고 이용 가능한 다른 형상이 단지 제한적인 수만 있어서 만일 그 형상을 보호하면 자유경쟁이 방해받는지 여부에 있다"고 판시한 바 있다.[25]

---

22) Brunswick Corp. v. Sprint Reel Co., 832 F.2d 513 (10th Cir. 1987). 이 사안에서는 낚싯대 릴의 앞부분 덮개(fishing reel's front cover)의 모양은 다른 대체 가능한 릴의 덮개 모양도 낚싯줄을 감거나 푸는 데 마찬가지로 쉽게 이용될 수 있기 때문이 경쟁을 위하여 필수적이지 않은 것이라는 이유로 기능적이지 않다고 하였다(Id. at 519-520).

23) 846 F.2d 1268, 1274 (10th Cir. 1988).

24) 58 F.3d 1498, 1507 (10th Cir. 1995).

25) Epic Metals Corp. v. Souliere, 99 F.3d 1034 (11th Cir. 1996).

(10) Federal Circuit

Federal Circuit은 특허나 상표 등과 관련한 지적재산권 전문법원일 뿐만 아니라 그 판결은 미국 특허청(PTO)의 실무에도 영향을 주기 때문에 연방항소법원들 중 가장 영향력이 크고 중요한 법원이라고 할 수 있다. 그리하여 위 법원의 판결이 제시한 기능성의 판단기준은 뒤에서 보듯이 미국 특허청을 비롯하여 우리나라와 일본 특허청의 실무에까지 많은 영향을 미쳤다.

기능성 판단기준을 제시한 Federal Circuit의 대표적인 판결은 CAFC의 전신인 CCPA 시절의 In re Morton-Norwich Products, Inc. 판결[26]이다. 위 판결은 기능성원리에 관하여 상세하게 논한 매우 중요한 판결이므로 좀 더 자세히 살펴본다.

위 사안의 내용을 보면 다음과 같다. 원고 회사인 Morton-Norwich Products, Inc.은 여러 가지 가정용 제품을 판매하면서 오른쪽 그림과 같은 용기의 모양(shape) 또는 형상(configuration)을 사용해 왔다. 그리하여 원고는 이러한 용기의 모양 또는 형상에 대하여 2차적 의미를 취득하였다고 주장하면서 이를 상표로 등록하고자 하였다. 그러나 미국 특허청은 그 상표등록을 거절하였고, 미국 상표항고심판원(TTAB) 또한 위 형상이 '기능적(functional)'이라는 이유로 위 거절결정에 불복하는 원고의 심판청구를 기각하자, 원고가 이에 불복하는 소를 CCPA에 제기한 사안이다.[27] 결국, 쟁점은 위와 같은 용기의 모양 또는 형상이 '기능적(functional)'인지 여부에 있었다.

CCPA는 이에 대해 "실용적(utilitarian)이라는 의미는 제품의 기능 또

---

26) In re Morton-Norwich Products, Inc., 671 F.2d 1332 (CCPA 1982).

27) Id. at 1334. 참고로 원고는 그 용기의 모양에 대해서는 이미 디자인 특허(design patent)를 가지고 있었고, 꼭대기의 스프레이 메커니즘(spray top mechanism) 부분에 대해서는 실용 특허(utility patent)를 가지고 있었다.

는 경제성에 있어서 우위에 있는 것을 의미하는데, 이러한 우월성(superiority)은 복제할 경쟁상의 필요성 (competitive necessity to copy)의 관점에 의해서 결정된다"고 판시함으로써,[28] 기능성의 판단기준에 대하여 다른 대부분의 연방항소법원들과 같이 자유경쟁의 관점에서 접근하였다. CCPA가 위 판결에서 실용적 기능성의 개념으로만 기능성을 정의하면서도 그 판단기준을 자유경쟁의 관점과 연결시킬 수 있는 이유는, 위 법원은 앞서 본 바와 같이 기능성의 개념을 사실상 기능성(de facto functionality)과 법률상 기능성(de jure functionality)으로 나눈 다음 기능성원리에서 말하는 기능성은 법률상 기능성을 의미한다고 보고 있기 때문이다. '기능성'의 개념은 '실용적'인 측면에서만 파악되는 것이기는 하지만, 그것은 법률상 개념이기 때문에 그 형상이 제품 자체에서 차지하는 사실상 기능성만이 아니라 경쟁상 필요 여부를 고려한 법적인 관점에서의 기능성이 고려될 수 있다고 보는 것이다.

다음으로, 위 판결은 특정한 형상이 기능적인가를 판단하기 위해 법원이 고려해야 하는 요소로 다음과 같은 4가지를 제시하였다. ① 문제되고 있는 디자인의 실용적인 장점(utilitarian advantage)을 개시하고 있는 만료된 실용 특허(utility patent)가 있는지 여부, ② 그 디자인을 만든 사람이 광고를 통해 디자인의 실용적인 장점을 내세워 손님을 끌었는지 여부, ③ 그 디자인에 의할 경우 상대적으로 간단하고 경제적인 방법으로 제품을 제조할 수 있는지 여부, ④ 다른 대체 가능한 디자인 (alternative designs available)이 있는지 여부 등이 바로 그것이다. 이와 같은 기준을 적용하여 위 판결은, 위 스프레이 용기가 몸체(bottle)와 분사장치(pump triggers, 이를 'spray top'이라고 지칭함)로 이루어져 있는

---

28) Id. at 1339.

데, 수많은 다른 형태의 디자인에 의하더라도 용기의 역할을 할 수 있고 아무도 경쟁하는 데 해를 입지 않을 것이기 때문에 위 스프레이 용기 형태는 기능적이지 않다고 하면서 상표항고심판원(TTAB)의 결정을 파기하여 환송하였다. 플라스틱으로 형성된 몸체 부분은 다른 수많은 형태와 디자인으로 하더라도 여전히 액체를 담기 위해 기능할 수 있고 특별히 어느 한 형태가 필요하다거나 우월하다고 할 수 없고, 그 분사장치 부분 역시도 동일한 기능을 수행하기 위한 다양한 디자인이 존재한다는 것이다. 위 판결은 등록되어야 하는 것은 몸체(bottle)와 분사장치(spray top) 둘 모두로 이루어진 전체적인 디자인 조합이지 어느 하나의 디자인 특성 또는 요소가 아닌데, 위 스프레이 용기의 전체적인 디자인은 기능을 수행하는데 부응하는 것이긴 하지만(accommodated), 그러한 기능을 수행하는 데 지배되어(dictated) 기능적으로 또는 경제적으로 그러한 용기와 관련하여 우월한 디자인(superior design)이 되는 것은 아님을 지적하였다.[29]

(11) 연방항소법원들의 판결 종합

위에서 본 결과를 종합해 보면, TrafFix 판결 이전에는, 미국의 연방항소법원들 중 제3, 8연방항소법원을 제외한 나머지 법원들은 모두 기능성에 대한 판단기준으로 '대체 가능한 디자인이 존재하는지 여부'를 중요하게 고려해 왔다고 할 수 있다. 이러한 고려요소에 의하여 상표보호 여부가 문제된 디자인을 사용하지 않으면 경쟁자들이 효율적으로 경쟁하는데(compete effectively) 방해를 받는다고 판단되는 경우에는 그러한 형상을 기능적이라고 판단해 온 것으로 요약할 수 있다. 즉, 앞서 본 판단기준 분류에 따르면, 연방항소법원들은 대부분 '경쟁상의 필

---

29) Id. at 1340-1344.

요 테스트(competitive need test)'를 기능성 판단기준으로 사용해 왔다고
할 수 있다.

나. TrafFix 판결 이후

(1) Federal Circuit

(가) 판시내용

연방대법원의 TrafFix 판결 이후, Federal Circuit은 Valu Engineering,
Inc. v. Rexnord Corp. 판결[30]에서 위 TrafFix 판결이 Federal Circuit의
기존의 판례에 미치는 영향에 대하여 판단하였다. 앞서 살펴본 바와 같
이 TrafFix 판결은 "디자인이 Inwood 공식에 의해서 이미 기능적인 것
으로 판명되면, 더 나아가 그 특성에 대한 경쟁상의 필요성이 있는지
여부를 고려할 필요는 없는 것이다"고 판시하여 문언적으로만 보면
'경쟁상의 필요 테스트(the competitive need test)'를 부차적인 것으로
취급하고 있다. 따라서 Federal Circuit은 이러한 연방대법원의 판시가
Morton- Norwich 판결에 의하여 이미 굳어진 자신의 기능성 판단을 위
한 4가지 고려요소 중 하나인, '다른 대체 가능한 디자인(alternative
designs available)이 있는지 여부'에 어떤 영향을 미치는지 고민하지 않을
수 없었던 것이다.

위 문제에 대하여 Federal Circuit은 "우리는 TrafFix 판결이 Morton-
Norwich 분석을 변경하였다고는 이해하지 않는다. … 우리는 TrafFix
판결에서 연방대법원이 사용 가능한 대체 디자인의 존부(the availability
of alternative designs)에 대해 아무 관련이 없는 것으로 언급하였다고
해석하지 않는다. 오히려, 제품 특성이 다른 사정에 의해 이미 기능적

---

30) 278 F.3d 1268 (Fed. Cir. 2002)

인 것이라고 판단되었다면, 단순히 대체 가능한 디자인이 있다는 이유
만으로 그 특성에 대해 trade dress에 의한 보호를 할 수는 없기 때문에,
사용 가능한 대체 디자인의 존부를 더 이상 고려할 필요가 없다는 것
을 연방대법원이 적시하였을 뿐이라는 결론을 우리는 내리기에 이르렀
다. 이는 사용 가능한 대체디자인의 존부가 어떤 특성이 기능적인지 여
부를 결정함에 있어 우선적으로 고려할 수 있는 합법적 증거가 될 수
없다는 것을 의미하는 것은 아니다."고 판시하였다.[31] 즉, TrafFix 판결
이 반드시 '경쟁상의 필요 테스트(the competitive need test)'를 부차적
인 것으로 취급한 것은 아니라고 해석함으로써 기능성 판단을 위한 기
존의 4가지 고려요소를 그대로 고수한 것이다. 그리하여 Federal
Circuit은 기능성 여부를 결정함에 있어서는 Morton-Norwich 판결에서
제시된 네 가지 요소, 즉 ① 디자인의 실용적인 장점을 공개한 실용 특
허의 존재 여부, ② 디자인 고안자가 그 디자인의 실용적인 이점을 내
세워 광고한 자료가 있는지 여부, ③ 그 실용적 기능을 동등하게 수행
할 수 있는 대체 가능한 디자인이 경쟁자에게 있는지 여부, 그리고 ④
그 디자인이 제품을 제조하기 위해 상대적으로 간단하고 저렴한 제조
방법으로부터 기인하는 것인지 여부를 고려해야 한다고 재차 판시하기
에 이르렀다.[32]

(나) 판결에 대한 평가

결국, Federal Circuit의 Valu Engineering, Inc. v. Rexnord Corp. 판결
은 TrafFix 판결에도 불구하고, 문제가 되고 있는 제품 특성에 실용적
기능성이 문제되는지, 아니면 심미적 기능성이 문제되는지 여부에 상
관없이, '대체 가능한 디자인의 존부', 즉 '경쟁상의 필요 테스트'를 기

---

31) Id. at 1276.
32) Valu Engineering, Inc. v. Rexnord Corp., 278 F.3d 1268, 1274 (Fed. Cir. 2002).

능성을 판단함에 있어서 우선적으로 적용할 수 있다고 한 것이다. 이와 같은 TrafFix 판결에 대한 해석론은, TrafFix 판결이 대체 가능한 디자인의 존재 여부가 어떤 특성이 기능적인지 여부를 결정함에 있어서 우선적으로 판단할 수 있는 합법적인 요소가 될 수 없다고 판단한 것은 아니라고 한 McCarthy 교수의 주장을 그대로 따른 것이라고 할 수 있다.[33] McCarthy 교수는 대체 가능한 디자인의 존부를 살피는 것은 기능성 여부 판단이라는 어려운 문제를 해결할 수 있는 방안으로 수십 년에 걸쳐 쌓아온 선례인데, 연방대법원이 이를 파기했다고는 믿을 수 없다고 하여 그와 같은 해석론의 근거를 대고 있다.[34]

그러나 이러한 TrafFix 판결에 대한 해석론은 '대체 가능한 디자인의 존부'라는 비교적 명백한 기능성 판단기준을 잃게 되는 것을 우려한 나머지, TrafFix 판결의 문언 자체를 도외시한 무리한 해석이라고 생각된다. 그리고 TrafFix 판결이 '대체 가능한 디자인의 존부'라는 고려요소를 기능성 판단기준에서 아예 제외한 것은 아니고, 만일 '특성의 역할 기준(the role of the feature standard)', 즉 '전통적인 테스트 (traditional test)'에 따라 판단하였을 때 어떤 특성이 기능적이지 않다고 판단되는 경우에는 위와 같은 고려요소를 여전히 기능성의 판단기준으로 사용할 수 있는 것이므로, TrafFix 판결을 위 판결이 제시하고 있는 문언에 따라 순리대로 해석한다고 하더라도 특별히 불합리한 결과가 생길 것 같지도 않다. 요컨대, Federal Circuit과 같이 TrafFix 판결을 해석하는 것은 억지스러운 면이 있는 것으로 타당하지 않다고 할 것이다.[35]

---

33) J. Thomas McCarthy(주 4), § 7:75, at 7-184, 185, 186.

34) Id. at 7-185.

35) Margreth Barrett 교수도 "연방대법원은 Qualitex 기준을 경쟁상 필요(competitive necessity)로 묘사하였고, 그것을 제6 및 제10 연방항소법원의 실제의 효과 기준 (practical effect standards)과 동일시하였다. 이는 TrafFix 판결이, Inwood 기준에 따라 첫 번째로 기능성을 판단함에 있어서, 법원들로 하여금 경쟁의 보호에 대한

(2) 제5연방항소법원

제5연방항소법원은 Eppendorf-Netheler-Hinz GMBH v. Ritter GMBH 판결[36])에서, 위에서 본 Federal Circuit과는 다르게 TrafFix 판결을 해석하였다. 즉, '경쟁상의 필요 테스트'는 TrafFix 판결에 의하면 기능성을 결정함에 있어서 우선적으로 고려될 수 없다고 하는 판결을 하였다.[37])

그리고 위 법원은 위 판결에서 TrafFix 판결에 기초를 두면서 "Eppendorf가 trade dress의 권리를 주장하는 제품의 특성은, 만일 그러한 특성이 제품의 사용이나 목적에 필수불가결하거나 그 비용이나 품질에 영향을 미치는 경우 기능적으로 판단될 수 있는 것이고, 이러한 판단에 있어서 사용 가능한 대체 디자인의 존부는 아무런 관련이 없는 것이다"라고 판시하였다.[38]) 위 법원은 더 나아가서 "비록 대체 가능한 디자인이 기능성에 대한 실용적 테스트(utilitarian test of functionality)와 관련이 있다고 하더라도, 대체 가능한 디자인이 존재하는지 여부는 기능성 판단을 위한 전통적인 테스트(traditional test for functionality)에 있어 적절한 것이 아니다"라고도 판시하였다.[39])

특별한 영향이나 사용 가능한 대체 가능한 디자인에 초점을 맞추어서는 안 됨을 명백히 한 것이다."라고 주장하면서 이와 같은 견해를 취하고 있다[Margreth Barrett, "Consolidating the Diffuse Paths to Trade Dress Functionality: Encountering Traffix on the Way to Sears", 61 Wash. & Lee L. Rev. 79, 117-119 (2004)].

36) 289 F.3d 351 (5th Cir. 2002).
37) 이와 약간 다른 견해를 취한 판결로는 Baughman Tile Company, Inc. v. Plastic Tubing, Inc., 211 F. Supp. 2d 720, 722 n.2 (E.D.N.C. 2002). 이 판결은 실용적 기능성(utilitarian functionality)에는 Inwood 테스트(즉, 전통적인 테스트)가 적용되어야 하고, 심미적 기능성(aesthetic functionality)에는 Qualitex 테스트(즉, 경쟁상의 필요 테스트)가 적용되어야 한다고 판시하였다. 이 판결은 TrafFix 판결을 문리적으로는 가장 정확하게 해석한 것이라고 할 수 있다.
38) 289 F.3d, at 357.
39) Id. at 358.

(3) 제6연방항소법원

제6연방항소법원은 TrafFix 판결이 기능성에 대한 전통적인 Inwood 기준을 사용할 것을 요구한 것으로 해석해 오고 있다. 만일 어떤 제품 특성이 위 Inwood 기준에 의해 기능적이라고 판단되면, 그 특성을 사용할 경쟁적인 필요(competitive necessity to use)가 있는지 여부나 대체 가능한 디자인이 존재하는지(alternative designs are available) 여부는 따질 필요가 없다는 것이다.[40)

(4) 제7연방항소법원

제7연방항소법원은 "TrafFix 판결은 기능성(functionality)과 필요성 (necessity)을 동등하게 보지 않았다. 단지 디자인이 유용하면(useful) 족하다."고 하면서, "대법관들은 우리에게 어떤 특성이 디자인에 필수적이거나 만일 그것이 제품의 가격 또는 질에 영향을 미치면 기능적이라고 말했다"고 판시하였다.[41) 따라서 위 법원 역시 전통적인 Inwood 기준을 기능성 판단에 적용해야 한다는 입장인 것으로 보인다.

(5) 제9연방항소법원

제9연방항소법원은 TrafFix 판결 이후 "대체 가능한 디자인이 있는지 여부는 상표 그 자체가 제품에 있어서 기능적인 것인지 아니면 단순히 장식적인 것인지 여부를 가리키는 것이다"고 판시하여, 대체 가능한 디자인을 기능성을 결정함에 있어서 우선적으로 고려할 수 있다는 취지로 판시하고 있다.[42)

---

40) Antioch Co. v.l Western Trimming Corp., 347 F.3d 150 (6th Cir. 2003).
41) Eco. Mfg. LLC. v. Honeywell Intern., Inc., 357 F.3d 649 (7th Cir. 2003).
42) Clicks Billiards Inc. v. Sixshooters, Inc., 251 F.3d 1252, 1260 (9th Cir. 2001);

(6) 연방항소법원들의 판결 종합

위와 같이 연방항소법원들의 TrafFix 판결에 대한 해석은 일치되어 있지 않고 혼란을 보이고 있는데, 크게는 ① 제품 특성을 사용할 경쟁적인 필요(competitive necessity to use) 또는 대체 가능한 디자인이 존부(alternative designs available)가 기능성을 판단함에 있어서 우선적으로 고려될 수 있다는 견해와 ② 이러한 것은 우선적으로 고려되어서는 안 되고 Inwood 기준이 우선적으로 고려되어야 한다는 견해로 나눌 수 있다. Federal Circuit과 제9연방항소법원은 ①의 견해를 취하고 있고, 제5, 6, 7 연방항소법원은 ②의 견해를 취하고 있다.

이들 견해 중 ①의 견해가 ②의 견해보다는 기능성원리 아래에서 제품 특성에 대해 보다 쉽게 상표로 보호할 수 있는 것으로 보인다. 왜냐하면, 어떤 제품 특성이 '전통적인 테스트(traditional test)'에 의해 기능적인 것으로 판단될 수 있는 경우,[43] ②의 견해에 의하면 바로 기능적이라고 판단될 것이나, ①의 견해에 따라 '경쟁상의 필요 테스트(competitive need test)'를 우선적으로 적용할 수 있다면 그 결과 사용 가능한 대체 디자인이 존재하는 경우에는 기능적이지 않은 것으로 판단되어 그 특성은 상표로 보호받을 수 있을 것이기 때문이다.

Talking Rain Beverage Co., Inc. v. South Beach Beverage Co., 349 F.3d 601 (9th Cir. 2003). 다만, 후자의 판례는 한번 기능성이 있는 것으로 결정되었으면, 단순히 대체 가능한 디자인이 존재한다는 것만으로는 그 상표의 기능성을 부인할 수 없다고 판시하였다. 그러면서 미네랄 병 모양은 기능적이므로 등록이 취소되어야(cancel) 한다고 하였다.

43) 전통적인 테스트에 의해 기능적인 것으로 판단되지 않는 경우에는 ①과 ② 견해 모두 다 경쟁상의 필요 테스트를 적용해 기능성 여부를 판단하게 되므로, 이들 견해 사이에 차이가 생기지 않는다.

제4절 기능성에 관한 미국의 구체적 판단사례 검토

앞에서는 미국에서 기능성에 대한 정의와 그 판단기준에 대한 논의가 어떻게 전개되고 있는지를 미국의 판례들을 중심으로 하여 주로 이론적인 측면에서 검토하였다. 이하에서는 이러한 이론적인 논의를 배경으로 하여 기능성(functionality)에 대한 미국의 법원들 및 상표항고심판원(TTAB)의 구체적인 판단 사례들을 살펴본다.

1. 기능적(functional)이라고 판단된 사례들[1]

□ 광석광물과 석탄의 진동대(shaking table) 형상(도 1-1)[2]

□ 건축노동자가 쓰는 안전모 윗부분에 있는 골 디자인(ribbed design) (도 1-2)[3]

□ 스피커 함의 육각형 모양(도 1-3).[4] 그와 같은 육각형 모양이 사운드 시스템의 기능에 영향을 미친다는 출원인의 홍보자료에 주목하면

---

1) J. Thomas McCarthy, 1 McCarthy on Trademarks and Unfair Competition, § 7:85, at 7-225~7-241, Thomson West (4th ed. 2006)에 소개되어 있는 많은 사안들 중에서 주요한 것들만 발췌하였다.

2) In re Deister Concentractor Co., 289 F.2d 496 (CCPA 1961).

3) Mine Safety Appliances Co. v. Electric Storage Battery Co., 405 F.2d 901 (CCPA 1969).

4) In re Bose Corp., 772 F.2d 866, 227 U.S.P.Q. 1 (Fed. Cir. 1985).

서, 그러한 형상은 스피커 함으로서 효율적이고 우월한 디자인을 형성하므로 기능적이라고 판단하였다.

  □ 전화번호 색인 파일카드(telephone index filing card)의 윤곽(도 1-4)[5]

  □ 소금과 후추의 포장 곽(packet)(도 1-5)[6]

  □ 포켓 펜의 클립 형태(도 1-6)[7]

  □ 감자 튀김(french fried potatoes)의 나선형 모양(도 1-7).[8] 이와 같은 나선형 형상이 판매 및 제조에 효율적이라는 이유(원고가 이를 광고하기도 하였음)로 기능적이라고 판시하였다.

  □ 월풀(whirlpool) 욕조 파이프(도 1-8).[9] 이러한 파이프 형상은 물과 공기를 섞어 월풀 욕조가 되도록 하는 데 사용되는데, 그러한 형상에서 더 잘 작동하므로 실용적이라는 측면에서 기능적이라고 판단하였다.

  □ 유아용 수유병(도 1-9).[10] 아무리 어리고 작은 아기의 손이라도 잡을 수 있도록 수유병 모양이 디자인되었다고 출원인이 선전한 점 등을 감안하여 기능적이라고 판단하였다.

  □ 자동차 오일 용기(도 1-10).[11] 출원인의 홍보자료에 의하면 그 주름진 목 형태가 오일을 엔진에 넣을 때 안정성을 제공한다고 광고되었다는 점을 참작하여 기능적이라고 판단하였다.

  □ 새로로 홈이 새겨진(fluted) 음료수 캔(도 1-11).[12] 출원인의 캔 형상은 금속성 음료 캔에서 우월한 디자인으로서, 이러한 디자인은 캔의

5) Oxford Pendaflex Corp. v. Rolodex Corp., 204 U.S.P.Q. 249 (TTAB 1979).

6) In re Diamond Crystal Salt Co., 161 U.S.P.Q. 502 (TTAB 1969).

7) In re Lindy Pen Co., 159 U.S.P.Q. 634 (TTAB 1968).

8) Universal Frozen Foods Co. v. Lamb-Weston, Inc., 697 F. Supp. 389 (D. Or. 1987).

9) In re Vico Products Mfg. Co., 229 U.S.P.Q. 364 (TTAB 1985), recons. denied, 229 U.S.P.Q. 716 (TTAB 1986).

10) In re Babies Beat, Inc., 13 U.S.P.Q. 2d 1729 (TTAB 1990).

11) In re Witco Corp., 14 U.S.P.Q. 2d 1557 (TTAB 1989).

12) In re American National Can Co., 41 U.S.P.Q. 2d 1841 (TTAB 1997).

옆면을 강화하는 제한된 방법 중 하나임을 이유로 등록받을 수 없다고
판단하였다.

□ 트랙터 바퀴의 트레드(tread) 디자인(도 1-12).[13] 실용특허를 받은
점과 출원인의 광고에 의하면 상승하는 사슬톱니바퀴(elevated
sprocket) 형태의 디자인에 실용적인 이점이 있음을 알 수 있으므로 기
능적이라고 판단하였다.

□ 컨베이어 벨트 가이드 레일의 겹침 부분(cross section)(도 1-13)[14]

□ 기타의 몸체 형상(도 1-14).[15] 출원인의 광고에서 "기타 몸체는 벨
(bell)과 같이 생겼을 뿐만 아니라 그러한 형상으로 인하여 벨처럼 울린
다. 더 둥근 윗부분은 감미로운 고음을 내고 더 폭이 넓은 허리 부분과
더 넓은 아랫 부분은 보다 파워풀한 저음을 낸다."고 선전하였다는 점
을 들어 기타 몸체 형상이 기능적이라고 하였다.

[사건들에서 문제된 구체적인 상품 형태[16]]

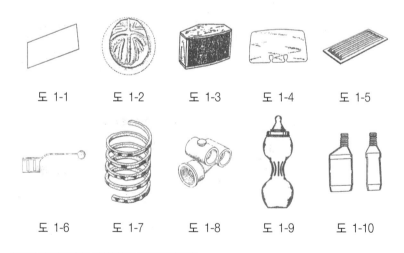

도 1-1   도 1-2   도 1-3   도 1-4   도 1-5

도 1-6   도 1-7   도 1-8   도 1-9   도 1-10

---

13) In re Caterpillar Inc., 43 U.S.P.Q. 2d 1335 (TTAB 1997).
14) Valu Engineering, Inc. v. Rexnord Corp., 278 F.3d 1268 (Fed. Cir. 2002).
15) In re Gibson Guitar Corp., 61 U.S.P.Q. 2d 1948 (TTAB 2001).

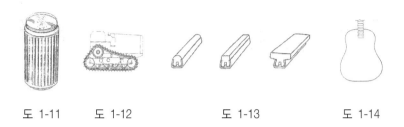

도 1-11   도 1-12   도 1-13   도 1-14

그 외 상품 자체의 모양이 기능적이라고 판단한 사례들 중 주요한 것들을 소개하면 아래와 같다.

ㅁ 옥상 통풍관(roof vent)의 모양.[17] 해당 통풍관 디자인이 지붕의 기와와 그 대체 제품보다 더 잘 조화되거나 어울린다는 이유로 기능적이라고 판단하였다.

ㅁ 폴더 형태의(clamshell) 핸드폰 모양.[18] 폴더 형태의 핸드폰 모양, 안테나의 위치, 디스플레이 화면의 위치, 키패드의 위치는 모두 기능적으로 형성되었다고 판단하였다.

ㅁ 고딕 양식의 아치 형태로 되어 있는 온실.[19] 출원인의 온실 디자인 형태는 개별적으로 보나 전체적으로 보나 오로지 기능에 의해 지배되는 기본적인 고딕 아치 형태에 불과하다고 판단하였다.

ㅁ 둥근 모양의 휴대용 에어 클리너.[20] 둥근 모양에 세 가지의 중요한 실용적인 이점이 있다고 판단하였다.

ㅁ 스크랩북 앨범의 디자인.[21] 두 개의 끈 형태 힌지(strap-hinge) 디자

---

16) 도 1-5, 도 1-9, 도 1-10, 도 1-11의 경우는 상품 용기에 관한 것이고, 나머지는 상품 자체의 형태에 관한 것이다.

17) M-5 Steel Mfg., Inc. v. O'Hagin's Inc., 61 U.S.P.Q. 2d 1086 (TTAB 2001).

18) Motorola, Inc. v. Qualcomm Inc., 45 U.S.P.Q. 2d 1558 (S.D. Cal. 1997), aff'd 135 F.3d 776 (Fed Cir. 1998).

19) Greenhouse Sys. v. Carson, 37 U.S.P.Q. 2d 1748 (TTAB 1995).

20) Duracraft Corp. v. Honeywell Inc., 881 F. Supp. 685 (D. Mass. 1994).

21) Antioch Co. v. Western Trimming Corp., 347 F.3d 150 (6th Cir. 2003).

인, 패드로 된 앨범 커버, 강화 페이지(reinforced pages) 등은 모두 앨범의 사용에 필수적인 요소들이고 그 품질에 영향을 주므로 기능적이라고 판시하였다.

ㅁ '레이싱 스타일' 자동차 연료통의 형태 및 사이즈.[22] 위 연료통 디자인은 경주용 차에 6초 이내에 11갤론의 연료를 넣기 위해 사용되는 NASCAR 연료통을 모방하였고, 실용 특허(utility patent)를 출원하였다는 점 등을 들어 기능적이라고 판시하였다.

ㅁ 컴퓨터 모니터, 입력키, 스크린의 형태.[23] 입력키 레이아웃과 셋업된 스크린 및 일반적인 비디오 모니터 형태는 기능적인 것이고, 키보드와 모니터의 형상과 생채는 기능적인 것은 아니지만 2차적 의미를 획득하지 못하였다고 하였다.

ㅁ 아이스크림의 구형(spherical) 형태와 사이즈[24]

ㅁ 스포츠 신발의 구조.[25] 줄무늬를 이용한 강화 구조는 신발을 견고하게 하고 늘어나는 것을 방지하면서 신발을 가볍게 한다고 하면서 기능적인 것이라고 판시하였다.

ㅁ 어린이용 LEGO 블록의 형태.[26] 몇 개의 가능한 대체 형태가 존재한다는 것만으로는 기능성이 없음을 입증하기에 충분하지 않다고 판시하였다.

ㅁ 의료용 피부 테스트 기구의 외관[27]

---

22) Carlton-Sud Industries LLC v. Plastics Group Inc., 72 U.S.P.Q. 2d 1826 (E.D. Mich. 2004).

23) Digital Equipment Corp. v. C. Itoh & Co., 229 U.S.P.Q. 598 (D.N.J. 1985).

24) Dippin' Dots, Inc. V. Frosty Bites Distribution, LLC, 369 F.3d 1197 (11th Cir. 2004), cert. denied, 125 S. ct. 911 (U.S. 2005).

25) ASICS Corp. v. Target Corp., 282 F. Supp. 2d 1020 (D. Minn. 2003).

26) Tyco Industries, Inc. v. Lego Systems, Inc., 5 U.S.P.Q. 2d 1023 (D.N.J. 1987), aff'd, 853 F.2d 921 (3d Cir. 1988), cert. denied, 488 U.S. 955 (1988).

27) In re Lincoln Diagnostics, 30 U.S.P.Q. 2d 1817 (TTAB 1994).

ㅁ 심장 수술에 사용되는 혈액 펌프 디자인.[28] 출원인의 혈액 펌프가 원뿔 형태를 취하고 있는 것은 그러한 형태가 가장 잘 작동하였기 때문이라면서 위 혈액 펌프 디자인은 기능적이라고 하였다.

ㅁ 치아 임플란트 디자인[29]

ㅁ ETCH A SKETCH 그림그리기 장난감의 형태.[30] 직사각형 형태의 드로잉 스크린은 실용 특허에 공개된 내부 메커니즘 이용에 최적이기 때문에 기능적인 것이라고 판시하였다.

또한, 상품 용기(container) 모양이 기능적이라고 판단한 사례들로는 아래와 같은 것들이 있다.

ㅁ 생수병 형태[31]

ㅁ 육류의 포장 형태[32]

ㅁ 스프레이 캔의 다양한 면들[33]

ㅁ 원통형의 거들(여성용 속옷) 용기[34]

---

28) In re Bio-Medicus, Inc., 31 U.S.P.Q. 2d 1255 (TTAB 1993).

29) Straumann Co. v. Lifecore Biomedical Inc., 278 F. Supp. 2d 130 (D. Mass. 2003).

30) Ohio Art Co. v. Lewis Galoob Toys, Inc., 799 F. Supp. 870 (N.D. Ill. 1992).

31) Talking Rain Beverage Co. Inc. v. South Beach Beverage Co., 349 F.3d 601 (9th Cir. 2003).

32) In re Oscar Mayer & Co., 189 U.S.P.Q. 295 (TTAB 1975).

33) In re Reddi-Whip, Inc., 150 U.S.P.Q. 295 (TTAB 1966) (스프레이 캔의 덮개를 기능적이라고 판시함). In re Seaquist Valve Co. Div. of Pittway Corp., 169 U.S.P.Q. 245 (TTAB 1971) (스프레이 캔의 분무 밸브 버튼을 기능적이라고 판시함).

34) In re International Playtex Corp., 155 U.S.P.Q. 745 (TTAB 1967). 그러나 In re Kaiser Aluminum & Chemical Corp.[160 U.S.P.Q. 693 (TTAB 1969)] 사건에서는 끝 부분이 8각형으로 되어 있는 원통형 튜브 형태의 알루미늄 호일 케이스에 대한 보조등록부에의 등록(supplemental registration)을 허용하였고, In re Fre-Mar Industries, Inc.[158 U.S.P.Q. 364 (TTAB 1968)] 사건에서는 타이어 수리 공구를 넣는 용기가 기능적이지 않다고 하였다.

□ 원통형의 크래커 용기[35]

2. 기능적이지 않다고(non-functional) 판단된 사례들[36]

□ 화학물질 덩어리(a cake of chemical)의 삼각형 모양(도 2-1)[37]

□ 곡물 트레일러(grain semi-trailer)의 측면 형태(도 2-2)[38]

□ JOCKEY 팬티 위에 재봉된 테이프에 의해 형성된 역 Y자 디자인 (도 2-3)[39]

□ 롤스로이스 자동차의 앞면 그릴(도 2-4)[40]

□ 둥근 모양의 자동온도조절장치(thermostat)(도 2-5)[41]

ZIPPO 담배 라이터(도 2-6).[42] 지포(Zippo) 라이터의 위와 같은 형상 에 대하여 미국에서는 처음(1963년)에는 이러한 형상은 제조함에 있어 서 비용이 덜 들고 제조하기가 더 용이하다는 이유로 기능적이라고 하

---

35) Keebler Co. v. Rovira Biscuit Corp., 624 F.2d 366 (1st Cir. 1980).
36) J. Thomas McCarthy(주 1), § 7:86, at 7-241~7-251에 소개된 많은 사례들 중에서 주요한 것들을 발췌하였다.
37) In re Minnesota Mining & Mfg. Co., 335 F.2d 836 (CCPA 1964).
38) Truck Equipment Service Co. v. Fruehauf Corp., 536 F.2d 1210 (8th Cir. 1976), cert. denied, 429 U.S. 861 (1976).
39) In re Jockey International, Inc., 192 U.S.P.Q. 579 (TTAB 1976). 치어리더 유니 폼의 장식적인 부분이 기능적이지 않다고 한 사례로는 Dallas Cowboys Cheerleaders, Inc. v. Pussycat Cinema, Ltd.[604 F.2d 200 (2d Cir. 1979)] 사건이 있는데, 같은 취지라고 할 것이다.
40) Rolls-Royce Motors, Ltd. v. A & A Fiberglass, Inc., 428 F. Supp. 689 (N.D. Ga. 1977).
41) In re Honeywell, Inc., 8 U.S.P.Q. 2d 1600 (TTAB 1988). 그 이전의 In re Honeywell, Inc.[532 F.2d 180 (CCPA 1976)] 사건에서는 위 모양이 기능적이라 고 판단하였는데, 그 판단이 바뀐 것이다.
42) In re Zippo Mfg. Co., 50 U.S.P.Q. 2d 1852 (TTAB 1999).

여 상표등록이 거절되었으나, 시간이 흐름에 따라 경쟁자들이 대체 가능한 디자인을 시장에 내 놓으면서 비기능적인 것이 되었다. 즉, 어떤 방식으로도 경쟁을 저해하지 않는다는 이유로 비기능적이라고 판단되어 상표등록이 긍정되었던 것이다.

[사건들에서 문제된 구체적인 상품 형태]

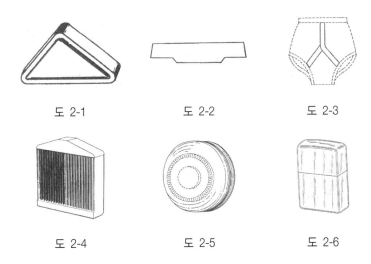

도 2-1 도 2-2 도 2-3

도 2-4 도 2-5 도 2-6

그 외 상품 자체 또는 그 포장이 기능적이지 않다고 판단한 사례들 중 주요한 것들을 소개하면 아래와 같다.

□ 캔디 바의 포장 형태(a candy bar wrapping shape)[43]

□ 기타(guitar)의 둥근 사발 모양의 바닥 부분.[44] 둥근 사발 모양은 판매와 식별을 위해 채택된 것이라고 판시하였다.

□ 총(gun) 모양.[45] 조준하는 데에 이점이 있다는 광고가 등록받으려

43) In re Worlds Finest Chocolate, Inc., 474 F.2d 1012 (CCPA 1973).

44) In re Ovation Instruments, Inc., 201 U.S.P.Q. 116 (TTAB 1978).

45) In re Browning, 217 U.S.P.Q. 933 (TTAB 1982). Strum, Ruger & Co. v. Arcadia

고 하는 디자인 부분과 관련이 없다면서 권총의 리시버(receiver) 부분의 디자인이 기능적이지 않다고 판단하였다.

□ 스포츠 신발의 디자인.[46] 각각의 기능적인 요소로 구성되어 있기는 하지만 스포츠 신발의 전체적인 외양은 비기능적이라고 판시하였다. 그 이유에 대해, "그와 같은 독특한 디자인 조합이 패셔너블하고 컬러를 포함하고 있는 여성 운동화를 만드는 데 기능적으로 전혀 요구되는 것이 아니고, 그와 같은 독특한 디자인을 하고 있지 않은 많은 경쟁 신발들이 존재한다"고 판시하였다.

□ 골프클럽 헤드의 모양과 외관.[47] Callaway 회사의 BIG BERTHA 골프클럽 헤드에 고유한 독특한 디자인이 비기능적이라고 하여 이와 유사한 헤드의 골프클럽을 제조하는 것에 대한 금지 가처분을 허용하였다.

□ 여행용 가방(luggage) 디자인.[48] 색깔, 가장자리 모양 등을 포함하여 전체적인 수화물의 디자인 이미지가 연방상표법(Lanham Act) § 43(a)에 의한 상표권 침해에 해당한다고 판시하였다. 이에 대해서는 전체적인 디자인 이미지를 정의하면서 실용적인 특성(utilitarian features)을 부당하게 포함시켰다는 Rich 판사의 반대 견해가 있었다.

□ 안락의자(recliner chair)의 외관.[49] 자동화된 안락의자 외관은 기능적이지 않고, 연방상표법(Lanham Act) § 43(a)에 의해 보호될 수 있다고 판시하였다.

□ 접을 수 있는 테이블(folding table).[50] 각각의 특성이 실용적인 이

Machine & Tool, Inc.[10 U.S.P.Q. 2d 1522 (C.D. Cal. 1988)] 사건에서도 자동 권총의 독특한 형상이 비기능적이고, 2차적 의미를 획득하여 보호되어야 한다고 판단하였다.

46) L.A. Gear, Inc. v. Thom McAn Shoe Co., 12 U.S.P.Q. 2d 1001 (SDNY 1989).
47) Callaway Golf Co. v. Golf Clean, Inc., 915 F. Supp. 1206 (M.D. Fla. 1995).
48) CPG Products Corp. v. Pegasus Luggage, Inc., 776 F.2d 1007 (Fed. Cir. 1985).
49) Contour Chair Lounge Co. v. True-Fit Chair, Inc., 648 F. Supp. 704 (E.D. Mo. 1986).

점을 다소 가지고 있기는 하지만 디자인 특성의 조합이 비기능적인 것으로 보호받을 수 있다고 하면서, 테이블 사이드의 노란색 컬러, 메이소나이트(masonite)로 된 테이블 윗면의 컬러, 프레임의 검정 컬러와 그 스타일, 자물쇠, 핸들, 레이블, 쇠장식 등의 모양과 컬러 등을 사용하는 것의 금지 가처분을 허용하였다.

ㅁ 데스크 램프 디자인.[51] 원고의 TIZIO 할로겐 데스크 램프의 많은 요소들이 기능적이기는 하지만, 다섯 가지 요소는 기능적이지 않고 이에 대한 2차적 의미를 획득하였다면서 그에 대한 침해를 인정하였다.

ㅁ 바베큐 그릴(barbecue grill).[52] 증거에 의하더라도 출원인의 둥근 그릴 형태가 경쟁자가 사용하는 다른 형태에 비하여 요리를 하는데 더 우월하지 않다는 것을 입증하지 못하였다면서 기능적이지 않다고 판단하였다.

ㅁ 낚시 릴의 형태.[53] 크롬으로 만들어지고 원뿔 모양의 앞 커버를 가진 낚시 릴의 모양을 기능적이지 않다면서 그에 대한 침해 주장을 인정하였다.

ㅁ FERRARI 자동차의 모양.[54] FERRARI DAYTONA SPYDER 클래식 스포츠카의 전체적인 디자인은 연방상표법(Lanham Act) § 43(a)에 의해 보호받을 수 있는 trade dress에 해당한다면서, 그 외양은 기능적이지 않고 주로 심미적인 이유로 디자인된 것이라고 판단하였다.

ㅁ 자동차 타이어의 트레드(tread) 디자인[55]

---

50) Vaughan Mfg. Co. v. Brikam Int'l, 814 F.2d 346 (7th Cir. 1987).
51) Artemide SpA v. Grandlite Design & Mfg. Co., 672 F. Supp. 698, 4 U.S.P.Q. 2d 1915 (SDNY 1987).
52) In re Weber-Stephen Products Co., 3 U.S.P.Q. 2d 1659 (TTAB 1987).
53) Brunswick Corp. v. Spinit Reel Co., 832 F.2d 513 (10th Cir. 1987).
54) Ferrari S.p.A. Esercizio Fabriche Automobili e Corse v. McBurnie, 11 U.S.P.Q. 2d 1843 (S.D. Cal. 1989).
55) Goodyear Tire & Rubber Co. v. Interco Tire Corp., 49 U.S.P.Q. 2d 1705 (TTAB 1998).

제4장 우리나라에서 기능성원리의
적용 및 해석

제1절 서설

1. 우리나라에서 기능성원리의 논의현황

기능성원리를 판례법에 의해 발전시켜 온 미국의 경우 앞서 살펴본 바와 같이 연방대법원을 비롯한 대부분의 연방법원들 및 학자들에 의하여 기능성원리를 둘러싼 논의가 매우 활발하게 전개되고 있다. 또한, 우리와 유사한 규정의 상표법 및 부정경쟁방지법, 특허법, 의장법 등의 법률 체계를 가지고 있는 일본에서도 기능성원리와 관련한 논의가 미국과는 다소 다른 형태로 다양하고 복잡하게 전개되고 있다.[1]

---

[1] 미국, 독일에서 전개되고 있는 기능성원리와의 비교법적 관점에서, 일본에서 상품의 기술적 형태(技術的 形態)에 대한 보호 여부를 경업법(부정경쟁방지법)과 창작법(특허법 및 의장법)의 조정이라는 시각에서 심도 있게 분석한 논문으로는, 小泉直樹, "商品の形態の保護をめぐる競業法と創作法の調整 (一), (二), (三·完)", 法學協會雜誌 106卷 6~8号(1989. 6.~ 1989. 8.), 東京大學法學協會가 있다. 이 논문에 의하면, 법체계의 차이에 따라 일본에서는 미국에서와 다소 다른 논의양상을 보이고 있기는 하지만, 기능성원리를 이해하는 기본적인 시각에서는 별 차이가 없음을 알 수 있다(다만, 위 논문 작성 당시에는 일본 상표법이 입체상표와 기능성원리 관련 규정을 도입하기 이전이므로 부정경쟁방지법과 관련해서만 논의를 진행하고 있다).

일본의 경우, 특히 상품의 기술적 형태(技術的 形態)를 부정경쟁방지법의 혼동 초래 부정경쟁행위에 의해 보호할 수 있는지 여부와 관련하여 판례와 학설에 의하여 기능성원리가 활발히 논의되고 있는데, 그 논의현황에 대해서는 이 장 제3절 제1항에서 자세히 살펴본다.

그러나 우리나라의 학계를 보면, 우리만의 독자적인 시각에서 기능성원리에 대한 본격적인 논의를 전개하고 있는 논문을 아직까지는 찾아보기 어렵고, 다만 미국이나 일본의 논의를 단순히 소개하고 있는 정도에 그친 몇몇의 논문을 발견할 수 있을 뿐이다. 우리나라의 판례를 살펴보더라도, 기능성원리를 인식하고 있는 듯한 판례가 없지는 않으나, 기능성원리의 본질이나 그 이론적 배경에 대한 심도 있는 연구를 바탕으로 기능성원리와 관련한 적극적이고 정치한 설시를 한 예는 아직 찾아볼 수 없다. 오히려, 기능성원리가 주된 쟁점이 되어야 하는 사안들에서조차도, 우리의 판례들은 기능성원리에 대한 인식 부족으로 이를 '기능성'의 문제로 파악하지를 못하고 '식별력'이나 '상표적 사용'[2]의 문제 등으로 잘못 파악하고 있는 예들을 적지 않게 발견할 수 있다. 이러한 판례의 태도에 의하여, '식별력'이나 '상표적 사용'의 개념이, 기능성이 문제될 수 있는 입체상표와 관련하여서만 특히 그 본래의 의미보다 매우 엄격하게 해석됨으로써, 표지법(標識法) 전체 체계에서 위 개념들의 부조화와 혼란을 야기할 뿐만 아니라, 개별적인 사건에서 결론에 이르는 추론과정에서도 논리적인 문제점이 종종 발견된다.

따라서 현재 상황에서 기능성원리에 관한 외국의 이론을 연구하여 우리나라 법체계에 맞는 독자적이고 합리적인 기능성원리 해석론을 정립해야 할 필요성은 학문적으로나 실무적으로 매우 크다고 할 것이다.

---

2) 우리나라 판례는 '상표적 사용'을 부정하기 위한 방법 중 하나로 '디자인적 사용'이라는 용어를 사용하여 '디자인적 사용'에 불과하다는 설시를 해 오고 있다. 그런데 그 개념이 모호할 뿐만 아니라 상표와 디자인은 상호 배타적인 것이 아니라는 점에서 위와 같은 설시에는 문제가 있다. 필자의 생각으로는, 이러한 모호한 용어의 사용에 의해 '상표적 사용'이 너무 쉽게 부정되는 경향이 있으므로, '디자인적 사용'이라는 용어는 '단순한 장식적인 사용'이라는 정확한 용어로 대체하여 '상표적 사용'을 근거 없이 부정하는 범위를 축소하는 한편, 그 빈 공간은 기능성원리와 같은 다른 원리에 의하여 해결함이 논리적이다. 뒤의 제5절 제1항 나.(3)에서 자세히 논한다.

우리 지적재산권법 학계와 실무계는 지적재산권법 영역 전반에 걸쳐 많은 연구와 노력을 통하여 선진 외국의 이론을 흡수한 후 이를 발전시켜 우리나라의 법체계에 맞는 독자적인 지적재산권법 이론과 체계를 견실하게 구축해 나가고 있다. 이러한 이론 정립의 일환으로, 미국과 일본 등 선진국에서 활발하게 논의되고 있고 실제 사안에서도 그 논리적인 해결을 위해 상당히 유용한 이론적인 토대를 제시해 줄 수 있는 기능성원리에 대한 다양하고 심도 있는 연구가 반드시 필요한 것이다. 우리 상표법이 제7조 제1항 제13호와 제51조 제1항 제4호에 기능성원리 관련 규정을 입법한 때로부터 현재 10년 이상의 상당한 시간이 흘렀다는 점을 고려할 때도 더욱 그러하다.

이와 같은 인식에서 출발하여 이 장에서는 우리나라의 법률 체계에 대한 검토를 바탕으로 하여 그에 맞는 바람직하고 합리적인 기능성원리 해석론을 제시해 보고자 한다.

2. 이 장에서의 논의내용 개관

앞서 제2, 3장에서는 기능성원리의 개념, 연혁 및 입법례, 종류, 정책목표 등과 같은 일반론을 살펴본 다음, 구체적인 사안에서 기능성원리를 적용하기 위한 '기능성(functionality)'의 판단기준이 어떻게 논의되고 있는지 미국의 판례를 중심으로 살펴보았다. 이 장에서는 이러한 논의를 바탕으로 하여 우리나라에서 기능성원리의 합리적인 해석론을 본격적으로 전개해 보고자 한다.

구체적으로는, i) 우리나라에서 상표법뿐만 아니라 부정경쟁방지법의 혼동초래 부정경쟁행위에 관해서도 기능성원리가 적용될 수 있는지, ii) 적용될 수 있다면 그 근거를 어디에서 찾아야 하는지, iii) 우리의 경

우 기능성원리의 정책목표 및 '기능성'에 대한 판단기준을 어떻게 설정
해야 하는지, iv) 구체적인 사례에서 우리나라 판례는 '기능성'의 문제
를 어떻게 취급해 오고 있는지, v) 이와 관련한 우리 판례의 문제점 및
그 개선방향은 무엇인지 등이 이하에서 논의되는 내용들이다.

제2절 우리나라에서 기능성원리 적용 근거

1. 개관

가. 우리 지적재산권법 체계와 기능성원리

  기능성원리는 원래 미국의 판례법(common law)에 의해 발전해 온 원리임에도 불구하고, 1998년에 연방상표법(Lanham Act) § 2(e)(5)에도 이를 성문화하여 현재에 이르고 있음은 앞서 검토하였다. 한편, 성문법 국가인 우리나라의 경우에는, 기능성원리를 적용할 현실적, 이론적 필요성이 아무리 크고 이 원리가 외국에서 일반적으로 받아들여지고 있다고 하더라도, 지적재산권법 체계 안에서 그 근거가 되는 법률조항을 찾아낼 수 없다면 이를 우리 법체계에 바로 적용하기는 어려울 것이다. 즉, 우리나라에서도 기능성원리를 적용하기 위해서는 이에 관한 명시적인 법률조항이 있거나 그렇지 않다고 하더라도 최소한 해석론에 의하여 기능성원리를 도출해 낼 수 있는 근거 법조항은 있어야만 한다.
  그러면 우리나라의 지적재산권법 체계에서 기능성원리의 근거규정을 어느 법에서 찾아야 할 것인가? 미국이나 유럽, 일본은 앞서 제2장에서 기능성원리의 일반론을 검토하면서 살펴본 바와 같이 그 근거규정을 상표법에 두고 있다. 기능성원리의 본질 내지 정책목표가 특허와의 관계에서 상표에 의한 보호한계를 설정하는 것인 한편 자유경쟁의

촉진이라는 경쟁법으로서 상표법 자체의 내재적인 한계와 관련이 있다
는 점에서, 이와 같이 여러 나라들이 상표법과 같은 표지법(標識法) 내
지 경쟁법에 기능성원리의 근거 규정을 두는 것은 당연하다고 할 수
있다. 우리의 경우도 상표법이나 부정경쟁방지법과 같은 표지법 내지
경쟁법에 그 근거 규정을 두거나 이들 규정에서 그 근거 조항을 찾아
내야 하는 이유가 바로 여기에 있다.

나. 문제점

우리나라의 상표법과 부정경쟁방지법의 규정을 살펴보면, 상표법의
경우는 제7조 제1항 제13호에서 "상품 또는 그 상품의 포장의 기능을
확보하는데 불가결한 입체적 형상만으로 되거나 색채 또는 색채의 조
합만으로 된 상표"는 등록받을 수 없다고 규정하는 한편, 상표법 제51
조 제4호에서는 "등록상표의 지정상품 또는 그 지정상품의 포장의 기
능을 확보하는데 불가결한 입체적 형상으로 되거나 색채 또는 색채의
조합으로 된 상표"에는 상표권의 효력이 미치지 않는다고 규정하여 기
능성원리에 관한 명시적인 규정을 두고 있음에 반하여, 부정경쟁방지
법에는 상표법과 달리 기능성원리에 관한 명시적인 규정을 두고 있지
않다.[1] 즉, 우리나라는 기능성원리와 관련하여 표지법 또는 경쟁법이
라는 동일한 카테고리로 묶을 수 있는 상표법과 부정경쟁방지법 사이
에 입법적 불균형을 보이고 있다.

이러한 입법적 불균형으로 인하여 우리나라에서는, 기능성원리의 정
책목표, 기능성의 정의 또는 판단기준과 같이 기능성원리를 둘러싸고
일반적으로 전개되고 있는 논의 이외에도, 기능성원리의 적용범위에
관한 논의가 추가적으로 요구된다. 즉, 기능성원리가 상표법에 의한 상

---

1) 일본도 우리와 같은 입법 태도를 유지하고 있다.

표권의 등록 또는 그 행사에만 적용되는지, 아니면 상품주체 또는 영업주체 혼동행위와 같은 부정경쟁방지법상의 혼동초래 부정경쟁행위에도 적용되어야 하는지 논의되어야 한다.

이하에서는 이와 같은 문제인식을 바탕에 두고, 상표법과 부정경쟁방지법의 순서로 기능성원리를 적용할 수 있는 근거 규정이 무엇인지 살펴본다. 상표법의 경우에는 명시적인 규정이 있어 별 문제가 없으므로 입체상표의 도입과의 관계에서 그 규정 내용을 간략히 살펴보는 데 그친다. 아래에서의 논의의 핵심은, 기능성원리에 관한 명시적인 규정이 없는 부정경쟁방지법에도 기능성원리를 적용할 수 있는지, 만약 적용할 수 있다면 그 구체적인 근거규정을 어디에서 찾아야 하는지에 있다.

2. 상표법상의 적용근거

가. 입체상표의 도입규정

우리나라는 1997. 8. 22. 법률 제5355호로 상표법을 개정하면서, 상표법 제2조 제1항 제1호 가목에 상표의 대상으로 "입체적 형상"을 추가하여 입체상표를 도입하였다. 그리고 이와 보조를 맞추어 제2조 제1항 제6호 가목 내지 다목이 규정한 상표의 사용행위에 "상품, 상품의 포장, 광고, 간판 또는 표찰을 표장의 형상으로 하는 것을 포함한다"는 제2조 제2항을 신설하고, 기술적표장에 대한 규정인 상표법 제6조 제1항 제3호의 "형상 등을 보통으로 사용하는 방법으로 표시한 표장만으로 된 상표"에서 위 형상에는 "포장의 형상"도 포함되는 것으로 규정하였다.

우리나라가 이와 같이 입체상표를 도입한 배경은, 오늘날 상거래에서 평면적인 것뿐만 아니라 입체적 형상 역시 자타상품의 식별력을 가진 상표로 사용되고 있고, 국제적으로도 선진 제외국의 경우 대부분 입체상표의 등록을 인정하고 있으며,[2] 우리나라가 가입한 상표법조약이나 마드리드의정서[3]에서 입체상표의 보호를 요구하고 있는 등 국제적인 보호 동향에 국내제도를 맞출 필요가 있었기 때문이다.[4][5]

한편, 입체상표는 외국에서의 등록사례 및 우리나라에서의 출원사례를 고찰하여 볼 때, ① 상표를 구성하는 문자, 기호 또는 도형이 입체적 형상으로 구성된 경우, ② 상품 자체가 입체적 형상인 경우, ③ 상품의 용기나 포장이 입체적 형상인 경우로 구분될 수 있다.[6] 이들 유형 중 ①의 경우는 보통의 상표에 있어서와 같이 취급하면 족하여 입체상표 특유의 문제점이 발생하지는 않으므로, ②, ③의 상표가 이 글에서 논하는 기능성원리와의 관계에서 주로 문제가 되는 상표 유형이라고 할 수 있다.

---

2) 미국의 경우 trade dress라는 이름으로 입체상표를 보호함이 일반적이고, 이와 같은 미국의 상표제도가 전 세계에 영향을 미쳤다고 할 수 있다.

3) 상표의 국제등록을 원활하게 하기 위하여 1891년에 체결된 "표장의 국제등록에 관한 마드리드 협정(Madrid Agreement Concerning the International Registration of Marks)"의 단점과 불편함을 개선하기 위하여 채택된 새로운 국제 협약으로서 1996. 4. 1.부터 발효되었는데, 우리나라는 2003. 4.에 가입하였다. 정식명칭은 "표장의 국제등록에 관한 마드리드 협정에 대한 의정서(Protocol relating to the Madrid Agreement Concerning the International Registration of Marks)"이다. 이 의정서로 인해 기등록되거나 기출원된 본국의 상표를 기초로 하여 협정가맹국 전체 또는 일부를 대상으로 한꺼번에 국제등록을 할 수 있게 되었고, 등록 이후 여러 등록국가에서의 사후관리나 갱신도 하나의 절차로 수행 할 수 있게 되었다.

4) 문삼섭, 상표법, 제2판, 세창출판사(2004), 111면; 이영락, "입체상표의 심사기준에 관한 연구", 지식재산21 74호(2002. 9.), 특허청, 103면.

5) 입체상표의 출원 건수는 2006년 81건, 2007년 62건으로 감소추세에 있다가 2008년 77건으로 증가추세로 돌아섰고 2009년에는 131건으로 증가했다고 하며, 업종별로는 비누, 화장품, 과자, 조미료, 컴퓨터, 전자기기, 맥주, 청량음료 분야의 출원이 활발했다고 한다(2010. 5. 25.자 충청투데이 7면).

6) 문삼섭(주 4), 111면.

나. 기능성원리 관련 규정

(1) 입법개요

우리 상표법은 1997년 입체상표를 도입하면서, "상품 또는 그 상품의 포장의 기능을 확보하는데 불가결한 입체적 형상만으로 된 상표는 상표등록을 받을 수 없다"는 상표법 제7조 제1항 제13호와 "등록상표의 지정상품 또는 그 지정상품의 포장의 기능을 확보하는데 불가결한 입체적 형상으로 된 상표"에는 상표권의 효력이 미치지 않는다는 상표법 제51조 제4호를 신설하였다. 위 규정들에 대하여, 우리나라의 학설과 특허청의 실무는 우리 상표법도 미국에서 논의되어 오고 있는 것과 같은 기능성원리를 도입한 것으로 이해함이 일반적이다. 그리하여 위 규정들의 해석을 위하여 미국에서 전개되고 있는 기능성원리에 대한 논의를 주로 소개하고 있다.[7] 일본을 보더라도, 우리보다 조금 앞서 개정되어 1997.4.1.부터 시행되고 있는 일본 상표법 제4조 제18호(우리 상표법 제7조 제1항 제13호에 대응함) 및 제26조 제1항 제5호(우리 상표법 제51조 제4호에 대응함)는 우리의 위 규정들과 거의 같은 규정들을 두고 있는데, 이 역시 미국의 기능성이론을 도입한 것으로 이해되고 있다고 한다.[8]

이와 같이 우리 상표법은 기능적인 입체상표에 대해서는 등록을 받을 수 없게 하고, 다른 한편 등록받은 상표의 효력범위도 제한하는[9]

---

7) 김원오, "입체상표의 등록 및 보호요건에 관한 소고 : 상품의 형상이나 포장 형태의 입체표장을 중심으로", 산업재산권 11호(2002. 5.), 한국산업재산권법학회, 216-225면; 윤선희, "입체상표에 관한 고찰 : 기능성, 식별성을 중심으로", 한국산업재산권법학회지 9호(2000. 5.), 한국산업재산권법학회, 238-245면; 이대희, "상표법상의 기능성원리에 관한 연구", 창작과 권리 12호(1998. 9.), 세창출판사, 15-18면.

8) 윤선희(주 7), 239면.

입법형식을 취하고 있는데, 이는 관용표장 또는 기술적 표장(descriptive mark)에 관한 입법형식[10]과 동일하다.

한편, 1997년에는 위에서 본 바와 같이 입체적 형상과 관련해서만 기능성원리가 규정되어 있었으나, 상표법이 2007.1.3. 법률 제8190호로 개정되면서는 '색채 또는 색채의 조합만으로 이루어진 상표'도 등록받을 수 있게 됨에 따라(위 개정 상표법 제2조 제1항 제1호의 상표의 정의 규정 참조), 기능성원리에 관한 위 각 규정들에도 색채가 포함되어 현재에 이르고 있다. 따라서 현재 우리 상표법에 의하면, 상품 또는 상품 포장의 기능을 확보하는데 불가결한 '입체적 형상'뿐만 아니라 '색채 또는 색채의 조합' 역시 상표로서 보호받지 못한다. 색채와 관련한 우리 상표법의 위와 같은 규정은 일본 상표법에 비하여 훨씬 진일보한 것이다. 현행 일본 상표법 제2조 제1항은 "상표라 함은 문자, 도형, 기호 또는 입체적 형상 또는 이들의 결합 또는 이들과 색채를 결합한 것"이라고 규정하여, 우리의 위 2007년 개정법 이전과 같이 색채가 다른 것과 결합하지 않고 그 단독으로는 상표로 보호받을 수 없도록 하고 있기 때문이다. 이에 따라 기능성원리와 관련한 일본 상표법 제4조 제18호 및 제26조 제1항 제5호에도 우리 상표법과는 달리 색채에 대해서는 규정을 두고 있지 않다.

---

9) 위 상표권 효력 제한 규정은, 기능성이 일부분에 국한되어 전체적으로는 "상품 또는 그 상품의 포장의 기능을 확보하는데 불가결한 입체적 형상'만'으로 된 상표"에 해당하지 않아 입체상표가 등록된 경우, 또는 전체적으로 기능을 확보하는데 불가결한 입체적 형상만으로 된 상표임에도 불구하고 상표등록 심사를 잘못하여 상표등록이 된 경우에(후자의 경우에는 등록무효 심판청구에 의해 그 등록이 무효로 될 수도 있을 것이다), 그 등록에도 불구하고 기능적인 형상에 대해서는 상표권의 효력을 미치지 않게 함으로써 그 자유로운 사용을 보장하기 위한 근거조문으로 활용될 것이다.

10) 상표법 제6조 제2호, 제3호 및 제51조 제1항 제2호, 제3호 참조.

(2) 우리 상표법상 '기능성'의 개념

앞서 본 우리 상표법 규정에 의하면, 어떤 입체적 형상 또는 색채가 '상품 또는 그 상품의 포장의 기능을 확보하는데 불가결하다면' 그것은 '기능적'이라고 할 수 있다. 따라서 우리의 경우 '기능성'의 해석문제는 결국 '상품의 기능을 확보하는데 불가결한지 여부'에 대한 해석문제로 귀착되는데, 그 표현만으로 본다면, '제품의 사용 또는 목적에 필수불가결하면(essential to the use or purpose of the article)' 기능적이라고 한 미국 연방대법원의 Inwood 판결의 기준과 유사한 면이 있다.

이와 같이 우리 상표법은 기능성에 관한 정의 규정을 두고 있다는 점에서, '전체적으로 기능적인(functional) 표장(mark)은 주등록부에의 상표 등록이 거절된다'고 규정되어 있을 뿐, 무엇이 '기능적(functional)' 인지에 대한 아무런 규정을 두고 있지 않은 미국의 연방상표법 (Lanham Act)과는 차이가 있고, 이에 따라 우리나라에서 기능성의 개념 및 그 판단기준에 대한 논의는 미국에서와 차이가 있다고 볼 여지가 있다. 그러나 '상품의 기능을 확보하는데 불가결한지 여부'라는 우리의 기능성 정의 역시 매우 간략하고 추상적이어서 이것만으로는 기능성의 개념이나 그 판단기준을 바로 규명할 수 없으므로, 미국에서 전개되고 있는 것과 같은 기능성원리의 본질이나 정책목표 등에 대한 논의는 우리나라에서도 반드시 필요한 것이라고 하겠다. 즉, 우리나라는 미국보다 좀 더 구체적인 정의규정을 두고 있기는 하지만 이로써 바로 '기능성'의 판단기준을 도출할 수 있는 것은 아니므로, '기능성'의 개념 및 판단기준에 대한 별도의 규명작업이 필요함은 미국에서와 마찬가지인 것이다. 그리고 우리 상표법의 기능성원리 관련 규정은 앞서 본 바와 같이 미국에서 논의되어 오고 있는 기능성원리를 도입한 것으로 이해함이 일반적인 이상, 우리나라에서 기능성원리를 적용 및 해석함에 있어서도 세부적인 차이는 있을지 몰라도 그 본질은 미국에서의 논의와 차이가 있을 수 없다. 따라서 앞 장에서 살펴본 기능성원리의 일반론과 미국 판례를 중심으로 하여 전개되고 있는 기능성에 대한 정의 및 그 판단기준에 대한 논의는 우리나라 상표법의 기능성원리 관련 규정들을 해석함에 있어서도 상당 부분 그대로 채용할 수 있을 것이다.

3. 부정경쟁방지법상의 적용근거

명문의 규정이 없는 우리나라 부정경쟁방지법에도 상표법과 마찬가지로 기능성원리를 적용할 수 있는지 여부는, 상표법과 부정경쟁방지법과의 관계, 이 문제에 대한 일본 및 우리나라의 학설, 판례, 그리고 우리 부정경쟁방지법의 구체적인 규정내용 등 여러 가지를 종합적으로 검토하여 결론을 내려야 할 사항이다. 따라서 그에 대한 논의내용이 상당히 많고 복잡하므로, 절을 바꾸어서 상세히 논해본다.

제3절 혼동초래 부정경쟁행위에 기능성원리의 적용 여부

1. 전론(前論)

가. 서설

(1) 기능성원리가 적용될 수 있는 부정경쟁행위의 유형

우리나라 부정경쟁방지법은 제2조 제1호에 9개의 부정경쟁행위 유형들을 열거하고 있다(이른바 '한정열거주의'). 그런데 이들 부정경쟁행위 유형들 모두가 이 글에서 논하는 기능성원리와 관계되는 것은 아니다. 기능성원리는 특허와의 관계에서 기능적인 특성(functional features)의 '상표'에 의한 보호 한계를 설정하는 것이므로, 위 부정경쟁행위 유형들 중 '상표'에 의한 보호, 즉 자타 상품 또는 영업을 구분할 수 있는 식별력을 근간으로 한 표지의 보호와 관련 없는 부정경쟁행위 유형들에는 기능성원리가 적용될 여지가 없기 때문이다.

결국, 우리 부정경쟁방지법이 규정한 부정경쟁행위 유형들 중 '상표'에 의한 보호와 그 가치를 동일시할 수 있는 행위 유형들에 대해서만 기능성원리의 적용이 문제되는데, 그러한 부정경쟁행위 유형들은 다음과 같은 세 가지를 들 수 있다. 첫째는, 부정경쟁방지법 제2조 제1호

가목이 규정하고 있는 "국내에 널리 인식된 타인의 성명, 상호, 상표, 상품의 용기·포장, 그 밖에 타인의 상품임을 표시한 표지(標識)와 동일하거나 유사한 것을 사용하거나 이러한 것을 사용한 상품을 판매·반포 또는 수입·수출하여 타인의 상품과 혼동하게 하는 행위"(일반적으로 '상품주체혼동행위'라고 함)이다. 둘째는, 부정경쟁방지법 제2조 제1호 나목이 규정하고 있는 "국내에 널리 인식된 타인의 성명, 상호, 표장(標章), 그 밖에 타인의 영업임을 표시하는 표지와 동일하거나 유사한 것을 사용하여 타인의 영업상의 시설 또는 활동과 혼동하게 하는 행위"(일반적으로 '영업주체혼동행위'라고 함)이다.[1] 셋째는, 부정경쟁방지법 제2조 제1호 다목이 규정하고 있는 "국내에 널리 인식된 타인의 성명, 상호, 상표, 상품의 용기·포장, 그 밖에 타인의 상품 또는 영업임을 표시한 표지(標識)와 동일하거나 유사한 것을 사용하거나 이러한 것을 사용한 상품을 판매·반포 또는 수입·수출하여 타인의 표지의 식별력이나 명성을 손상하게 하는 행위"(일반적으로 '저명상표희석행위'라고 함)이다.

다만, 셋째 유형의 경우는 기능성원리의 적용이 이론적으로만 가능할 뿐이고, 실제 사안에서 이 유형에 대해서까지 기능성원리가 적용되는 경우는 없을 것이다. 왜냐하면 기능성원리가 문제되는 사안에서는 침해자의 상품이 권리자의 상품 또는 영업과 동일 또는 유사한 경우가 일반적일 것이므로, '혼동' 개념에서 탈피하여 상품 또는 영업의 유사 여부는 따지지 않는다는 점에서 혼동초래 부정경쟁행위와 다른 이 유형의 부정경쟁행위는 실제로 문제될 여지가 없기 때문이다. 따라서 실제로는 상품주체혼동행위와 영업주체혼동행위의 두 가지 부정경쟁행위 유형과 관련하여 기능성원리의 적용 여부가 문제되는데, 기능성원

---

[1] 부정경쟁방지법이 정하고 있는 여러 유형의 부정경쟁행위 중 상품주체혼동행위 및 영업주체혼동행위를 합쳐 일컫는 용어로 이 글에서는 '혼동초래 부정경쟁행위'라는 용어를 사용하고 있음은 앞서 언급하였다.

리에서는 상품의 형태, 상품의 용기·포장 등의 기능적인 특성(functional features)이 경쟁자에 의하여 자유롭게 사용될 수 있는지 여부를 논하는 것이므로, 그 중에서도 특히 이와 같은 표지들과 관련한 부정경쟁행위 유형인 상품주체혼동행위에서 기능성원리의 적용 여부가 주로 문제된다. 즉, 상품의 형태 자체나 상품의 용기·포장과 같은 입체적 형상이 특정 상품을 식별할 수 있는 표지로서 국내에 널리 인식된 경우에(다시 말하면 주지성을 취득한 경우에), 그러한 상품 형태나 상품의 용기·포장과 같은 입체적 형상이 '기능적(functional)'이어서 경쟁자가 그와 동일 또는 유사한 형태나 형상을 사용하였음에도 불구하고 상품주체혼동행위가 성립하지 않는다고 할 수 있는지 여부가 일반적으로 문제되는 사례유형이라고 할 수 있다.

한편, 이 이외에 우리나라 부정경쟁방지법 제2조 제1호 자목은 "타인이 제작한 상품의 형태(형상·모양·색채·광택 또는 이들을 결합한 것을 말하며, 시제품 또는 상품소개서상의 형태를 포함한다)를 모방한 상품을 양도·대여 또는 이를 위한 전시를 하거나 수입·수출하는 행위"(일반적으로 '상품형태 모방행위'라고 함)를 부정경쟁행위의 하나로 규정하고 있는데, 그 대상이 '상품 형태'라는 점에서 주로 '상품 형태'라는 입체적 형상과 관련하여 '상표'에 의한 보호 여부가 문제되는 기능성원리와의 관계가 문제될 수 있다. 그런데 상품 형태모방행위의 경우에는 그 형태가 기능적(functional)인지 여부와 무관하게 그 형태를 모방하는 행위를 부정경쟁행위로 규율한다는 점에서 기능적인 형태에 대한 혼동초래 부정경쟁행위의 성립을 배제하는 기능성원리와 그 본질에 있어서 큰 차이가 있다고 할 것이다. 다시 말하면, 상품형태 모방행위는 부정경쟁방지법이 정한 독립된 유형의 부정경쟁행위로서, 식별력과 주지성 및 혼동을 그 요건으로 하는 혼동초래 부정경쟁행위와는 그 본질이 전혀 다른 것이므로, 식별력을 전제로 한 상표와 특허의 보호한계를 설정하기 위한 기능성원리가 상품형태 모방행위에 적용될 여지는 전혀 없는 것이다.[2] 다만, "타인이 제작한 상품과 동종의 상품이 통상적으로 가지는 형태"에 대해서는 상품형태 모방행위가 성립하지 않는데[위 자목 단서 (2)항], 이러한 형태에는 기능적인 형태도 많이 있을 것이므로 상품형태 모방행위의 성립에 대해서도 기능성원리에 의한 혼동초래 부정경쟁행위 성립 제한과 다소 유사한 제한이 가해진다고 할 수는 있다.

(2) 혼동초래 부정경쟁행위에 대한 기능성원리 적용의 문제점

앞서 살펴본 바와 같이, 상표법은 입체상표 및 색채상표를 도입한 것에 대응하여 기능성원리에 관한 명문의 규정을 두었음에 반하여, 부정경쟁방지법은 혼동초래 부정경쟁행위의 경우 입체적 형상이나 색채도 당연히 그 보호대상이 되는 상품 또는 영업 표지(標識)에 포함됨에도 불구하고 상표법과는 달리 기능성원리와 관련한 명시적인 규정을 두고 있지 않다. 이에 성문법 국가인 우리나라에서 상표법에 의해 등록되는 상표에서와는 달리 부정경쟁방지법이 규정하고 있는 혼동초래 부정경쟁행위에 의해 보호되는 상표의 경우에는 그 근거가 없으므로 기능성원리를 적용하지 않고 그 보호대상으로 삼아야 하지 않는가 하는 의문이 자연스럽게 들 수 있다.

그러나 표면적인 법규정의 차이만을 이유로 하여 표지법 및 경쟁법이라는 점에서 동일한 상표법과 부정경쟁방지법상 혼동초래 부정경쟁행위에 기능성원리의 적용 여부를 달리한다고 보는 것은 바람직하지

---

2) 기능성원리에 의해 상표로 보호받지 못하는 상품 형태라고 하더라도 이를 그대로 모방하는 경우(이른바 'dead copy'의 경우)까지 그대로 방치할 것인지 여부가 문제될 수 있는데, 오히려 이러한 문제를 해결하기 위하여 상품형태 모방행위가 활용될 수 있다. 자세한 것은 이 장 제4절 7항에서 논의한다.

않다. 이 문제는 전체적인 지적재산권법 체계 안에서 상표법과 부정경쟁방지법의 관계, 기능성원리의 정책목표와 관련하여 이를 혼동초래 부정경쟁행위에도 적용하는 것이 바람직한지 여부 등에 대한 검토를 기초로 하여, 혼동초래 부정경쟁행위 유형에 대한 우리나라 부정경쟁방지법의 규정을 면밀히 살펴 결론지어야 할 문제이다.

나. 상표법과 부정경쟁방지법의 혼동초래 부정경쟁행위와의 관계

(1) 논의의 필요성

혼동초래 부정경쟁행위에 기능성원리가 적용될 수 있는지 여부를 살피기 전에 먼저 상표법과 혼동초래 부정경쟁행위 규정과의 관계를 검토해 볼 필요가 있다. 그 이유는 다음과 같다.

기능성원리가 태동한 미국의 경우는 등록상표와 미등록상표를 구분하지 않고 연방상표법(Lanham Act)이 이들 상표를 함께 일괄적으로 규정하고 있으므로,[3] 특별히 등록 여부에 의하여 그 성격이 다르다고 이해할 수는 없다. 따라서 기능성원리와 관련하여서도 등록상표와 미등록상표를 구분할 필요가 없이 동일한 논리선상에서 논의하면 족하다.[4]

---

3) 미국 연방상표법 § 32(1)은 등록상표를 침해한 행위에 대한 소권(訴權)을, § 43(a)(1)은 미등록상표의 침해행위에 대한 소권을 규정하고 있다. 단지 미국 연방상표법에 의하면, 상표가 주등록부에 등록되면(registration on principal register) 등록상표의 유효성에 대한 일응의 증거(prima facie evidence)가 되고[§ 33(a)], 등록 후 5년이 지나서도 계속 사용되고 있으면 더 이상 그 유효성을 다툴 수 없게 되어(incontestability) 그 유효성에 대한 종국적인 증거(conclusive evidence)가 된다[§ 33(b), § 15]. 다만 그 상표가 기능적(functional)인 경우 등에는 그렇지 않다 [§ 33(b)(8)].

4) 미국의 경우 상표등록 여부 판단(우리나라에서는 상표법 적용 대상임)과 미등록

그러나 우리나라의 표지법(標識法) 체계는 미국과는 달리, 국가기관
이 일정한 절차를 거쳐서 등록해 준 상표에 대하여 보호를 해주는 상
표법과 등록을 받았는지 여부와 무관하게 주지성과 같은 소정의 요건
을 충족한 상표에 대하여 보호를 해주는 부정경쟁방지법의 두 가지 법
률로 나누어져 있다.[5] 이에 따라 우리의 경우에는 위 두 법률이 어떠
한 관계에 있는지 논란이 되고, 그 여하에 따라서 기능성원리가 이들
법률에 동일하게 적용되어야 하는지 아니면 각각 달리 적용되어야 하
는지 그 결론이 달라질 수 있다. 만일 이와 같이 두 법률로 나누어져
있는 것은 단순히 입법연혁이나 입법기술적인 차이에서 비롯되는 것일
뿐 그 입법목적이나 법원리의 본질에서는 별다른 차이가 없는 것으로
이해한다면 기능성원리가 이들 법률에 동일하게 적용되어야 한다는 논
리적 귀결로 이어질 것인 반면, 반대로 이들 법률을 법원리를 달리하여
각각 병존하고 있는 별개의 제도로 이해한다면 각 법률의 고유한 관점
에서 기능성원리의 적용 여부를 판단하여야 하고 이에 따라 기능성원
리가 반드시 이들 법률에 통일적으로 적용될 필요는 없다는 결론에 이
르게 될 것이다.

요컨대, 우리나라는 상표법에만 기능성원리에 관한 명문의 규정을
두고 있을 뿐이긴 하나, 상표법과 부정경쟁방지법 사이의 관계를 어떻
게 이해하느냐에 따라 기능성원리에 대한 명문의 규정이 없는 부정경
쟁방지법상의 혼동초래 부정경쟁행위에도 기능성원리의 적용 여부가
달라지므로, 그 결론을 도출하기 전에 상표법과 부정경쟁방지법(특히
혼동초래 부정경쟁행위)의 관계를 먼저 검토해 볼 필요가 있는 것이다.[6]

상표 보호 여부 판단(우리나라에서는 부정경쟁방지법 적용 대상임)과 사이에 기
능성(functionality) 여부 판단에 아무런 차이를 두고 있지 않음은 기능성에 관한
미국의 구체적인 사례들에서도 알 수 있다(이 글 제3장 제4절 참조).
5) 일본, 독일과 같은 대륙법계 국가들은 우리와 마찬가지 체계를 가지고 있다.
6) 부정경쟁방지법이 규정하고 있는 부정경쟁행위들 중 기능성원리의 적용 여부가 문
제되는 것은 앞서 본 바와 같이 혼동초래 부정경쟁행위에 한정되므로, 이하에서는

(2) 외국의 법체계 검토

(가) 미국

앞서 언급하였듯이 미국의 경우는 등록상표와 미등록상표를 연방상표법(Lanham Act)에 함께 규정함으로써[등록상표는 § 32(1)에, 미등록상표는 § 43(a)(1)에 규정하고 있음] 이들 상표를 같이 취급하고 있다. 이는 미국이 사용주의를 택하고 있는 데 따른 필연적인 결과라고 할 수 있다. 사용주의 아래에서는 상표등록을 받지 않더라도 상표의 사용 사실만으로 상표보호를 받을 수 있고 상표등록은 다만 유효한 상표권의 입증수단 또는 국가의 상표 관리수단일 뿐이기 때문에, 특별히 상표 등록 여부에 의해 그 보호의 내용이 달라지지는 않는 것이다.

미국에서 우리나라 부정경쟁방지법이 규정한 혼동초래 부정경쟁행위와 같이 미등록상표를 보호하는 규정은 연방상표법(Lanham Act) § 43(a)(1)(A)[7]라고 할 수 있는데, 우리나라와는 달리 미등록상표의 문제

혼동초래 부정경쟁행위를 중심으로 하여 이들 법률의 관계를 검토해 볼 필요가 있다.
7) 연방상표법 § 43(a)의 원문은 다음과 같다.

§ 43(a) Civil Action

(1) Any person who, on or in connection with any goods or services, or any container for goods, uses in commerce any word, term, name, symbol, or device, or any combination thereof, or any false designation of origin, false or misleading description of fact, or false or misleading representation of fact, which--

(A) is likely to cause confusion, or to cause mistake, or to deceive as to the affiliation, connection, or association of such person with another person, or as to the origin, sponsorship, or approval of his or her goods, services, or commercial activities by another person, or

(B) in commercial advertising or promotion, misrepresents the nature, characteristics, qualities, or geographic origin of his or her or another person's goods, services, or commercial activities, shall be liable in a civil action by any person who believes that he or she is or is likely to be damaged by such act.

를 등록상표와 함께 '상표(trademark)'의 문제로 다루고 있을 뿐 이와 다른 유형의 독립한 '부정경쟁(unfair competition)'의 문제로 다루고 있지 않은 이유도 바로 여기에 있다. 미국의 상표 및 부정경쟁(trademark and unfair competition) 관련 교과서에 의하면, 미국에서는 이러한 상표(trademark)의 문제와 함께 우리 법제에 의하면 불법행위의 일종으로 파악할 수 있는 부정이용(tort of misappropriation)의 문제를 합하여 '부정경쟁(unfair competition)'의 문제로 다루고 있음을 알 수 있다.[8] 즉, 미국의 법체계에서는 우리나라 부정경쟁방지법이 규정하고 있는 혼동초래 부정경쟁행위[9]는 등록상표와 함께 '상표(Trademark)'의 문제로 다루어지고 있고, 상표의 문제는 '부정경쟁(unfair competition)'에 관한 문제의 일종으로 파악되고 있는 것이다.

(나) 독일

독일은 미국과는 달리 상표법과 별도로 부정경쟁방지법을 두고 있는데, 이러한 입법 태도가 일본을 거쳐 우리나라 법체계에도 그대로 계수된 것이다. 따라서 독일 법체계에서 이들 법률의 관계를 살펴보는 것은 우리나라의 상표법과 부정경쟁방지법 사이의 관계를 연구하는 데에도 많은 도움이 될 것이다. 이런 견지에서, 아래에서는 독일에서 상표법과 부정경쟁방지법이 별도로 제정되게 된 입법연혁[10] 등을 참고로 하여

---

8) Graeme B. Dinwoodie & Mark D. Janis, Trademarks and Unfair Competition, 13, Aspen (2004).

9) 우리나라 부정경쟁방지법이 정하고 있는 '저명상표희석행위' 등도 미국에서 상표의 문제로 다루어지고 있다. 우리가 정하고 있는 그 이외의 부정경쟁행위 유형들 중에는 미국에서도 '상표(trademark)'가 아닌 '부정경쟁(unfair competition)'의 문제로 취급될 수 있는 행위 유형들도 물론 존재한다.

10) 정호열, "부정경쟁방지법에 관한 연구 : 행위체계와 유형을 중심으로", 서울대학교 박사학위논문(1991), 4-34면은 독일, 프랑스, 영국, 오스트리아, 스위스 등 유럽 국가와 일본, 미국, 그리고 우리나라의 부정경쟁방지 법리의 전개 및 부정경

독일 법체계에서 이들 법률의 관계를 어떻게 파악하고 있는지 살펴본다.

부정경쟁방지의 법리는 근대 시민사회로의 이행으로 인한 영업의 자유 보장이 가장 앞섰던[11] 영국이나 프랑스에서 판례법에 의해 처음으로 전개되기 시작한 것으로서, 이는 타인의 상표를 도용하거나 타인의 우월한 상품을 모조하여 자신의 제품이 마치 타인의 것인 것처럼 꾸며 판매함으로써 다른 영업자의 권리 혹은 이익을 해치는 행위를 사칭통용(passing-off)이라는 불법행위의 유형으로 규율한 데에서 비롯되었다.[12] 그런데 프랑스에서는 '부정경쟁(concurrence deloyale)'이라는 개념을 구성하여 이 개념 아래에서 불법행위의 한 유형으로 부정경쟁의 법리가 발전되어 왔음에 반하여, 영국에서는 '부정경쟁'에 해당하는 특별한 개념의 형성 없이 여러 유형의 불법행위로부터 발전되어 온 까닭에 부정경쟁에 적용된 법리는 단일한 것이 아니었던 차이가 있고, 이러한 연유로 프랑스를 부정경쟁에 관한 법의 모국으로 칭한다고 한다.[13] 이와 같은 사칭통용에 대한 제재는 바로 상표 등의 표지(標識) 보호와 직결되는 것이므로 연혁상으로 부정경쟁방지 법리의 전개는 상표 등의 표지보호와 밀접한 관련이 있다고 할 수 있다.

독일의 경우를 보면, 1869년의 제국 영업령(Reichsgewerbeordnung von 1869)에 의하여 독일제국 전영역에 걸쳐 영업의 자유가 일반적으로 인정되면서부터 봉건적 속박으로부터 해방되어 시장에서의 경쟁이 생기기 시작하였고, 이에 따라 카르텔, 산업스파이, 부당염가판매 등의 부정경쟁행위가 대량으로 발생하였음에도 불구하고, 프랑스와는 달리

쟁방지법의 입법 연혁에 대하여 자세히 설명하고 있다.

11) 길드제도를 근간으로 하여 영업의 자유, 경쟁의 자유가 없었던 중세시대에는 경쟁의 제한이 제도적으로 허용되었으므로, 자유시장 경제체제 아래에서 자유로운 경쟁을 촉진하고 부정한 경쟁을 방지하여 거래질서를 확립하고자 하는 현대사회에서와 같은 정도로 부정경쟁이 문제되지는 않았다.

12) 정호열(주 10), 69면.

13) Id. 7-8면.

독일법에서는 부정경쟁의 개념이 인정되지 아니함을 명백히 하여 부정한 음모(unlautern Machenschaften)로부터의 경쟁의 보호를 모조리 거절하였는데, 그 이유는 상호법(Firmenrecht)과 상표법(Warenzeichenrecht)을 통하여 소비자를 혼동으로부터 보호할 수 있고 또 이로써 부정경쟁도 완전히 규율될 수 있다고 보았기 때문이라고 한다.[14] 이러한 태도는 여러 형태의 부정경쟁을 사실상 무제한으로 허용하게 되어 많은 문제짐을 야기하였고, 이러한 문제를 해결하기 위하여 1894년에 상표법에 대한 제1차 개정을 하는 한편 1896년에 이르러 최초의 부정경쟁방지법(Gesetz gegen den unlauteren Wettbewerb, 줄여서 'UWG')을 제정하였다.[15] 이와 같이 부정경쟁방지법이 제정되자 독일의 판례는 그 영향 아래서 상표법도 부정경쟁방지법과 함께 일반경쟁법의 한 단면이라는 논리를 전개하였고, 그리하여 상표법이 일반 경쟁법의 일부분이라는 것은 상식적인 내용으로 되었다고 한다.[16] 즉, 독일에서 부정경쟁방지법은 현실적으로 상표법에 의한 보호를 보완하는 의미를 지니고 있고, 독일의 전통적인 견해는 부정경쟁방지법을 상표법 등과 함께 공업소유권법의 일환으로 인식하는 경향을 보이고 있다고 한다.[17]

요컨대, 독일의 법체계에서는, 상표법과 부정경쟁방지법이 다른 법률

---

14) Id. 11-12면.
15) 1896년에 최초로 제정된 부정경쟁방지법은 입법적 흠결로 인하여 다양한 부정경쟁을 제대로 규제할 수 없었다. 이에 1909년 개정된 독일 부정경쟁방지법은 제1조에 일반조항으로 "영업적 거래에서 경쟁의 목적으로 선량한 풍속에 반하는 행위를 저지른 자에 대해서 중지와 손해배상을 청구할 수 있다"고 규정함으로써 그 흠결을 보완하였다. 위 제1조의 규정은 100여년 동안 개정되지 않고 그대로 유지되어 내려왔는데, 2004년 부정경쟁방지법이 개정되면서 제1조의 일반조항이 제3조로 옮겨지고 '선량한 풍속에 반하는 행위'라는 문구가 '부정한 경쟁행위'라는 문구로 바뀌었다.
16) 최병규, "독일 상표법의 연혁/지리적표시 보호 및 유럽공동체상표", 지적소유권법연구 3집(1999. 1.), 한국지적소유권학회, 96-97면.
17) 정호열(주 10), 70면.

로 입법되어 있고 이들 법률을 적용하기 위한 구체적인 요건과 절차에서 차이가 있기는 하지만, 그 입법연혁 등을 고려할 때 이들 법률은 모두 경쟁법의 일종으로서 그 원리를 같이 하는 것으로 이해되고 있다고 할 수 있다.

(다) 일본

일본의 경우 독일 법체계의 영향을 받아 상표법과 부정경쟁방지법을 별도로 두고 있는 만큼 이들 법률의 관계를 특별히 독일에서와 달리 이해할 이유는 없을 것이다. 이하에서 일본의 논의를 간략히 살펴본다.

일본 부정경쟁방지법 제2조 제1항 제1호는 "타인의 상품 등 표시(사람의 업무에 관계되는 성명, 상호, 상표, 표장, 상품의 용기 또는 포장, 그 밖에 상품 또는 영업을 표시하는 것을 말한다)로서 수요자 사이에 널리 인식되어 있는 것과 동일 또는 유사한 상품 등 표시를 사용하거나, 또는 그러한 상품 등 표시를 사용하여 상품을 양도, 인도, 양도 또는 인도를 위한 전시, 수출, 수입, 또는 전기통신회선을 통한 제공을 하여 타인의 상품 또는 영업과 혼동을 생기게 하는 행위"를 부정경쟁행위 중 하나로 규정하고 있다. 일본의 부정경쟁방지법은 예전에는 우리와 같이 제2조 제1항 제1, 2호에 상품주체혼동행위와 영업주체혼동행위를 나누어서 규정하고 있었으나, 1993년 개정하면서 이를 제2조 제1항 제1호에 '상품등주체혼동야기행위'로 통합하여 규정하고 있다.[18] 이와 같이, 일본의 상표법과 부정경쟁방지법의 규정 및 체계는 우리나라와 매우 유사한데, 우리나라 부정경쟁방지법에서 기능성원리의 적용 여부가 문제되는 혼동초래 부정경쟁행위와 유사한 일본의 부정경쟁방

---

18) 이들 부정경쟁행위가 혼동 대상이 상품과 영업으로 다를 뿐 혼동초래행위라는 같은 유형의 부정경쟁행위로서 동일한 법리가 적용된다는 점에서, 우리도 일본과 같이 상품주체혼동행위와 영업주체혼동행위를 통합하는 입법을 고려할 만하다.

지법 규정은 제2조 제1항 제1호의 '상품등주체혼동야기행위'에 관한 규정이다. 따라서 상표법과의 관계에 대한 일본의 논의는 특히 부정경쟁방지법의 '상품등주체혼동야기행위'에 관한 규정을 중심으로 살펴보아야 한다. 대표적인 일본 학자 두 명의 일본 부정경쟁방지법의 위 규정에 대한 설명을 보면 아래와 같다.

우선 小野昌延 박사는 이들 법률의 관계에 대하여 다음과 같이 설명한다.[19] "상표법은 경업질서에 있어서 등록상표의 기능을 보호함을 복적으로 하고, 또한 공정한 경업질서를 형성·유지하고자 하는 것이다. 한편, 부정경쟁방지법도 상표법과 함께 불법행위법에 의해 발전해 온 것이지만, 그 법률구조가, 상표법의 방법은「등록주의제도라고 하는 법적 안정을 목적으로 하는 제도적 수단」아래 등록에 의한 독점적 배타권으로서의 상표권을 설정하여 상표권침해를 배제한다고 하는 구성을 취해 정적인 면에 의한 부정경쟁방지를 도모함에 비하여, 부정경쟁방지법의 방법은 유통시장에서의 주지로 된 상표·상호·성명 등의 표시와 혼동을 생기게 하려는 행위를 개별적·구체적으로 파악하여 금지하고 더불어 공정한 경업질서를 유지한다고 하는 구성을 취해 동적인 면에 의한 부정경쟁방지를 꾀하고 있다."[20]

다음으로 田村善之 교수는 상표법과 '상품등주체혼동행위' 부정경쟁행위와의 관계에 대하여 이렇게 설명하고 있다. "영업상의 표지와 관련되는 상표권은 출원, 심사 후에 등록을 받으면 상표권자에게 전국적으로 배타권을 부여하는 법제를 채용하고 있다. 게다가 일본의 상표제도는 아직 상표를 사용하지 않는 자라도 상표권을 받을 수 있다. 그와 같은 제도에 의해, 상표권자는 전국적인 보호를 향수하는 것을 전제로 안심하고 상표를 사용하여 상표에 신용을 화체할 수 있는 것이다. 그러나

---

19) 그 서술 내용으로 볼 때, 특히 일본 부정경쟁방지법 상의 '상품등주체혼동행위' 유형의 부정경쟁행위와 관련한 설명이다.

20) 小野昌延 編, 新·註解 不正競爭防止法 上卷, 新版, 靑林書院(2007), 57면.

상표권의 등록 등을 받지 않은 상품표시나 영업표시라도 사용에 의해 일정한 신용이 화체된다. 이와 같이 구체적으로 신용이 화체된 표시에 대하여, 그러한 신용이 화체된 한도에서 보호를 인정하는 제도가 부정경쟁방지법의 상품등주체혼동행위에 대한 규정이다. 신용이 화체된 한도에서 보호를 부여하는 것이므로, 보호의 전제로서 등록에 의한 공시를 요구할 필요가 없고, 등록을 요하지 않는 부정경쟁방지법의 규정에 따르는 것이다."[21)

이들 설명을 종합하면, 상표법과 부정경쟁방지법이 규정한 '상품등주체혼동행위' 유형의 부정경쟁행위는 상표 등 표지의 등록 여부와 보호 절차나 요건 등에서 차이가 있기는 하지만, 이들 법률 모두 상표 등 표지에 화체된 신용을 보호하여 공정한 경업질서를 유지하고 부정경쟁 방지를 목적으로 하는 경쟁법의 일종이라는 점에서 그 기본원리가 같다고 함이 일본 학계의 일반적인 이해로 보인다.

(3) 우리나라의 상표법과 부정경쟁방지법의 관계

(가) 서설

우리의 상표법과 부정경쟁방지법 체계는 독일과 일본의 법체계를 그대로 수용한 것으로 볼 수 있기 때문에, 개괄적으로 말하면, 우리의 경우도 앞서 본 독일이나 일본에서의 논의와 마찬가지로 이들 법률은 경쟁법의 일종으로서 그 기본원리가 동일한 것으로 이해함이 바람직할 것이다. 다만, 우리의 상표법과 부정경쟁방지법 사이에는 법규정의 형식과 그 보호요건 등에서 차이도 엄연히 존재하므로, 이러한 규정들에 대한 구체적인 해석론을 바탕으로 하여 이들 법률 사이의 관계를 좀 더 구체적으로 규명해 볼 필요가 있다. 그리고 이들 법률 사이의 관계

---

21) 田村善之, 不正競爭法槪說, 第2版, 有斐閣(2004), 33-34면.

를 검토하는 것은 어디까지나 이 글에서 논하는 기능성원리의 적용 여부에 관한 이론적 뒷받침을 얻기 위한 것이므로, 기능성원리 적용 여부가 문제되는 혼동초래 부정경쟁행위를 대상으로 하여서만 그 관계를 검토한다.

(나) 양 법률 사이의 차이점 개관

상표법은 일정한 절차를 거쳐 국가기관이 등록한 상표를 보호하는데 비하여, 부정경쟁방지법은 상품주체혼동행위나 영업주체혼동행위와 같은 부정경쟁행위를 금지함으로써 아무런 심사나 등록절차를 거치지 않고 주지성과 같은 일정한 요건을 충족한 표지(標識)를 보호한다는 점에서 그 보호요건 및 보호대상에서 차이가 있다. 이러한 양자의 법적 구조의 차이점에 주목하여, 우리와 법률 체계가 같은 일본의 경우, 부정경쟁방지법에서는 표지에 대한 독점화 현상이 사실상 초래되기는 하나 그것은 부정경쟁행위를 금지함에 따른 반사적 효과에 지나지 않는 것이므로, 독점적 배타권인 상표권 자체를 보호하는 상표법과 다르다고 설명하는 견해가 있다.[22] 또한, 우리나라에서는 이와 관련하여, 상표법은 상표의 등록이라고 하는 절차적 수단을 사용해서 제1차적으로 등록상표권자의 사익보호를 꾀하는 점에서 등록의 유무를 불문하고 거래계에 공시된 주지표지 일반의 모용행위를 규제(행위규제형)함으로써 부정한 경쟁행위를 억제코자 하는 부정경쟁방지법과는 그 보호방법 및 보호대상을 달리한다고 설명하는 견해도 있다.[23]

그리고 법문 자체로만 보면, 상표법의 경우는 등록상표와 동일 또는 유사한 상표를 그 지정상품과 동일 또는 유사한 상품에 사용하는 경우

---

22) 小野昌廷 編(주 20), 57면.
23) 송영식·이상정·황종환·이대희·김병일·박영규·신재호 공저, 지적소유권법(하), 육법사(2008), 407-408면.

상표권 침해에 해당하는 것으로 규정하고 있지만(상표법 제50조, 제66조 제1항 제1호), 부정경쟁방지법에서는 '혼동의 위험성'이 문제되는 것이고 상품의 유사성은 직접적으로 문제되지 않는 차이가 있다. 또한, 등록주의를 취하는 우리 상표법에서는 상표의 사용은 등록 요건도 권리행사 요건도 아님에 비하여, 부정경쟁방지법에서는 거래 현실에서의 혼동의 위험을 고려해야 하기 때문에 표지(標識)가 현실에서 사용될 것이 법적용의 당연한 전제로 된다는 점에서도 차이가 있다.[24]

(다) 경쟁법의 일종으로서 근본원리의 동일성

이와 같이 이들 법률 사이에 규정 형식이나 권리행사 요건, 표지 보호의 법률적 구조 등에서 차이가 없는 것은 아니지만, 아래에서 살펴보는 바와 같이 이들 법률의 근본원리는 같다고 할 것이다. ① 이들 법률의 기능과 입법목적의 동일성, ② 법규정의 통합관계, ③ 보호요건으로서 '유사'와 '혼동' 개념의 실질적 동일성의 세 가지 관점에서 차례로 살펴본다.

1) 양 법률의 기능과 입법목적의 동일성

상표법과 부정경쟁방지법은 상품이나 서비스의 출처표시의 보호 또는 상품주체 및 영업주체의 명성과 그에 관한 소비자의 신뢰보호를 통해서 공정한 경쟁을 유도하는 기능을 수행한다는 점에서 동일하다. 다시 말하면, 이들 법률은 모두 경쟁법의 일종으로서 표지에 화체된 신용을 보호하고 이러한 신용에 무임승차(free-ride) 하려는 부정한 경쟁행위를 방지하고자 하는 법률들인 점에서 그 기본원리가 같은 것이다.[25]

---

24) 小野昌廷 編(주 20), 57면.
25) 정상조, "상표법과 부정경쟁방지법의 조화/통합", 특별법연구 8권(2006. 9.), 박영사, 746면; 송영식 외 6인(주 23), 407면은 "부정경쟁방지법과 상표법은 모두 영업상 혼동초래행위를 금지시켜 경쟁을 깨끗하게 하기 위한 경쟁법의 일부를 구

양 법률의 법목적에 관한 규정을 보더라도 이러한 점이 잘 드러난다. 상표법 제1조는 "이 법은 상표를 보호함으로써 상표사용자의 업무상의 신용유지를 도모하여 산업발전에 이바지함과 아울러 수요자의 이익을 보호함을 목적으로 한다"고 규정하고 있고, 부정경쟁방지법 제1조는 "국내에 널리 알려진 타인의 상표·상호 등을 부정하게 사용하는 등의 부정경쟁행위를 방지하여 건전한 거래질서를 유지함을 목적으로 한다"고 규정하고 있다. 이런 규정 취지에 비추어 보면, 상표법이 상표의 보호를 통해서 그 보유자의 신용과 수요자의 이익을 보호하는 것은 궁극적으로 공정한 거래질서의 확립을 의미하는 것이고, 부정경쟁방지법이 상표 등의 부정사용을 방지함으로써 건전한 거래질서를 유지하는 것은 상표 등의 부정사용의 방지에 의해서 상표 등의 보유자의 신용과 수요자들의 이익도 보호되기 때문에 가능하다고 할 수 있으므로, 이들 법률의 세부적인 규정형식의 차이에도 불구하고 양법은 그 기능과 입법목적을 같이 한다고 이해할 수 있는 것이다.[26]

2) 법규정의 통합현상

앞서 살펴본 바와 같이 상표법과 부정경쟁방지법은 보호요건 및 보호대상을 달리하는 점에서 차이가 있다고 하는 것이 일반적인 설명이나, 구체적인 법조문들을 보면 꼭 그런 것도 아니다. 즉, 우리 상표법에는 부정경쟁방지법과 같은 사용주의적 요소가 스며들어 있는 규정들이 있는데, 상표법 제7조 제1항 제9호, 제10호, 제11호 후단, 제12호[27] 등

성한다"고 서술하고 있는데, 이 역시 같은 취지로 보인다.

26) 정상조(주 25), 746면.

27) 대법원 2010. 7. 15. 선고 2010후807 판결(공2010하, 1597), 대법원 2004. 5. 14. 선고 2002후1362 판결(공2004하, 1873) 등은 제12호에 대하여, "구 상표법(2007. 1. 3. 법률 제8190호로 개정되기 전의 것) 제7조 제1항 제12호는 국내 또는 외국의 수요자 간에 특정인의 상표라고 현저하게 인식되어 있는 상표가 국내에서 등록되어 있지 않음을 기화로 제3자가 이를 모방한 상표를 등록하여 사용함으로써

과 같이 주지상표 또는 저명상표와 동일·유사하거나 혼동을 일으키게
할 염려가 있는 상표, 또는 타인의 선사용상표와의 관계에서 부정한 목
적을 가지고 있는 상표는 등록받지 못하도록 하고 있는 규정들이 그
예이다.[28] 즉, 우리나라 상표법은 원칙적으로 등록주의를 취하고 있으
나, 상표법의 국제화 경향에 따라 미국 등 선진국의 상표이론을 흡수하

주지상표에 화체된 영업상의 신용이나 고객흡인력 등의 무형의 가치에 손상을
입히거나 주지상표권자의 국내에서의 영업을 방해하는 등의 방법으로 주지상표
권자에게 손해를 가하거나 이러한 모방상표를 이용하여 부당한 이익을 얻을 목
적으로 사용하는 상표는 그 등록을 허용하지 않는다는 취지이다"고 설시해 오고
있다. 그런데 상표법이 2007. 1. 3. 법률 제8190호로 개정되면서(그 시행일은
2007. 7. 1.부터임) 본 호의 규정 중 "현저하게 인식되어" 부분이 "인식되어"로
개정되었다. 즉, 모방의 대상이 되는 상표의 인식도의 정도를 과거 '주지상표'에
서 상당 부분 완화한 것인데, 이는 모방상표의 등록을 보다 폭 넓게 배제하고자
하는 데 그 개정취지가 있다.

28) 이러한 규정들은 주지·저명한 상표 또는 이에 이르지 않은 선사용상표가 등록되
지 않았다고 하더라도 이를 침해하는 다른 상표의 등록을 일정한 요건 아래 금지
함으로써 간접적으로 미등록 선사용상표를 보호하는 규정이므로, 부정경쟁방지
법의 '혼동초래 부정경쟁행위' 규정과 궤를 같이 한다고 할 수 있다. 특히, 상표
법 제7조 제1항 제10호의 경우에는 '수요자간에 현저하게 인식되어 있는 타인의
상품이나 영업과 혼동을 일으키게 할 염려가 있는 상표'를 부등록사유로 규정하
고 있는데, 위 규정의 문언으로 보면, '혼동' 개념을 직접적으로 규정하고 있고,
'지정상품의 동일 또는 유사 여부'를 요건으로 하지 않아, 부정경쟁방지법과 동
일한 관점에서의 입법 방식을 취하고 있음을 알 수 있다.
한편, 상표법 제7조 제1항 제11호 후단의 경우에는 '수요자를 기만할 염려가 있
는 상표'라고만 규정하고 있으나, 이 규정과 관련하여 대법원 2000. 2. 8. 선고
99후2594 판결(공2000상, 591) 등은 '비교대상상표의 알려진 정도와 구체적인
사용실태, 상품 사이의 경제적 견련관계' 등 제반요소를 종합적으로 고려하여 출
처의 오인이나 혼동이 발생할 염려가 있는 경우 이에 해당한다고 판시하고 있다.
이러한 판시 취지는 비교대상상표가 등록될 것을 요하지 않는 한편, 결국 비교대
상상표의 사용정도를 비롯한 다양한 관련요소를 궁극적으로 출처의 혼동 발생
여부를 판단하기 위한 하나의 자료적 사실로 참작한다는 것이므로, 이 규정 역시
우리나라에서는 판례의 해석론에 의해 부정경쟁방지법과 같은 사용주의적 관점
의 규정으로 취급되고 있다고 볼 수 있다.

는 한편, 국제 상표질서에 순응하고 등록주의로 인한 부당한 폐해를 방지하고자 사용주의적인 요소들을 상당히 많이 가미하고 있는바, 이러한 상표제도 환경 아래에서는 상표법과 부정경쟁방지법 상의 혼동초래 부정경쟁행위를 등록 여부라는 형식적인 요소를 매개로 하여 구분할 필요성이 점점 사라져 간다고 할 수 있다.

이와 같은 새로운 상표 환경에 따른 우리 상표법의 입법태도에서 한 발 더 나아가, 상표법과 부정경쟁방지법의 입법목적과 기능이 동일하다는 점, 이들 법률의 이원적 규율로 인한 저촉 문제를 해결할 필요가 있다는 점, 그리고 선진외국의 상표법을 보더라도 부정경쟁방지법의 발전을 통해서 역사적으로 축적된 주지상표 보호의 법리가 모두 상표법에 흡수되어 등록상표와 미등록 주지상표가 통합적으로 규정되는 경향이 있다는 점 등을 들어, 이제 우리나라의 상표법도 부정경쟁방지법 상 출처표시 또는 상표에 관한 규정의 해석에 관한 수많은 판례를 반영해서, 등록상표와 미등록 주지상표를 통합적이고 일원적으로 규율할 시점이 되었다는 주장이 유력하게 제기되고 있다. 위 주장은, 부정경쟁방지법 중 상표관련 규정과 상표법 통합의 구체적인 방법에 관하여, 부정경쟁방지법 중 상표 관련 규정(특히 제2조 제1호 가목 내지 다목 및 아목)을 상표법으로 편입하여 상표법으로 하여금 등록상표뿐만 아니라 미등록 주지상표도 함께 통일적으로 규율하도록 해야 한다는 입법론을 제기하고 있다.[29]

3) 보호요건으로서 '유사'와 '혼동' 개념의 실질적 동일성

법문 자체로만 보면, 상표법의 경우는 상표와 상품의 '유사'를 상표 보호요건으로 하고 있고, 부정경쟁방지법이 정한 혼동초래 부정경쟁행위에서는 '혼동'을 그 보호요건으로 하고 있는 점에서 차이가 있는 것처럼 생각될 여지도 있다. 그런데 현대의 상표제도 환경 아래에서는 상

---

29) 입법론의 구체적인 내용에 대하여는, 정상조(주 25), 765-775면을 참조하기 바란다.

표법이 정한 '유사' 개념과 혼동초래 부정경쟁행위에서 정하고 있는 '혼동' 개념 사이에는 별다른 차이가 없는 것으로 해석함이 타당하다. 그 이유를 아래에서 자세히 살펴보도록 한다.

㉮ 상표 '유사'의 의미

상품의 식별표지로서의 상표가 유사하다 함은 대비되는 두 개의 상표가 서로 동일한 것은 아니나 외관, 호칭, 관념의 면에서 근사(近似)하여 이를 동일, 유사 상품에 사용할 경우 거래통념상 상품 출처의 혼동을 일으킬 염려가 있는 것을 의미한다. 즉, 상품출처의 혼동을 방지하고자 하는 상표법의 목적에 비추어 볼 때, 상표의 유사 여부는 '상품출처의 혼동 여부'를 기준으로 판단해야 한다는 것이 오늘날의 지배적인 학설이며,[30] 대법원의 확립된 판례다.[31] 따라서 상표의 유사 여부 판단은 상표의 외형만을 기준으로 한 사실적 판단이 아니라[32] 상품의 식별표지라고 하는 상표의 본질적인 기능인 '출처의 혼동'을 고려한 법률적 평가라고 할 수 있다.[33]

㉯ 상표법상 '유사'와 부정경쟁방지법상 '혼동'의 관계

상표의 유사 여부를 통설, 판례에 따라 '상품 출처의 혼동 여부'라는 기준에 의해 판단하는 경우, 위 기준에서의 '혼동'의 개념이 부정경쟁방지법의 혼동초래 부정경쟁행위에서의 '혼동' 개념[34]과 어떠한 관계

---

30) 전효숙, "상표와 상품의 동일·유사", 특허소송연구 제1집(1999), 특허법원, 291면.

31) 대법원 2006. 8. 25. 선고 2005후2908 판결(공2006하, 1637), 대법원 2004. 10. 15. 선고 2003후1871 판결(공2004하, 1879) 등 다수의 판례가 있다.

32) 즉, 상표의 유사는 표장의 물리적 유사성을 의미하는 것이 아니다.

33) 특허법원 지적재산소송실무연구회, 지적재산소송실무(전면 개정판), 박영사(2010), 615면.

34) 부정경쟁방지법은 실질적인 혼동초래행위를 금지시키는 것이므로 실질적인 혼동

에 있는지 문제가 된다.

이와 관련하여, 첫째는 상표법이 정한 '상표의 유사' 개념을 부정경쟁방지법이 정한 '혼동' 개념과 동일하게 파악하는 견해가 있을 수 있다. 이른바, 출처혼동균등론으로 불리는 것으로 법조문상 표현인 '유사'와 그 조문의 목적과 관련된 '혼동' 개념이 동일하고 용어의 차이에 불과하다는 입장인데, 일본 하급심 판례 중에는 이와 같은 설을 취한 것으로 해석되는 사례도 있다고 한다.[35] 둘째는 상표법은 비록 구체적인 경우에 혼동의 염려가 있더라도 상표 또는 상품 그 자체가 유사하지 않으면 이를 보호하지 않는 것으로 함으로써, 상표의 유사성을 상표의 보호범위를 측정하기 위한 하나의 추상화된 기술적 기준으로 삼고 있고 이 점에서 상표법상 상표의 유사성은 그 자체로서 독자적인 의미를 가지는 한편, 오로지 개별적, 구체적인 혼동초래행위의 금지를 목적으로 하는 부정경쟁방지법과 다르다고 설명하는 견해가 있다. 상표의 근사성 여부를 제쳐두고 혼동의 우려만을 기준으로 하여 상표의 보호범위를 정하면 판단에 있어 유연성을 가지며 구체적으로 타당한 결론에 이를 수도 있겠지만 권리범위가 부동화하고 상표의 간이신속한 정형적 보호를 꾀할 수 없게 되는 결점이 있는데, 상표법은 이런 결점을 없애기 위해 '상표 또는 상품의 유사성'이라는 독자적인 의미를 가지는 요건을 규정하였다는 것이다.[36] 출처혼동균등론은 법문의 배후에 위치한 혼동방지를 지나치게 강조하는 극단론으로서 부당하고, 출처의 혼동을 기준으로 삼되, 상표법이 정한 유사라는 표현과 그 이면의 해석기준인 혼동은 별개임을 인정하는 입장이 타당하다는 견해[37]와, 상표법

의 개념이 중요하고, 상표의 유사성은 혼동초래행위이냐 아니냐를 판단하기 위한 보조적, 자료적 사실로서의 의미를 가진다[송영식 외 6인(주 23), 419면].

35) 박준석, "판례상 상표의 동일·유사성 판단기준", 사법논집 제39집(2004. 12.), 법원도서관, 508면.

36) 송영식 외 6인(주 23), 247-248면.

37) 박준석(주 35), 508면.

과 부정경쟁방지법은 그 보호방법 및 보호대상을 달리하는 것이므로 상표법의 유사 개념과 부정경쟁방지법의 혼동 개념에 다른 기준을 적용함이 타당하다는 견해[38] 역시 같은 취지로 이해된다.

이들 학설에 대해서 검토해 보면, 우리 상표법이 '혼동'이라는 단어를 제7조 제1항 제10호와 같이 다른 곳에서 사용하면서도, 굳이 '유사'라는 용어를 사용하고 있는 점에 비추어, 우리 상표법에서 출처혼동균등론은 적어도 논리적으로는 타당하지 못하다고 본다. 그러나 결국 '혼동' 여부를 상표의 유사성 판단기준으로 하는 전제에서 출발하고 있는 양설이 과연 구체적인 사안에서 실질적으로 차이가 나는지는 의문이다. 어떤 설을 취하든 결국 상표의 유사성 여부는 '혼동' 여부에 의해 결정될 것이므로, 논리적으로 양설은 동일한 결론에 다다를 수밖에 없다. 둘째 설을 취하는 근거로 들고 있는 '상표의 간이신속한 정형적 보호'와 관련해 보면 둘째 설 역시 '혼동의 우려'를 그 기준으로 삼고 있는 이상 첫째 설과 마찬가지일 수밖에 없으므로, 위 점이 둘째설을 취해야 하는 근거가 될 수는 없는 것이다.

결론적으로 필자의 견해는, 상표법이 규정하고 있는 '상표의 유사' 여부를 통설, 판례처럼 '상품 출처의 혼동 여부'라는 기준에 의해 판단하는 이상, 상표법과 부정경쟁방지법은 '상표의 유사성'과 '혼동'이라는 형식적인 요건의 차이에도 불구하고 '혼동' 여부에 의하여 그 보호 여부가 결정된다는 점에서 그 판단기준이 실질적으로는 동일하다고 해야 한다는 것이다.[39] 이와 같은 해석은 상표법에 규정된 '상표의 유사'

---

38) 윤선희, "상표의 유사 여부 판단을 위한 일반적 판단기준 및 판단방법의 검토", 인권과 정의 347호(2005. 7.), 대한변호사협회, 103-104면.

39) 송영식 외 6인(주 23), 260-265면에서도, 사용주의 국가인 미국뿐만 아니라 같은 등록주의 국가인 독일 등 유럽 여러 나라의 상표법에 비추어 볼 때, 우리나라나 일본에서는 그동안 상표법상의 유사성 개념을 혼동의 개념과 다르게 보아 왜곡 운영되어 온 면이 있음을 지적하면서, '유사성' 개념을 '혼동의 우려'와 동일한 의미로 해석함이 상당하고, 유사성이라는 용어 대신 '혼동적 유사'란 용어를 사

에 대한 해석기준을 사용주의 입법 국가에서의 '혼동의 우려' 해석 기
준과 사실상 일치시키는 것으로서, 상표 제도의 국제화, 세계화라는 관
점에서 보더라도 바람직하다고 할 수 있다. 한편, 이러한 해석에 대해
서는 등록주의가 가지고 있는 정형성과 법적 안정성을 도외시하는 것
이라는 비판이 가능하나, 이 점은 상표의 유사 여부를 상품 출처의 혼
동 여부에 의해 결정해야 한다는 통설, 판례의 견해를 취하는 경우 감
수해야 하는 불가피한 점일 뿐으로 별 문제가 되지 않는다.

　일본에서도 최근에는 침해사건에서 상표 유사 여부 결정을 하면서
거래에서의 구체적인 혼동의 우려가 요구된다고 하는 방향으로 해석을
함으로써, 상표법의 부정경쟁방지화 경향에 있다고 한다.[40]

다. 정리

　명문의 규정이 없는 부정경쟁방지법에도 기능성원리가 적용되는지
여부를 살펴보기 위한 전론(前論)으로 이상에서 논한 바를 간략히 정
리하면 아래와 같다.

　첫째, 우리 부정경쟁방지법상 기능성원리의 적용여부가 문제되는 부
정경쟁행위의 유형은 혼동초래 부정경쟁행위에 국한되므로, 이하에서
는 이러한 부정경쟁행위만을 전제로 하여 논의를 진행한다.

　둘째, 우리나라의 상표법과 부정경쟁방지법상 혼동초래 부정경쟁행위는
그 구체적인 보호요건 및 보호대상에서 차이가 없는 것은 아니나, 경쟁법
의 일종으로서 그 기능과 입법목적이 동일하고 이들 법규정 사이에 통합
현상을 보이는 한편 그 보호요건으로서의 '유사'와 '혼동' 개념에도 실질
적인 차이가 없으므로, 양자는 서로 같은 관점에서 이해함이 바람직하다.

　용함이 적절하다고 하고 있다.
40) 小野昌廷 編(주 20), 58면.

2. 일본에서의 논의 검토

가. 서설

(1) 일본의 해석론 검토의 필요성

앞서 살펴본 바와 같이 일본의 부정경쟁방지법 제2조 제1항 제1호는 "타인의 상품 등 표시(表示: 사람의 업무에 관계되는 성명, 상호, 상표, 표장, 상품의 용기 또는 포장, 그 밖에 상품 또는 영업을 표시(表示)하는 것을 말한다)로서 수요자 사이에 널리 인식되어 있는 것과 동일 또는 유사한 상품 등 표시(表示)를 사용하거나, 또는 그러한 상품 등 표시(表示)를 사용하여 상품을 양도, 인도, 양도 또는 인도를 위한 전시, 수출, 수입, 또는 전기통신회선을 통한 제공을 하여 타인의 상품 또는 영업과 혼동을 생기게 하는 행위"(상품등주체혼동야기행위)를 부정경쟁행위 중 하나로 규정하고 있다. 그 법문에서 알 수 있듯이, 우리나라 부정경쟁방지법의 혼동초래 부정경쟁행위에는 타인의 상품 또는 영업임을 표시한 '표지(標識)'라고 되어 있음에 비하여 일본의 상품등주체혼동야기행위에는 타인의 상품 등 '표시(表示)'라고 되어 있어 용어에 다소 차이가 있을 뿐(이들 용어는 표현상 차이가 있을 뿐 그 법률적 의미는 같다고 할 것인데, 이하에서는 각국의 법문의 용어에 따라 일본의 법제를 논함에 있어서는 '표시(表示)'라는 용어를 사용하고, 우리나라의 법제를 논함에 있어서는 '표지(標識)'라는 용어를 사용하도록 한다) 이들은 사실상 동일한 부정경쟁행위 유형이라고 할 수 있다. 또한, 일본도 역시 우리와 마찬가지로 상표법과는 달리 부정경쟁방지법에는 기능성원리에 관한 아무런 규정을 두고 있지 않다. 따라서 혼동초래 부정경쟁행위에 대한 기능성원리 적용 문제와 관련해서는 일본은 우리와 거의 동일한 입법체계를 가지고 있다고 할 수 있다.

그런데 상표법에서와 마찬가지로 혼동초래 부정경쟁행위에도 기능성원리를 적용할 수 있을 것인지 여부에 대한 학설의 논의가 그다지 많지 않고 판례도 미미한 실정에 있는 우리나라와는 달리, 일본에서는 이와 관련하여 판례와 학설에 의하여 상당히 다양한 논의가 복잡하게 전개되고 있다. 앞서 본 바와 같이 일본이 우리나라와 거의 유사한 법체계를 가지고 있는 이상 이러한 일본에서의 해석론은 우리나라에서도 많은 참고가 될 것이므로, 이하에서 이를 자세히 살펴본다.

(2) 상품 형태가 상품 등 '표시(表示)'에 해당하는지 여부

상품등주체혼동야기행위에 관한 일본의 부정경쟁방지법 제2조 제1항 제1호는 앞서 본 바와 같이 "타인의 상품 등 표시(表示)"를 "사람의 업무에 관계되는 성명, 상호, 상표, 표장, 상품의 용기 또는 포장, 그 밖에 상품 또는 영업을 표시하는 것을 말한다"고 규정하여, 우리나라와 마찬가지로 상품 또는 영업을 표시하는 것은 모두 '표시(表示)'에 해당하는 것으로 하고 있고 '표시(表示)'의 범위에 대하여는 별다른 제한을 두고 있지 않다. 따라서 일본에서는 어떤 것이든지 간에 상품등주체혼동야기행위에 의하여 보호받기 위해서는 그것이 상품표시(商品表示) 또는 영업표시(營業表示)에 해당하여야 하기는 하지만, 표시 개념의 확장 해석 경향에 따라 상품 또는 영업을 표시하는 것에 해당하는 이상 특별히 그 형태를 묻지 않고 모두 '표시(表示)'에 포함되는 것으로 해석되어, 상호나 등록상표뿐만 아니라 상품의 형태 등도 그 표시성(表示性)을 긍정하는 것이 일반적이다.[41]

즉, 상품의 형태 자체는 본래 상품의 출처를 표시하는 것은 아니나, 어떤 형태가 오랫동안 계속하여 어떤 상품에 사용되거나, 또는 단기간

---

41) 澁谷達紀, 知的財産權法講義 III, 第2版, 有斐閣(2008), 44-46면.

이라고 하더라도 강력하게 선전되거나, 또는 그러한 형태가 극히 특수
하고 독자적인 것이어서, 그러한 형태 자체가 출처표시의 기능을 가지
기에 이르는 경우에는 상품표시(商品表示)로서 부정경쟁방지법의 보호
대상이 될 수 있다고 설명되고 있다.[42] 또한, 상품의 형태와 상품의 모
양의 개념을 구분한 다음, 상품의 모양에 대해서도 상품의 형태와 마찬
가지로 그러한 모양이 특수하고 독자적인 것이거나 장시간의 광고선전
에 의해서 출처표시의 기능을 가지게 되는 경우에는 상품표시(商品表
示)로 인정된다고 하고 있다.[43] 다만, 그 취지에 대해서 일본의 판례
중에는, 어디까지나 그러한 상품표시(商品表示)에 화체된 타인의 영업
상의 신용을 자기의 것과 고객에게 오인·혼동시켜 고객을 획득하는 행
위를 부정경쟁행위로서 방지하는 데 있는 것이고, 상품의 형태(구성) 자
체를 보호하는 것을 목적으로 하는 것은 아니라고 판시한 것이 있다.[44]

이와 같이 상품의 형태까지 상품표시(商品表示)로 인정함이 일반적
이기는 하지만, 그러한 형태가 상품의 기능이나 효과와 직접 결부되거
나 그러한 효과와 기능을 달성하기 위하여 다른 형태를 채용할 수 없는
경우까지 상품표시(商品表示)로 보호할 수 있을 것인가? 이 문제는 곧
이 글에서 논하고 있는 기능성원리의 적용 여부에 관한 논의라고 할 것
인데, 일본에서는 이에 대한 다양한 논의가 있다. 아래에서 자세히 살펴
본다.

---

42) 青山紘一, 不正競爭防止法, 第4版, 法學書院(2007), 28면.
43) Id. 31면. 기능성원리를 논함에 있어서 특별히 상품의 '형태'와 '모양'의 개념을
    구분하여 논할 실익이 없으므로, 이하에서는 상품의 '형태'라는 용어만 사용하기
    로 한다.
44) 東京地裁 평성 6(1994). 9. 21. 선고 平4 (ワ) 10866호 판결. 이러한 판시는 앞
    서 보았듯이 일본 상표법 주해서(小野昌廷 編) 등에서 부정경쟁방지법에 의해
    표시(表示)에 대한 독점화 현상이 사실상 초래되는 것은 어디까지나 부정경쟁행
    위를 금지함에 따른 반사적 효과에 지나지 않는다고 상표법과 부정경쟁방지법의
    법적 구조의 차이를 설명하고 있는 데 따른 것으로 보인다.

나. 일본의 학설

(1) 표시성(表示性) 부정설[技術的 形態 除外說]

(가) 내용

표시성(表示性) 부정설 또는 기술적 형태 제외설(技術的 形態 除外 說)은, 상품의 형태가 기술적 기능(技術的 機能)에서 유래한 필연적 결과라고 한다면, 그러한 상품 형태는 부정경쟁방지법 제2조 제1항 제1호의 상품 등의 표시(表示)에 해당하지 않아 부정경쟁방지법에 의한 보호가 미치지 않는다고 하는 견해이다.[45] 이 견해에 의하면, 기능적 형태(機能的 形態)가 주지성을 획득한 것이고 그 형태의 모방이 혼동을 초래한다고 하더라도, 그러한 형태가 부정경쟁방지법에 의하여 보호되기 위한 전제 조건으로서의 표시성(表示性)을 부정하여 위 모방행위를 허용하게 되는 것인데, 일본의 다수의 판례는 이 견해를 취하고 있다고 한다.[46]

그러한 판례의 예를 하나 들어보면, 상품 진열 및 전시용 시스템 집기 형태에 대한 상품 등 표시성(表示性)을 부정하여 이를 모방한 제품에 대한 제조판매 금지청구를 기각한 東京地裁 평성 13(2001). 3. 27. 선고 平12 (ワ) 12675호 판결을 들 수 있다. 위 판결은 "상품의 형태는 상품의 기능을 발휘하거나 상품의 미감을 높이거나 하기 위해서 적의 선택되는 것이고, 본래적으로는 상품의 출처를 표시하는 기능을 가지고 있는 것은 아니지만, 어떤 상품의 형태가 다른 상품에 비해 현저한 특징을 가지고, 또한 그것이 오랜 기간 동안 특정의 상품으로 배타적으

---

45) 牧野利秋·飯村敏明·三寸量一·末吉亘·大野聖二. 編集, 知的財産權法の理論と 實務 3 (商標法·不正競爭防止法), 新日本法規(2007), 247면.
46) 澁谷達紀(주 41), 50면.

로 사용되거나, 또는 단기간이라도 강력한 선전 광고 등에 의해 대량으로 판매되어 그 형태가 특정인의 상품임을 나타내는 표시라고 수요자 사이에 널리 인식되게 된 경우에는, 상품의 형태가 부정경쟁방지법 제2조 제1항 제1호에 의해 보호된다고 해석함이 상당하다. 다만, 상품의 형태가 해당 상품의 기능 내지 효과와 필연적으로 결부되고, 상기 형태를 보호함으로 인해 그 기능 내지 효과를 나타낼 수 있는 상품 그 자체에 대한 독점적·배타적 지배를 초래하게 되는 경우에는 자유경쟁에 의한 공중의 이익을 저해하게 되기 때문에, 이와 같은 기능 내지 효과로부터 필연적으로 유래하는 형태에 대해서는 상기 조항에 의한 보호가 미치지 않는다고 해석해야 한다."고 판시하였다.

(나) 표시성(表示性) 부정설의 두 가지 근거

표시성(表示性) 부정설의 근거는 크게 두 가지로 나누어진다.[47) 하

---

47) 第二東京辯護士會 知的財産權法研究會 編, 不正競爭防止法の新論点, 商事法務(2006), 316-317면은, 특허법 등과의 충돌 회피를 근거로 드는 뒤의 東京地裁 소화 41(1966). 11. 22. 선고 昭40(ワ)10337호 판결과 같은 입장만을 기술적 형태 제외설(技術的 形態 除外說), 즉 표시성(表示性) 부정설로 분류하고, 자유로운 경쟁 방지를 근거로 드는 뒤의 東京地裁 평성 6(1994). 9. 21. 선고 平4(ワ)10866호 판결이 취한 태도를 '경쟁상 유사하지 않을 수 없는 형태 제외설(競爭上似ざるを得ない形態除外說)'이라고 하여 표시성 부정설과는 따로 분류하고 있다[牧野利秋 외 4인 編集(주 45), 251면도 이와 같은 분류를 채용하고 있다]. 그러나 '경쟁상 유사하지 않을 수 없는 형태 제외설' 역시 결국은 기술적 형태의 표시성(表示性)을 부정하여 부정경쟁방지법에 의한 보호를 배제하고자 하는 학설이므로 표시성 부정설의 일 태양으로 분류할 수 있을 것이다. 따라서 이 글에서는 논의의 편의상 이러한 분류를 따르지 않고 이들 판례의 태도를 모두 논거만 다른 '표시성(表示性) 부정설'로 분류한다.
한편, '경쟁상 유사하지 않을 수 없는 형태 제외설'은 뒤에서 보는 '선택가능성 고려설'과 일맥상통하는 점이 있다. 이들 학설은 모두 자유로운 경쟁의 관점에서 상품의 기능적 형태에 대한 보호를 할 것인지 여부를 가리고자 하는 견해들이어서 '대체가능한 디자인의 존부'가 매우 유력한 자료적 사실로 고려될 수 있는 공

나는 다른 지적재산권법, 특히 특허법 등과의 충돌을 피하고 이들 권리 사이의 조정이 필요하다는 관점에서 접근하는 것이고, 다른 하나는 경쟁자 사이의 자유로운 경쟁을 저해해서는 안 된다는 관점에서 접근하는 것이다.[48]

1) 특허법 등과의 충돌 회피

일본에서 최초로 기술적 형태 제외설(技術的 形態 除外說)을 채택한 판례는 조립식 압입(組立式 押入) 장롱 세트의 형태에 대한 東京地裁 소화 41(1966). 11. 22. 선고 昭40(ワ)10337호 판결이다. 위 판결은 상품 형태가 상품표시(商品表示)에 포함될 수 있음을 인정하면서도, 당해 상품 형태가 '상품의 기술적 기능에서 유래한 필연적인 결과'라고 한다면 그러한 형태는 상품표시에서 제외되어야 한다고 판시하였다. 그러면서 그 근거로, 기술적 기능에서 유래하는 상품의 형태를 부정경쟁방지법으로 보호하면 일정한 요건 아래에서 그 존속기간을 제한하여 기술의 독점을 허용하는 특허권, 실용신안권 이상의 권리, 즉 일종의 영구권을 부여함으로써 특정인에게 당해 기술의 독점을 허용하게 되어 불합리하다는 것을 들고 있다.[49] 즉, 위 판결은 상품의 기능적 형태의 표시성을 부정하는 근거로 특허권 등 다른 지적재산권법과의 충돌을 방지하고 이를 조정할 필요가 있다는 데에서 찾고 있는 것이다.

이러한 판례는 독일 제국법원(reichsgericht) 시대의 판례법을 도입한

통점을 가지기 때문이다. 다만, '선택가능성 고려설'은 기술적 형태가 무엇인가에 대한 구체적인 판단기준을 설정한다는 점에서 기술적 형태를 제외해야 하는 근거가 무엇인지에 중점이 있는 '경쟁상 유사하지 않을 수 없는 형태 제외설'과 사이에 다소 차이가 있으므로, '선택가능성 고려설'에 대해서는 뒤에서 별도로 살펴본다.

48) 미국에서 논의되는 기능성원리의 두 가지 정책목표, 즉 '특허와의 충돌방지' 및 '자유로운 경쟁의 부당한 제한방지' 정책목표와 그 내용이 같다.

49) 牧野利秋 외 4인 編集(주 45), 247-248면.

것이라고 한다.[50] 즉, 독일의 경우 19세기 말 이래로부터 현재에 이르기까지 상품의 기술적 제약에 의한 형태의 보호는 원칙적으로 특허나 실용신안 등 시적(時的) 제한이 있는 권리에 의해야 한다는 정책적 조정에 근거하여, 그러한 형태에 대해서는 표장권(表裝權, Ausstattungsrecht)에 의한 보호에서 제외해 왔는데,[51] 이러한 독일 판례의 태도가 일본에 그대로 흡수된 것으로 보이고, 미국의 기능성이론(functionality doctrine)에 직접 영향을 받은 것은 아닌 것으로 보인다.

2) 자유로운 경쟁의 저해 방지

상품의 기술적 형태에 대하여 표시성(表示性) 부정설을 취하여 부정경쟁방지법에 의한 보호를 하지 않는다는 결론에 있어서는 같으면서도, 그 근거를 위에서 본 東京地裁 소화 41(1966). 11. 22. 선고 昭40 (ワ) 10337호 판결과는 달리, 부정경쟁방지법의 상품표시(商品表示)로서 보호하는 것에 의해 생길 수 있는 경쟁제한의 결과를 고려한 판례들도 많이 있다. 예를 들어, 東京地裁 평성 6(1994). 9. 21. 선고 平4 (ワ) 10866호 판결은 "상품의 실질적 기능을 달성하기 위한 구성으로 유래하는 형태를 부정경쟁방지법 제1조 제1항 제1호[52]에 해당한다고 하여 그 사용 및 해당 상품의 판매 등을 금지하는 경우에는, 상품표시에 화체된 영업상의 신용을 보호하는 데 그치지 않고, 해당 상품 본

---

50) 小泉直樹, "商品の形態の保護をめぐる競業法と創作法の調整 (一)", 法學協會雜誌, 106卷 6号(1989. 6.), 東京大學法學協會, 996면.

51) 小泉直樹, "商品の形態の保護をめぐる競業法と創作法の調整 (二)", 法學協會雜誌, 106卷 7号(1989. 7.), 東京大學法學協會, 1278면. 독일에서 '기술적 제약으로 인한 형태(역초 technische Zweck bedingten Erscheinungsform)' 또는 '상품의 본래적 성격(Wesen der Ware)을 형성하는 형태'에 대한 보호에 관하여 자세한 것은 Id. 1268-1278면 참조.

52) 1993년에 개정되기 전의 것으로 그 당시 일본의 부정경쟁방지법은 우리나라 부정경쟁방지법과 마찬가지로 상품주체혼동행위와 영업주체혼동행위로 나누어져 규정되어 있었는데, 제1조 제1항 제1호는 상품주체혼동행위에 관한 규정이다.

체가 본래 가지고 있는 형태, 구성이나 그것에 의해 달성되는 실질적 기능, 효용을 다른 사람이 상품으로서 이용하는 것을 허락하지 않게 되어, 동호가 본래 예정하고 있던 바를 상회하는 보호를 금지청구권에게 부여하는 반면 상대방에게는 예정된 이상의 제약을 가해, 시장의 경쟁 형태에 주는 영향도 동호가 본래 예정하고 있던 것과 전혀 다른 결과를 일으키게 되기 때문에, 상품의 실질적 기능을 달성하기 위한 구성으로 유래하는 형태는 동호에 해당하지 않는다"고 판시하면서, 섭이식 콘테이너의 형태가 접은 상태에서는 그 용량이 3분의 1에서 4분의 1로 축소되고, 또 접은 상태와 조립한 상태에서도 겹쳐 쌓은 경우에 붕괴하지 않는 등, 제품의 상품 본체의 실질적 기능 그 자체 또는 그 기능을 달성하기 위한 구성으로 유래하는 형태라는 이유로 그 침해금지청구 등을 기각하였다.

공업소유권법과의 조정이 필요하지 않고 부정경쟁방지법 자체의 관점에서, 시장에서 상품이 경쟁하기 위해서 채택할 수밖에 없는 형태는 상품표시에 해당하지 않는다고 봐야 한다는 견해[53]도 이러한 관점에 있는 것으로서, 위와 같은 판례의 태도를 지지하는 학설로 이해할 수 있다.

일본에서는 이와 같이, 부정경쟁방지법에 의한 보호와 특허법 등의 공업소유권법상에 의한 보호의 충돌을 방지하기 위한 관점이 아니라, 부정경쟁방지법의 취지와 목적을 감안하여 볼 때 기술의 자유로운 이용에 의해서 얻어지는 산업의 발전과 상품의 자유로운 유통을 저해하는 결과를 초래해서는 안 된다고 하는 관점으로부터 기술적 형태 제외설(技術的 形態 除外說)에 이르는 판례가 근래에 많이 나오고 있다고 한다.[54]

---

53) 田村善之, 知的財産法, 第3版, 有斐閣(2003), 80면[牧野利秋 외 4인 編集(주 45), 251면에서 재인용].
54) 牧野利秋 외 4인 編集(주 45), 252면.

3) 두 가지 근거 사이의 관계

일본에서는 기술적 형태의 표시성(表示性)을 부정하는 근거로 '특허법 등과의 충돌 회피'를 드는 견해를 '기술적 형태 제외설(技術的 形態 除外說)'로, '자유로운 경쟁의 저해 방지'를 드는 견해를 '경쟁상 유사하지 않을 수 없는 형태 제외설(競爭上似ざるを得ない形態除外說, 이하 '경쟁상 유사형태 제외설'이라 한다)'로 나눈 다음, 이들 학설 사이의 관계를 규명하고자 하는 논의가 있다. 그 관계에 대하여 아래의 도면 A와 같이 이해하는 견해와 도면 B와 같이 이해하는 견해로 나누어져 있다.[55]

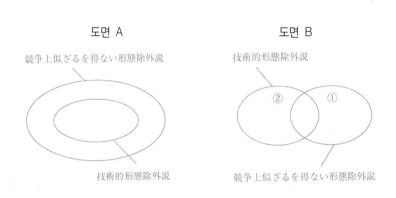

| 도면 A | 도면 B |

먼저, 도면 A와 같이 이해하는 견해에 의하면, 기술적인 형태는 '기술적 형태 제외설'에 의해서도 '경쟁상 유사형태 제외설'에서도 모두 보호될 수 없다. 다만, 색채 등 소위 기술적 형태가 아닌 상품 등 표시(表示)라도, 도면 A의 도형을 계란으로 보았을 때 흰자 부분에는 속하게 되는 경우에는 '경쟁상 유사형태 제외설'에 의해 보호대상에서 제외되는 것으로 이해한다.

---

55) 第二東京辯護士會 知的財産權法研究會 編(주 47), 332-333면을 주로 참조하여 서술한다.

다음으로, 도면 B와 같이 이해하는 견해에 의하면, 먼저 ① 부분에는 색채 등과 같이 '기술적 형태 제외설'에 의해 커버되지 않는 것이 해당한다는 점에서 도면 A와 같이 이해하는 설과 차이가 없으나, ② 부분에 어떤 것들이 해당하느냐에 따라 양설의 관계가 결정된다는 점에서 도면 A와 같이 이해하는 견해와 차이가 있다. 이와 관련하여 田村善之 교수는, 경쟁상 유사하지 않을 수 없는 형태는 아니지만, 어떤 아이디어, 기술을 실시하기 위해서는 특정의 상품형태를 채용하지 않을 수 없는 경우에는 ② 부분에 해당하여 '기술적 형태 제외설'의 의미가 도출되는 것이라고 하고 있다. 또한, 경쟁시장을 인정하는 방법 여하에 따라 '경쟁상 유사형태 제외설'에 의하여 보호범위에서 제외되는 영역이 완전히 달라지게 되므로, 경쟁시장의 인정 방법 여하에 따라 ②의 영역이 생길 수 있는 것으로 이해되고 있다고 한다. 예를 들어, 3중날의 면도기와 관련하여, 경쟁시장을 면도기 시장으로 이해하면 경쟁상 면도기에 3중날을 반드시 채택해야 하는 것은 아니므로, 이러한 형태는 '경쟁상 유사형태 제외설'에 의해서 보호범위에서 제외될 수는 없어 ②의 영역에 속하게 될 것이다. 이에 비하여, 경쟁시장을 3중날의 면도기 시장으로 이해하면 경쟁상 면도기에 3중날을 반드시 채택해야 하므로 '경쟁상 유사형태 제외설'에 의해서도 보호범위에서 제외되게 된다.[56)]

(다) 표시성(表示性) 부정설에 근거한 실제 사안의 해결

일본에서 표시성(表示性) 부정설을 취하는 판례들을 분석해 보면, 문제가 되고 있는 상품 형태를 기술적 형태로 볼 수 없거나, 그 상품에

---

56) 경쟁시장을 넓게 인정하면 할수록 ②의 영역은 더 넓어질 것이다.

채택 가능한 유일한 형태가 아니고 어느 정도 선택의 폭을 가지고 있
는 것이거나, 상품 형태의 특징이 기술적 기능에서 유래한 것이기는 하
지만 상품의 전체적인 형태가 그러한 것만으로 한정되지 않는 경우 등
에는, 결론적으로 표시성(表示性)을 긍정하여 그 형태의 모방행위에 대
한 금지청구를 인정하고 있는 판례가 많다고 한다.[57] 즉, 일본의 판례
들은 표시성 부정설을 취하더라도, 상품 형태를 이루는 구성요소 중에
기능적인 요소가 일정 부분 포함되어 있는 경우 이를 모두 표시성이
부정되는 형태로 파악하는 것이 아니라, 실제 사안을 해결함에 있어 그
모방을 금지할 필요가 있는 경우는 표시성을 부정할 만한 요건을 충족
시키지 않았음을 이유로 하여, 다시 말하면 그 형태가 기술적 형태가
아니라는 논리로 그러한 형태에 대한 모방행위를 금지함으로써 구체적
타당성을 확보하고 있다고 한다.

이와 같은 일본의 판례 태도에 의하면, 표시성 부정설을 취하더라도
결국 구체적인 사안에서 부정경쟁방지법에 의하여 상품 형태를 보호할
것인지 여부의 문제는, 그 상품 형태가 어느 경우에 표시성이 부정되는
기술적 형태에 해당하는가를 판단하는 문제에 귀착된다고 할 것이다.

(2) 표시성(表示性) 긍정설[技術的 形態 包含說]

(가) 내용

표시성(表示性) 긍정설 또는 기술적 형태 포함설(技術的 形態 包含
說)은 특허법과 부정경쟁방지법의 보호법익이 다르다는 이유 등을 들
어, 설사 기술적 형태라고 하더라도 그것이 주지의 상태에 이르렀다면
상품 등 표시성(表示性)을 긍정하여 그에 대한 모방행위를 금지해야
한다는 견해인데, 이 견해를 취하고 있는 일본 판례는 표시성 부정설을

---

57) 澁谷達紀(주 41), 50면.

취하고 있는 판례들에 비하여 소수라고 한다.[58]

　기술적 형태 포함설을 취한 대표적인 일본 판례로는 東京高裁 소화 58(1983). 11. 15. 선고 昭52(ネ)3193호 판결이 있다. 위 판결은 회계용 전표(會計用伝票)의 형태가 부정경쟁방지법에 의하여 보호될 수 있는 지 여부를 다루었는데, "부정경쟁방지법상 상품표시로서 보호하는 것 과 특허법, 실용신안법을 비롯하여, 의장법, 상표법을 포함한 소위 공 업소유권법 4법에 기초한 보호와의 경합을 배제하는 규정 내지 근거가 없다. 또한, 특허권 및 실용신안권의 보호법익은 보다 추상적인 기술적 사상의 창작 그 자체인데, 우연히 그 기술적 사상에 기초한 특정의 구 체적 실시 형태가 상품의 표시로서 출처표시 기능을 구비하여 부정경 쟁방지법상 보호대상이 될 수 있다고 하더라도, 본래 그 보호의 대상이 라고 하는 실질적 내용·보호법익 및 그 적용을 위한 실체적 요건을 달 리하는 것이기 때문에 특허법·실용신안법의 법리와 모순되는 것이 아 니다. 이는 그 실시형태가 당해 특허권·실용신안권의 실시형태로서 유 일무이한 것이고 그러한 부정경쟁방지법상의 보호가 당해 특허권·실용 신안권의 존속기간은 말할 것도 없고, 그 기간을 초월해 받는다고 하더 라도 변함이 없다. 이 경우 부정경쟁방지법상의 실질적인 보호의 대상 은 동태적인 영업활동에서의 기업의 신뢰성 내지 상품의 수요흡인력이 고, 그러한 보호를 받기 위해서는 출처표시기능의 구비와 여기에 동반 하는 주지성의 획득을 증명하는 영업활동의 구체적 사실의 존재가 필 요한 동시에 그 보호의 지속을 위해서는 이러한 요건을 현실의 것으로 서 항시 유지해야 하고, 기업의 신용성·상품의 신뢰성의 확립과 표시 기능으로서의 특별현저성의 확보를 위해서 극히 유동적인 수요자의 상 품 선택의 동향을 배경으로 한 격렬한 경쟁 과정에서의 광고·선전·품 질관리·판매활동에 이르기까지의 끊임없는 기업노력을 계속 하고 있는

---

58) Id.

것이 전제가 되기 때문에 기술적 사상에 관한 영구권의 설정이라고는 할 수 없는 것이고, 특허권, 실용신안권에 존속기간을 설정한 법의 취지에 전혀 반하지 않는다."고 판시하였다.[59] 이 판시는 결국 부정경쟁방지법에 특별한 규정이 없는 이상 기능성원리를 부정경쟁방지법에는 적용할 수 없다는 취지로 요약할 수 있다.

그러나 위 東京高裁 판결이 선고될 당시에는 일본 상표법에 입체상표나 기능성원리와 관련되는 법규정이 생기기 전이고, 따라서 위 판결은 상표법과 부정경쟁방지법과의 관계에 대해서는 아무런 고찰을 하지 않았는데, 앞서 검토한 상표법과 부정경쟁방지법과의 관계에 대한 논의에 비추어 볼 때 상표법에 기능성원리에 관한 규정이 있는 현재에도 위 법원이 이와 같이 해석할 수 있을지는 매우 의문이다.

(나) 표시성(表示性) 긍정설에 기한 실제 사안의 해결

표시성(表示性) 긍정설, 즉 기술적 형태 포함설(技術的 形態 包含說)을 취한다고 하여 상품의 기술적 형태의 모방행위에 대한 금지청구가 항상 인정되는 것은 아닌 것으로 보인다. 왜냐하면, 앞서 본 東京高裁 소화 58(1983). 11. 15. 선고 昭52(ネ)3193호 판결과 같이 기술적 형태가 상표로서 기능하지 못한다는(즉, 식별력이 없다는) 논리를 취하거나, 상품 표시성은 긍정하면서도 그 주지성을 부정하거나,[60] 또는 표지의 유사성을 부정하여 그 모방행위가 부정경쟁행위에 해당하지 않는다

---

59) 다만, 위 東京高裁 판결도 회계용 전표(會計用伝票)의 전체 형태에 비추어 볼 때 상품표시(商品表示)로서의 표현능력·흡인력을 구비한 것으로도, 또 그러한 표시(表示)로서 주지성을 가진 것으로도 인정되지 않음을 이유로 그 모방행위의 금지청구는 기각하였다.

60) 이처럼 표시성(表示性)을 긍정하면서도 상품 형태의 주지성을 부정하여 금지청구를 인정하지 않은 판례로는, 봉함구의 형태에 대한 東京高裁 평성 4(1992). 3. 17. 선고 平3(ネ)1176호 판결 등이 있다.

고 판단할 수 있기 때문이다.

그리하여 표시성 긍정설을 취하고 있는 일본의 판례들도, 표시성 부정설을 취하면서 금지청구를 인정하는 앞서 본 일본 판례들의 경우와는 반대로, 실제 구체적인 사안에서 모방행위를 허용해야 할 경우에는 그 상품 형태가 표시성(表示性)을 긍정할 만한 요건을 충족시키지 않았음을 이유로 하여[61] 모방행위에 대한 금지청구를 기각하고 있다고 한다.[62]

(다) 비판론

부정경쟁방지법과 공업소유권법의 조정의 필요성을 부정하는 표시성(表示性) 긍정설에 대해서는, 미국과 독일에서도 경업법에 의한 보호 대상에서 기술적 형태를 제외함이 일관된 학설, 판례로서 그 배경에는 이들 법체계 사이에 조정이 필요함을 당연한 전제로 하고 있다는 점에서 특이한 견해라고 비판하는 학설이 보인다.[63] 위 학설은 구체적으로는 아래와 같은 비판 등을 제기하고 있다.[64]

첫째, 기능성원리는 양자의 법제도의 목적이 다름을 전제로 하여 조정을 지향하고 있는 것이므로, 조정규정의 부존재를 이유로 이러한 조

---

61) 이는 대부분 상품 형태가 상표로서 기능하지 못한다는(즉, 식별력이 없다는) 판단의 형태로 나타날 것이다. 우리나라 판례들을 분석해 보더라도 이러한 경향을 강하게 보이고 있는데, 이러한 판시 경향은 기능성원리에 대한 인식 부족으로 식별력의 문제와 기능성의 문제를 정치하게 구분하지 못한데 기인하는 것으로 바람직하지 못하다. 특히 이러한 판례 경향은 상표법의 입체상표 운용에도 영향을 미쳐(입체상표의 출원을 식별력의 부족이라는 이유로 간단히 배척할 수 있는 논리를 제공하고 있음) 입체상표의 등록을 매우 소극적으로 허용하도록 함으로써 우리나라에서는 그 도입취지에 맞지 않게 입체상표의 등록이 활성화되지 못하는 원인이 되고 있는 것으로 보인다. 이에 대해서는 뒤에서 더 자세히 논하도록 한다.
62) 澁谷達紀(주 41), 50-51면.
63) 小泉直樹(주 51), 1279면.
64) 小泉直樹, "商品の形態の保護をめぐる競業法と創作法の調整 (三・完)", 法學協會雜誌, 106卷 8号(1989. 8.), 東京大學法學協會, 1424-1425면.

정의 필요성을 배제할 수 없다.

둘째, 표시성 긍정설을 취한 위 東京高裁 소화 58(1983). 11. 15. 선고 昭52(ㅊ)3193호 판결은, 부정경업법에 의한 보호는 부단한 광고·선전활동에 의한 것이므로 이에 의한 보호가 반드시 영구적으로 계속된다고는 할 수 없음을 근거로 들고 있으나, 기술적 형태 제외설을 취하는 실질은 특허·실용신안·의장의 보호기간을 넘는 시점에서 부정경쟁방지법에 의한 청구가 인용되지 않을 수 없다는 데 있는 것이지 반드시 권리의 '영구성'을 전제로 한 것은 아니므로, 위 판결의 반론은 충분하지 않다.

셋째, 공업소유권보다 권리기간이 긴 저작권에 의하여 실용적 성격이 강한 창작물을 보호하는 것은 과도한 독점을 부여하는 것이라는 논란이 있는 것처럼, 표시성 긍정설에 의하여 기술적 형태에 대한 모방을 금지한다면 시장에의 신규참여가 경제적으로 곤란해짐으로써 경쟁에 미치는 효과를 고려할 때도 이들 법제도 사이에 어느 정도의 조정은 필요하다.

(3) 총합형량설

총합형량설은 기능적 형태의 보호 여부를 표시성 부정설이나 긍정설과 같이 일도 양단적으로 판단하는 것이 아니라, 상품 형태의 식별력의 강약과 경업자가 취한 혼동방지 조치를 함께 고려하여 그 보호 여부를 결정해야 한다는 견해이다. 이 견해에 대하여, 기술적 형태 포함설을 전제로 하면서 기술적 형태에서도 그것이 주지성을 취득하고 있다면 그것의 모방을 금지하는 것이 원칙이지만, 모방자가 성실히 혼동방지 수단을 마련하는데 힘을 쓰고 있다면 혼동의 우려가 남아 있어도 모방행위의 위법성이 조각된다고 하는 입장이라고 설명하면서, 이를 위법성 조각설로 부르는 책들도 있다.[65)]

이러한 견해를 취하고 있는 판결로는 일반적으로 東京高裁 평성 6(1994). 3. 23. 선고 平3(ネ)4363호 판결을 들고 있다.[66] 위 판결은 코일매트의 형태에 대한 침해금지를 구한 사안에서 원심과 달리 위 형태가 제조과정 및 그 형태로부터 유래하는 기능적 효과와 상품 형태가 필연적으로 결부되어 있는 특징을 가지고 있다고 하면서 그 금지청구를 기각한 사안으로 아래와 같이 판시하였는데, 표시성 긍정설을 취한 앞서의 東京高裁 소화 58(1983). 11. 15. 선고 昭52(ネ)3193호 판결의 부당성으로부터 어느 정도 벗어나 보려고 한 것으로 생각된다.

"본건 상품 형태를 보호하는 경우에는, 이와 같은 매트를 누사(漏砂) 방지용으로 사용하기 위해 제조·판매하는 제3자의 영업행위를 모두 금지하게 되고, 상품 그 자체가 아닌 다른 매체에 출처식별 기능을 맡기는 경우와 다르며, 동법조가 목적으로 하는 출처의 혼동 배제를 초월하고, 상품 그 자체의 독점적·배타적 지배를 초래하여, 자유경쟁이 가져오는 공중의 이익을 저해할 우려가 크다. 이는 상품표시로서의 주지 상품 형태를 모방하고 이것에 화체된 타인의 신용에 올라타는 부정경쟁행위를 방치하는 것을 말하는 것이 아니고, 부정경쟁방지법이 보호하는 상품표시(商品表示) 주체의 정당한 이익을 해하지 않는 한도에서 경업행위를 허용하고 공중이 기대하는 자유경쟁에 의한 이익을 유지하기 위해 필요한 요건을 검토해야 함을 말하는 것이고, 이 요건은 기능적 주지 상품 형태가 가지는 자타상품 식별력의 강약을 경업자가 채택하고 있는 자타상품의 혼동방지 수단과의 상관관계 안에서 관찰하여, 후자에 있어서 혼동을 방지하기 위해 적절한 수단을 성실하게 채택하여 전자의 자타상품 식별력을 감쇄하고 혼동 우려를 해소하는 경우에 구비되는 것으로 이해함이 상당하다."

---

65) 澁谷達紀(주 41), 51-52면; 牧野利秋 외 4인 編集(주 45), 251면.
66) 澁谷達紀(주 41), 52면; 第二東京辯護士會 知的財産權法研究會 編(주 47), 314-315면.

그러나 이에 대해서는, 혼동방지 수단의 문제는 식별력이 약한 상품표시(商品表示) 전반에서 논해지는 것이고 기술적 상품 형태에 한정된 문제는 아니므로, 기술적 상품 형태의 보호 문제를 논의하면서 혼동방지 수단의 유무를 끌어들이는 것은 올바르지 않고, 양자는 별개의 문제로서 논의되어야 한다는 비판이 있다.[67] 이는 매우 타당한 비판으로 생각된다.

(4) 선택가능성 고려설

선택가능성 고려설은, 다른 형태도 선택할 수 있는 기능적 형태(機能的 形態)이고, 다른 동종 상품의 형태와 차별되는 현저한 특징을 가지고 있는 것으로서 주지(周知)되어 있으면 표시성(表示性)을 긍정하여 모방을 금지해야 한다고 하는 설이다. 위 설은 상품의 기능적 형태에는 다른 형태를 선택할 여지가 없이 불가피한 형태와 그렇지는 않은 형태가 있음을 전제로 하는 견해라 할 것인데, 불가피한 형태의 예로는 볼(ball)의 둥근 형태와 같은 것이 있고, 그렇지 않은 형태의 예로는 스노타이어에 파인 형상(溝 形狀)과 같은 것이 있다고 설명한다.[68] 상품 형태의 상품표시(商品表示)로서의 보호가 갖는 경쟁 제한적 효과를 고려하여, 당해 상품의 시장에 신규로 진입하기 위해 대체적인 형태를 채용하도록 요구하는 것이 상업적, 경제적으로 가혹한 것은 아닐까 하는 관점으로부터, 시장에 신규로 진입함에 있어 불가결한 형태는 상품표시로 보호해서는 안 된다는 학설[69]이 있는데, 이 역시 같은 견해로 이해

---

67) 山田威一郎, "不正競爭防止法における技術的形態除外說と米國商標法における機能性の法理との比較考察", パテント 56卷 5號(2003. 5.), 日本弁理士會, 20면.

68) 澁谷達紀(주 41), 51면.

69) 小泉直樹, 模倣の自由と不正競爭, 有斐閣(1994), 249면[牧野利秋 외 4인 編集

할 수 있다.

일본의 판례 중에도 이러한 입장에 서있는 판례들이 있다. 즉, 東京地裁 평성 17(2005). 5. 24. 선고 平15(ワ)17358호 판결은 맨홀용 사다리(マンホール用足掛具) 형태는 선택 가능한 다른 형태가 있는 기능적 형태라고 판시한 바 있고, 大阪地裁 평성 16(2004). 11. 9. 선고 平15(ワ)7126호 판결도 절삭가공용 설치구(切削加工用取付具)의 형태기 선택 가능한 다른 형태가 있어서 그 기능 내지 효과와 필연적으로 결부된 것이라고까지는 말할 수 없다고 판시한 바 있다.[70]

(5) 비요부설(非要部說)

비요부설은, 디자인적 형태와 기능적 형태를 포함한 전체 형태가 주지의 상태에 이르렀으면 형태 전체에 대해서 표시성(表示性)을 긍정하기는 하지만, 그러한 표시(表示)의 요부(要部)는 디자인적 형태에 있고 기능적 형태는 요부가 아니라고 하여 요부에 해당하지 않는 기능적 형태의 유사성은 고려하지 않고, 요부인 디자인적 형태에만 주목하여 표시가 유사한지 여부를 판단해야 한다는 견해이다. 이는 디자인권의 침해의 유무를 판단하는 경우의 수단을 차용한 해석이라 할 것인데, 기능적 형태의 모방으로 혼동의 우려가 생길 수 있음에도 그것을 무시하는 것이기 때문에 그 실질은 표시성(表示性) 부정설과 같게 된다.[71] 즉, 이 학설은 표시성 부정설을 전제로 하여 상품 형태에 기능적 형태와 그렇지 않은 형태가 섞여 있을 때 그렇지 않은 부분만으로 부정경쟁행위 성립 여부를 판단해야 한다고 주장하는 것에 다름 아니다.

(주 45), 251면에서 재인용].
70) 다만, 이들 판결은 모두 각 상품 형태가 다른 동종 상품과 차별되는 현저한 특징을 가지고 있는 것은 아니라고 하여 결론적으로 그 표시성(表示性)을 부정하였다.
71) 澁谷達紀(주 41), 50-51면.

다. 일본 판례의 분류 및 최근 경향

(1) 판례의 분류

앞에서 살펴본 바와 같이, 일본에는 상품의 기능적 형태를 부정경쟁방지법으로 보호할 것인지 여부와 관련한 다양한 학설과 판례들이 존재한다.

그런데 앞서의 다양한 견해들을 참고하여 일본의 판례들[72]이 상품의 기능적 형태(機能的 形態)를 처리하기 위해 취하는 논리구성의 유형을 분류해 보면, ① 공업소유권법과의 조정 및 균형의 관점에서 접근하는 판례,[73] ② 상품의 기술적(技術的)인 기능과 효용에서 유래한 형태와 다른 형태를 선택할 여지가 있는지의 관점에서 접근하는 판례, ③ 부정경쟁방지법에 내재된 문제로서 자유경쟁 및 공중의 이익의 관점에서 접근하는 판례, ④ 기능적 형태를 상표의 유사성을 판단함에 있어서 비교가 되는 요부(要部)에서 제외하는 논리를 취하는 판례, ⑤ 기술적 형태의 불가피성을 판단하면서 상품표시(商品表示)에 해당하지 않는다고 한 판례, ⑥ 상품의 종류에 따라 상품 형태가 다른 요소에 비해 식별력을 결정함에 있어 그 비중이 낮다는 이유를 들어[74] 금지청구를 인정하지 않은 판례 등으로 나누어 볼 수 있다고 한다.[75]

---

72) 小泉直樹(주 50), 1000-1023면은, 상품의 용기, 포장, 상품형상 자체에 대하여 부정경쟁방지법에 의한 보호를 해 준 것과 해 주지 않은 것에 대한 일본의 과거 다수의 하급심 판례를 분석하고 있다.

73) 이러한 조정의 필요성을 긍정하는 판례와 부정하는 판례로 나누어져 있음은 앞서 검토하였다.

74) 그러한 상품으로 고가품, 안전성에 중점이 있는 상품, 교육용품 등을 들고 있고, 수요자의 선택의 착안점은 상품 형태뿐만 아니라 기능, 예산, 설치장소, 용도, 제조자별 상호, 상표 등에 있다는 것을 이유로 한다.

75) 小野昌延 編(주 20), 207-212면.

(2) 일본 판례의 최근 동향-기술적 형태의 보호에 소극적인 경향

일본의 판례들은 그 논거는 다르지만 다수는 결국 표시성 부정설(기술적 형태 제외설)을 취하고 있음을 앞서 살펴보았다. 표시성 긍정설(기술적 형태 포함설)을 취한 대표적인 일본 판례인 東京高裁 소화 58(1983). 11. 15. 선고 昭52(ネ)3193호 판결은 일본 상표법에 입체상표와 기능성원리에 관한 규성이 생기기 전의 예전 판례일 뿐만 아니라, 위 판례 역시 결과적으로는 식별력 등 다른 이유를 들어 상품의 기능적 형태에 대한 보호를 거절하였으며, 위 법원도 그 이후 총합형량설이라는 수정된 견해의 판결을 하였다는 점 등을 감안할 때, 표시성 긍정설의 의미는 현재 매우 퇴색하였다고 볼 수 있다.

일본의 최근 동향을 보더라도, 기술적 형태 제외설을 취하는 판례가 증가하고 있는 것처럼 보이고, 판례에 따라서는 기술적 형태 제외설을 채택한다고 명백히 밝히지는 않으면서도 상품의 기능과 목적에서 유래한 필연적 형태에 대해서는 형태의 독점성과 출처표시 기능의 흠결을 이유로 하여 상품의 표시성(表示性)을 부정하고 있다고 한다. 요컨대, 일본의 법원들은 어떤 설을 취하든지 간에 일정한 기술적 형태에 대해서는 독점을 인정하지 않는 방향으로 부정경쟁방지법을 해석하는 경향에 있다고 할 수 있다.[76]

라. 일본의 기술적 형태 제외설(技術的 形態 除外說)과
미국의 기능성원리(functionality doctrine)와의 관계

앞서 살펴본 바와 같이 일본의 기술적 형태 제외설은 처음에 독일 판례의 영향을 받아 형성된 것이고, 미국의 기능성원리(functionality

---

76) 牧野利秋 외 4인 編集(주 45), 252-253면

doctrine) 이론의 영향을 받은 것은 아니다.

그러나 그 이후 일본에서도 아래와 같이 미국의 기능성원리에 대한 논의를 바탕으로 하여 기술적 형태 제외설을 이해하고자 하는 문헌들이 많다. 구체적으로 살펴보면, 미국의 기능성원리를 상세히 소개하면서 일본의 기술적 형태 제외설과 비교법적으로 분석하여 이들 법리는 경업법과 창작법의 조정을 목적으로 하는 공통점이 있으므로 미국의 CAFC가 제시한 제반 기능성 판단요소는 일본법의 해석에도 참고가 될 것이라고 주장하고 있는 것,[77] 일본에서는 근래 부정경쟁방지법을 해석하면서 경쟁제한을 논거로 하는 사고가 강해지고 있는데, 이 경우 미국의 기능성원리에 대한 이해가 일본에서의 기술적 형태 제외설에 대한 논의에 유익할 것이라며 기능성원리를 소개하고 있는 것,[78] In re Honeywell, Inc. 판결의 경과와 관련하여 미국의 기능성이론을 자세히 설명한 후 일본에서의 기술적 형태 제외설을 이와 연결시켜 논한 것[79] 등이 있다. 이러한 문헌들에 의하면, 일본에서는 기술적 형태 제외설을 미국의 기능성원리와 같은 맥락에서 이해함이 일반적인 것으로 보인다.

---

77) 小泉直樹(주 50), 1047-1085면 및 小泉直樹(주 64), 1427-1432면 참조.
78) 山田威一郎(주 67), 15-17면, 20면.
79) 靑木博通, "米國HONEYWELL事件にみる立體商標の保護 1, 2, 3", 發明 91卷 11號(1994. 11.), 91卷 12號(1994. 12.), 92卷 1號(1995. 1.), 發明協會 참조.

3. 우리나라에서의 논의 검토

가. 상품 형태에 대한 부정경쟁방지법상 표지성(標識性) 인정 여부

(1) 표지성(標識性)의 인정

우리나라 부정경쟁방지법은 혼동초래 부정경쟁행위의 보호대상이 되는 표지(標識)에 대하여 "국내에 널리 인식된 타인의 성명, 상호, 상표, 상품의 용기·포장, 그 밖에 타인의 상품임을 표시한 표지(標識)" 또는 "국내에 널리 인식된 타인의 성명, 상호, 표장(標章), 그 밖에 타인의 영업임을 표시하는 표지(標識)"라고 하여 광범위하게 규정하고 있다. 그런데 우리 부정경쟁방지법은 '상품의 형태'에 대해서는 직접적으로 표지(標識)의 하나로 예시하고 있지 않으므로, 과연 우리 부정경쟁방지법의 해석상 상품 형태 자체도 '상품임을 표시한 표지(標識)'에 해당한다고 할 수 있을 것인지가 문제된다.

이와 유사한 규정을 두고 있는 일본 부정경쟁방지법의 해석과 관련하여서는, 상품 형태를 '표시(表示)'에 해당하는 것으로 봄이 일반적임은 앞서 살펴본 바 있다. 여기서 '표시(表示)'라고 하는 용어는 영어로 말하면 'notice'와 같은데, 'notice'는 어떤 것인가를 알린다거나 주의를 끈다거나 하는 것을 의미하므로, 용어의 엄밀한 의미에 의하면 상품의 형태 그 자체는 소위 'notice'에는 해당하지 않으나, 근래에 상품의 용기나 포장과 함께 상품의 형태 자체도 상품 표시에 해당하는 것이라고 일본 법원에서 확대하여 해석해 오고 있고, 굳이 이에 대해 반대하는 학설도 찾을 수 없다고 설명되고 있다.[80] 다시 말하면, 상품 형태가 주지성을 얻어감에 따라 상품표시(商品表示)에 해당하게 되는 브랜드화

---

80) 牛木理一, 商品形態の保護と不正競争防止法, 経済産業調査会(2004), 21면.

현상을 야기하게 된다는 것이다.[81]

우리나라 부정경쟁방지법의 해석으로도, 법문상으로 타인의 상품 또는 영업을 식별하는 것이라면 어떠한 것이라도 보호 대상이 되는 표지(標識)에 해당하는 것처럼 되어 있다는 점, 미국이나 일본 등 선진국을 중심으로 하여 나타나고 있는 세계적인 상표 범위의 확대 경향에 따라 상품 형태 자체도 상표로 인정함이 일반적인 점, 이와 같은 경향에 발맞추어 우리나라 상표법도 입체상표를 도입한 점 등을 감안해 볼 때, 상품 형태도 그것이 상품 또는 영업을 식별하는 기능을 한다면 혼동초래 부정경쟁행위의 보호대상이 되는 표지(標識)로 인정함이 타당할 것이다.

우리 대법원도 상품 형태의 표지성(標識性)을 긍정하기는 하나, 다만 그 요건은 매우 엄격하다. 즉, "일반적으로 상품의 형태는 상품의 출처를 표시하는 기능을 가진 것은 아니나, 다만 어떤 상품의 형태가 장기간 계속적, 독점적, 배타적으로 사용되거나 지속적인 선전광고 등에 의하여 그 형태가 갖는 차별적 특징이 거래자 또는 수요자에게 특정한 품질을 가지는 특정 출처의 상품임을 연상시킬 정도로 개별화되기에 이른 경우에는 부차적으로 자타상품의 식별기능을 가지게 되고 이러한 경우에 비로소 부정경쟁방지법 제2조 제1호 가목 소정의 '기타 타인의 상품임을 표시한 표지'에 해당된다고 할 것이다"고 판시한 이후,[82] 이를 더욱 발전시켜 "상품의 형태는 디자인권이나 특허권 등에 의하여 보호되지 않는 한 원칙적으로 이를 모방하여 제작하는 것이 허용되며, 다만 예외적으로 어떤 상품의 형태가 장기간의 계속적·독점적·배타적 사용이나 지속적인 선전광고 등에 의하여 그 형태가 갖는 차별적 특징이 거래자 또는 수요자에게 특정한 품질을 가지는 특정 출처의 상품임

---

81) Id. 21-22면.
82) 대법원 1994. 12. 2. 선고 94도1947 판결(공1995상, 526). 상품 형태가 상품주체혼동행위의 부정경쟁행위에 의하여 보호받을 수 있는 요건과 관련한 최초의 판시이다.

을 연상시킬 정도로 현저하게 개별화된 경우에만 부차적으로 자타상품의 식별력을 가지게 되고 이러한 경우 비로소 부정경쟁방지법 제2조 제1호 가목 소정의 '기타 타인의 상품임을 표시한 표지'에 해당되어 같은 법에 의한 보호를 받을 수 있다"고 판시해 옴으로써 상품 형태의 표지성(標識性)을 매우 엄격하게 인정하고 있다.[83] 또한, 그 이후에는 "상품의 형태는 디자인권이나 특허권 등에 의하여 보호되지 않는 한 원칙적으로 이를 모방하여 제작하는 것이 허용되며, 다만 예외적으로 어떤 상품의 형태가 2차적으로 상품출처표시기능을 획득하고 나아가 주지성까지 획득하는 경우에는 부정경쟁방지법 제2조 제1호 가목 소정의 '기타 타인의 상품임을 표시한 표지'에 해당하여 같은 법에 의한 보호를 받을 수 있다. 그리고 이 때 상품의 형태가 출처표시기능을 가지고 아울러 주지성을 획득하기 위해서는, 상품의 형태가 다른 유사상품과 비교하여, 수요자의 감각에 강하게 호소하는 독특한 디자인적 특징을 가지고 있어야 하고, 일반수요자가 일견하여 특정의 영업주체의 상품이라는 것을 인식할 수 있는 정도의 식별력을 갖추고 있어야 하며, 나아가 당해 상품의 형태가 장기간에 걸쳐 특정의 영업주체의 상품으로 계속적·독점적·배타적으로 사용되거나, 또는 단기간이라도 강력한 선전·광고가 이루어짐으로써 그 상품형태가 갖는 차별적 특징이 거래자 또는 일반수요자에게 특정 출처의 상품임을 연상시킬 정도로 현저하게 개별화된 정도에 이르러야 한다."고 판시하여,[84] 상품 형태의 표지성(標識性) 인정 요건을 더욱 엄격히 하고 있다.

(2) 상품 형태의 표지성(標識性)에 관한 대법원 설시의 문제점

위와 같이 우리 대법원도 상품 형태의 표지성(標識性)을 엄격한 요

---

83) 대법원 2001. 10. 12. 선고 2001다44925 판결(공2001하, 2461).
84) 대법원 2007. 7. 13. 선고 2006도1157 판결(공2007하, 1330).

건 아래 인정하고 있는데, 여기에는 아래와 같은 두 가지 문제점이 있다.

첫째는, 상품 형태의 표지성(標識性) 인정 요건이 너무 엄격하고 획일화되어 있다는 점이다. 즉, 우리 대법원 판례에 따르면, 상품 형태는 원칙적으로 디자인권이나 특허권에 의해 보호되어야 한다는 것이며, 다만 예외적으로 그 형태가 갖는 차별적 특징이 현저하게 개별화된 경우에만 부차적으로 식별력을 가지는 것에 불과하다는 것인데, 이러한 판시는 상품 형태의 식별력의 정도는 다양함에도 상품 형태는 일률적으로 자타상품의 식별력이 없다는 전제에서 엄격한 식별력 취득 요건을 요구하고 있다는 점,[85] 그리고 상품 형태의 식별력 취득을 특별한 근거도 없이 다른 표지들과는 차별적으로 엄격하게 취급하여 매우 제한적으로 보고 있다는 점에서 문제점이 있는 것이다.

우리 대법원이 설시한 표지성(標識性) 인정의 위 요건은 일본에서 상품 형태의 표시성(表示性)을 인정하는 논리에 많은 영향을 받은 것으로 보인다. 그런데 일본의 경우에는 앞서 본 바와 같이 "① 어떤 형태가 오랫동안 계속하여 어떤 상품에 사용되거나, 또는 ② 단기간이라고 하더라도 강력하게 선전되거나, 또는 ③ 그러한 형태가 극히 특수하고 독자적인 것이어서, 그러한 형태 자체가 출처표시의 기능을 가지기에 이르는 경우"의 세 가지를 표시성(表示性)이 인정되는 경우들로 열거하고 있다. 이에 비하여, 우리 대법원 판례는 이들 각각을 표지성(標識性)이 인정되는 별개의 경우로 열거하는 것이 아니라, 그 중 일부만 열거하거나 아니면 위에서 본 대법원 2007. 7. 13. 선고 2006도1157 판결에서와 같이 '수요자의 감각에 강하게 호소하는 독특한 디자인적 특징' 등의 엄격한 요건을 추가적으로 요구함으로써 일본에서보다 상품 형태의 표지성(標識性)을 훨씬 엄격하게 인정하고 있는 것이다. 그

---

85) 김원오, "입체상표의 등록 및 보호요건에 관한 소고 : 상품의 형상이나 포장 형태의 입체표장을 중심으로", 산업재산권 11호(2002. 5.), 한국산업재산권법학회, 201면.

러나 어떤 상품 형태가 오랫동안 계속하여 상품에 사용되거나, 단기간
이라고 하더라도 강력하게 선전되는 경우 식별력을 취득할 수 있음은
물론, 상품 형태 자체가 매우 독특한 형태로 되어 있다면 별다른 부가
요건 없이 그 자체로 조어상표(coined mark or fanciful mark)나 임의적
상표(arbitrary mark)와 같이 본래부터 식별력을 가질 수도 있으므로, 우
리 대법원도 일본과 같이 ①, ②, ③의 세 가지 경우 각각을 상품 형태
의 표지성(標識性)이 인정되는 별개의 경우로 포섭하는 방향으로 법리
를 개선할 필요성이 있다.

둘째는, 우리 대법원은 기능성원리에 대한 인식 부족으로 상품 형태
의 표지성(標識性) 취득의 문제를 기능성원리와 혼동하여 설시하고 있
다는 점이다. 즉, 대법원은 앞서 본 바와 같이 "상품의 형태는 디자인
권이나 특허권 등에 의하여 보호되지 않는 한 원칙적으로 이를 모방하
여 제작하는 것이 허용되며"라는 문구를 설시하고 있는데, 이는 상품의
형태가 기능적인 것에서 유래하였는지 여부를 전혀 따지지도 않고 디
자인과 특허권 등에 의해 보호되지 않으면 원칙적으로 그 형태를 부정
경쟁방지법에 의해 보호할 수 없다고 하는 취지인 점에서 매우 부적절
한 것이다.[86] 상품 형태 중에서 기능적인 것에서 유래한 경우만 특허
법 등과의 조정이 문제된다는 것은 미국, 일본 등에서의 일반적인 이해
임은 앞서 살펴본 바 있다.

우리 대법원의 판시 문구 자체에는 직접적으로 나타나 있지 않지만,
아마도 우리 대법원은 위 판시를 하면서 상품 형태는 근본적으로 모두
기능성에서 자유로울 수 없다는 생각이 내재되어, 상품 형태의 식별력
을 다른 표지의 식별력과 같은 기준에서 판단하는 경우에는 그러한 기
능성의 측면을 제대로 반영하지 못함으로써 그 보호범위가 부당하게
넓어질 우려가 있다는 생각이 반영되어 있는 것으로 보인다. 그러나 이

---

86) 김원오(주 85), 201면도 같은 취지의 비판을 제기하고 있다.

러한 논리구성은 기능성과 식별력의 문제를 구분하지 못함으로써 상품 형태의 보호 여부에 대한 정치한 분석을 하지 못하고 있다는 점에서 문제점이 있다. 앞서 미국이나 일본의 논의에서 살펴보았듯이 상품 형 태도 애초부터 기능성에서 자유로운 것이 얼마든지 있고, 기능성과 관련하여 상품 형태에 대한 보호를 제한하고자 한다면 이는 기능성의 문제로 해결해야지 식별력의 문제로 해결해서는 안 되기 때문이다.

요컨대, 위에서 본 우리 대법원 판례들은 상품 형태의 기능성의 문제를 인식하지 못하고, 상품 형태가 부정경쟁행위에 의하여 보호받을 수 있는지 여부를 오로지 "장기간 계속적, 독점적, 배타적으로 사용되거나 지속적인 선전광고 등에 의하여 그 형태가 갖는 차별적 특징이 거래자 또는 수요자에게 특정한 품질을 가지는 특정 출처의 상품임을 연상시킬 정도로 개별화되기에 이르렀는지 여부"라는 엄격한 식별력의 문제로만 통합하여 이해하고 있다. 그런데 이러한 태도에는 위에서 살핀 것과 같은 문제점들이 있을 뿐만 아니라, 우리와 법규정이 거의 유사한 일본이나 기능성원리에 대한 논의가 가장 활발한 미국과도 전혀 동떨어진 해석론이므로, 이러한 태도는 앞으로 체계적인 연구를 통하여 개선될 필요가 있다.

나. 혼동초래 부정경쟁행위에 대한 기능성원리 적용 여부에 대한 논의

(1) 서설

우리나라에서도 상품 형태가 혼동초래 부정경쟁행위의 성립 요건으로서 상품 표지(標識)에는 해당할 수 있음은 앞서 살펴보았다. 그런데 어떤 상품 형태가 상품의 기능으로부터 유래하였거나 이와 밀접한 관

련이 있는 경우에도 혼동초래 부정경쟁행위에 의해 보호할 것인가, 즉
우리 부정경쟁방지법에서 혼동초래 부정경쟁행위에도 기능성원리를
적용할 것인지가 문제된다. 앞서 누차 언급하였듯이 이는 우리 부정경
쟁방지법에 기능성원리에 관한 아무런 규정이 없기 때문에 발생하는
문제이다. 그런데 우리나라의 경우에는 일본과 달리 이 문제에 대한 학
설, 판례의 논의가 그리 활발하지 않다.

(2) 우리나라 학설의 검토

기능성원리에 관한 우리나라 학설들의 논의를 살펴보면, 혼동초래
부정경쟁행위에 기능성원리가 적용되어야 하는지 여부에 대하여 구체
적이고 직접적인 논의를 하지는 않더라도, 기능적인 상품 형태에 대해
서 상표 또는 부정경쟁방지법에 의한 보호를 거부하는 미국 또는 일본
의 논의 동향을 소개하면서 전반적으로 이러한 경향을 바람직하게 평
가하고 있음을 알 수 있다. 따라서 우리나라 학설들은 기능적 형태를
혼동초래 부정경쟁행위에 의해 보호해서는 안 된다는 점, 즉 기능성원
리를 부정경쟁방지법에도 적용해야 한다는 점에 대해서는 일반적인 공
감대가 형성되어 있다고 봐도 무방할 것으로 생각된다.

우리나라에서 이 문제에 대하여 구체적으로 논하고 있는 학설들로는
다음과 같은 세 가지 정도를 찾아볼 수 있는데, 이들 견해들도 모두 기
능성원리를 부정경쟁방지법에 적용해야 한다는 결론에 있어서는 동일
하고, 다만 그 구체적인 이론구성에서만 차이가 있는 것이다. 이들 학
설의 내용을 차례로 검토해 본다.

첫째는, 기능적인 특성(functional features)이 상표적 의미를 취득하였
다고 하더라도 그 특성이 기능적인 것이라면 혼동을 초래하는 것이 아
니므로, 이른바 기능적 상품 형태의 자유사용의 원칙에 따라 그 모방행
위를 금지할 수 없다는 견해가 있다. 상품의 형태 자체가 마치 상표처

럼 상품을 개별화하는 작용을 갖게 됨으로써 그 상품 형태 때문에 상품을 선택하게 되면 그것은 출처표시기능을 가지게 되어 부정경쟁방지법상의 상품 표지로서 보호를 받을 수 있으나, 창작물인 특허나 저작물이 일정기간 경과하면 공중의 소유가 되므로 상품 그 자체에 대한 부정경쟁방지법의 개입에 의한 무한정의 보호는 원칙적으로 부정되어야 특허제도와 균형이 맞게 된다는 점을 근거로 들고 있다.[87]

이 견해는 기능적인 특성에 대한 보호를 거부해야 하는 근거로서 특허법과의 충돌 방지를 들고 있는 한편, 혼동초래 부정경쟁행위에 의한 보호요건 중 '혼동' 요건에 기대어 기능적인 상품 형태의 보호를 거부하는 것으로 이론구성을 하고 있는 점이 흥미롭다. 그러나 이러한 해석에 대하여는 기능적인 형태가 식별력이 있는 상품표시로서 기능함을 전제로 하면서도 혼동이 없다고 하는 것인 점에서 전후가 모순된다는 비판이 가능할 것이다. 식별력이 있는 상품 표지를 모용하는 것인 이상 혼동이 생기지 않을 수 없기 때문이다.

둘째는, 만약 상품 형태의 특징이 기술적 사상으로서 기능적인(functional) 경우에는, 이는 특허법, 실용신안법의 보호대상이라 할 것이고, 권리가 소멸된 후에는 전 인류의 공유재산으로서 누구라도 그것을 자유롭게 사용할 수 있는 것이 이들 법률의 정신이므로, 상품 형태에 대한 보호가 이러한 특허법 등의 규정에 반하여 그 보호를 연장하는 결과를 가져오지 않도록 하기 위하여 부정경쟁방지법상 보호도 부정되어야 할 것이며, 설사 오랜 사용에 의하여 상품 표지성(標識性)을 갖는 경우에도 역시 보호가 부정되어야 한다고 하면서, 입체상표의 등록요건으로서 '비기능성'을 요구하는 취지를 부정경쟁방지법에 의한 보호 여부를 결정할 때에도 반드시 고려해야 한다고 주장하는 견해가 있다.[88]

---

87) 송영식 외 6인(주 23), 415-416면.
88) 김원오(주 85), 201-202면.

이 견해는 앞의 견해와 마찬가지로 기능적인 상품 형태에 대한 보호를 거부해야 하는 근거를 특허법과의 충돌 방지에서 찾는 한편, 상표법의 기능성원리에 대한 규정을 부정경쟁방지법의 해석과 연결하고 있는 점이 흥미롭다. 다만, 기능적인 상품 형태가 상품 표지로서 역할을 함에도 불구하고 그 보호를 거부하는 근거를 부정경쟁방지법의 혼동초래 부정경쟁행위 규정에 비추어 분석하고 있지는 않은 점, 즉 '주지성', '상품 표지성(標識性)', '혼동' 등 혼동초래 부정경쟁행위의 성립요건들 중에서 어떠한 요건이 충족되지 않았음을 이유로 그 보호를 거부해야 하는 것인지 명백하게 밝히고 있지 않은 점에서 아쉬움이 있다.

셋째는, "특허법, 실용신안법, 디자인보호법, 상표법, 독점규제 및 공정거래에 관한 법률, 표시·광고의 공정화에 관한 법률, 형법 중 국기·국장에 관한 규정 등에 다른 규정이 있는 경우에는 그 법에 의한다"고 규정하고 있는 부정경쟁방지법 제15조에 근거하여 우리 부정경쟁방지법도 기능성원리를 명백히 규정하고 있다고 해석하는 견해가 있다. 위 규정에 의할 때, 특허법, 실용신안법, 디자인보호법은 기능성이 있는 발명, 고안, 디자인 중에서 특허법, 실용신안법, 디자인보호법에 의해 권리가 인정되지 않은 부분은 소위 공공의 영역(public domain)에 속하기 때문에 이에 대하여는 자유롭게 접근, 모방할 수 있다고 보이므로, 이러한 것들은 부정경쟁방지법에 의하여 보호할 수 없다는 기능성원리의 도출이 가능하다고 한다. 그리고 물론 부정경쟁방지법 제15조는 "다른 규정이 있는 경우"라고 한정하고 있어 명문의 규정만을 지칭하고 있는 것으로 보이기는 하지만 부정경쟁방지법의 전체적인 해석상 위와 같은 의미를 추출하는 것은 어렵지 않다고 주장한다.[89]

---

89) 황희철, "Trade Dress(상품외관)의 보호에 대하여", 통상법률 19호(1998. 2.), 법무부, 101-102면. 이 견해는 더 나아가 "부정경쟁방지법은 다른 지적재산권법의 보완적인 역할을 담당하기 때문에 다른 지적재산법과의 견련성이 중요하다. 이 중에서 특히 중요한 것으로 특허법과의 견련성을 들 수 있다."고 설명한다.

이 견해는 상표법에 기능성원리에 대한 별개의 규정이 있는 것과 마찬가지로 부정경쟁방지법의 경우도 제15조라는 별개의 기능성원리 도출 규정이 있다고 해석하는 것이므로, 굳이 부정경쟁방지법 제2조 제1호 가목과 나목의 혼동초래 부정경쟁행위 규정상의 요건에 기대지 않아도 되어서, 논의를 단순화할 수 있는 편리한 해석이라고 할 수 있다. 그러나 부정경쟁방지법 제15조의 규정만으로 기능성원리를 직접 추출해 낼 수 있는지 매우 의문이다. 위 규정은 부정경쟁방지법이 원래 신의칙에 기한 일반법적 기초 위에서 발전되어 온 것이므로 특허법 등 산업재산권법 규정에 따라 일정한 심사를 거쳐 독점권이 부여되어 그 법에 의해 권리를 행사하는 경우에는 그러한 권리행사에 부정경쟁방지법이 적용되지 아니함을 수긍하여 두게 된 것으로서,[90] 기능적인 형상에 대해서 특허가 아닌 상표에 의한 보호를 거부한다는 기능성원리와는 그 취지나 배경이 전혀 다르기 때문이다. 위 규정은 부정경쟁방지법과 거기에서 규정하고 있는 다른 법률 사이의 관계를 일반적으로 조정하기 위한 것으로서, 다른 법률에 구체적으로 부정경쟁방지법과 저촉되는 규정이 있는 경우에 그 법률 규정에 의한다는 것일 뿐이므로, 예를 들어 특허법 등에 '기능적인 형상에 대해서는 상표에 의한 보호를 하지 않는다'와 같은 구체적인 규정이 없는 이상 이로부터 기능성원리를 바로 도출하는 것은 해석상 무리라고 생각된다. 그리고 기능성원리는 디자인과 사이에서는 적용되어서는 안 됨에도 불구하고,[91] 위 견해에 의하면, 부정경쟁방지법 제15조에 특허법과 함께 디자인보호법도 규정되어 있는 이상 기능성원리가 부정경쟁방지법과 특허법 사이에서만이 아니라 디자인보호법과 사이에서도 적용되어야 한다는 논리가 제공된다는 점에서도 문제가 있다.

---

90) 송영식 외 6인(주 23), 487면.
91) 이와 관련하여서는 이 장 제4절 2.나.(3)항에서 자세히 살펴본다.

(3) 우리나라 판례의 검토

일본에는 혼동초래 부정경쟁행위의 성립과 관련하여 기능성원리가 문제된 판례가 매우 많이 축적되어 있음을 앞서 보았다. 그러나 우리나라는 이들 나라와는 달리 상품 형태의 모방행위가 혼동초래 부정경쟁행위에 해당하는지 여부를 그 형태의 기능성(functionality)과 연결하여 판단한 판례가 매우 미미한 실정이다. 그 원인은, 혼동초래 부정경쟁행위에 의한 상품 형태의 보호 여부와 관련하여 기능성이 문제됨에도 불구하고, 앞서 본 절 3.가.(2)항에서 살펴본 바와 같이 우리 대법원이 아직 기능성의 문제를 제대로 인식하지 못하고 이를 엄격한 식별력의 문제로 통합하여 이해하고 있는 데 있다.

기능성원리를 인식하고 있는 것으로 보이는 우리 법원의 판례를 아래에서 살펴본다.

(가) 대법원 판례

1) 대법원 판결 중에 기능성원리를 인식한 것으로 보이는 판결로는 대법원 2003. 11. 27. 선고 2001다83890 판결(미간행)이 있다. 이 판결에서는 다음에서 보는 바와 같은 "노래하는 거북이"의 상품 형태가 부정경쟁방지법 제2조 제1호 가목이 규정한 상품주체혼동행위에 의해 보호되어야 하는지 여부가 문제되었다. 이에 대해 대법원은 위 상품 형태의 표지성(標識性)을 긍정하면서 이와 달리 표지성을 부정하여 그 보호를 거부한 원심판결인 서울고법 2001. 10. 30. 선고 2001나40611 판결(미간행)을 파기하였다.

[원고의 완구 형태]

[피고의 완구형태][92]

이 판결은 비록 기능성원리를 정면으로 내세워 설시한 것은 아니고, 상품 형태의 기능성(functionality)을 인정하여 혼동초래 부정경쟁행위의 성립을 부정한 것도 아니다. 그러나 아래에서 보는 바와 같이 그 판시 문구에는 "원고의 완구 형태가 그 완구의 성질 내지 기능에서 유래하는 필연적인 형태라고 볼 수 없으며"라고 하여, 앞서 기술적 형태 제외설(技術的 形態 除外說)을 취하는 일본 판례들이 설시하고 있는 것과 같은 문구가 포함되어 있으므로, 기능성원리를 인식하고 있는 판례라고 할 수 있다. 다른 대법원 판결들이 기능성원리에 대해서 전혀 인식하지 못하고 있는 점을 감안하면 위 대법원 판결은 매우 주목할 만한 것이다. 원심판결의 판시내용과 대비하면서 위 대법원 판결의 판시내용을 아래에서 자세히 살펴본다.

① 원심판결의 판시내용: 원심판결은 기존의 대법원 판례들이 상품 형태의 표지성(標識性) 인정 요건에 대하여 설시한 법리에 맞추어 아

---

92) 원고로부터 경고편지를 받기 전의 것의 것으로, 어미 거북의 머리 및 목 부분은 노란색이고, 거북 등껍질 부분과 새끼 거북은 초록색이며, 어미 거북의 모자와 거북의 각 바퀴 부분은 흰색으로 되어 있고, 새끼 거북의 모자 부분은 빨간색으로 되어 있다. 원고의 거북과 비교해 보면 어미 거북의 경우에는 색채 차이가 없고, 새끼 거북의 경우는 원고 거북에서는 모두 초록색으로 되어 있는 정도의 차이만 있다. 피고는 원고로부터 경고 편지를 받은 후 거북 등껍질 색을 분홍색으로, 바퀴 등은 옅은 회색으로, 어미 거북의 얼굴과 목은 흰색으로 바꾸어 판매를 하였다.

래와 같이 판시하면서, 원고 완구 형태의 표지성이 부정됨을 이유로 상품주체혼동행위가 성립하지 않는다고 하였다.

"원고가 1983년경부터 현재에 이르기까지 국내에서 상품을 상당량 판매하여 현재 거래업자나 소비자들 사이에 이 상품이 상당히 알려져 있는 점, 1992년경에는 원고의 상품이 한국인더스트리얼디자인협회가 정한 '좋은 디자인 상품' 87점에 선정되기도 한 점, 원고가 다른 사람을 피신청인으로 하여 상표 '노래하는 거북이'를 장난감 등에 사용하는 것을 금지하는 등의 내용으로 부정경쟁행위중지가처분 결정을 받은 사실이 있는 점, 원고가 1993년경 원고 회사의 직원 모집 신문 광고에서 원고의 위 상품의 형태만을 배경 그림으로 표시한 바 있는 점 등을 인정할 수 있으나, 이러한 점들만으로는 거북 완구 상품의 형태가 장기간의 계속적·독점적·배타적 사용이나 지속적인 선전광고 등에 의하여 그 형태가 갖는 차별적 특징이 거래자 또는 수요자에게 특정한 품질을 가지는 특정 출처의 상품임을 연상시킬 정도로 현저하게 개별화되어 상품표지성을 갖게 되었다고 보기에 부족하다."

② 대법원의 판시내용: 대법원은 아래와 같이 원고 완구 형태의 표지성(標識性)을 긍정하는 판시를 하면서 원심판결을 파기하였다.

"이 사건 완구와 같은 유아용 완구 분야에서 동물들을 소재로 삼아 가족관계를 구현한 제품이 흔하기는 하지만, 테를 위로 접어 올린 형태의 동그란 모자를 쓰고 있으면서 배 부분과 직각을 이루는 머리 부분, 다소 커다랗게 형성한 눈과 약간 튀어나온 상태로 다물고 있는 입 부분, 둥그런 형태의 바퀴 4개를 외부로 돌출하여 형성한 다리 부분, 다각형을 방사상으로 배치하여 등 무늬를 표현하면서 바퀴가 있는 쪽을 바퀴의 형태에 맞추어 곡선으로 처리한 등딱지 부분 등이 조합되어 큰 거북의 형태를 이루고 있고, 그와 닮은 꼴로 작은 거북의 형태가 구성되어 있는 점은 국내에서 유통되는 완구상품에 통상 있는 형태라거나 그 완구의 성질 내지 기능에서 유래하는 필연적인 형태라고 볼 수 없으며, … 원고는 국내에서 1983년경부터 계속하여 동일한 형태의 이 사건 완구를 판매함으로써 피고가 위 거북 완구를 판매하기 시작한 1999. 10. 무렵 이미 이 사건 완구를 판매한 기간은 16년가량 되었으며, … 1992. 12. 1.자 한 일간 신문의 보도 기사에 이 사건 완구는 '7년 동안 1백만 개 이상 팔린 디자인 히트 상품이다'고 기재된 바 있고, 그 후에도 이 사건 완구의 판매량은 1995년에 7만 6천여 개, 1996년에 6만 4천여 개, 1997년에 4만 3천여 개, 1998년에 3만 3천여 개, 1999년에 2만 7천여 개에 이르고 있음을 알 수 있어, … 이 사건 완구의 형태는 다른 완구들의 형태와 구별되는 특징을 지니며 장기간 계속적·독점적·배타적으로 사용됨으로써 피고가 거북 완구를 제조·판매한 1999. 10. 무렵 이미 국내의 거래자나 일반 수요자에게 특정 출처의 상품임을 연상시킬 정도로 현저하게 개별화되기에 이르렀다고 볼 여지가 크다."

③ 판결의 분석: 위 대법원판결의 판시 중 거북의 형태가 "완구의 성질 내지 기능에서 유래하는 필연적인 형태라고 볼 수 없으며" 부분의 설시에 주목할 필요가 있다. 이러한 문구는 앞서 검토한 바와 같이 일본의 판례들이 기능적 형태라는 이유로 상품 형태의 표시성(表示性)을 부정하여 부정경쟁방지법에 의한 보호를 거부하면서 설시하는 문구이므로, 우리 대법원이 이와 같은 문구를 그대로 차용하여 설시한 이상 우리 대법원 역시 상품의 '기능적 형태'는 혼동초래 부정경쟁행위에 의해 보호받을 수 없다는 점, 즉 혼동초래 부정경쟁행위에도 기능성원리가 적용될 수 있음을 인정한 것으로 해석할 수 있기 때문이다. 한편, 위 대법원판결은 위의 판시에 이어 "자료에 실린 완구 사진들은 이 사건 완구의 형태와 상이하여 오히려 거북을 소재로 하여 이 사건 완구와 다른 다양한 형태의 완구 제조가 가능하다는 점을 보여주고 있으며"라고 하여 '대체 가능한 디자인의 존부'가 상품 형태의 표지성(標識

性) 인정 여부에 고려될 수 있음을 언급하고 있는 점도 눈여겨 볼만하다.

다만, 위 판결의 문구에 따르면, 우리 대법원은 상품 형태가 기능적 형태에 해당하는지 여부를 그것이 특정 출처의 상품임을 연상시킬 정도로 현저하게 개별화되어 있는지 여부, 즉 상품 형태의 식별력 여부를 판단하기 위한 하나의 고려요소에 불과한 것으로 취급하고 있는 것으로 보인다. 따라서 위 판결은 기능성원리를 인식하고는 있다는 점에서 의의를 찾을 수 있지만, 식별력과 구분되는 기능성원리의 독자적인 의의까지는 명확하게 인식하지 못하였다는 점에서 그 한계가 있다.

2) 한편, 대법원 2005. 2. 17. 선고 2004도7967 판결(미간행)도 기능성원리를 인식한 판결이라고 할 수 있다. 즉, 위 판결은 그 원심판결인 부산지법 2004. 11. 11. 선고 2004노1908 판결(미간행)에 대해, "원심이 이 사건 팽이가 탑블레이드 팽이와 그 형태에 있어서 다소 유사한 것은 사실이나, 그 대부분은 팽이라는 상품 본래의 기능을 확보하기 위한 기술적 요청에서 유래한 결과로서 그와 같은 상품의 형태 자체에 대하여 피해회사가 특허권을 취득하였다는 등의 특별한 사정이 없는 한 피해회사에게 그 사용에 대한 독점권이 부여되어 있다고 할 수 없고, 날개부분의 형상도 그와 같은 상품의 형태 자체가 곧바로 특정한 출처의 상품임을 연상시킬 정도로 개별화되어 타인의 상품임을 표시한 표지로서 작용하기에 이르렀다고 보기도 어려워, 이 사건 팽이의 형태가 탑블레이드 팽이와 다소 유사하다는 것만으로 곧 피고인이 이 사건 팽이를 국내에 수입한 행위를 부정경쟁행위에 해당한다고 할 수 없다고 판단한 것은 정당하다"고 판시하였는데, 위 판시 중 "팽이라는 상품 본래의 기능을 확보하기 위한 기술적 요청에서 유래한 결과로서 … 피해회사에게 그 사용에 대한 독점권이 부여되어 있다고 할 수 없고"라는 설시 부분은, 비록 원심을 그대로 수긍하여 판시한 것이기는 하지만 기능성원리를 직접적으로 인식하였다고 평가해도 좋을 것이다.

다만, 위 대법원판결은 원심판결이 설시한 기능성원리 관련 법리를 그대로 채용하지 않고, "상품의 형태는 의장권이나 특허권 등에 의하여 보호되지 않는 한 원칙적으로 이를 모방하여 제작하는 것이 허용되며"라고 하여 기능성원리를 인식하지 못하고 있는 기존 대법원판결의 법리[93]를 그대로 인용하여 설시하고 있다는 점에서 큰 아쉬움이 남는다. 원심판결이 설시한 법리에 대해서는 바로 아래 하급심판례를 살펴보면서 검토한다.

(나) 하급심 판례

1) 우리 법원의 하급심 판례 중에는 부정경쟁방지법의 적용과 관련하여 기능성원리를 정면으로 다룬 것이 있어 주목된다. 부산지법 2004. 5. 17. 선고 2003고단9574 판결(미간행)(바로 위에서 본 대법원 2005. 2. 17. 선고 2004도7967 판결의 제1심 판결임)이 바로 그것인데, 아래에서 자세히 살펴본다.

① 판시내용: 아래와 같이 판시하면서 '탑블레이드 팽이'의 입체적 형상이 상표법 내지 부정경쟁방지법의 보호영역에 포함되지 않는다고 하였다. 한편, 위 사안에서는 상표권 침해 여부가 아니라 부정경쟁방지법상의 상품주체혼동행위 성립 여부가 문제되었는데, 위 판결은 위와 같이 부정경쟁방지법에 기능성원리를 적용하는 근거로 상표법 제7조 제1항 제13호의 기능성원리 관련 규정을 적시하고 있다는 점에 특색이 있다.

"탑블레이드 팽이는 종래의 팽이와는 달리, 팽이의 본체는 톱니 모양의 구조를 띠고 있고, 총 모양의 추진체와 플라스틱 줄을 이용하여 팽이를 장착한 다음 그 줄을 순간적으로 잡아당겨 뺌으로써 팽이를 돌

---

93) 이러한 법리를 설시한 대법원판결 및 이에 대한 비판은 주 83) 내지 주 86) 부분 참조.

게 하는 기능을 갖고 있는바, 위와 같은 팽이의 작동 원리와 기능은 가령 피해회사 측에서 새롭게 고안한 것이라고 할지라도, 그것에 대하여 특허권을 취득하였다는 등의 특별한 사정이 없는 이상 독점권이 부여되지 아니하고, 일반인의 자유이용 영역에 포함되는 것이 되어 누구나 위와 같은 원리와 기능의 팽이를 이용·제조·판매할 수 있는 것이고, 또한 위와 같은 팽이의 입체적 형상 역시 가령 피해회사 측에서 새롭게 고안한 것이라고 할지라도, 그것이 상품의 기능을 확보하는데 불가결한 요소로 작용하고 있고, 그와 같은 입체적 형상 자체에 대하여는 대체적(代替的)인 디자인의 존재가 상정되기 어렵다는 측면에서 상표법 내지 부정경쟁방지법 등의 보호영역에 포함되지 않는 것으로 판단된다.”

② 평가: 위 판결은 팽이의 입체적 형상이 '상품의 기능을 확보하는데 불가결한 요소로 작용하고 있음'을 이유로 들어 상품주체혼동행위의 성립을 부정함으로써 기능성원리를 정면으로 적용하고 있는 한편, 미국의 연방항소법원들이 연방대법원의 TrafFix 판결 이전에 일반적으로 가지고 있었던 기능성(functionality) 판단의 고려요소인 '대체가능한 디자인의 존부'를 언급하고 있고, 부정경쟁방지법과 상표법을 같은 선상에서 이해하여 기능성원리와 관련한 상표법 제7조 제1항 제13호 규정을 근거로 하여 부정경쟁방지법에서 기능성원리의 적용을 도출하고 있는 등, 여러 가지 점에서 기능성원리와 관련한 매우 진전된 판결로 평가된다. 다만, 부정경쟁방지법과 관련한 기능성원리의 적용 여부를 다루면서 부정경쟁방지법 자체의 규정이 아닌 상표법 규정을 그 근거 규정으로 들면서도, 그 이유가 무엇인지에 대해서는 아무런 설명이 없다는 점에서 그 논리구성에 대한 의문과 아쉬움이 있다.

2) 그리고 위 판결의 항소심 판결인 부산지법 2004. 11. 11. 선고 2004노1908 판결(미간행)은 기능성원리의 본질을 인식하는 판시를 하

였다는 점에서 매우 주목할 만하다. 즉 위 판결은, 앞서 검토한 바와
같이 "상품의 형태는 의장권이나 특허권 등에 의하여 보호되지 않는
한 원칙적으로 이를 모방하여 제작하는 것이 허용되며"라고만 하여 그
논리에 문제가 있는 기존 대법원판결의 법리를 수정하여, "상품의 형태
는 원래 그 상품이 지녀야 할 본래의 기능을 충분히 발휘하기 위하여
적합하다는 이유로 선택된 것이어서 특허권, 실용신안권, 의장권 등이
설정되어 있지 않는 한 누구라도 이를 모방하여 제작할 수 있는 자유
이용의 영역에 제공되는 것이고, 다만 어떤 상품의 형태가 장기간에 걸
쳐 계속적, 독점적, 배타적으로 사용되거나 지속적인 선전, 광고 등에
의하여 그 형태가 갖는 차별적 특징 또는 미감이 거래자 또는 수요자
에게 특정한 품질을 갖는 특정 출처의 상품임을 연상시킬 정도로 개별
화되기에 이른 예외적인 경우에만 부차적으로 자타상품의 식별기능이
생기게 되어 이러한 경우 상품의 형태가 부정경쟁방지법 소정의 타인
의 상품임을 표시한 표지로서 보호받을 수 있다"고 법리를 설시한 다
음, "이 사건 팽이가 탑블레이드 팽이와 그 형태에 있어서 다소 유사한
것은 사실이나, 그 대부분은 팽이라는 상품 본래의 기능을 확보하기 위
한 기술적 요청에서 유래한 결과로서 그와 같은 상품의 형태 자체에
대하여 피해회사가 특허권을 취득하였다는 등의 특별한 사정이 없는
한 피해회사에게 그 사용에 대한 독점권이 부여되어 있다고 할 수 없
고"라고 하였는데, 그 중 "상품이 지녀야 할 본래의 기능을 충분히 발
휘하기 위하여 선택된 상품의 형태는 특허권 등이 설정되어 있지 않는
한 누구라도 이를 모방하여 제작할 수 있는 자유이용의 영역에 제공되
는 것" 부분은 기능성원리의 본질을 인식한 의미 있는 설시로 평가할
수 있다.

다만, 위 판결 역시 법리의 후반부에서는 기존의 대법원판결의 법리
를 그대로 수용하여 설시함으로써, 기능성원리의 본질은 인식하였으면

서도 기능성과 식별력의 차이는 구분하지 못하였다는 점에서 한계가 있다.

3) 이들 판결 이외에도, 스칸디아에서 토미(Tommy) 시리즈로 판매되고 있던 가구 세트(침대, 장롱, 서랍장 등)와 그 전체 구조 및 원목 재질, 단추모양 손잡이 등이 유사한 형태를 가진 가구를 판매하여 부정경쟁방지법을 위반하였다는 공소사실에 대하여, "검사가 스칸디아의 토미 시리즈의 독특한 디자인적 특징이라고 주장하는 전면 모서리의 곡선 제작, 잡기 편한 크고 둥근 형태의 목재 손잡이 부분, 장롱이나 침대의 알판의 형태, 각 부분 치수에 따른 비례, 조립방식은 다른 가구 업체들도 많이 채택하여 사용하고 있는 흔한 방식이거나 안전성 내지 기능성을 우선적으로 고려하여 디자인을 하는 아동용 가구의 속성 내지 기능에서 유래하는 통상적인 형태로 보인다"는 이유 등을 들어 부정경쟁행위의 성립을 부정한 인천지방법원 2010. 6. 10. 선고 2010노456 판결(미간행)(이 글 작성 당시 상고되어 대법원 2010도8383호 사건으로 진행 중임)이 있다.

이 판결의 설시를 보면, 상품의 기능적인 형태는 혼동초래 부정경쟁행위에 의해 보호될 수 있는 표지(標識)에 해당하지 않는다는 생각에 기초하고 있음을 알 수 있다. 따라서 혼동초래 부정경쟁행위에 기능성원리를 적용한 판결로 이해해도 좋을 것이다. 그리고 위 판결이 기능적인 형태에 해당하는 근거를 상품 자체의 목적이나 그 사용을 위한 본질적인 특성과 관련하여 파악하였다는 점에 주목해 볼 필요가 있다.

4) 한편, 상품형태의 '기능성'을 부정한 다음 부정경쟁방지법 상의 상품주체혼동행위 규정에 의해 이를 보호함으로써 기능성원리를 인식한 것으로 평가되는 판결로는 서울고법 2008. 11. 4. 선고 2008나35359 판결(상고부제기로 확정)(미간행)이 있다. 위 판결은 "원고 에르메스(HERMÈS)의 핸드백(그림 참조)에 나타난 상품형태에 관한 디자인, 즉「핸드백의

정면은 사다리꼴, 측면은 삼각형이고, 덮개
는 뒷면에서 앞면으로 몸체 윗부분까지 덮
으며, 몸체 윗부분의 양쪽 끝부분에 2개의
가죽 끈이 나와 덮개를 가로질러 중앙에
돌출된 금속재의 잠금장치인 버클로 연결
되는 디자인」은, *소비자들에게 심미감을*
일으켜 구매욕구를 자극하는 상품적인 기

능을 하는 데 머무르지 않고, 상품의 형태가 장기간 계속적, 독점적, 배
타적으로 사용되고, 지속적인 선전광고 등에 의하여 그 형태가 갖는 차
별적 특징이 소비자들에게 특정한 품질을 가지는 특정한 출처의 상품
임을 연상시키는 정도로 개별화되기에 이른 경우에 해당하므로, 부정경
쟁방지법 제2조 제1호 가목에 의하여 보호되는 '타인의 상품임을 표시
한 표지'에 해당된다"고 판시한 다음, 피고들의 핸드백 제품(그림 참조)
이 원고의 상품형태 디자인과 동일·유사한 디자인을 그대로 사용하여
상품의 출처에 관하여 혼동을 일으키게 하였으므로 위 법규에서 정한
부정경쟁행위에 해당한다고 하였다.

　"소비자들에게 심미감을 일으켜 구매욕
구를 자극하는 상품적인 기능을 하는 데
머무르지 않고"라는 설시 부분으로 볼 때,
위 판결은 심미적 기능성(aesthetic funct
ionality) 개념을 채택하였고, '소비자들에

게 구매욕구를 자극하는지 여부'를 심미적 기능성의 판단기준으로 삼
은 것으로 해석할 수 있다. 이러한 판단기준은 심미적 기능성 개념을
적용한 대표적인 판결인 미국 제9연방항소법원의 Pagliero v. Wallace
China Co. 판결[94])이 제시한 '제품의 상업적 성공에 있어서 중요한 요

---

94) 198 F.2d 339 (9th Cir. 1952).

소인지 여부'라는 기능성 판단기준과 일맥상통하는 것으로 생각되는
데, 이러한 판단기준을 채택하는 심미적 기능성 개념의 문제점에 대해
서는 이 글 제2장 제4절 2.다.(5)항에서 자세히 살펴본 바 있다.

4. 혼동초래 부정경쟁행위에 기능성원리 적용을 위한 해석론

앞서 검토한 우리 상표법과 부정경쟁방지법의 규정, 상표법과 부정
경쟁방지법(특히 혼동초래 부정경쟁행위)과의 관계, 일본과 우리나라의
학설 및 판례 등을 기초로 하여, 아래에서는 우리나라에서 혼동초래 부
정경쟁행위에 기능성원리 적용을 위한 바람직한 해석론을 제시해 본다.

가. 기능성원리 적용의 타당성

우리나라 부정경쟁방지법에는 혼동초래 부정경쟁행위에 기능성원리
를 적용해야 한다는 명문의 규정이 없기는 하지만, 아래와 같은 점들을
고려할 때 여기에도 기능성원리를 적용함이 타당하다.

첫째, 우리 상표법과 부정경쟁방지법이 규정한 혼동초래 부정경쟁행
위는 모두 경쟁법의 일종으로서 표지에 화체된 신용을 보호하고 이러
한 신용에 무임승차(free-ride)하려는 부정한 경쟁행위를 방지하고자 하
는 점에서 그 기본원리가 같으므로, 명문의 규정에 의해 상표법 영역에
서 기능성원리가 적용되는 이상 혼동초래 부정경쟁행위의 경우도 함께
기능성원리가 적용되는 방향으로 해석함이 바람직하다. 기본원리가 같
고 규정 형식만 다를 뿐 입법취지와 목적이 실질적으로 동일하며 심지
어는 이들 규정을 통합해야 한다는 입법론이 유력하게 제기되는 상황
에서 어느 법률을 문제로 삼는가에 따라 기능성원리의 적용 여부가 달

라지는 것은 매우 부당하다.[95)]

둘째, 부정경쟁방지법상 혼동초래 부정경쟁행위에도 그 성격상 '특허 등과의 충돌방지' 및 '자유경쟁의 부당한 제한방지'라는 정책목표가 구현될 필요가 있으므로, 위와 같은 두 가지 정책목표를 근간으로 하여 탄생한 기능성원리가 여기에도 적용되어야 함은 당연하다. 애초에 특허에 의해 보호되어야 하는 기능적 형태가 특허기간 만료 또는 특허 부등록에 의하여 공공의 영역에 있음에도 불구하고 그 모방행위를 부정경쟁행위에 의해 보호하는 것은 특허법의 취지에 반한다. 또한, 부정경쟁방지법의 입법목적은 부정한 경쟁은 방지하고 자유로운 경쟁은 촉진하고자 하는 데 있는데, 경쟁자들 누구나가 사용할 필요성이 있는 상품의 기능적인 형태를 부정경쟁행위에 의해 독점적으로 보호함으로써 오히려 자유로운 경쟁을 부당하게 제한하는 것은 자기모순인 것이다.

셋째, 세계적인 지적재산권법 이론의 통일화 경향과 세계 추세에 부합한 우리나라 지적재산권법 이론의 정립을 위해서도 기능성원리는 혼동초래 부정경쟁행위에 적용되어야 한다. 앞서 검토한 바와 같이 혼동초래 부정경쟁행위에 기능성원리를 적용함이 미국[96)]이나 일본의 일반적인 학설, 판례의 경향이므로, 우리나라에서도 이러한 흐름에 맞추어 기능성원리가 혼동초래 부정경쟁행위에도 적용되는 것으로 이론구성을 할 필요가 있다.

넷째, 기능성원리에 대하여 논하고 있는 우리나라 학설 중에도 혼동초래 부정경쟁행위에 기능성원리를 적용해서는 안 된다고 하는 견해는 찾아볼 수가 없다. 우리 판례의 경우도, 앞서 살펴본 바와 같이 기능성

---

95) 小野昌廷 編, 註解 商標法 上卷, 新版, 靑林書院(2005), 444면도 기능성원리에 관한 일본 상표법 제4조 제1항 제18호 규정과 일본 부정경쟁방지법상의 기술적 형태 제외설(技術的 形態 除外說)은 동일한 범주에 속하는 것이라고 설명하고 있다.
96) 미국은 우리나라 부정경쟁방지법이 규정한 혼동초래 부정경쟁행위에 대응하는 규정을 연방상표법(Lanham Act) § 43(a)(1)(A)에 두고 있다.

원리를 적극적으로 수용한 판결은 그다지 많지 않지만 이와 일맥상통하는 사고에 기초하고 있는 판결들은 나타나고 있다. 따라서 우리 판례가 기능성원리를 적극적으로 설시하지 않은 이유는 단지 기능성원리에 대한 논의가 성숙하지 않은 데 따른 인식 부족에 기인한 것일 뿐 혼동초래 부정경쟁행위에 기능성원리의 적용을 반대해서가 아니라고 보인다. 이와 같은 우리나라 학설 및 판례의 태도에 비추어 볼 때, 표시성(表示性) 긍정설을 취한 예전의 東京高裁 판결 때문에 그 적용 여부와 관련하여 논란이 있는 일본과는 달리, 우리나라에서는 혼동초래 부정경쟁행위에 기능성원리를 적용할 수 있다는 데에 거의 견해가 일치되어 있다고 정리해도 무방할 것으로 보인다.

나. 기능성원리 적용의 근거

이와 같이 혼동초래 부정경쟁행위에도 기능성원리를 적용함이 타당한데, 그러면 그 적용을 위해 우리 부정경쟁방지법 규정으로부터 어떠한 해석론을 도출할 수 있을 것인가? 결론적으로 말하면, 기능적인 형태는 타인의 상품 또는 영업임을 표시한 표지(標識)에 해당하지 않는다는 표지성(標識性)[97] 부정설을 취함이 타당한데, 그 이유를 이하에서 살펴본다.

(1) '표지성(標識性) 부정설'의 타당성

(가) 제반 학설에 대한 비판적 검토

---

97) 혼동초래 부정경쟁행위 규정에 '표시(表示)'라고 되어 있는 일본과는 달리 우리나라는 '표지(標識)'라고 되어 있으므로, 일본에서의 '표시성(表示性) 부정설'과 같은 학설을 우리나라에서는 '표지성(標識性) 부정설'로 부름이 올바를 것이다.

우리나라 학설은 부정경쟁방지법에 기능성원리를 적용함이 타당하다는 데 의견이 일치되어 있고, 그 구체적인 근거로는 '혼동' 요건을 들거나 부정경쟁방지법 제15조를 들고 있는 견해가 있는데, 이러한 견해에 찬성할 수 없음은 앞서 살펴보았다.

기능성원리가 부정경쟁방지법에 적용될 수 있는지 여부와 관련하여 일본의 학설들은 '표시성(表示性) 긍정설', '표시성(表示性) 부정설', '총합형량설', '선택가능성 고려설', '비요부설(非要部說)' 등으로 나누어져 있음은 앞서 보았다. 그런데 이들 학설 중 기능성원리의 적용 근거를 일본 부정경쟁방지법이 규정하고 있는 '표시(表示)'와 연결하여 파악하는 표시성 부정설이 타당한 견해로 보인다. 그 외 일본의 학설들은 아래와 같은 문제점 또는 한계가 있다.

우선, 위 일본의 학설들 중 표시성 긍정설(기술적 형태 포함설)은 혼동초래 부정경쟁행위에 기능성원리의 적용을 정면으로 부정하는 견해이므로 타당하지 않다. 이 설을 취하고 있는 대표적인 판결인 東京高裁 소화 58(1983). 11. 15. 선고 昭52 (ネ) 3193호 판결은 부정경쟁방지법상 상품표시(商品表示)로서 보호하는 것과 특허법 등에 기초한 보호와의 경합을 배제하는 규정이 없고, 이들 사이에 보호의 실질적 내용과 보호법익 및 실체적 요건이 다르다는 것을 그 근거로 들고 있음을 앞서 살펴보았다. 그러나 이와 같은 견해는 지적재산권법 전체 체계에서 특허법과 상표법(혼동초래 부정경쟁행위 포함)의 관계를 잘못 이해한 것일 뿐만 아니라 혼동초래 부정경쟁행위 자체에 내재된 한계를 제대로 파악하지 못한 그릇된 견해이다. 전체 지적재산권법 체계에서 '기능(function)'은 상표가 아닌 특허로 보호되어야 한다는 것은 이들 제도의 목적과 본질에 비추어 당연히 승인되어야 하는 명제로서, 이러한 명제로부터 '기능(function)'의 보호와 관련해서는 이들 두 법률이 경합할 수 없어 상호 조정이 필요하다는 결론이 도출되고, 상품의 기능적 형태를 부정경쟁행위라는 이름으로 보호함으로써 오히려 자유로운 경쟁을 저해하는 결과에 이르는 경우에는 부정경쟁방지법 자체의 내재적인 목적에 반하므로 그에 대한 보호를 거부해야 한다는 결론도 자연스럽게 도출되기 때문이다. 이와 같은 특허법 및 부정경쟁방지법의 제도적 본질에 대한 이해에 바탕을 둔다면 단순히 부정경쟁방지법 자체에 명문의 규정이 없다고 하여 기능성원리의 적용을 배제할 수는 없는 것이다. 앞서도 언급한 바 있듯이, 위 東京高裁 판결은 일본 상표법에 입체상표 및 기능성원리가 규정되기 이전에 이러한 문제에 대한 이해가 부족하던 시절의 판결로 평가할 수 있고, 기능성원리가 전 세계적으로 수용된 현재에도 이 견해를 취함은 시대착오적인 것이라고 하겠다.

다음으로, 東京高裁 평성 6(1994). 3. 23. 선고 平3 (ネ) 4363호 판결이 취한 총합형량설을 보면, 이는 기능적 형태에 대하여 표시성(表示性)을 부정하지 않으면서도, 상품 형태의 식별력의 강약이나 경업자가 취한 혼동 방지 조치 등을 함께 고려하여 그 형태의 모방행위에 대한 부정경쟁행위의 성립을 부정하는 방향으로 이론을 구성함으로써, 자신이 취하고 있던 표시성(表示性) 긍정설의 부당함을 어느 정도 개선해 보려고 한 견해로 평가된다. 미국 제3연방항소법원도 American Greetings Corp. v. Dan-Dee Imports, Inc. 판결[98]에서 "기능적인 특성이 2차적 의미를 획득하면, 그 모방자는 출처 혼동을 최소화하기 위한 합리적인 조치를 취할 필요가 있다. 즉, 만약 피고가 혼동을 초래하지 않고 기능적인 특성을 구현한 제품을 디자인하는 것이 상업적으로 가능하지 않다고 하더라도, 피고는 여전히 혼동을 최소화하기 위한 합리적인 조치를 취할 필요가 있는 것이다"라고 판시하면서 이와 유사한 견해를 취한 바 있다.[99] 그러나 이 견해는 표시성 긍정설을 기반으로 하고 있다는

---

98) 807 F.2d 1136 (3d Cir. 1986). 위 일본 판례는 이러한 미국의 판시에 영향을 받은 것은 아닌지 조심스럽게 추측해 본다.
99) 이러한 판시는 기능성원리에 대한 미국에서의 전통적인 견해와 어긋나는 것으로

점에서 근본적인 한계가 있다. 또한, 상품의 기능적 형태가 이를 사용하는 경쟁자의 조치 여부에 따라 혼동초래 부정경쟁행위에 의한 보호 여부가 달라져야 하는 이유가 무엇인지 그 근거를 전혀 설명하지 못하고 있는 문제점도 있다. 기능성원리의 본질에 대한 앞서의 논의에 기초하여 바라보면, 위 견해가 상품 형태의 보호 여부를 판단하면서 고려해야 한다고 하는 요소들, 즉 식별력의 강약이나 경쟁자의 조치와 같은 것들은 상품의 기능적 형태를 부정경쟁행위에 의하여 보호할 것인지 여부와 관련한 핵심에서 완전히 빗나가 있음을 쉽게 알 수 있다.

한편, 선택가능성 고려설은 기능적 형태 중에서도 '선택가능한 형상이 존재하지 않는 경우'만 표시성(表示性)을 부정하는 견해인데, 만일 선택가능한 형상이 존재하지 않는 경우에 그 상품 형태를 기능적인 형태라고 이해한다면 표시성 부정설과 전혀 차이가 없게 된다. 즉, 이 설은 표시성 부정설과 그 궤를 같이 하면서, 다만 기능적 형태의 구체적인 고려요소로서 '선택가능한 형상의 존부'를 제시한 것으로 평가할 수 있다. 따라서 이 설은 표시성 부정설과 다른 별개의 학설로 보기보다는 상품 형태의 표시성이 부정되는지 여부를 판단하기 위한 하나의 고려요소를 제시한 견해 정도로 이해하면 된다. 한편, 위 견해가 제시한 고려요소는 상품 형태의 기능성 여부를 판단함에 있어서 매우 유용하게 활용될 수 있는데, 이에 대해서는 뒤에서 자세히 살펴본다.

마지막으로, 비요부설(非要部說)은 비기능적 형태와 기능적 형태가 섞여 있는 경우 전체적으로 이를 어떻게 처리할 것인지 그 해결방안을 제시하는 것일 뿐 근본적으로는 표시성(表示性) 부정설을 기반으로 하고 있는 것으로 평가할 수 있다. 따라서 이 견해 역시, 특별히 표시성 부정설과 구별되는 별도의 학설로 취급하기보다는, 상품의 형태가 기

평가된다[J. Thomas McCarthy, 1 McCarthy on Trademarks and Unfair Competition, § 7:66, at 7-154, Thomson West (4th ed. 2006)].

능적인 부분과 그렇지 않은 부분을 함께 포함하고 있는 경우 기능성원리를 어떻게 적용할 것인지와 관련한 아이디어를 제공하는 정도로 이해하면 족할 것이다.

(나) 우리 법에서 '표지성(標識性) 부정설'의 근거

우리 부정경쟁방지법은 "국내에 널리 인식된 타인의 성명, 상호, 상표, 상품의 용기·포장, 그 밖에 타인의 상품임을 표시한 표지(標識)와 동일하거나 유사한 것을 사용하거나 이러한 것을 사용한 상품을 판매·반포 또는 수입·수출하여 타인의 상품과 혼동하게 하는 행위"(상품주체혼동행위) 및 "국내에 널리 인식된 타인의 성명, 상호, 표장(標章), 그 밖에 타인의 영업임을 표시하는 표지와 동일하거나 유사한 것을 사용하여 타인의 영업상의 시설 또는 활동과 혼동하게 하는 행위"(영업주체혼동행위)를 혼동초래 부정경쟁행위로 규정하고 있다. 이러한 법문에 의하면, 우리 부정경쟁방지법에서 혼동초래 부정경쟁행위가 성립하기 위해서는 ① 타인의 상품 또는 영업임을 표시하는 표지(標識), ② 표지의 주지성, ③ 표지의 유사성, ④ 표지의 사용, ⑤ 혼동행위의 5가지 요건이 충족되어야 함을 알 수 있다. 그런데 우리나라는 성문법 국가로서 법률 규정에 기초하여 기능성원리의 적용 근거를 찾아야 할 것이므로, 결국 그 근거는 위 5가지 요건 중 하나와 관련지어야 한다.

그런데 상품의 기능적 형태는 위 5가지 요건 중 ① '타인의 상품 또는 영업임을 표시하는 표지(標識)' 요건과 가장 결부되어 있는 것으로 보인다. 왜냐하면, 상품의 기능적 형태는, 상표법에서 '상표'로서의 등록적격이 없다고 하여 애초에 그 보호대상에서 제외되는 것처럼, 혼동초래 부정경쟁행위에서도 애초에 '타인의 상품 또는 영업임을 표시하는 표지(標識)'에 해당하지 않아 그 보호대상에서 제외되는 것으로 해석하면 별 무리가 없기 때문이다. 즉, 상품의 기능적 형태는 설사 그것

이 식별력이 있다고 하더라도, 기능성원리가 추구하는 정책목표 등에
비추어 볼 때 우리 부정경쟁방지법의 혼동초래 부정경쟁행위에 관한
규정들이 이러한 기능적 형태까지 '상품 또는 영업을 표시한 표지'로
삼아 보호할 것은 예정되어 있지 않으므로 그 보호대상에서 제외되는
것으로 해석함이 타당하다. 이러한 해석은 결국은 일본의 표시성(表示
性) 부정설과 동일하다고 할 수 있다.

한편, 우리나라에서 '표지성(標識性) 부정설'을 취하여 혼동초래 부
정경쟁행위에 기능성원리를 적용하는 근거는, 기능성원리의 주요 정책
목표가 '특허 등과의 충돌방지' 및 '자유경쟁의 부당한 제한방지' 둘
모두에 있는 만큼, 그 중 어느 하나와만 관련짓기보다는 둘 모두에서
찾아야 할 것이다. 이들 두 가지 정책목표는 어느 한쪽이 다른 한쪽에
비하여 우월한 것이 아니고 동등하게 취급되어야 하기 때문이다.

(2) '표지성(標識性)'의 요건으로서 기능성과 식별력의 구분

기능성을 표지성(標識性)의 문제로 본다면 그것이 식별력과는 어떤
관계에 있는지 문제된다. 왜냐하면, 식별력이 없다는 것 역시 혼동초래
부정경쟁행위의 성립요건으로서 '상품 또는 영업을 표시한 표지(標識)'
에 해당하지 않는다는 것과 같은 의미이기 때문이다.

특히 상품의 형태와 관련해서는 그것이 기능적인 경우 그 일반적 성
격으로 인하여 식별력 역시 부정될 경우가 많을 것이라는 점에서 그
구별이 더욱 모호해질 수 있다. 일본 판례들 중에도 상품 그 자체의 형
태가 상품표시(商品表示)로서의 역할을 한다고는 할 수 없어 부정경쟁
행위의 성립이 부정된다고 판시한 것들이 많다고 하는데,[100] 그 이유

---

100) 青山紘一(주 42), 28면. 東京高裁 평성 15(2003). 12. 25. 선고 平15 (ネ) 3072
    호 판결과 같이 '특별현저성(特別顯著性)'이 없다는 이유로 가로등형태가 부정
    경쟁방지법 제2조 제1항 제1호의 상품 등 표시(表示)에 해당하지 않는다고 판
    시한 사례 등이 이에 해당한다.

가 바로 여기에 있을 것이다. 또한, 우리 법원이 기능성과 식별력의 문제를 구분하지 못하고 상품 형태에 대해서는 엄격한 식별력의 요건을 적용하여 그러한 형태의 보호문제를 식별력의 문제로 통합하여 해결하고 있는 것이나, 상표등록 적격을 판단하면서 '기능성'의 요건에는 별다른 주목을 하지 않고 '식별력'의 요건에만 주목하여 사안을 해결하고 있는 특허청 등의 실무경향 역시 여기에서 그 원인을 찾을 수 있을 것이다.

그러나 CAFC의 전신인 CCPA가 In re Morton-Norwich Products, Inc. 사건에서[101] "상표에 대한 '기능성(functionality)'과 '식별력(distinctiveness)' 은 명백히 구분되는 개념이므로, 어떤 형상을 상표로 보호할 수 있는지 여부를 가림에 있어서 이들 요건은 분리해서 판단되어야만 한다"고 판시하여 그 차이를 명백히 한 바 있듯이, 우리나라의 혼동초래 부정경쟁행위에서도 기능성과 식별력의 문제는 완전히 별개의 문제이므로 이들 개념을 엄격히 구분하여 적용할 필요가 있다. 이는 우리 상표법이 식별력의 문제를 상표법 제6조[상표등록의 요건]에서 규정하고, 기능성의 문제를 상표법 제7조[상표등록을 받을 수 없는 상표] 제1항 제13호에서 별개로 규정하고 있는 점에서도 명백하다. 또한, 상품의 기능적 형태는 설사 그것이 식별력이 있다고 하더라도 혼동초래 부정경쟁행위가 이러한 기능적인 형태까지 '상품 또는 영업을 표시한 표지(標識)'로 삼아 보호할 것은 애초부터 예정되어 있지 않는 관계로 아예 그 보호대상 자체가 되지 않기 때문에 표지성(標識性)이 부정되는 것이고, 기능적 형태인지 여부에까지 나아갈 필요 없이 단순히 식별력이 없는 경우에는 '상품 또는 영업을 표시한 표지'에 해당하기 위한 자타 상품 또는 영업을 구분하는 표지로서의 역할을 하지 못하기 때문에 표지성(標識性)이 부정되는 것이므로, 표지성이 부정된다는 결론에서는 동일할지

---

101) 671 F.2d 1332, 1343 (CCPA 1982).

모르지만 그에 이르는 논리적 추론 과정은 전혀 다른 것이다. 일본에서 표시성(表示性) 부정설을 취하는 판례들을 보더라도, 상품 형태가 특정의 출처를 식별하기에 이르렀다고 하더라도 그러한 형태가 상품의 기술적 기능에서 유래한 필연적 결과인 경우에는 상품 등 표시(表示)에 해당한다고 할 수 없다고 판시함으로써[102] 기능성의 문제를 식별력의 문제와 명백히 구분하고 있다.

　요컨대, 상표법에서뿐만 아니라 부정경쟁방지법이 규정하고 있는 혼동초래 부정경쟁행위에서도 기능성과 식별력의 문제는 명백히 구분되어야 할 것이다. 이들 문제를 명백히 구분하지 못하고 있는 우리 법원의 판례나, 기능성보다는 식별력에 지나치게 의존하고 있는 입체상표 등록 실무례는 모두 이러한 점에서 이론 구성에 문제점이 있는 것이다. 이러한 이론 구성의 문제점은 실제 사안에서 정치하고 치밀한 분석을 방해하여 잘못된 결론에 이르도록 할 우려가 있으므로 조속히 시정될 필요가 있다.

---

102) 田村善之(주 21), 124면.

제4절 우리나라에서 기능성원리의 구체적인 해석론

1. 논의의 개관

기능성원리에 대한 논의에서 가장 핵심은 그 이론적 논의를 배경으로 하여 기능성(functionality)에 대한 적절한 판단기준을 설정하는 것이다. 따라서 이 절에서는 이상에서의 논의를 기초로 하여 우리나라에서 기능성의 개념 및 그 판단기준을 어떻게 설정해야 하는지 본격적으로 논의해 보고자 한다. 그런데 기능성의 개념을 규명하고 그 적절한 판단기준을 모색하기 위해서는 기능성원리의 존재의의가 무엇인가, 즉 그 정책목표가 무엇인지를 살펴보는 것이 필수적이라고 할 것이므로, 우리나라에서 기능성원리의 정책목표를 어떻게 설정해야 하는지 먼저 살펴보도록 한다. 그리고 기능성이 쟁점이 되는 실제 사안에서의 실무적인 문제로서 기능성의 입증문제에 관해서도 함께 살펴본다.

한편, 기능성원리는 우리 상표법뿐만 아니라 부정경쟁방지법의 혼동초래 부정경쟁행위에도 공통적으로 적용되어야 함은 앞서 본 바와 같은데, 이와 같이 양 영역에서 공통적으로 적용되는 기능성원리의 정책목표나 기능성 개념 및 판단기준 등이 그 적용 영역에 따라 서로 달라져서는 안 되므로, 이하에서 논의는 이들 양 영역에서 동일하게 적용되어야 할 것이다. 이에 대해서는, 부정경쟁방지법에 의한 보호의 경우는 개별의 구체적인 사건에서 그 당시의 사정을 고려하여 보호 유무를 결정할 수 있으나, 상표권을 부여하는 경우에는 상표등록 후 획일적인 보호가 영구적으로 부여되게 되므로, 입체상표의 등록을 인정하는 것은 부정경쟁방지법에 의한 보호와는 다르고 신중한 태도가 필요하다고 하는 일본 학설이 있다.[1] 이러한 학설은 상표법과 부정경쟁방지법(특히 혼동초래 부정경쟁행위)을 구분하고자 하는 과거 학설의 입장에 서 있는 것으로 보이나, 이들을 같은 원리로 이해함이 타당하다고 보는 현재 이론의 경향에 비추어 보면 위와 같이 적용 영역에 따라 입체상표의 등록 여부를 달리 보는 것은 바람직하지 않으므로, 수긍하기 어렵다. 한편, 입체상표가 기능성이 없는 것으로 판단되어 상표로 등록된 이후에도 상표법 제51조 제4호에 의한 상표권 효력 제한 등에 의하여 구체적 사정을 추후에도 얼마든지 고려할 수 있으므로, 상표권을 부여한다고 하여 위 견해가 우려하는 것과 같은 영구적인 획일적인 보호 현상이 일어나는 것도 아니다.

2. 기능성원리의 정책목표 설정

가. 논의의 방향

기능성원리는 미국의 판례법에서 기원한 것으로, 유럽과 일본을 거쳐 우리나라 상표법에도 입체상표의 도입과 함께 명문으로 규정되게 되었음은 이 글 제2장에서 기능성원리의 입법연혁을 살피면서 검토한 바 있다. 이와 같이 우리나라에 도입된 기능성원리 규정의 뿌리가 미국 판례법에 있는 만큼 그 정책목표에 관한 미국에서의 논의가 우리나라

---

1) 青木博通, "米國HONEYWELL事件にみる立體商標の保護 3", 發明 92卷 1號 (1995. 1.), 發明協會, 105면.

에서도 참고가 될 수 있을 것이다. 따라서 미국에서 논의되고 있는 기능성원리의 두 가지 정책목표, 즉 '특허 등과의 충돌방지 정책목표'와 '자유경쟁의 부당한 제한방지 정책목표' 역시 우리나라에서 기능성원리의 정책목표로 설정할 수 있을 것인지 살펴볼 필요가 있다.

이런 배경 아래, 이하에서는 이들 두 가지 정책목표가 우리나라에서도 구현되어야 하는 정책목표들인지를 우리나라 지적재산권법 체계에 비추어 필자 나름의 해석론을 제시해 보고자 한다. 더불어, 앞서 본 바와 같이 우리 판례는 기능성의 문제를 식별력의 문제와 명확히 구분하여 인식하지 못하고 있는데, 과연 우리나라에서 기능성원리의 정책목표 중 하나로 기능적(functional)인 것은 일반적인(generic) 형상으로서 식별력이 없다는 점도 고려되어야 하는지, 다시 말하면 기능성원리가 식별력의 부족과 연결되어 논의될 필요가 있는지 하는 문제에 대해서도 상세히 살펴본다.

나. 특허 등과의 충돌방지 정책목표에 관한 검토

(1) 문제의 소재

(가) 상표와 특허에 의한 보호영역의 충돌 발생

우리나라 특허법은 '발명'에 대하여 "자연법칙을 이용한 기술적 사상의 창작으로서 고도한 것을 말한다"고 정의하고 있고(특허법 제2조 제1호),[2] 출원된 발명은 그 모두가 아니라 신규성, 산업상 이용가능성, 진보성 등의 요건을 갖춘 발명에 한하여 특허권을 부여하여 보호해주

---

2) 실용신안법 제2조 제1호는 '고안'에 대해서는 "자연법칙을 이용한 기술적 사상의 창작을 말한다"고 정의하여 '고도성' 여부에서만 발명과 차이를 두고 있으므로, 그 보호영역의 본질은 특허법에서와 다를 것이 없다.

는데(특허법 제29조), 이러한 특허 요건은 특허발명의 보호를 통해서 기술의 발전을 촉진하고 장려하는 역할을 수행한다고 말할 수 있다.[3] 이와 같이 우리 특허법이 보호하는 대상은 '기술적 사상(idea)'이므로 특허청구범위에는 물건의 발명의 경우라도 구체적인 물건 자체를 기재하는 것이 아니라 기술적 사상을 특정하기 위한 한도 내에서 그 물건을 이루는 기술적 구성요소들을 추상적·개념적으로 표현하여 기재하면 충분한 한편,[4] 특허에 의해 보호되는 이러한 기술적 사상은 '산업상 이용 가능한 것'으로서 그것이 목적으로 했던 유용성(utility) 내지 기능성(functionality)[5]이 항상 구현되어 있기 마련이다.[6]

예를 들어, 특허청구범위에 "높이조절구(1)를 구성하는 지지몸체(2)의 코너(10) 안쪽으로 절개선(3)(4)을 개설하여 탄성편(5)(6)을 마련하고 내측에는 고정돌기(7)(8)를 일체로 형성한 것과, 고정돌기(7)(8)를 외부지주(13)의 양쪽에 형성된 고정구멍(14)(15)에 결합한 것을 특징으로 하는 천막용 지주의 높이조절구"라고 되어 있고, 명세서에 아래 도면이 도시된 발명이 있다고 해보자.

---

3) 정상조·박성수 공편, 특허법 주해 I, 박영사(2010), 15면. 특허법은 제1조에서 "이 법은 발명을 보호·장려하고 그 이용을 도모함으로써 기술의 발전을 촉진하여 산업발전에 이바지함을 목적으로 한다"고 규정하고 있기도 하다.

4) 특허법원 지적재산소송실무연구회, 지적재산소송실무(전면 개정판), 박영사(2010), 141면. 다만, 특허청구범위는 발명의 상세한 설명에 의하여 뒷받침되어야 하고, 그 기술적 내용을 명확하고 간결하게 기재하여야 한다(특허법 제42조 제4항 제1, 2호).

5) 때로는 발명을 이루는 구성요소가 아니라 그 발명이 목적으로 하는 기능(function)을 구현하기 위한 수단(means)의 형태만으로 특허청구범위를 기재하는 것도 허용되는데, 이러한 형태로 기재된 청구항을 기능식 청구항(Means plus Functional Claim)이라고 한다.

6) 발명이 해결하고자 하는 기술적 과제 또는 발명의 목적과 효과로 표현된다. 이와 같은 발명의 목적과 효과는 발명의 구성과 함께 발명의 기술적 사상을 일정한 것으로 특정하여 그 특허요건 및 보호범위의 판단을 위한 기초가 된다.

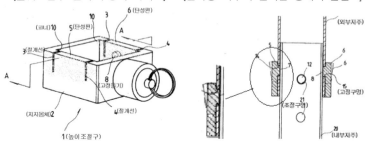

[높이조절구 전체 구성의 사시도] [천막용 지주에 설치한 상태의 단면도]

앞의 설명을 위에서 예로 든 "천막용 지주의 높이조절구"라는 명칭의 발명에 적용해 본다. 우선, 위 발명의 내용은 특허청구범위에 기재되어 있는 추상적인 기술적 사상이지 도면에 도시되어 있는 형태로 한정된 구체적인 물건은 아니다. 그런데 위 발명의 기술적 사상의 범위 내에 있어서 특허권이라는 독점·배타권이 부여되는 높이조절구의 경우, 그 지지몸체 양 측면에 탄성편과 고정돌기를 형성하고 외부지주에 고정구멍을 형성하여 고정돌기가 고정구멍에 결합되도록 함으로써 '높이조절구를 외부지주에 신속하고 간편하게 고정 및 분리할 수 있는 기능(function)'이 구현되고 있는 것이다.

한편, 만일 위 도면에 도시된 것과 같은 "천막용 지주의 높이조절구" 상품의 형태 자체에 식별력이 있다고 한다면,[7] 원래의 상표 이론상으로는 이를 상표로 보호하지 않을 이유가 없다. 그 형태 자체로 출처표시기능을 수행하고, 이에 따라 위 도면에 도시되어 있는 상품 형태와 동일·유사한 형태를 누군가가 사용하는 경우 수요자들이 높이조절구의 출처(이를 제조·판매하는 자)에 대하여 혼동할 우려가 있다면, 위 형태

---

7) 독특한 형태이어서 본래부터 식별력이 있는 경우와 사용에 의하여 식별력을 취득한 경우의 두 가지를 생각할 수 있는데, 위 도면에 기재된 형태는 높이조절구와 관련하여 특별히 독특한 형상이라고 할 수는 없으므로 본래부터 식별력이 있다고 하기는 어려워 보인다.

를 상표로 보호함으로써 혼동의 우려가 있는 동일·유사한 형태의 높이
조절구의 제조·판매를 금지함이 마땅하기 때문이다. 그런데 이와 같은
높이조절구 형태를 상표로 보호한다면, 이는 필연적으로 그 형태에 구
현되어 있는 기능(function), 즉 '탄성편과 고정돌기의 형성에 의한 높
이조절구의 외부지주에 대한 신속, 간편한 고정 및 분리'라는 기능도
함께 보호될 수밖에 없게 된다. 즉, 이러한 기능은 높이조절구의 탄성
편과 고정돌기에서 나오는 것인데, 이러한 탄성편과 고정돌기의 형태
가 상표로 보호되어 경쟁자들이 이러한 형태를 제조하지 못하도록 한
다면, 결국은 위 탄성편과 고정돌기의 형태에 불가분적으로 관련되어
있는 기능 자체도 보호되는 결과에 이르게 되는 것이다. 그리고 상표에
의한 보호대상은 구체적인 물건의 형태 자체인 점에서 추상적인 기술
적 사상(idea)을 그 보호대상으로 하는 특허와 차이가 있기는 하지만,
위 사례에서 알 수 있듯이, 구체적인 물건의 형태에 특허에 의해 달성
되는 기능이 그대로 구현되어 있는 이상 그 보호대상이 물건의 형태와
기술적 사상으로 차이가 있다고 하여 그 형태 또는 기술적 사상과 관
련된 '기능(function)'을 똑같이 보호하게 된다는 결과에 차이가 생기는
것은 아니다.

(나) 논의할 두 가지 문제

위에서 살펴본 바와 같이, 상표에 의한 보호범위를 확대하는 경우 상
품의 기능(function)이 특허뿐만 아니라 상표에 의해서도 보호되게 되
는데, 우리나라 지적재산권법 체계에서 이러한 결과를 용인할 것인가?
이는 기능성원리의 정책목표 중 '특허 등과의 충돌방지' 정책목표에 관
한 문제로서, 이 글 제2장의 일반론에서 자세히 살펴본 바와 같이 일반
적으로 기능성원리의 정책목표로 가장 먼저 언급되는 것이다.

이 문제는 다음과 같은 두 가지 관점에서 검토할 필요가 있다. 첫째

는, 우리 상표법 및 부정경쟁방지법에서 적용되는 기능성원리도 특허 등과의 충돌방지를 그 정책목표로 설정함이 타당한가 하는 문제이다. 둘째는, 우리 지적재산권법 체계에서 기능성원리가 상표와 특허와의 충돌만을 방지하고자 하는 원리인지, 아니면 상표와 디자인과의 충돌까지도 방지하고자 하는 원리인지 규명하는 문제이다. 이하에서 차례로 살펴본다.

(2) 특허 등과의 충돌방지 정책목표 설정의 타당성

(가) 특허 시스템 자체에서의 고찰

아래의 점들을 고려할 때, 우리나라의 전체 지적재산권법 체계에서도 기능성원리가 추구하는 가장 중요한 정책목표 중 하나는, 특허에 의하여 보호되어야 하는 지적재산을 상표로 중복하여 보호하는 것을 방지함으로써 상표와 특허 사이의 충돌을 회피하고자 하는 데 있다고 해야 한다.

우리나라 법체계에서 하나의 사회적 현상이 여러 종류의 권리에 의하여 보호받는 것은 흔히 발생하는 일이다.[8] 마찬가지로 우리의 지적재산권법 체계에서도, 각각의 지적재산권, 즉 특허권, 저작권, 디자인권, 상표권 또는 부정경쟁방지법상 보호받는 표지(標識) 또는 영업비밀에 관한 권리 등은 다른 종류의 권리가 이미 성립하여 존재하고 있는지 또는 그 권리가 성립했다가 기간만료로 인하여 소멸했는지 여부에 상관없이, 각자의 권리에 고유한 성립요건을 충족하면 독립적인 지적재산권으로 보호받을 수 있음이 원칙이다. 즉, 어떠한 지적 창조물이 여러 종류의 지적재산권에 의해 중복하여 보호된다고 하더라도 그것은

---

8) 채무불이행과 불법행위로 인한 손해배상청구권이 경합하는 경우와 같이 여러 개의 법적 권리가 상호 경합하는 것은 매우 일반적인 법현상이다.

전혀 이례적인 현상이 아니고, 각자의 지적재산권의 입법목적에 비추어 각자의 지적재산권에 관한 규정이 부여하는 범위 내에서 그 권리를 보호하면 족한 것이다.

그러나 이러한 명제를 엄격히 따른다면, 우리나라에서도 각자의 지적재산권에 의해 보호되는 영역의 확장 현상이 일어나고 있는 오늘날에는 각자의 지적재산권 시스템 상호 간에 해결할 수 없는 충돌이 일어날 수 있다. 여기서 위와 같은 명제에는 일정한 한계를 설정할 필요성이 있는데, 필자는 이러한 한계 설정의 기준으로 "하나의 지적재산권에 의한 보호가 다른 지적재산권의 본질적인 역할과 근본적인 시스템을 위협하기에 이르는지 여부"를 살펴야 한다고 생각한다. 즉, 하나의 지적재산권에 의한 보호영역의 확대가 다른 지적재산권 체계의 본질적인 역할과 근본적인 시스템을 위협하는 경우에는, 그러한 보호영역의 확대를 더 이상 묵과할 수 없게 되었으므로 이를 허용해서는 안 된다고 생각한다.

이 글에서 논하는 기능성원리와 관련하여 상표 시스템과 특허 시스템과의 충돌 관계를 예로 들어 설명해 본다. 상품 형태에 대한 기술적 사상이 특허로 보호되기 위해서는 특허를 출원하여 그 등록에 이르기까지 정해진 형식과 절차를 거쳐 신규성, 산업상 이용가능성, 진보성 등과 같은 엄격한 특허요건을 통과하여 특허로 등록되어야만 한다. 그리고 이와 같은 엄격한 절차에 의해 등록되었다고 하더라도 추후 등록무효심판(특허법 제133조)에 의하여 그 등록이 무효로 될 가능성이 여전히 남아 있는데다가 그 존속기간도 특허권의 설정등록이 있는 날부터 특허출원일 후 20년이 되는 날까지로 한정되어 있다(특허법 제88조 제1항). 그러나 상표 시스템에서는 이와 같은 엄격한 절차를 거치거나 요건을 통과할 필요가 없이, 단순히 식별력만 취득하면 상표로 등록될 수 있고, 나아가 그 식별력의 정도가 주지에 이르면 부정경쟁방지법이 정한 혼동초래 부정경쟁행위에 의하여 보호될 수 있다. 또한, 상표권의 경우에는 존속기간갱신 등록신청에 따라 10년씩 존속기간을 갱신함으로써(상표법 제42조 제2항) 영구히 그 보호기간을 연장할 수 있고, 부정경쟁방지법에 의해서도 상품 형태의 표지로서의 주지성만 계속하여 유지된다면 영구히 보호될 수 있다. 따라서 만일 상품 형태를 '식별력'이라는 매우 간단한 요건에 의하여 상표에 의해 무제한적으로 보호하게 된다면, 사람들은 굳이 등록 요건도 까다롭고 보호기간도 상대적으로 짧은 특허 시스템에 더 이상 기대지 않고 가능한 한 상표법 또는 부정경쟁방지법에 의한 보호를 추구하게 될 것이므로, 특허의 본질적인 역할과 근본적인 시스템에 대한 위협이 될 것임이 명백하다. 이러한 결과는 우리 지적재산권법 체계에서 기능(function)을 보호하기 위해 채택한 원칙적인 제도는 특허이지 상표가 아니라는 점을 감안하면, 본말이 전도된 것이므로 결코 허용되어서는 안 되는 것이다. 상표 제도에 의하여 특허의 근본적인 시스템을 파괴하는 결과에 이르기까지 상표에 의한 보호범위를 확대하는 것은 우리 입법자의 입법의도에 반하는 것으로 해석의 한계를 넘어선 부당한 것이기 때문이다. 이와 관련하여 미국 연방대법원도 TrafFix 판결에서 "연방상표법(Lanham Act)은 특정한 장치를 창조한데 대한 보상을 하기 위한 법이 아니고, 이러한 보상을 하는 것은 특허법 및 특허에 의한 독점기간이 목적으로 하는 바이다. 투자로 인하여 단순히 공중이 기능적인 특성(functional features)을 특정한 제조자나 판매자와 연결시킬 수 있다고 하여(즉 식별력을 얻었다고 하여) 이러한 기능적인(functional) 디자인을 연방상표법이 trade dress로 보호하지는 않는다."고 판시한 바 있다.[9]

   요컨대, 우리 지적재산권법 체계에서 상표에 의한 보호범위의 확대가 기능(function)에 대한 보호에까지 미쳐 특허 제도의 본질적인 역할

---

9) TrafFix Devices, Inc. v. Marketing Displays, Inc., 532 U.S. 23, 34-35 (2001).

과 근본적인 시스템을 위협해서는 안 되므로, 우리나라에서도 기능성
원리는 원래 특허에 의해 보호되어야 하는 기능(function)을 상표로 보
호함으로써 초래되는 이들 제도 사이의 충돌을 방지하고자 하는 정책
목표에 기초해야 함을 쉽게 추론할 수 있는 것이다.[10)

(나) 공중거래원리(public bargain doctrine) 측면에서의 고찰

공중거래원리(public bargain doctrine)는 기능성원리의 근거에 대한
또 하나의 관점을 제시하고 있다는 점에서는 상당히 고려할 만한 가치
가 있는 이론이다. 그러나 기능성원리를 단순히 공중거래원리로만 이
해하는 것은 타당하지 못하다. 왜냐하면, 특허권의 부여 대가로 특허기
간이 만료되면 이를 다른 지적재산권으로 보호할 수 없다는 공중거래
원리만으로 기능성원리를 파악하게 되면 아래와 같은 부당한 결과가
발생하기 때문이다.

첫째, 공중거래원리에 의하면, 보호받고자 하는 기능(function)과 관
련된 기술적 사상에 대하여 아직 특허출원을 하지 않았거나 또는 특허
출원을 하였다고 하더라도 특허를 받지 못한 경우에는 특허권을 부여
한 바가 없으므로 상표에 의한 보호를 거부할 수 없게 되는 부당한 결

---

10) 윤병각, "부정경쟁행위의 유형과 구제방법", 재판자료 제57집, 법원도서관(1992),
    565면도 "하나의 상품 형태가 장기간 계속적, 독점적, 배타적으로 사용됨으로써
    또는 선전광고에 의하여 소비자에게 효과적인 호소력을 가지게 되면 상품 형태
    의 차별적 특징이 소비자의 심리에 특정의 품질을 가지는 특정출소의 상품이라
    고 기억하게 되고, 그럼으로써 상품표지기능을 담당하게 된다. 즉, 상품 형태는
    그 본래의 목적과 더불어 부차적으로(제이차적으로) 자타상품의 식별기능을 가
    지게 된다. 그러나 상품 형태에 관계되는 기술은 전 인류의 공유재산으로서 그
    누구도 영업활동상 그것을 자유로이 사용할 수 있고 법은 일정의 조건하에서 특
    허권, 실용신안권 등 공업소유권을 부여하여 일정기간 내에서만 기술을 판단하
    여야 할 것이다."고 서술하고 있는데, 이와 같은 정책목표를 염두에 둔 것으로
    이해할 수 있다.

과에 이른다. 기능성원리의 존재의의가 상표에 의한 보호범위 확대에 따른 특허 시스템에 대한 위협을 방지하고자 하는 데 있다는 점에서 보면, 특허권이 부여된 바가 없다고 하더라도, 원래 특허의 보호대상으로 되어야 하는 기능(function)과 불가분의 관계에 있는 상품 형태는 여전히 특허가 아닌 상표로는 보호받지 못하도록 할 필요가 있다. 그런데 공중거래원리만을 기능성원리이 근거로 파악하게 되면 기능성원리에 의해 이와 같은 역할이 제대로 수행되지 못하는 문제점이 있는 것이다.

둘째, 바로 다음 항에서 검토하는 바와 같이 우리나라 지적재산권법 체계에서 기능성원리에 의하여 상표와 디자인 사이의 관계까지 조정할 필요는 없는데, 공중거래원리에 따르면 특허뿐만 아니라 디자인의 경우도 그 보호기간이 만료되면 항상 상표로 보호받을 수 없다는 논리를 제공할 수 있으므로 타당하지 않다.

셋째, 공중거래원리에만 너무 충실하면, 미국의 제10연방항소법원이 Vornado Air Circulation Systems, Inc. v. Duracraft Corp.[11] 판결에서 판시한 바와 같이 특허권이 만료된 후에는 그 상품 형태 자체가 기능적인(functional) 것인지 여부를 따져 보지도 않고 이와 무관하게 상표에 의한 보호를 거부하는 논리로 발전할 수 있다는 점에서 문제가 있다.[12] 공중거래원리를 기능성원리의 정책목표로 삼는다면, 그 형태 자체의 기능성(functionality) 여부는 따지지 않고 그에 대한 특허권이 만료되었는지 여부만을 기준으로 하여 기능성 유무가 결정되는 것과 동일한 결과에 이를 수 있다. 그런데 기능성의 개념을 이와 같이 설정하는 것은 우리 상표법의 기능성 관련 규정에 비추어 볼 때 타당하지 않다. 왜냐하면, 우리 상표법은 앞서 본 바와 같이 "상품 또는 그 상품의 포장의 기능을 확보하는 데 불가결한 것"을 기능성의 개념으로 설정하고 있는

---

11) 58 F.3d 1498, 1508 (10th Cir. 1996).
12) 위 판례의 문제점에 대해서는 제2장 제5절 제2항에서 이미 살펴본 바 있다.

데, '기능성'이 아무리 법률적 개념이라고 하더라도 특허권이 만료되었는지 여부는 위 규정에서 정의하고 있는 기능성 개념과는 괴리가 있어 이를 우리 상표법상의 기능성 개념으로 파악하는 것은 해석상 무리가 있기 때문이다.

요컨대, 공중거래원리(public bargain doctrine)는 특허권의 부여를 받아 이제는 그 권리가 소멸함으로써 관련된 지적재산이 공공영역(public domain)에 속하게 되었는지 여부의 관점에서 기능성원리를 바라보는 것으로, 특허권에 의해 보호받은 바 있는 상품 형태의 기능(function)이 특허기간 소멸로 인하여 공공영역에 들어가게 되었음에도 불구하고 이를 또 다시 상표로 보호하여 그 독점기간을 연장하는 것은 부당하다는 점을 지적하고 있다는 면에서는 어느 정도 타당성이 있으나, 그러한 논리만으로 기능적인 상품 형태에 대하여 상표 보호를 거부하는 것은 논리적인 무리가 있고, 상품 형태 자체의 기능성(functionality)에 대해서는 별다른 분석 없이 특허권의 부여 및 소멸의 관점에서만 접근하고 있다는 점에서 근본적인 문제점이 있으므로, 기능성원리의 본질을 설명하기 위한 정책목표로서는 부적절하다고 할 것이다. 상표제도는 근본적으로 공공영역(public domain)에 있는 기호·문자·도형·입체적 형상·색채 등을 '식별력'이라는 요건 아래 상표권이나 혼동초래 부정경쟁행위 등에 의해 보호하는 제도이므로, 상표에 의해 보호할 것인지 여부가 문제되는 것이 원래부터 공공영역에 있는 것인지, 또는 특별히 특허권이 부여되었다가 그 소멸로 인하여 공공영역에 있게 되었는지 여부는 상표에 의한 보호를 거부할 만한 근거로 삼기에 부적절하고, 따라서 기능성원리를 공중거래원리(public bargain doctrine)와 연관해서 바라보는 시각은 타당하지 않은 것이다. 다만, 미국 연방대법원이 TrafFix 판결에서 설시한 바 있듯이, 문제가 되는 상품 형태에 특허를 받았다는 사실은 그 형태에 '기능성'이 있다는 강력한 증거(strong evidence)가 된다고는 할 수 있을 것이다.

(3) 디자인과의 충돌방지 정책목표 설정의 부당성

(가) 미국의 디자인 특허(design patent)와의 관계에서 검토

미국에서 디자인 특허는 유용하거나(useful) 기능적인(functional) 것을 보호하고자 하는 것이 아니라 장식적인(ornamental) 것을 보호하고자 하는 것이다.[13] 따라서 본질적으로 디자인 특허의 보호대상과 상표의 보호대상은 그것이 기능적(functional)인지 여부에 의해 구별될 수 있는 것이 아니다. 이에 따라 미국 연방항소법원들의 일반적인 판시경향도 디자인특허를 부여받았다고 하더라도 상표에 의한 중복보호가 가능하다고 하고 있음은 앞서 제2장 제3절 제2항에서 살펴본 바와 같다. 그리고 기능성원리의 존재의의에 대한 미국 법원의 판례 중에 디자인특허와의 충돌방지를 들고 있는 판례를 찾기 어려운 이유도 이와 같은 맥락에 있는 것으로 이해된다.

이러한 취지에서 Dratler 교수도 "유용한(useful) 것과 장식적인(ornamental) 것 사이의 경계와 같이, 디자인 특허와 상표의 합법적인 범위의 경계를 분리할 수 있는 원칙은 전혀 없다. 그 이유는 간단하다. 실용 특허(utility patent)와 상표의 대상은 뚜렷이 구별되지만, 디자인 특허(design patent)의 대상은 상표의 대상과 상당 부분이 겹친다. 왜냐하면, 디자인 특허와 상표는 모두 장식적이거나 미적인 형상이 그 보호대상에 포섭될 수 있기 때문이다."라고 말하고 있는 것이다.[14]

---

13) 35 U.S.C. 제171조는 "any new, original and *ornamental* design"을 디자인 특허의 대상으로 규정하여 장식성(ornamentality)을 그 요건으로 함을 명백히 하고 있다.
14) Jay Dratler, Jr., "Trademark Protection for Industrial Designs", 1988 U. Ill. L. Rev. 887, 941 (1988).

(나) 우리나라 디자인보호법과의 관계에서 검토

1) 관련 규정에 기초한 검토

우리나라 디자인보호법은 제2조 제1호에서 디자인을 "물품의 형상·모양·색채 또는 이들을 결합한 것으로서 시각을 통하여 미감을 일으키게 하는 것을 말한다"고 하여 물품성, 형태성, 시각성, 심미성 등을 디자인 성립의 요건으로 규정하고 있을 뿐, 특별히 특허와 구분되는 요건으로서 '장식성(ornamentality)'을 요하지는 않는다는 점에서 미국과 다르다.

그런데 우리나라 디자인보호법도 제6조 제4호에서 "물품의 기능을 확보하는데 불가결한 형상만으로 된 디자인"은 등록받을 수 없다고 규정함으로써 본래 특허법에 의해 보호되어야 하는 기능적인(functional) 형상은 디자인에 의한 보호대상에서 제외됨을 명백히 하고 있다. 위 규정에 의하면, 우리나라에서도 미국에서와 같이 디자인의 보호대상에서 기능적인 형상은 제외되고 장식적인 것만이 그 보호대상이 된다는 결론에 이르게 된다. 따라서 우리나라의 디자인보호법과 상표법 사이의 관계에서도 앞서 미국에서의 이해와 마찬가지로 상표와 디자인의 보호대상이 기능적(functional)인지 여부에 의해 구별될 수는 없고, 디자인과 상표에 의한 보호가 서로 중첩되는 것은 당연히 예정되어 있다고 해석할 수 있겠다.

더욱이 우리나라 디자인보호법은 상표와 디자인에 의한 중복보호를 전제로 하여 이들 사이의 이용, 저촉 관계를 조정하기 위한 규정을 두고 있다. 즉, 디자인보호법 제6조 제3호는 디자인등록을 받을 수 없는 디자인으로 "타인의 업무에 관계되는 물품과 혼동을 가져올 염려가 있는 디자인"을 규정하고 있는데, 그 취지는 영업상의 부정경쟁행위를 방지하고 건전한 유통질서를 확립하고자 하는 데 있다고 설명되고 있다.[15] 그리고 디자인보호법 제45조 제1항은 "디자인권자 등은 등록디자인이 그 등록출원일 전에 출원된 타인의 등록상표를 이용하거나 디자인권이 그 디자인권의 디자인등록출원일 전에 출원된 타인의 상표권과 저촉되는 경우에는 그 상표권자의 허락을 얻지 아니하고는 자기의 등록디자인에 유사한 디자인을 업으로서 실시할 수 없다"고도 규정하고 있다.[16] 이러한 규정들은 그 내용상 상품 형태가 디자인과 상표에 의해 중첩적으로 보호될 수 있음을 전제로 한 것으로 볼 수 있으므로, 위 규정들에 비추어 보더라도 우리나라 지적재산권법 체계에서 상표와 디자인 사이의 충돌을 방지하기 위하여 기능성원리를 동원할 필요는 없는 것이다.

2) 판례에 기초한 검토

우리나라나 일본에서는 종래 등록상표의 '디자인적 사용'에 대해서 상표법상 상표의 사용으로 인정하지 않는 것이 학설, 판례의 일관적인 입장이었다.[17] 이러한 입장에 의하면 디자인적인 사용인 경우에는 상표적인 사용이 아니라고 하게 되므로, 마치 디자인과 상표는 서로 배타적인 관계에 있는 것처럼 해석한 듯 보인다. 이러한 입장은, 입체상표를 인정하지 않던 기존 상표법 규정에서는 입체적인 디자인 등을 자타

---

15) 노태정·김병진 공저, 디자인보호법(개정판), 세창출판사(2007), 435-436면.

16) 상표법에도 제53조와 제57조의2에서 디자인권과 저촉되는 경우에 대한 조정규정을 두고 있는데, 위 규정들 역시 상품 형태가 상표와 디자인 모두에 의해 보호될 수 있음을 예정한 규정들이라고 할 수 있다. 그런데 위 규정들은 상표권과 디자인권뿐만 아니라 상표권과 특허권 사이의 조정에 대해서도 규정하고 있으므로, 위 규정들이 상표와 디자인뿐만 아니라 상표와 특허 사이의 중복보호 역시 예정하고 있는 것은 아닌지 의문이 들 수 있다. 그러나 앞서 검토한 바와 같이 상표와 특허는 상호 배타적인 것으로 그 중복보호는 허용될 수 없으므로, 이들 규정은 기왕에 등록된 상표와 특허(기능적인 형태로서 상표등록이 될 수 없음에도 불구하고 잘못 등록된 경우를 그 예로 들 수 있다) 사이의 관계를 설정하고자 하는 규정으로 이해해야지, 상표와 특허에 의한 중복 보호의 근거 규정으로 이해해서는 안 될 것이다.

17) 문삼섭, 상표법, 제2판, 세창출판사(2004), 663면.

상품을 식별할 수 있는 상표로 파악한다는 것 자체가 어려웠을 것이므로, 입체적 형상의 사용을 상표적 사용으로 인정할 수 없는 근거로 그 형상은 입체적인 디자인에 불과한 것으로 파악하여 논리를 구성한 것이 아닌가 생각한다.

그러나 우리 대법원은 2000. 12. 22. 선고 2000후68 판결(미간행), 2000. 12. 26. 선고 98도2743 판결(공2001상, 406) 등에서 "디자인과 상표는 배타적, 선택적인 관계에 있는 것이 아니므로 디자인이 될 수 있는 형상이나 모양이라고 하더라도 그것이 상표의 본질적인 기능이라고 할 수 있는 자타상품의 출처표시를 위하여 사용되는 것으로 볼 수 있는 경우에는 상표로서의 사용이라고 보아야 할 것이다."라고 판시함으로써, 디자인과 상표의 대상이 중첩될 수 있음을 인정하고 있다. 그리고 이러한 대법원의 판시는 특허법원의 판시에도 그대로 이어져 내려오고 있다.[18] 이처럼 상품의 형태가 디자인과 상표에 의해 중첩적으로 보호될 수 있다는 것은 우리 판례의 확고한 입장이기도 한 것이다.

생각건대, 이러한 우리 판례 태도의 변화는, 디자인적으로 사용한다는 것이 바로 상표적 사용이 아니라는 근거가 된다고 할 수는 없다는 점에서 부적절하였던 이전의 판례, 학설의 문제점을 해결하였다는 점에서 매우 바람직하다고 할 수 있다. 그러나 우리 법원은 위 판례 이후에도 여전히 상표로 인정할 것인가의 문제를 '디자인적 사용'의 개념과 연결시켜 파악하고 있는데다가, 무엇이 '디자인적 사용'인지도 명확히 밝히지 않고 있다는 점에서 여전히 문제가 있다. 위와 같은 대법원의 변화된 판시에 따르면 더 이상 '디자인적 사용'임을 이유로 하여 상표적 사용을 부정할 수는 없으므로 이제는 상표적 사용을 부정하는 근거로서 '디자인적 사용'이라는 용어를 사용하여서는 안 되고, 그 대신에 '단순

---

18) 특허법원 2003. 7. 25. 선고 2003허1109 판결(파기)[각공2003.9.10.(1), 217], 특허법원 2001. 7. 12. 선고 2000허7403 판결(상고부제기로 확정)(미간행), 특허법원 2002. 6. 27. 선고 2002허1973 판결(상고기각으로 확정)(미간행) 등.

한 장식적 사용'이라는 용어로 바꾸어 설시함이 타당할 것이다. 또한, 우리 법원이 '디자인적 사용'이라는 이유로 상표적 사용을 부정하는 사안의 상당 부분은 뒤에서 검토하는 바와 같이 기능성원리에 의하여 해결함이 타당하다.

3) 소결

이상에서 살펴본 바와 같이, 우리나라 지적재산권법 체계 아래에서 상표와 디자인에 의한 보호는 상호 배타적인 것이 아니므로, 디자인에 의한 보호를 받고 있다고 하여 바로 기능성원리를 적용하여 상표에 의한 보호를 거부해서는 안 되고, 더 나아가서 보호 여부가 문제되는 상품 형태가 기능적인 것인지 여부까지 살펴서 상표에 의한 보호 여부를 결정해야 할 것이다. 상표와 디자인에 의한 보호 대상에는 본질적으로 장식적 또는 심미적 특성이 공통적으로 포함되는 것이므로, 양자에 의한 보호 영역을 겹치지 않도록 하는 것은 불가능할 뿐만 아니라 부적절하고, 따라서 이들 법체계 사이의 충돌을 없애기 위한 노력을 할 필요는 전혀 없다. 이들 법체계의 충돌을 피하기 위해 디자인에 의해 보호될 수 있는 모든 장식적인 상품 형태에 대해서 상표에 의한 보호를 거부하게 된다면, 대부분의 상품 형태는 상표로서 보호가 거절되어야 하는 부당한 결과에 이르게 되기 때문이다. 이러한 결과는 상품 형태가 식별력이 있는 경우 수요자들의 오인, 혼동을 방지하기 위해 상표로 보호하고자 하는 상표법과 부정경쟁방지법의 근본적인 취지에도 반하는 것임은 물론이다. 일본에서도, 의장(意匠)과 상표는 배타적, 택일적 관계에 있는 것이 아니어서 의장으로 될 수 있는 모양이라고 하더라도 동시에 상표가 될 수 있기 때문에, '상품 또는 상품 포장의 기능을 확보하기 위하여 불가결한 입체적 형상'의 등록을 배제하는 일본 상표법 제4조 제1항 제18호 규정의 적용에 있어서 의장권의 존재 유무는 문제가 되지 않는다고 설명하고 있다.[19]

다만, 상표에 의한 보호가 디자인에 의한 보호와 충돌할 뿐만 아니라 그로 인하여 부당하게 경쟁이 제한되는 등의 사정이 있다면, 이는 상표법 자체의 성격으로부터 도출되는 기능성원리의 또 다른 하나의 정책목표, 즉 자유경쟁의 부당한 제한방지 정책목표와 관련하여 상표에 의한 보호를 거부함으로써 그러한 충돌을 간접적으로 어느 정도는 완화할 수 있을 것이다.

다. 자유경쟁의 부당한 제한방지

상표법과 부정경쟁방지법은 상품을 표시하는 표장(標章) 또는 표지(標識)의 창작이라고 하는 지적산물 자체를 보호하는 측면도 있지만, 더욱 중요한 기능은 상품의 출처나 영업주체의 혼동을 방지함으로써 공정한 경쟁질서를 유지하고 소비자를 보호해 주는 기능을 수행함으로써 간접적으로 지적 산물을 보호해 주는 기능을 가지고 있는 법제도라고 볼 수 있기 때문에, 다른 지적재산권법과 보완적 관계에 있다고 표현할 수 있다.[20] 이처럼 이들 법률의 근본적인 목적은 '공정한 경쟁질서를 유지하고 소비자의 오인, 혼동을 방지하기 위하여' 표지에 대한 독점을 허용하는 것으로, 그 주된 목적은 독점권을 준다는 데 있다기보

---

19) 小野昌廷 編, 註解 商標法 上卷, 新版, 靑林書院(2005), 445면. 이에 반하여, 網野誠, 商標, 第6版, 有斐閣(2002), 421면은, 상품 또는 상품 포장의 기능을 확보하기 위하여 불가결한 입체적 형상에 대해서까지 상표등록을 인정하면, 본래 일정기간 후에는 일반에 개방해야 하는 의장과 고안을 특정인에게 반영구적으로 독점하게 하여 자유경쟁을 제한하게 되므로, 그러한 것에 대해서는 사용에 의하여 식별력을 취득하기에 이르렀다고 하더라도 정책적으로 그 등록을 배제하는 것이 일본 상표법 제4조 제1항 제18호라고 하면서, 기능성원리가 의장과 상표 사이의 조정도 고려해야 하는 것처럼 설명하고 있다. 그러나 이러한 설명은 이들 법체계 사이의 관계에 대한 잘못된 이해에 기초한 것으로 타당하지 않다.

20) 정상조, 지적재산권법, 홍문사(2004), 46면.

다는 공정한 경쟁질서 확립에 있다고 할 것이고,[21] 이 점에서 오히려 독점권의 부여에 의하여 경쟁을 제한하는 인센티브를 부여함으로써 기술발전과 산업발전을 촉진하고자 하는 특허권이나 디자인권과는 근본적인 차이가 있는 것이다.[22]

　이러한 표지법(標識法)의 본질적인 성격에 비추어 볼 때, 만일 어떠한 상품 형태를 상표 등으로 보호하는 것이 도리어 공정한 경쟁질서에 피해를 주게 되는 경우에는 그 보호를 거부함이 마땅하다.[23] 즉, 만약 상품 또는 포장의 특정 형상이 다른 경쟁자들이 그 업계에서 생존하기 위하여 불가피하게 사용되어야 하는 것이라면, 설사 그 형상이 식별력이 있어 이를 경쟁자가 사용하는 경우 출처혼동의 우려가 있다고 하더라도, 그러한 형상을 상표 또는 혼동초래 부정경쟁행위에 의하여 반영구적으로 독점하도록 하는 것은, 적정한 경쟁을 유지시킴으로써 산업발전에 기여하고자 하는 상표법과 부정경쟁방지법의 목적에 비추어 볼 때 바람직하지 않다. 따라서 자유경쟁의 요구에 의하여 일정한 상품 또는 포장의 형상에 대해서는 상표에 의한 보호를 부정해야 할 필요가 있는 것이다.[24] 이에 기능성원리는 자유경쟁의 원활한 이행이라는 견

---

21) 우리나라 상표법 제1조는 "이 법은 상표를 보호함으로써 상표사용자의 업무상의 신용유지를 도모하여 산업발전에 이바지함과 아울러 수요자의 이익을 보호함을 목적으로 한다"고 규정하고 있고, 부정경쟁방지법 제1조는 "이 법은 국내에 널리 알려진 타인의 상표·상호 등을 부정하게 사용하는 등의 부정경쟁행위를 방지하여 건전한 거래질서를 유지함을 목적으로 한다"고 규정하고 있다.

22) 우리나라 특허법 제1조는 "이 법은 발명을 보호·장려하고 그 이용을 도모함으로써 기술의 발전을 촉진하여 산업발전에 이바지함을 그 목적으로 한다"고 규정하고 있고, 디자인보호법 제1조는 "이 법은 디자인의 보호 및 이용을 도모함으로써 디자인의 창작을 장려하여 산업발전에 이바지함을 목적으로 한다."고 규정하고 있다.

23) 이와 같이 자유로운 경쟁의 관점에서 상표 보호를 제한하는 우리 상표법 규정의 예로는, 보통명칭, 관용표장, 기술적 표장, 현저한 지리적 명칭 등을 상표로 등록하지 못하도록 하는 규정(상표법 제6조 제1항 제1호 내지 제4호)이나, 상표권의 효력을 일정한 경우 제한하는 규정(상표법 제51조 제1항) 등을 들 수 있다.

지에서 상표에 의한 보호의 한계를 설정하는 원리로서 역할을 해야 하고, 따라서 자유경쟁의 부당한 제한방지를 기능성원리의 가장 핵심적인 정책목표로 설정해야 할 당위성이 있는 것이다. 미국의 경우도 연방상표법(Lanham Act)에 의한 trade dress 보호의 원리는 우리의 상표법이나 부정경쟁방지법상의 혼동초래 부정경쟁행위에서와 같으므로, 위에서 설명한 것과 같은 이유로 기능성원리의 정책목표 중 하나로 자유경쟁의 부당한 제한방지를 고려하고 있는 것으로 이해할 수 있다. 즉, 자유로운 경쟁의 보장이라는 연방상표법 자체의 목적이 기능성원리를 통해 trade dress에 의한 보호영역에서 달성되고 있는 것이다.

한편, 이와 같은 자유경쟁의 부당한 제한방지 정책목표는 상표 자체의 해석상 도출되는 내재적인 한계인 점에서, 다른 지적재산권법 체계와의 관계에서 충돌을 방지하고 조화로운 법해석을 이루기 위한 정책목표인 특허와의 충돌방지 정책목표와 확연히 구분된다.

라. 기능성과 식별력의 구분

기능적인(functional) 형태는 상표로 보호받을 만한 식별력이 없는 경우도 많을 것이기 때문에, 그에 대한 상표 보호를 거부하는 근거를 기능성이 아닌 식별력의 부재에서 찾을 수 있는 경우도 많을 것이다.[25] 그러나 상표에 의한 보호요건으로서 '기능성(functionality)'과 '식별력(distinctiveness)'은 명백히 구분되는 개념이므로 기능성원리의 근거를 식별력과 관련하여 찾아서는 안 되고,[26] 어떤 상품 또는 상품 포장의 형상을 상표로 보

---

24) 김원오, "입체상표의 등록 및 보호요건에 관한 소고 : 상품의 형상이나 포장 형태의 입체표장을 중심으로", 산업재산권 11호(2002. 5.), 한국산업재산권법학회, 216면.
25) 특허법원 2001. 3. 30. 선고 2000허2217 판결(상고부제기로 확정)(미간행)에서도 기능성 여부가 함께 문제되었으나, 기능성에 관한 논의에 나아가기 전에 식별력이 없음을 이유로 그 등록을 거절한 특허청의 결정이 정당하다고 판시하였다.

호할지 여부를 결정함에 있어서는 이들 요건을 분리해서 판단해야만
한다.[27] 즉, 기능성이 있다는 것과 식별력이 없다는 것은 서로 병렬적
이고 독립적인 상표보호의 요건으로 이해되어야 한다.

이런 견지에서 볼 때, 기능성이 강하면 강할수록 그것은 독특한 개성
이 없는 보통의 상품 특성(generic product features)으로 판단될 여지가
크므로 식별력이 기능성과 반비례 관계에 있다는 McCarthy 교수의 견
해[28]도 일리가 없지 않으나, 식별력은 기능성이 있는지 여부와 무관하
게, 영업활동, 광고, 상품의 판매량 등 여러 가지 요인에 의하여 영향을
받기 때문에 식별력이 기능성의 정도에 반비례한다고 일률적으로 말하
기는 어렵다는 점에서 위 견해에 전적으로 찬성할 수는 없는 것이다.
일본에서도 기술적 형태 제외설(技術的 形態 除外說)에 대해, 공업소
유권과의 권리기간을 둘러싼 '외재적조정(外在的調整)'이 아니고, 경험
칙상 기술적 형태가 상품표시(商品表示)로서 주지로 되는 것은 극히
희박함을 근거로 한다고 설명하는 견해가 없지 있으나, 이에 대하여는
과연 공업소유권과의 조정의 필요성이 본래 당연히 없는 것인가 의문
을 제기하는 비판론[29]이 유력해 보인다.

이들 요건 사이의 관계에 대하여 더 자세히 살펴보면 아래와 같다.

만일 상표로 보호받고자 하는 상품 또는 상품 포장의 형상이 보통의
(generic) 것이어서 상품의 출처를 나타내는 역할을 수행할 수 없다면,

---

26) 小泉直樹, "商品の形態の保護をめぐる競業法と創作法の調整 (一)", 法學協
會雜誌, 106卷 6號(1989. 6.), 東京大學法學協會, 1084면도 "상품의 형상을
trade dress로 보호하는 것은, 그 경쟁제한의 효과가 다른 종류의 상표에서보다
크다. 또한, 그것만으로 독립하여 2차적 의미(secondary meaning)를 획득하는 것
도 경험칙상 쉽지 않다. 다만, 이상의 두 가지 점이 직접적으로 기능성원리의 근
거로 되는 것은 아니다."고 설명하고 있다.

27) In re Morton-Norwich Products, Inc., 671 F.2d 1332, 1343 (CCPA 1982).

28) J. Thomas McCarthy, 1 McCarthy on Trademarks and Unfair Competition, §
7:64, at 7-149, Thomson West (4th ed. 2006).

29) 小泉直樹(주 26), 1016-1017면을 참조하기 바란다.

이러한 경우는 그 형상이 기능적인(functional) 것인지 여부에 대해서는 나아가 살펴볼 필요 없이, 상표로 보호되기 위한 기본 요건인 식별력 (distinctiveness)이 부족하다는 이유로 상표에 의한 보호를 거절하면 족하다. 왜냐하면, 기능성은 오직 상품 또는 상품 포장의 형상이 상표 보호의 요건으로서 식별력이라는 첫 번째 관문을 통과한 경우에만, 두 번째 관문으로서 상표로 보호할 적격이 있는지 여부를 판단함에 있어 고려될 수 있을 것이기 때문이다. 즉, 상표로 보호받고자 하는 형상이 보통의 상품 특성(generic product features)에 불과하여 식별력이라는 첫 번째 관문을 통과하지 못한다면, 다른 일반적인 상표와 마찬가지로 식별력에 의해 상표 보호 여부를 충분히 결정할 수 있기 때문에, 굳이 상표에 의한 보호를 제한하는 독립된 원리인 기능성원리가 여기에 개재될 필요는 전혀 없는 것이다.

그러나 '기능성(functionality)'과 '식별력(distinctiveness)'은 별개의 독립된 상표보호 요건이기 때문에 반드시 식별력이 기능성보다 먼저 판단되어야 할 논리적인 필연성은 없다. 즉, 기능성 여부를 먼저 살펴, 만일 보호받고자 하는 어떤 상품 형태가 기능적인 것으로 판단된다면, 굳이 그 형태가 식별력이 있는지 여부까지는 나아가 살피지 않고 그 형태에 대하여 상표에 의한 보호를 거부하면 족한 것이다. 미국의 CAFC는 Brunswick Corp. v. British Seagull Ltd. 판결[30]에서 "상업적 거래에서 식별력을 취득한 상표는 적당한 절차 아래에서 상표등록을 받을 수 있다. 그러나 이러한 식별력을 취득하였다는 사정은 법률적 기능성(de jure functionality)이 있음을 이유로 한 상표등록 거절에 아무런 영향을 끼치지 못한다. 상표항고심판원이 기능성에 의해 상표등록을 거절한 것은 타당하므로, 엔진의 외관 표면(the exterior surface of its outboard engines)에 적용된 검은색을 상표로 등록받을 수 없다. 따라서 당원에

---

30) 35 F.3d 1527 (Fed. Cir. 1994).

서는 식별력을 취득했는지 여부까지는 살펴볼 필요가 없다"고 판시한 바 있는데,[31] 이 역시 같은 취지로 이해할 수 있다.

그리고 상품 또는 상품 포장의 형상은 이와 같은 식별력과 기능성의 두 관문을 모두 통과하였을 경우에만 상표에 의하여 보호받을 수 있다. 즉, 식별력의 관문을 통과하였다면 식별력과 독립된 상표보호의 요건으로서 기능성 여부를 별개로 판단하고, 기능성의 관문을 통과하였다면 이와 독립된 상표보호 요건으로서 식별력을 별개로 판단하여, 이들 요건을 모두 충족한 경우에 한하여 상표에 의한 보호가 가능한 것이다.

기능성과 식별력의 관계를 이와 같이 이해해야 함은 우리 상표법의 규정을 보더라도 명백함은 앞서 검토한 바 있다. 즉, 우리 상표법은 기능성에 관한 규정을 상표등록을 받을 수 없는 상표의 하나로 상표법 제7조 제1항 제13호에 규정하고 있고, 식별력에 관한 규정을 상표등록의 요건으로서 상표법 제6조에서 규정함으로써 이들 요건을 명백히 구분하고 있는 것이다. 그리고 이와 같은 논리는 명문의 규정은 없지만 부정경쟁방지법에서도 그대로 적용되어야 함도 앞서 보았다. 즉, 식별력이 없는 경우와 기능성이 있는 경우는 모두 혼동초래 부정경쟁행위의 성립요건으로서 '상품 또는 영업을 표시한 표지(標識)'에 해당하지 않는다는 결론에 있어서는 같지만, 기능성의 경우는 혼동초래 부정경쟁행위의 보호대상 자체가 되지 않기 때문에 표지성(標識性)이 부정되는 것이고, 식별력이 없는 경우에는 '상품 또는 영업을 표시한 표지'에 해당하기 위한 자타 상품 또는 영업을 구분하는 기능이 없거나 미약하기 때문에 표지성(標識性)이 부정되는 것으로, 그 결론에 이르는 논리적 추론의 과정이 완전히 다른 차이가 있는 것이다.

---

31) Id. at 1534.

마. 정책목표의 종합

앞에서 살펴본 기능성원리의 정책목표에 대한 논의를 종합해 보면 아래와 같다.

첫째, 기능성원리의 정책목표는 상표와 특허와의 보호영역의 충돌을 방지하기 위한 것이다. 상표와 디자인에 의한 보호대상이 본질적으로 중첩되는 이상 상표와 디자인 사이의 충돌까지 방지하는 것은 부적절하므로, 이들 사이의 충돌까지 방지하는 것으로 기능성원리의 정책목표를 설정할 수는 없다. 그리고 공중거래원리(public bargain doctrine)는 특허권의 부여를 받아 이제는 그 권리가 소멸함으로써 관련된 지적재산이 공공영역(public domain)에 속하게 되었는지 여부의 관점에서 기능성원리를 이해한 것으로, 특허권이 소멸된 상품 형태에 대하여 또 다시 상표 보호를 통해 그 독점기간을 연장해서는 안 된다는 측면에서는 어느 정도 일리가 있기도 하나, 이는 기능성 그 자체의 관점이 아니라 특허권 만료의 관점에서만 접근한 한계로 인하여 여러 가지 부당함을 초래하므로 기능성원리의 정책목표로 채택하기가 곤란하다.

둘째, 기능성원리의 정책목표는 자유경쟁의 부당한 제한방지에 있다. 이러한 정책목표는 다른 지적재산권법과의 충돌을 방지하기 위한 것이 아니라 상표법 또는 부정경쟁방지법 자체의 목적을 훼손하지 않기 위하여 그 자체에서 나오는 내재된 정책목표로서의 성질을 가진다.

셋째, 기능성원리를 식별력에서 찾아서는 안 되고, 기능성과 식별력은 별개의 독립된 상표 보호 요건으로서 이해해야 한다. 즉, 어떤 상품형태가 식별력이 있어서 수요자에게 오인, 혼동을 일으킬 우려가 있음에도 불구하고 특허와의 충돌방지나 자유경쟁 보장이라는 관점에서 그 형태에 대한 상표보호를 거부하는 원리로서 기능성원리를 이해함이 타당하다.

넷째, 특허와의 충돌방지 및 자유경쟁의 부당한 제한방지라는 두 가지 정책목표는 어느 하나가 다른 하나에 비하여 우월한 지위에 있는 것이 아니라 동일한 중요도를 가지는 것으로 다뤄져야 한다.[32] 상표와 특허 사이의 충돌방지를 통해 지적재산권법 체계의 조화를 이루고자 하는 것과 부당하게 자유로운 경쟁을 훼손해서는 안 된다는 상표 자체의 내재적인 목적은 둘 다 모두 이들 법률 체계의 근간을 이루는 핵심적인 것들이기 때문이다.

3. 기능성 개념을 분류할 필요가 있는지 여부

가. 사실적 기능성과 법률적 기능성에 대하여

사실적 기능성(de facto functionality)과 법률적 기능성(de jure functionality)의 분류는 미국의 연방법원들 중 Federal Circuit만이 사용하고 있는 것이다. 그런데 기능성원리에서 말하는 기능성 개념은 기능성원리의 정책목표를 실현하기 위한 법률적 개념이어야 하고 물품의 특성을 사실적 또는 물리적 관점에서 파악한 사실적인 개념이 아님은 당연하므로, 법률적인 관점에서 기능성 여부를 판단하면 족하고 굳이 이와 구분되는 사실적 기능성 여부를 따질 필요가 없다는 점에서 위와 같은 기능성 개념의 구분은 전혀 불필요하다. 또한, 어떤 상품 형태에 사실적 기능성이 있다고 할 경우 법률적 기능성 또한 있다고 볼 수 있는 경우도 많을 것이어서 이들 개념 사이의 차이를 명백히 구분하는 것 또한 쉽지 않아 보인다. 따라서 우리나라에서 굳이 이와 같이 불필요할 뿐만 아니라 불명확한 기능성 개념 분류를 채택할 필요는 없다고 생각한다.

---

32) 이와 같은 견해로는 J. Thomas McCarthy(주 28), § 7:68, at 7-156.

다만, Federal Circuit의 위와 같은 기능성 개념의 분류는 기능성원리에서 말하는 '기능성' 개념은 법률적인 평가를 요하는 법률적인 개념임을 환기시키는 정도의 의미는 있겠다.

나. 실용적 기능성과 심미적 기능성에 대하여

(1) '심미적 기능성' 개념의 필요성 여부

우리 상표법 제7조 제1항 제13호가 규정하고 있는 '상품 또는 그 상품의 포장의 기능을 확보하는 데 불가결한 입체적 형상' 또는 혼동초래 부정경쟁행위의 성립요건으로서 표지성(標識性)이 부정되는 '상품의 기능적 형태'에 해당하는지 여부를 판단하기 위하여, '실용적 기능성(utilitarian functionality)' 이외에 '심미적 기능성(aesthetic functionality)' 개념도 고려해야 할 것인지 여부가 문제된다. 이는 우리나라에서도 심미적 기능성 개념을 인정할 것인지 여부의 문제인데, 아래에서 살펴본다.

현대사회에서 상품의 디자인은 여러 가지 목적을 가지고 창작된다. 예를 들어, 디자인은 제품의 효율성이나 유용성을 제고하기 위한 목적, 그 제품을 더 예쁘고 멋있게 보이기 위한 목적, 생산비를 절감하고 제조공정을 단순화하기 위한 목적, 자신의 제품을 다른 사람의 제품과 구별하여 자신이 만든 것으로서의 출처를 표시하기 위한 목적 등 다양한 목적을 가지고 창작된다. 또한, 대개의 경우 하나의 제품 디자인에는 이러한 디자인의 여러 가지 목적들이 함께 뒤섞여 있는 경우가 많다. 예를 들어, 날렵한 자동차의 디자인은 그 자동차가 더 효율적으로 작동하기 위하여, 그리고 그 자동차를 더 멋있고 매혹적으로 보이게 하기 위하여, 또한 그 자동차의 출처를 표시하기 위하여[33) 디자인될 수 있

---

33) FERRARI DAYTONA SPYDER 클래식 스포츠카의 전체적인 디자인은 미국 연

다. 그 뿐만 아니라, 많은 경우 수요자들이 구매하는 것이 바로 제품의 디자인 자체인 경우도 있다. 예를 들면, 제품 디자인이 수요자들의 구매에 가장 큰 영향을 주는 요소가 되는 상품들인 귀금속류, 장식품류, 식기류 등등이 이에 해당하는데, 근래에는 이와 같은 종류의 상품들뿐만 아니라 그 외 실용적인 상품들에서도 디자인이 수요자들의 구매에 미치는 영향력은 점점 커지고 있다.

현대사회의 이러한 디자인 환경에서는 어떤 상품 형태가 가지는 기능성을 '실용적 기능성(utilitarian functionality)'과 '심미적 기능성(aesthetic functionality)'으로 구분하는 것이 매우 어렵거나 때로는 불가능하다. 또한, 수요자들이 구매하는 것이 바로 그 디자인 자체인 경우가 많은 이상, 그 경우 상품 디자인이 기능적이라고 하여 상표보호를 거부하고자 할 때 굳이 심미적 기능성의 개념을 도입하지 않고 실용적 기능성의 개념에만 기초하더라도 충분하다. 왜냐하면, 이러한 상품들에서는 수요자들에게 시각적으로 호감을 주는 것 자체가 그 상품이 추구하는 실용적인 기능이라고 할 수 있기 때문이다. 미국 제2연방항소법원의 Wallace Intern. Silversmiths, Inc. v. Godinger Silver Art Co., Inc. 판결[34]에도 이와 같은 생각이 잘 나타나 있다. 즉, 위 판결은 바로크 스타일의 은그릇에 대하여 상표에 의한 보호를 할 것인지 여부를 판단함에 있어서, 바로크 스타일의 장식은 비록 그것이 심미적인 외양과 매우 밀접하게 관련이 있다고 하더라도 이를 실용적 기능성의 개념으로 파악할 수 있다고 하여, 굳이 심미적 기능성 개념을 거론하지 않고 위 장식이 기능적이라는 이유로 상표에 의한 보호를 받을 수 없다고 판시하

방상표법(Lanham Act) § 43(a)에 의해 보호받을 수 있는 trade dress에 해당한다면서, 그 외양은 기능적이지 않고 주로 심미적인 이유로 디자인된 것이라고 판단한 Ferrari S.p.A. Esercizio Fabriche Automobili e Corse v. McBurnie 판결[11 U.S.P.Q. 2d 1843 (S.D. Cal. 1989)]을 참조하기 바란다.

34) 916 F.2d 76 (2d Cir. 1990).

였던 것이다.

그 이외에 심미적 기능성 개념에 대해서는 설득력 있는 많은 비판이 제기되고 있음을 이 글 제2장 제4절 2.다.(5)항에서 이미 살펴본 바 있다.

요컨대, 심미적 기능성 개념은 현대사회의 디자인 환경에 비추어 볼 때 굳이 필요한 개념이 아니고, 기능성원리의 핵심인 '기능성'에 대한 판단기준을 설정함에 있어 유용한 도구를 제공하는 것이 아니라 오히려 그에 대한 논의를 더 복잡하고 어렵게 만들 뿐이므로, 우리나라에서는 이러한 기능성 개념을 채택할 필요는 전혀 없다고 할 것이다.

(2) 디자인과 조정 여부와 심미적 기능성

우리나라 지적재산권법 체계에서도 상표와 디자인과의 충돌방지가 필요하다고 주장하면서 심미적 기능성 개념을 도입해야 할지 여부를 검토해야 한다는 견해가 있다. 위 견해는 디자인권의 존속기간은 한정되어 있는 반면, 상표권은 반영구적이므로 장기간 독점으로 경쟁을 제한할 우려가 발생하는 것은 특허의 경우와 마찬가지임을 그 논거로 든다.[35)

그러나 우리의 지적재산권법 체계에서 상표와 디자인에 의한 보호 대상에는 본질적으로 장식적 또는 심미적 특성이 공통적으로 포함되는 것이므로, 양자에 의한 보호 영역을 중복되지 않도록 조정할 필요성이 전혀 없음은 앞서 살펴본 바 있다. 이와 같이 상표와 디자인 사이의 충돌을 방지해야 할 필요가 없다는 관점에서 보더라도, 이들 법체계 사이의 충돌을 방지하고자 함을 주된 근거로 삼고 있는 '심미적 기능성' 개념의 채택 필요성은 전혀 없는 것이다. 심미적 기능성 개념의 도입을 주장하는 위 견해가 언급하는 것과 같은 디자인과 상표 사이의 충돌 우려는, 기능성원리의 정책목표 중 하나인 '자유경쟁의 부당한 제한방

---

35) 김원오(주 24), 231면.

지'와 관련하여 도출할 수 있는 '기능성'의 판단기준에 의하여 해소함이 바람직하다. 항을 바꾸어 살펴본다.

(3) '기능성'의 판단기준과의 관계

심미적 기능성 개념을 주장하는 견해들에 의하면, 상품 또는 상품 포상의 형상을 독점·배타적으로 사용하게 하는 경우 '경쟁을 중대하게 방해하는지' 여부를 '기능성'의 판단기준으로 삼아야 한다고 주장하는 경우가 많다. 예를 들면, 심미적 기능성 개념을 채택하였다고 할 수 있는 미국 연방대법원의 대표적인 판결인 Qualitex Co. v. Jacobson Products Co. 판결[36]은 "만일 제품 특성의 배타적인 사용이 경쟁자를 명성과 관련되지 않은 중대한 불이익을 받도록 한다면(if exclusive use of the feature would put competitors at a significant non-reputation-related disadvantage), 기능적이어서 상표로 작용할 수 없다"고 판시한 바 있다. 그리고 부정경쟁에 관한 제3 Restatement도 심미적 기능성의 판단기준을 설명하면서, "만일 디자인의 심미적인 가치가 대체 가능한 디자인의 사용(the use of alternative designs)에 의해 실질적으로 복제될 수 없는 중대한 이익(significant benefit)을 가져오는 데 있다면, 그 디자인은 기능적이다"라고 기술하고 있는 것이다.[37]

그러나 이러한 판단기준은 사실 '심미적 기능성' 개념과는 아무런 관계가 없는 것이다. 심미적 기능성 개념을 주장하는 견해들을 보더라도, 도대체 '심미적 기능성'이 왜 '경쟁을 중대하게 방해하는지' 여부와 연결되어 판단되어야 하는지 설득력 있는 아무런 설명을 하지 않고 있다. 예를 들어, 부정경쟁에 관한 제3 Restatement도 단지 "어느 특정한 디자인이 심미적 우월성을 본래적으로 갖는다는 것을 판단하는 것은 어

---

36) 514 U.S. 159 (1995).
37) Restatement (Third) of Unfair Competition § 17, comment c, at 176 (1995).

려우므로, 대체 가능한 다른 적절한 디자인이 없다는 증거가 있는 경우
에 한하여 심미적 기능성이 있다고 하여야 한다"고 설명하고 있을 뿐
이다.[38) 이는 결국 심미적 기능성을 판단할 수 있는 마땅한 방법이 없
으므로 경쟁과 연결시켜 심미적 기능성 여부를 판단해야 한다는 것에
불과할 뿐, 심미적 기능성 개념과 위 판단기준 사이에 논리적인 연결고
리가 있다고 하는 것은 아니다. 오히려, 경쟁제한과 연결된 기능성의
판단기준은 뒤에서 검토하듯이 기능성원리가 추구하는 정책목표 중 하
나인 '자유경쟁의 부당한 제한방지'와의 관계에서, 심미적 기능성 개념
과 무관하게 도출할 수 있는 것이고 또 그로써 충분하므로, 위 판단기
준을 도출하기 위하여 굳이 심미적 기능성 개념을 채택할 필요는 전혀
없는 것이다.

다만, 심미적 기능성 개념은, 특허와의 관계에서 상품 형태의 실용성
에 주목하는 실용적 기능성 개념만으로는 상표에 의한 보호에서 제외
되어야 하는 상품 형태를 모두 추출해 낼 수 없으므로, 이와 다른 경쟁
의 관점에서도 기능성을 판단할 필요가 있음을 밝혔다는 점에서 의미
는 있다고 생각한다. 즉, 심미적 기능성 개념은 상품 디자인에 다양한
측면이 있음을 인식시키는 한편, 기능성원리에서 말하는 기능성이라는
것이 반드시 공학적이고 기계적인 기능성만을 의미하는 것이 아니라고
하여 '기능성' 개념에 대한 좀 더 폭넓은 시각을 제시하였다는 점에서
그 의의를 찾을 수는 있겠다.

---

38) Id.

4. 우리나라에서 '기능성'의 판단기준 정립

가. 논의의 방향

우리나라는 상표법 제7조 제1항 제13호와 제51조 제1항 제4호에 '상품 또는 그 상품의 포장의 기능을 확보하는 데 불가결한 입체적 형상 또는 색채'라고 하여 상표등록을 받을 수 없거나 상표권의 효력이 미치지 않는 형상에 대한 명문의 규정을 두고 있으므로, 어떠한 상품 형태에 대한 '기능성'의 판단기준을 정립하는 문제는 결국 위 규정들이 정하고 있는 '기능을 확보하는 데 불가결한 입체적 형상 또는 색채'가 무엇인지를 해석하는 문제로 귀착된다. 그런데 이와 같이 우리 상표법 규정은 기능성에 대한 구체적인 판단기준을 제시하지는 않고 '기능을 확보하는데 불가결'이라는 추상적인 문구만을 두고 있을 뿐이어서, 구체적인 사안에서 그 해당 여부를 판단하기 위한 명확한 판단기준을 정립할 필요가 있다. 또한, 앞서 살펴보았듯이 기능성원리는 비단 상표법뿐만 아니라 혼동초래 부정경쟁행위에도 동일하게 적용되어야 하므로, 상표법의 위 규정들에 근거하여 정립한 기능성 판단기준은 혼동초래 부정경쟁행위에도 그대로 적용되게 된다.

그러나 우리나라 법원의 판례 중에는 아직까지 위 상표법 규정에 해당하는지 여부를 판단한 사례가 거의 없고,[39] 다만 특허심판원의 심결 몇 개가 있을 뿐이다.[40] 그리고 이와 관련하여 심도 있는 논의를 하고 있는 학설도 찾아볼 수 없다. 이는 우리 상표법이 입체상표를 도입한 지가 꽤 지났음에도 불구하고 우리 법원의 입체상표에 대한 인식이 아직까지는 그다지 성숙하지 못하여 그 식별력의 요건을 문자상표나 도형상

---

39) 앞서 살펴본 바와 같이, 부정경쟁방지법상의 혼동초래 부정경쟁행위 성립 여부와 관련하여 기능성 여부를 판단한 하급심 판결이 약간 있을 뿐이다.

40) 이러한 심결들은 뒤에서 검토한다.

표 등 다른 상표에 비하여 엄격하게 봄으로써, 기능성에 대한 판단에 나아가기 전에 식별력의 문제로 대부분의 사안을 해결하기 때문으로 생각된다.

그런데 근래 들어 국제거래의 증가에 따라 우리나라에서도 외국에서는 이미 상표등록 등을 통하여 상표에 의한 보호가 주어지고 있는 입체적 형상 등을 상표로 출원하거나 부정경쟁방지법에 의한 보호를 요구하는 사례들이 증가하고 있다. 또한, 우리나라의 경제성장에 따라 한 기업의 상품이 오랫동안 국내에서 판매됨으로써 수요자들이 그 상품 또는 포장의 형상 자체를 그 상품의 출처표시 자체로 인식하기에(즉, 사용에 의한 식별력을 취득하기에) 이르는 사례들도 증가할 것으로 보인다. 따라서 입체상표와 관련한 위와 같은 우리 법원의 실무 경향은 차후에 차차 개선되어 '기능성' 여부까지 나아가 판단해야만 하는 사안들이 증가할 것으로 생각되므로, 이에 대비하여 '기능성' 판단기준을 미리 연구해 둘 필요가 있을 것이다.

아래에서는 이와 같은 인식 아래 지금까지 살펴본 기능성원리에 대한 국내외의 제반 논의와 우리나라에서 기능성원리가 추구해야 할 정책목표 등을 바탕으로 하여 적절한 '기능성' 판단기준을 제시해 본다.

나. 미국, 일본, 우리나라 특허청의 심사기준 검토

(1) 미국[41]

미국 상표심사 매뉴얼 1202.03(a)iii)에 의하면, 미국 특허청(PTO)의 상표심사관은 기능성 여부를 판단하기 위하여, ① 상품 등의 형상이나 유사한 형상을 포함하는 특허의 존재 여부, ② 실용적인 이점을 선전하

---

41) 이영락, "입체상표의 심사기준에 관한 연구", 지식재산21 74호(2002. 9.), 특허청, 111면.

는 광고의 존재 여부, ③ 대체적인 형상의 존재 여부 등을 기초로 하여, 궁극적으로 출원된 상품 등의 형상이 등록되면 관련 분야에서의 경쟁을 저해하는지의 여부와 자유경쟁을 위하여 자유롭게 사용하게 할 필요가 있는지 여부를 고려하여야 한다고 규정하고 있다고 한다. 이러한 기준은 Federal Circuit이 제시한 기능성의 판단기준[42]과 거의 유사한 것으로 보인다.

(2) 일본

일본의 상표심사기준은, 상품 또는 상품 포장의 형상이 그 기능을 확보하기 위하여 불가결한지 여부의 판단은, ① 그 기능을 확보할 수 있는 대체적인 형상이 존재하는지 여부, ② 상품 또는 상품 포장의 형상을 당해 대체적인 입체적 형상으로 하더라도 같은 정도의(또는 그 이하의) 비용으로 생산할 수 있는지 여부가 고려된다고 규정하고 있다.[43] 이는 미국의 Federal Circuit이 판시한 기능성 판단의 고려요소 중 2개와 동일함을 알 수 있다. ① 고려요소에 대해서는, 대체적인 형상이 존재하는 경우에는 독점을 허용하더라도 시장에서의 자유경쟁을 저해하지 않는 것이라고 설명되고, ② 고려요소에 대해서는, 현저하게 높은 비용이 필요한 경우에는 같은 업종을 영위하는 자가 자유경쟁 속에서 극히 불리하게 되어 결과적으로 시장의 독점을 허용하는 것이므로, 그것을 방지하기 위함이라고 설명된다.[44]

---

42) 이 글 제3장 제3절 3.나.항에서 살펴본 Valu Engineering, Inc. v. Rexnord Corp. 판결 부분 참조.
43) 小野昌延 編(주 19), 445면.
44) Id.

(3) 우리나라

우리나라 상표심사기준 제27조는 입체상표 또는 색채상표의 기능성에 관하여 규정하면서, 제1항에서 "상표법 제7조 제1항 제13호의 규정의 적용은 광고·선전 등을 통하여 그 실용적 이점이 알려진 상품 또는 상품포장의 형상이나 색채 또는 색채의 조합 등으로부터 발휘되는 기능에 착안하여 판단한다"고 규정하고, 제2항은 "본호에 해당하는 상품 또는 그 상품의 포장의 기능을 확보하는데 불가결한 입체적 형상이나 색채 또는 색채의 조합은 비록 식별력이 인정되는 경우라도 등록을 받을 수 없는 것으로 한다"고 규정하고 있다.

위 규정에 대한 해석참고자료에는 기능성 판단기준에 대하여 상당히 자세히 규정하고 있어 많은 참고가 되므로, 아래에서 이를 자세히 살펴본다.

- 제1호: 출원된 입체상표가 기능적인지 여부는 ① 그 기능을 확보할 수 있는 대체적인 형상이 따로 존재하는지 여부, ② 상품 또는 포장의 형상을 당해 대체적인 입체적 형상으로 한 경우 동등한 또는 그 이하의 비용으로 생산할 수 있는지 여부를 고려하여 판단한다.

- 제2호: 출원된 색채 또는 색채의 조합만으로 된 상표가 기능적인지 여부는 ① 출원된 상표의 색채 또는 색채의 조합이 지정상품의 사용에 불가결하거나 일반적으로 사용되는 경우, ② 출원된 상표의 색채 또는 색채의 조합이 주는 미적 효과가 제품의 마케팅 등에 도움이 되는 경우, ③ 지정상품의 특성으로 작용하는 특정 색채가 그 상품의 이용과 목적에 불가결하거나 상품의 가격이나 품질에 영향을 주는 경우를 고려하여 판단한다.

- 제3호: 상품 또는 그 상품의 포장의 형상 등으로부터 발휘되는 실용적 이점으로 인하여 그 상품 등의 사용자에게 월등한 경쟁상의 우위를 제공한다거나 그러한 상품 또는 그 상품의 포장의 형상 등의 독점

으로 인하여 거래업계의 경쟁을 부당하게 저해하는지의 여부를 종합적으로 고려하여 상표법 제7조 제1항 제13호 해당 여부를 판단하여야 한다.

- 제4호: 상품 또는 그 상품의 포장이 채용하는 형상은 대체로 상품 또는 그 상품의 포장이 가지는 일정한 본래 기능을 수행하고 있는 것이 일반적이나, 이러한 상품 자체에서 비롯된 본래의 기능을 수행하는 동종의 상품일지라도 그 형상화나 디자인의 특성으로 인하여 상품 자체의 본래 기능을 넘어서 경쟁상 우월한 기능(실용적 이점)을 가져올 수 있다. 이 경우 본호에서 규정하는 기능성 여부를 판단함에 있어서 상품의 형상화나 디자인의 특성으로 인하여 상품 자체의 본래 기능을 넘어서 경쟁상 우월한 기능이 존재하는지의 여부를 판단하는 것으로 한다.

- 제5호: 입체상표가 기능적이지 않다는 것을 주장하는 자는, ① 현재 관련 거래업계에서 유통되고 있거나 이용 가능한 다른 대체적인 형상의 존재를 증명하는 자료, ② 당해 상품의 형상과 대체적인 형상의 상품을 생산하는데 소요되는 제조, 생산 비용의 차이 등을 증명할 수 있는 자료, ③ 당해 상품 또는 그 상품의 포장의 형상 등으로부터 발휘되는 기능과 밀접한 관련이 있는 특허권, 실용신안권, 디자인권(당해 권리의 존속여부는 불문한다)에 관한 정보, ④ 광고 또는 선전 등을 통하여 당해 상품 또는 그 상품의 포장의 형상으로 인한 실용적인 이점이 널리 알려지고 있다는 사실을 증명하는 자료, ⑤ 당해 상품의 형상 등에 체화되어 있는 특징에 대한 설명 자료 등을 제출할 수 있다.

- 제6호: 상품 또는 그 상품의 포장의 기능을 확보하는데 불가결한 입체적 형상은 상표법 제6조 제1항 제3호에서 규정하는 상품의 형상 또는 그 상품의 포장의 형상에 해당하는 것이 일반적이므로 그와 같은 상표는 원칙적으로 상표법 제6조 제1항 제3호를 적용한다. 따라서 본호는 상품의 형상 또는 그 상품의 포장의 형상이 상표법 제6조 제2항

에 의하여 식별력이 인정된 상표에 관하여 주로 적용되는 것으로서 본
호에 해당할 경우에는 식별력이 인정되더라도 등록을 받을 수 없는 것
으로 한다.

우리 특허청의 심사기준에 규정되어 있는 이와 같은 기능성 판단기
준은, 미국의 Federal Circuit이 판시하여 미국 특허청의 상표심사기준
에 채택되어 있는 판단기준과 전체적으로 유사한 것으로 보인다. 그런
데 미국에서의 기준과 다른 것으로, 기능적인 입체적 형상은 상표법 제
6조 제1항 제3호에 해당하여 식별력이 없음이 원칙이므로 사용에 의한
식별력을 취득한 경우에 한해서만 기능성 여부가 문제된다고 규정하고
있는 해석참고자료 제6호가 주목을 끈다. 기능적인 상품 형태는 식별
력도 없는 경우가 많을 것이라는 점에서 위 규정에 일면 타당한 점도
없지 않다. 그러나 위 규정은, 상표법 제6조 제1항 제3호의 "형상을 보
통으로 사용하는 방법으로 표시한 표장만으로 된 상표"에 해당하여 식
별력이 없는지 여부는 기능성과는 독립된 별개의 문제로서 그 자체로
판단되어야지 기능성 여부와 관련해서 판단되어서는 안 된다는 점에
서, 식별력과 기능성의 개념 사이에 혼란을 초래할 수 있는 부적절한
규정으로 생각된다.

다. '기능성'의 판단기준 검토

(1) 정책목표와의 관계

'기능성'을 어떻게 정의하고 그 판단기준을 어떻게 설정할 것인지 여
부는 기능성원리를 통해 실현하고자 하는 정책목표를 어떻게 파악하느
냐에 따라 달라질 수밖에 없을 것이다. 미국의 논의에서 본 바와 같은
기능성에 대한 미국 법원과 학설의 다양한 정의 및 판단기준도 결국은

상표와 특허 제도 사이에서 기능성원리의 본질과 역할에 대한 이해의 차이에서 비롯된 것이라고 생각된다. 따라서 '기능성'에 대한 적절한 판단기준을 정립하기 위해서는 기능성원리가 구현하고자 하는 정책목표에 대한 올바른 이해에 기초를 두어야 한다. 그런데 우리나라 지적재산권법 체계에서 기능성원리의 정책목표는 '특허와의 충돌방지' 및 '자유경쟁의 부당한 제한방지'의 두 가지에 있다고 봄이 타당함은 앞서 살펴보았다. 따라서 이하에서는 이와 같은 각각의 정책목표의 관점에서 '기능성'의 판단기준을 도출해 보도록 한다.

(2) '특허와의 충돌방지' 정책목표와 관련한 판단기준

(가) 수정된 Inwood 판단기준의 적용

특허와의 충돌방지 정책목표를 실현하기 위해서는 문제되는 상품 형태가 특허에 의해 보호되어야 하는 것인지 여부를 고려하여 기능성 여부를 판단해야 할 것이다. 이와 같은 관점에서의 고려사항으로는, 예를 들면 더 적은 부품으로 더 긴 수명을 가지거나, 조작하는 사람에게 더 위험이 적도록 하여 상품이 더욱 효율적으로 동작하도록 한다거나, 상품을 배송함에 있어서 손상 가능성이나 운반비를 더 줄이는 형태로 만들어지도록 하는 것과 같이, 상품 형태의 디자인이나 그에 불가분적으로 결합해 있는 특성이 실용적이고 공학적인 고려에 의해 생성된 디자인이나 형상들인지 여부를 파악해야 한다.[45] 미국 연방대법원도 Qualitex Co. v. Jacobson Products Co., Inc. 판결[46]에서, "예를 들어 '특허를 받은 전구에서 조명을 더 밝게 하는 특별한 형상'과 같이 '공학적인 요구에 의한 실용적인 이득(engineering-driven utilitarian advantages)에 의해 지배되는 형상'인 경우 이를 기능적인 것이다"고 설명한 바 있

---

45) J. Thomas McCarthy(주 28), § 7:64, 7-145면.
46) 514 U.S. 159 (1995).

는데, 이 역시 같은 취지라고 할 수 있다. 이러한 취지에 따라 우리 상
표법이 규정하고 있는 "상품 또는 그 상품의 포장의 기능을 확보하는
데 불가결한 입체적 형상"의 의미를 해석하면, 그것은 결국 '실용적이
고 공학적인 고려에 의해 생성된 디자인이나 형상으로서 특허의 대상
이 되어야 할 형상'을 의미하는 것으로 해석할 수 있다.[47]

그러면 과연 어떠한 형상이 특허의 대상(subject matter)으로서 상표
에 의한 보호가 거부되어야 하는 것인가, 즉 특허대상의 판단기준을 어
떻게 설정할 것인지가 문제된다. 이에 대해서는 미국 연방대법원의
Inwood Laboratories, Inc. v. Ives Laboratories, Inc. 판결[48]이 좋은 해답
을 제시하고 있다. 즉, 상품의 형상이 "상품의 사용 또는 목적에 필수
불가결하거나(essential to the use or purpose of the article), 상품의 비용
또는 품질에 영향을 미친다면(affects the cost or quality of the article)",
그 형상은 기능적이라고 할 수 있다.[49]

다만, Inwood 기준은 "상품의 사용 또는 목적에 필수불가결한지 여
부(essential to the use or purpose of the article)"라는 앞부분의 기준만
으로 다소 수정될 필요가 있다. 왜냐하면, "상품의 비용 또는 품질에
영향을 미치는지 여부(affects the cost or quality of the article)"라는 뒷
부분의 기준에 의하면, 대부분의 상품 형상이 그 상품의 품질을 높이기
위하여 고안되고 그것이 적지 않은 경우에 상품의 비용에도 영향을 미
치는 현재 거래계의 실정에서는, 상품의 형상은 대부분 상표로 보호받
을 수 없게 된다는 용납할 수 없는 결과를 초래하게 될 것이기 때문이

---

47) 여기서 특허의 대상이 된다는 것은, 신규성, 산업상 이용가능성, 진보성까지 모두
    획득하여 실제로 특허를 부여받을 수 있다는 의미가 아니라, 특허의 대상적격
    (subject matter)이 된다는 의미이다.
48) 456 U.S. 844 (1982).
49) 위 기준은 그 해석을 두고 논란이 없는 것은 아니나, 미국에서 특허와의 충돌을
    회피하고자 하는 '전통적인 테스트(traditional test)'로 이해됨이 일반적임은 이
    글 제3장 제2절 2.항에서 검토하였다.

다. 그리고 Inwood 기준 중 앞부분의 "상품의 사용 또는 목적에 필수불가결한지 여부"는 특허에 의해 보호받을 수 있는 대상이 무엇인지에 대한 핵심을 표현하고 있으므로 이 기준만으로도 상표와 특허의 충돌 방지라는 정책목표 달성에 충분하기 때문이다. 다만, 뒤에서 검토하듯이 위 후반부 기준 중 "상품의 비용에 영향을 미치는지 여부"는 기능성(functionality) 여부를 판단함에 있어서 하나의 고려요소로 삼을 수는 있을 것이다.

이와 같은 판단기준은, 일본 판례들이 설시하고 있는 기준인 "상품의 기능 내지 효과로부터 필연적으로 유래하는 형태인지 여부"와는 다소 문구의 차이가 있다. 그러나 이들 판단기준이 의도하는 것은 결국 특허와의 충돌을 방지하고자 한다는 점에서 동일하므로, 이러한 문구 차이로 인하여 그 기준의 실제 적용결과 '기능성(functionality)'에 대한 판단이 달라지지는 않을 것으로 생각된다.

(나) Federal Circuit이 설시한 판단자료의 적용

이와 같이 어떤 상품의 형상이 '상품의 사용 또는 목적에 필수불가결한지 여부'에 의하여 '기능성' 여부를 판단해야 한다. 그런데 이를 판단하기 위한 구체적인 자료들로는 Federal Circuit의 판결들[50]에서 설시된 바 있고, 미국, 일본, 우리 특허청의 상표심사기준에도 흡수되어 있는 4가지 고려요소들 중, ① 상품 등의 디자인의 실용적인 장점(utilitarian advantage)을 개시하고 있는 특허의 존재 여부, ② 그 디자인의 실용적인 이점을 선전하는 광고의 존재 여부의 2가지가 구체적인 요소로 고려될 수 있다. 이러한 고려요소들에 의한 기능성의 입증문제에 대해서는 뒤에서 더 자세히 살펴본다.

---

50) In re Morton-Norwich Products, Inc., 671 F.2d 1332 (CCPA 1982) 및 Valu Engineering, Inc. v. Rexnord Corp., 278 F.3d 1268 (Fed. Cir. 2002) 참조.

(3) '자유경쟁의 부당한 제한방지' 정책목표와 관련한 판단기준

미국 연방대법원은 Qualitex Co. v. Jacobson Products Co., Inc. 판결[51]에서 "만일 상품 형상의 배타적인 사용이 경쟁자를 명성과 관련되지 않은 중대한 불이익을 받도록 한다면(if exclusive use of the feature would put competitors at a significant non-reputation-related disadvantage), 기능적인 것으로 판단되어야 한다"고 판시하였는데, 이러한 판단기준은 자유경쟁의 부당한 제한방지 정책목표의 핵심을 간파하고 있는 기준으로 보인다.[52] 따라서 우리나라에서도 위 판단기준을 기능성원리의 두 번째 정책목표, 즉 '자유경쟁의 부당한 제한방지' 정책목표와 관련한 판단기준으로 수용함이 바람직할 것이다. 즉, 어떠한 상품 형상을 상표로 보호하여 경쟁자가 그것을 사용하지 못하도록 하면 경쟁자에게 경쟁상 중대한 불이익을 받게 하는 경우에 그 형상은 기능적이라고 해야 한다. 이와 같은 기준은 문제된 상품 형상을 상표로 보호하게 되면, 경쟁자로 하여금 효율적으로 경쟁하는 것(compete effectively)을 방해하는지 여부를 살펴야 한다는 의미로서, 앞서 Inwood 판결이 제시한 '전통적인 테스트(traditional test)'와 구분하여 '경쟁상의 필요 테스트 (competitive need test)'로 불리고 있음은 앞서 살펴본 바 있다.

위와 같은 기준에 해당하는지 여부를 살피기 위한 구체적인 자료로는, 앞서 본 Federal Circuit의 판례들과 미국, 일본, 우리 특허청의 상표 심사기준이 채택하고 있는 4가지 고려요소들 중, ① 대체 가능한 디자인이 존재하는지 여부(alternative designs available), ② 그 형상으로 제품을 생산하게 되면 상대적으로 단순하거나 저렴한 방법에 의해 그 제

---

51) 514 U.S. 159 (1995).

52) American Intellectual Property Law Association (AIPLA)은 오로지 경쟁의 촉진 이라는 정책목표를 고려하여 연방상표법(Lanham Act)을 개정하자고 제안한 바 있다[Graeme B. Dinwoodie & Mark D. Janis, Trademarks and Unfair Competition, 223-224, Aspen (2004)].

품을 생산할 수 있는지 여부 등이 구체적인 요소로 고려될 수 있을 것이다. 이들 고려요소에 의한 기능성의 입증문제에 대해서는 뒤에서 더 자세히 살펴본다.

기능성을 이와 같은 '경쟁상의 필요 테스트' 기준에 의해 판단하게 되면, 그 판단은 시간이 흐름에 따라 바뀔 수 있다. 왜냐하면, 시간이 지나면 경쟁업자들이 대체 가능한 디자인을 시장에 소개할 수 있게 되기 때문이다.[53]

(4) 양 기준들 사이의 관계

기능성원리의 두 가지 정책목표, 즉 '특허와의 충돌방지' 정책목표와 '자유경쟁의 부당한 제한방지' 정책목표는 동일한 중요도로 평가되어야 함은 앞서 보았다. 따라서 이들 각각의 정책목표와 관련하여 도출한 위 각각의 기능성 판단기준 역시 같은 중요도로 취급되어야 할 것이다. 결국, "상표로 보호받고자 하는 상품 또는 상품 포장의 형상은 '만일 그것이 제품의 사용 또는 목적에 필수불가결하거나' 또는 '만일 그 형상의 배타적인 사용이 경쟁자를 명성과 관련되지 않은 중대한 불이익을 받도록 한다면' 기능적이다"는 판단기준이 설정될 수 있을 것이다.

이러한 해석은, 일본에서 표시성(表示性) 부정설을 취하는 두 가지 근거, 즉 '기술적 형태 제외설'[54]과 '경쟁상 유사형태 제외설'[55] 사이의 관계에 대하여 도면 B와 같이 이해하는 견해[56]와 동일하다. 이러한 일본의 학설이 주장하고 있는 바를 참고하여 설명하면, 색채 등과 같이 '전통적인 테스트(traditional test)'에 의해서 기능적인 것으로 커버되지 않는

---

53) J. Thomas McCarthy(주 28), § 7:63, at 7-143 참고.
54) 여기에서의 '전통적인 테스트(traditional test)'와 유사한 견해이다.
55) 여기에서의 '경쟁상의 필요 테스트(competitive need test)'와 유사한 견해이다.
56) 이 글 제4장 제3절의 주 55) 부분 참조.

부분이 있는 반면, 경쟁상 유사하지 않을 수 없는 형태는 아니지만 어떤 아이디어, 기술을 실시하기 위해 필요한 형태인 경우, 또는 경쟁시장을 넓게 인정함으로써 그 형상의 배타적인 사용이 경쟁자를 중대한 불이익을 받도록 한다고 볼 수는 없는 경우에는, '경쟁상의 필요 테스트 (competitive need test)'에 의해서도 기능적인 것으로 커버되지 않는 부분도 있으므로, 이들 영역 모두를 기능성이 있는 범위 내에 포섭하여 상표에 의한 보호를 거부하기 위해서는, 이들 각 기준을 동등한 중요도를 가지는 독립되고 병렬적인 기능성 판단기준으로 설정함이 바람직하다고 할 수 있는 것이다.

5. 기능성의 입증문제

가. 서설

지금까지는 우리나라에서 기능성원리의 정책목표에 근거한 기능성 (functionality) 개념 및 그 적절한 판단기준에 대해 살펴보았다. 이에 따르면, 기능성 여부가 쟁점이 되는 실제 사안에서 당사자들이나 법원은 이와 같은 판단기준에 따라 상품 또는 상품 포장의 형상이 '제품의 사용 또는 목적에 필수불가결하거나 또는 그에 대한 배타적인 사용이 경쟁자로 하여금 경쟁상 중대한 불이익을 받도록 하는지' 여부를 규명해야 하는데, 구체적인 소송에서는 과연 어떠한 입증자료에 의하여 법관이 위 판단기준을 잣대로 하여 기능성을 판단할 수 있을지 문제된다. 이러한 문제에 대해 검토하는 것은, 실제의 기능성 관련 소송에서 법원과 당사자들이 적정하고 효율적인 절차진행을 하는 데 도움을 주는 한편, 법원으로 하여금 보다 더 구체적이고 객관적인 기능성 판단을 가능하게 할 것이다.

이하에서는 기능성의 입증문제를 입증자료와 입증책임으로 나누어 살펴본다. 다만, 우리나라에서는 아직 기능성 관련 소송이 활발하지 않으므로, 이와 관련한 풍부한 판례들이 집적되어 있는 미국에서 이 문제를 구체적으로 어떻게 다루고 있는지를 참고로 하여, 우리나라의 소송절차 또는 심판절차에서 기능성 입증의 바람직한 모습이 무엇일지 논의해 보도록 한다.

나. 기능성 문제의 성격

'기능성(functionality)'의 입증문제에 대하여 살피기 전에, '기능성'이 사실문제인지 아니면 법률문제인지 여부가 먼저 문제된다. 미국의 모든 법원들은 이를 사실의 문제(question of fact)에 해당한다고 판시하고 있으나,[57] 앞서 기능성에 대한 일반론에서 살펴보았듯이 기능성은 사실적 개념이 아닌 법률적 개념으로서 일정한 판단기준에 의한 법관의 판단작용이 개입되어야 하는 것이므로, 우리나라 법제에서는 이를 법률문제로 봐야 할 것이다.[58] 다만, 이 항에서 살피는 기능성의 판단자료들은 법관이 어떤 상품 또는 상품 포장의 형상이 기능적인지 여부를 판단하기 위한 자료적 사실들이므로, 이는 법률문제가 아닌 사실문제로 봄이 타당하다. 따라서 기능성 자체는 자백의 대상이 될 수 없으나, 이 항에서 살피는 판단자료들은 자백의 대상이 된다.

---

57) J. Thomas McCarthy(주 28), § 7:71, at 7-173.

58) 우리나라에서는 상표의 '식별력', '주지성', '상표 유사 여부', '혼동 여부' 등을 모두 법률문제로 보아 이러한 사항들의 경우에는 자백의 대상이 될 수 없다고 하고 있다[특허법원 지적재산소송실무연구회(주 4), 104-109면 참조]. 이와 같은 취지에서 '기능성'도 법률문제로 봄이 타당한 것이다.

다. 입증자료

기능성의 구체적인 입증자료로는 우선, Federal Circuit의 판결[59]과 미국, 일본, 우리 특허청의 상표심사기준이 앞서 살펴본 바와 같이 채택하고 있는 4가지 고려요소들, 즉 ① 상품 등의 디자인의 실용적인 장점(utilitarian advantage)을 개시하고 있는 특허의 존재 여부, ② 그 디자인의 실용적인 이점을 선전하는 광고의 존재 여부[①, ②는 '전통적인 테스트(traditional test)'를 위한 고려요소들임], ③ 대체 가능한 디자인이 존재하는지 여부(alternative designs available), ④ 그 형상으로 제품을 생산하게 되면 상대적으로 단순하거나 저렴한 방법에 의해 그 제품을 생산할 수 있는지 여부[③, ④는 '경쟁상의 필요 테스트(competitive need test)'를 위한 고려요소들임] 등을 들 수 있다. 이들 고려요소들에 대하여 차례로 살펴본다.

(1) 특허권 또는 디자인권의 존재

(가) 특허권의 존재와 기능성과의 관계

특정의 입체적 형상에 내포되어 있는 기술적 사상에 관하여 특허등록이 되었다는 사실에 의하면 그러한 형상이 상품의 유용한 기능과 목적에 기여할 것임을 쉽게 추론할 수 있다는 점,[60] 그리고 기능성원리의 원래 출발점이 특허와의 충돌을 피하기 위한 것인 점 등을 고려하면, 특허권의 존재는 기능성이 있다는 가장 유력한 자료가 된다고 할

---

59) In re Morton-Norwich Products, Inc. 판결[671 F.2d 1332 (CCPA 1982)] 및 Valu Engineering, Inc. v. Rexnord Corp. 판결[278 F.3d 1268 (Fed. Cir. 2002)] 참조.
60) 이 절 2.나.(1)항 부분에서 예를 들은 천막지주용 높이조절구에 관한 특허에 관하여 보면, 그러한 특허가 존재한다는 점은 그 높이조절구가 가지는 형태적 특성, 즉 고정돌기나 탄성편과 같은 특성이 상품의 유용성 및 실용성과 관련된 기능적인 것임(높이조절구를 외부지주에 신속하고 간편하게 고정 및 분리할 수 있는 기능을 함)을 나타내는 매우 유력한 자료가 되는 것이다.

수 있다. 미국 연방대법원이 TrafFix 판결에서 특허권의 존재[61]와 trade dress에 의한 보호와의 관계에 대해서 다루면서, trade dress에 의한 보호를 주장하는 특성과 관련하여 실용 특허(utility patent)가 있었다는 점은 그 특성이 기능적이라는 데 대한 '강력한 증거(strong evidence)'가 된다고 판시[62]한 것도 이와 같은 취지에서 이해할 수 있을 것이다.

이와 달리 일본의 학설 중에는, 특허·실용신안은 기술적 사상을 보호하는 것이기 때문에 통상 그것을 실현하는 형태가 다수 있을 수 있는 것이고, 그 중 하나를 입체상표로서 보호한다고 하여 그 기술사상의 영구적 독점은 되지 않으므로, 기능성원리에 관한 일본 상표법 제4조 제1항 제18호 규정의 적용에 있어서 특허권, 실용신안권의 존재 유무는 문제가 되지 않는다고 설명하는 견해가 있다.[63] 이러한 설명은 특허와 상표 사이의 충돌을 방지하고자 하는 기능성원리의 본질에 대한 이해 부족에 기인한 것이라고 할 수밖에 없다.

(나) 디자인권의 존재와 기능성과의 관계

앞서 살펴보았듯이 상표와 디자인은 상호 배타적인 관계에 있는 것이 아니고, 따라서 기능성원리의 정책목표가 이들 사이의 충돌까지 방지하는 데 있지는 않기 때문에, 상표로 보호받고자 하는 입체적 형상에 관한 디자인권이 등록되어 있다고 하더라도(또는 디자인권이 등록되었다가 소멸된 바가 있다고 하더라도) 그 형상을 기능적이라고 할 수는 없다.

오히려, 어떤 상품 형태에 대한 디자인권의 존재가 그 형태의 비기능성(non-functionality)에 대한 징표가 될 수 있다.[64] 왜냐하면, 우리나라

---

61) 특허권의 존속기간이 만료된 경우이었다.
62) 532 U.S. 23, 29 (2001).
63) 小野昌延 編(주 19), 445면.
64) J. Thomas McCarthy(주 28), § 7:92, at 7-266.

디자인보호법은 제6조 제4호에서 '물품의 기능을 확보하는데 불가결한 형상만으로 된 디자인'은 등록받을 수 없다고 규정함으로써 본래 특허법에 의해 보호되어야 하는 기능적인 형상은 디자인에 의한 보호대상에서 제외됨을 명백히 하고 있는데, 위 규정은 우리 상표법 제7조 제1항 제13호가 정하고 있는 기능적인 입체적 형상에 대한 정의, 즉 '상품 또는 그 상품의 포장의 기능을 확보하는데 불가결한 입체적 형상'과 그 문구가 유사하게 되어 있고, 디자인과 상표는 둘 다 모두 특허와의 관계에서 기능적인지 여부를 가려 등록 여부를 판단한다는 점에서 공통적인 면도 있기 때문이다. 그리고 우리 대법원 판례나 미국의 '유일 기능기준(solely functional standard)'은 '같은 기능을 갖는 선택 가능한 다른 디자인이 존재하는지 여부'를 디자인에서 기능성 여부를 판단하기 위한 기준으로 설시하고 있으므로, 상표에서 기능성 여부를 판단하기 위한 하나의 고려요소인 '대체가능한 디자인의 존부'와 그 기준이 유사하기 때문이다.

미국의 판례들을 보더라도, In re Morton-Norwich Products, Inc. 판결[65]에서 이와 같은 취지로 판시한 바 있고, Krueger Int'l v. Nightingale Inc. 판결[66]에서도 "디자인특허는 기능적이지 않은 디자인에 대해 주어지기 때문에 원고의 trade dress가 기능적이지 않다는 증거가 될 수 있다"고 판시된 바 있으며, Topps Co. v. Gerrit J. Verburg Co. 판결[67]도 "만료된 디자인 특허의 존재는 비기능적임을 추정할 수 있는 증거이다"고 판시한 바 있다.

다만, 상표와 특허의 한계를 설정하는 기능성원리에서 기능성 개념은 상표와 특허 사이의 충돌을 피하고자 하는 관점에서 상표 자체에 내재된 한계를 고려한 개념이므로, 상표와 제도적 목적이 다른 디자인

---

65) 671 F.2d 1332, n. 3 (CCPA 1982).
66) 915 F.Supp. 595, 605 (SDNY 1996).
67) 41 U.S.P.Q. 2d 1412, 1417 (SDNY 1996).

과 특허 사이의 한계로서의 기능성 개념과의 차이점이 엄연히 존재한
다. 따라서 디자인등록을 받았다는 사정은 기능성이 없다는 점에 대한
어느 정도의 증거가 될 수는 있지만, 다른 증거 없이 그것 하나만으로
는 기능성(functionality)이 없음이 입증되었다고 봐서는 안 된다.[68] 또
한, 상표와 디자인 둘 다 모두 기능성 여부의 판단에 있어서 '대체가능
한 디자인의 존부'를 고려한다는 공통점이 있기는 하지만, 대체가능한
디자인의 존부는 앞서 살펴본 바와 같이 경쟁시장의 범위를 어떻게 보
느냐에 따라 그 결론이 달라지는 것이고, 이와 함께 상표와 디자인 각
각의 제도적 목적에 비추어 경쟁시장의 범위를 달리 파악할 수 있는
것이므로, 동일한 입체적 형상에 대하여 고려되는 요소가 같다고 하더
라도 디자인인지 상표인지 여부에 따라 기능성 여부가 달리 판단될 수
있는 것이다.

우리나라 실무를 보면, 디자인의 경우는 대체적으로 기능성과 관련
한 등록의 범위가 너그러운 반면 상표의 경우는 매우 엄격함을 알 수
있다. 여기에는 아래와 같은 원인들이 있는 것으로 생각된다. 첫째, 디
자인권은 특허권과 마찬가지로 산업재산권의 하나로 분류되는 것으로
서, 보호받고자 하는 상품 형태가 다소 기능적인 것과 연관되어 있다고
하더라도 디자인권에 의해 독점적인 보호를 부여하는 데 별 거부감이
없는 반면, 상표권은 경쟁법 체계에서 타인의 신용에 무임승차하려는
부정한 경쟁을 방지하고자 함을 그 주된 목적으로 하여 성립하는 권리
로서, 이러한 권리에 의해 상품의 형태까지 보호하는 것에 대하여는 상

---

68) J. Thomas McCarthy(주 28), § 7:92, at 7-267. 미국의 사례를 보더라도, In re
R.M. Smith, Inc 사건[219 U.S.P.Q. 629 (TTAB 1983), aff'd, 734 F.2d 1482
(Fed. Cir. 1984)], In re American National Can Co.[41 U.S.P.Q. 2d 1841 (TTAB
1997)] 사건, In re Caterpillar Inc. 사건[43 U.S.P.Q. 2d 1335 (TTAB 1997)] 등에
서 "디자인 형상이 디자인특허의 대상이 된다는 사실은, 그 외 부가적인 입증이
없이는(without more), 그 디자인이 비실용적(non-utilitarian)이어서 상표로서 기
능한다는 것을 입증하는 것은 아니다"고 설시된 바 있다.

당한 거부감이 있는 것으로 보인다. 둘째, 디자인의 경우 우리나라에서는 디자인보호법 제6조 제4호 규정이 생기기 전에는 기능적인 것도 심미감에 영향을 미치는 것이면 그 등록이 가능하였던 반면, 입체상표의 경우는 1997년 상표법 개정으로 도입되기 이전에는 그 등록이 아예 불가능하였던 예전 실무의 영향이 아직까지 남아 있는 것으로 보인다. 셋째, 디자인은 그 존속기간이 15년으로 한정되어 있는 반면, 상표의 경우에는 존속기간갱신등록에 의하여 그 보호기간이 영구히 연장될 수 있기 때문에, 기능적인 특성의 보호에 있어서 디자인보다 상표의 경우 훨씬 소극적인 것으로 보인다. 디자인과 상표 사이의 기능성 요건에 차이를 두는 위와 같은 우리나라 실무는, 앞서 검토한 바와 같이 경쟁시장의 범위 및 기능성에 대한 관점의 차이를 근거로 하여 이론적으로 뒷받침될 수 있을 것이다.

(다) 특허의 균등론과의 관계에서 기능성의 인정

실제 사용하는 상품 형태는 특허받은 것과 정확하게 일치하지 않는 경우가 많고, 또 경우에 따라서는 특허권자가 기능성을 회피하기 위하여 특허받은 형태에 살짝 변형을 가하여 상표보호를 주장할 수도 있다. 입체적 형상에 관한 특허의 존재는 그것이 기능적이라는 강력한 증거가 되는데, 이와 같이 상표에 의해 보호를 주장하는 형상과 특허를 받은 기술적 사상에 의해 구현되는 상품 형상 사이에 차이가 있는 경우에도, 특허를 받은 사실이 기능성에 대한 강력한 증거가 될 수 있을 것인가? 이러한 경우에는 상표에 의한 보호를 주장하는 형태가 특허청구범위와 균등[69]의 범위 내에 있는지 여부를 기준으로 삼아, 만일 그 범

---

69) 대법원 2009. 6. 25. 선고 2007후3806 판결(공2009하, 1239) 등은 균등론과 관련하여, "확인대상발명에서 특허발명의 특허청구범위에 기재된 구성 중 치환 내지 변경된 부분이 있는 경우에도, 양 발명에서 과제의 해결원리가 동일하고, 그러한 치환에 의하더라도 특허발명에서와 같은 목적을 달성할 수 있고 실질적으로 동일한 작용효과를 나타내며, 그와 같이 치환하는 것이 그 발명이 속하는 기술분야

위 안에 있다면 기능성에 대한 강력한 증거가 된다고 해야 할 것이다. 특허권자가 균등의 범위까지는 특허권을 향유하였던 부분이므로, 특허와의 충돌방지 정책목표에 비추어 볼 때, 그러한 영역까지 기능성원리를 근거로 상표에 의한 보호를 거부함이 타당하기 때문이다.

미국 연방대법원도 TrafFix Devices, Inc. v. Marketing Displays, Inc. 판결[70])에서, 상표보호를 주장하는 형상은 '가깝게 붙어 있는 듀얼 코일 스프링(dual coil springs placed close together)'으로, 특허를 부여받은 '코일 스프링이 어느 정도 떨어져 있는 형상(a pair of spaced apart coil springs)'과 서로 차이가 있었음에도 불구하고, 이러한 형상 역시 균등론(Doctrine of Equivalents)에 의해 위 특허권의 보호범위에 포함된다는 이유로, 위 특허 사실이 '가깝게 붙어 있는 듀얼 코일 스프링'에 대해서도 기능적이라는 강력한 증거가 된다고 판시하였다.

에서 통상의 지식을 가진 자(이하 '통상의 기술자'라 한다)라면 누구나 용이하게 생각해 낼 수 있는 정도로 자명하다면, 확인대상발명이 특허발명의 출원시 이미 공지된 기술과 동일한 기술 또는 통상의 기술자가 공지기술로부터 용이하게 발명할 수 있었던 기술에 해당하거나, 특허발명의 출원절차를 통하여 확인대상발명의 치환된 구성이 특허청구범위로부터 의식적으로 제외된 것에 해당하는 등의 특별한 사정이 없는 한, 확인대상발명은 전체적으로 특허발명의 특허청구범위에 기재된 구성과 균등한 것으로서 여전히 특허발명의 권리범위에 속한다고 보아야 할 것이나, 다만, 여기서 말하는 양 발명에서 과제의 해결원리가 동일하다는 것은 확인대상발명에서 치환된 구성이 특허발명의 비본질적인 부분이어서 확인대상발명이 특허발명의 특징적 구성을 가지는 것을 의미하고, 특허발명의 특징적 구성을 파악함에 있어서는 특허청구범위에 기재된 구성의 일부를 형식적으로 추출할 것이 아니라 명세서의 발명의 상세한 설명의 기재와 출원 당시의 공지기술 등을 참작하여 선행기술과 대비하여 볼 때 특허발명에 특유한 해결수단이 기초하고 있는 과제의 해결원리가 무엇인가를 실질적으로 탐구하여 판단하여야 한다"고 판시해 오고 있다.

70) 532 U.S. 23 (2001).

(2) 광고의 존재

상품 또는 상품 포장의 입체적 형상은 본래부터 식별력이 있는 경우도 있겠지만, 많은 경우 오랜 기간 동안 시장에서 그 상품이 판매되고 광고됨으로써 식별력을 취득하여야 비로소 상표에 의하여 보호될 수 있는 경우가 많을 것이다. 따라서 그 상표 보호 여부가 문제되는 사안에서는 상품 선전광고에 관한 증거들이 상당수 있는 경우가 많을 것인데, 그러한 광고에서 상표로 보호받고자 하는 형상에 대하여 어떠한 내용으로 광고를 하였는지는 그 입체적 형상이 기능적인지 여부를 추단할 수 있는 좋은 자료가 된다. 예를 들어, '아주 어린 아기의 손으로도 잡을 수 있도록 디자인된 수유병'이라거나, '엔진오일을 자동차에 넣을 때 그 안정적인 투입을 보장하는 형태의 오일통 형상'이라는 것과 같은 광고 내용은 그 형상이 기능적임을 추론할 수 있는 유력한 자료들이라고 할 수 있을 것이다. 미국에서는 이와 같이 광고 내용에 의하여 기능성을 추론한 사안들이 다수 있음은 앞서 제3장 제4절 제1항에서 살펴 본 바 있다.

한편, 이와 같은 광고는 상표에 의한 보호 여부가 문제되는 상품 특성의 유용성(utility)을 명시적으로 표시해야 하는 것은 아니고, 그러한 유용성이 암시되어 있으면 족하다.[71) 그러나 광고가 이와 같은 실용적인 이점(utilitarian advantage)에 대하여 선전하고 있는 경우에만 기능성에 대한 입증자료가 되는 것이고, 만일 그 광고가 상품의 그 이외의 다른 면을 선전하여 수요자들로 하여금 특정한 상품 또는 상품 포장을 찾도록(look for) 하는 것이라면, 이는 오히려 식별력(secondary meaning)의 취득이나 상표에 의한 보호가 가능함을 입증하는 자료가 된다.[72)

---

71) Disc Golf Ass'n Inc. v. Champion Discs, Inc., 158 F.3d 1002 (9th Cir. 1998).
72) J. Thomas McCarthy(주 28), § 7:74, at 7-182.

(3) 대체가능한 디자인의 존부

대체 가능한 디자인이 존재하지 않는다면 경쟁자는 그 형상을 사용하지 않고서는 그 제품을 만들 수가 없으므로, 만일 그 배타적인 사용을 인정한다면 경쟁자는 '경쟁상 중대한 불이익을 받게 됨'이 명백하다. 따라서 사유로운 경쟁을 부당하게 제한하지 않기 위해서, 이러한 경우에는 그러한 상품 형태를 기능적이라는 이유로 상표에 의한 보호를 거부함이 타당한 것이다. 이는 부정경쟁에 관한 제3 Restatement와 미국 대부분의 연방항소법원들이 기능성(functionality) 판단을 위한 고려요소로 삼고 있는 것이고,[73] 심지어 심미적 기능성 개념을 주장하는 견해에서도 이를 기능성 판단기준으로 제시하는 경우가 많음[74]은 앞서 살펴본 바 있다. 이와 같은 고려요소는 비교적 증거에 의하여 입증이 용이하여 기능성의 판단요소로 매우 유용한 역할을 하기 때문일 것이다.

이러한 고려요소에 의하면, 합리적인 숫자의 대체가능한 디자인이 있다면 그러한 디자인들 중 어느 하나에 배타적인 상표에 의한 보호를 부여하더라도 경쟁을 훼손하는 것은 아니므로, 그러한 형상은 기능적이지 않다고 하게 된다. 그리고 경쟁자에 의하여 실제 시장에서 제공되고 있는 디자인이 있다는 점에 대한 증거뿐만 아니라 전문 디자이너의 눈으로 볼 때 가정적으로 창조될 수 있는 디자인이 있다는 점에 대한 증거 역시 위와 같은 대체가능한 디자인의 존재에 대한 증거가 된다. 즉, 대체가능한 디자인이 이론적인 것일 뿐 실제 시장에 존재하지 않는다고 하더라도 상관없는 것이다.[75] 미국의 제7연방항소법원도 "효율적인 경쟁이 가능하다는 것을 입증하기 위하여 대체할 수 있는 형상이 반드시 시장에서 성공적으로 상업화되어 존재해야만 하는 것은 아니

---

73) 이 글 제3장 제3절, 제4절 1.항 부분 참조.
74) 이 글 제2장 제4절 2. 다.항 부분 참조.
75) J. Thomas McCarthy(주 28), § 7:75, at 7-188.1.

다"고 판시한 바 있다.[76]

한편, 여기서 대체 가능한 디자인이 존재하지 않는다는 것은 그러한 디자인이 전혀 존재하지 않는 경우뿐만 아니라 몇 개 존재한다고 하더라도 경쟁자가 다른 디자인을 사용하도록 강제되는 경우, 비용의 증가, 생산 방법의 변경 등으로 인하여 경쟁자에게 가혹한 결과를 가져오는 경우까지 포함하는 것으로 봄이 타당하다.[77] 이러한 경우 역시 경쟁자의 자유경쟁을 부당하게 제한하게 됨은 마찬가지이기 때문이다.

그리고 대체가능한 디자인이 존재하는지 여부는 기능성 판단에 매우 중요한 것이기는 하지만, 그러한 디자인이 어느 정도 존재한다고 하더라도 모두 유용성(utility)에 의해 지배되는 것들이라면, 그러한 형상은 여전히 기능적이라고 해야 한다. 미국 연방대법원이 TrafFix Devices, Inc. v. Marketing Displays, Inc. 판결[78]에서 "시장에 대체가능한 디자인이 존재한다고 하더라도, 그로 인하여 기능적인 것을 상표에 의하여 보호받을 수 있는 기능적이지 않은 것으로 바꿀 수 없다"고 판시한 것도 이와 같은 취지에서 이해할 수 있다. 이러한 결과는 기능성 판단의 '전통적인 테스트(traditional test)'와 '경쟁자의 필요 테스트(competitive need test)'를 병렬적인 것으로 봐야 하는 이상 당연한 것이라고 생각된다.

(4) 상대적으로 간단하고 저렴하거나 우수한 제품 생산방법[79]

특허와의 충돌방지 관점에서의 기능성은 상품 형태의 디자인이나 그

---

76) Thomas & Betts Corp. v. Panduit Corp., 138 F.3d 277 (7th Cir. 1998).
77) 같은 취지로는, Restatement (Third) of Unfair competition, § 17, comment b, at 173-174 (1995).
78) 532 U.S. 23 (2001).
79) 이 절 4.항 등에서 살펴보았듯이, 미국 특허청의 기능성 판단 관련 심사기준에는 포함되어 있지 않으나, Federal Circuit의 판결과 우리나라의 심사기준에는 포함되어 있는 고려요소이다.

에 불가분적으로 결합해 있는 특성이 실용적이고 공학적인 고려에 의해 생성된 디자인이나 형상들인지 여부를 파악하는 개념임을 앞서 살펴보았다. 이러한 개념은 곧 '제품의 사용 또는 목적에 필수불가결한 형상인지 여부'라는 기능성판단기준으로 이어지게 된다.

그런데 만일 어떤 디자인이 상품 그 자체의 사용 또는 목적에 필수불가결한 것은 아니고 나만 제품 생산 공정을 더 간단하게 하거나 그 생산 비용을 줄여 더 효율적인 제품 생산이 가능하도록 하는 것이라면 어떨까? 이러한 요소는 Inwood 판결이 제시한 기능성 판단기준의 후반부 기준인 "제품의 비용 또는 품질에 영향을 미치는지 여부(affects the cost or quality of the article)" 중 일부와 같은 것으로, 미국 연방대법원의 Kellogg Co. v. National Biscuit Co. 판결[80]에서도 비스킷의 베게 모양이 '기능적(functional)'이라는 근거 중 하나로, "만일 그 베게 모양을 다른 모양으로 대체하려면 비스킷을 만드는 비용이 증가함"을 든 바가 있다. 그리고 부정경쟁에 관한 제3 Restatement에서도, 기능적인(functional) 이익이 있는 예로 상품 자체의 증진된 유용성 또는 내구성, 사용에 있어서 증진된 효율성 및 용이성과 함께 "제조, 배송, 취급에 있어서 더 우수한 효율성"을 들고 있기도 하다.[81]

앞서 살펴본 바와 같이 이러한 요소는 특허와의 충돌방지 정책목표와 직접 관련되는 것은 아니고 기능성의 범위가 너무 넓어진다는 점 등에서 그 자체를 기능성 판단기준으로 삼을 수는 없다. 그러나 만일 어떤 디자인 형상이 제품 제조에 있어서 비용 절감 또는 효율성 증가 효과가 매우 크다면, 이러한 디자인의 경우에는 경쟁자가 사용해야 할 경쟁상의 필요성이 있다고 할 수 있고, 그리하여 경쟁자가 이를 선택하지 못하도록 한다면 경쟁자로 하여금 명성과 관련되지 않은 중대한 불

---

80) 305 U.S. 111 (1938).
81) Restatement (Third) of Unfair competition, § 17, comment b, at 174 (1995).

이익을 받도록 하는 것이므로, 그러한 디자인은 기능적이라고 판단될
수 있는 것이다.

라. 입증책임

우리나라 상표법 또는 부정경쟁방지법에서 '기능성' 여부가 문제될
때 그 입증책임은 누구에게 있다고 해야 할 것인지가 문제된다.

미국의 경우를 살펴보면, 1999년 이전에는 원고가 기능성이 없다는
점을 입증해야 한다는 견해와 피고가 기능성이 있음을 입증해야 한다
는 견해로 나뉘어져 있었는데, 다수의 법원은 침해소송에 있어서 상표
등록을 받지 않은 원고에게 입증책임이 있다는 입장을 취하였다.[82] 연
방대법원은 Inwood Laboratories, Inc. v. Ives Laboratories, Inc. 판결[83]
에서 "기능성은 연방상표법(Lanham Act) § 43(a)에 의한 소송에서 항
변사항이다"고 하여 소수 법원의 입장을 취하였다. 다만, 원고에게 입
증책임이 있다고 하는 법원들도 원고가 연방에 상표 또는 서비스표 등
록을 받은 경우에는 그러한 등록이 최소한 상표 유효성에 대한 일단의
증거(prima facie evidence)가 되므로 그 입증책임은 피고에게로 넘어간
다고 하였다.[84] 그러나 1999년 연방상표법이 개정되면서 § 43(a)(3)[85]
에 등록되지 않은 trade dress에 대한 기능성의 입증책임을 원고에게 두
는 조항이 삽입되었다. 이와 관련하여서는, 설사 원고가 상표등록을 받

---

82) J. Thomas McCarthy(주 28), § 7:72, at 7-175, 176, 177. Federal Circuit 및 제1,
3, 5, 6, 8, 9, 11연방항소법원이 원고에게 입증책임이 있다는 견해를, 연방대법원
및 제2, 7, 10연방항소법원이 피고에게 입증책임이 있다는 견해를 취하였다고 한다.
83) 456 U.S. 844 (1982).
84) J. Thomas McCarthy(주 28), § 7:72, at 7-176, 177.
85) In a civil action for trade dress infringement under this Act for trade dress not
registered on the principal register, the person who asserts trade dress protection
has the burden of proving that the matter sought to be protected is not functional.

왔다고 하더라도 만일 그에 관련된 실용 특허(utility patent)가 등록되어 있다면, 원고가 그 디자인이 기능적이지 않음을 입증할 '무거운 입증책임(heavy burden)'을 부담한다고 설명되고 있다.[86] 한편, 이른바 거절결정 사건(opposition case)에서는 거절결정을 한 자(opposer)[87]가 출원된 상품 디자인이 기능적이라는 일단의 입증을 하면(prima facie case), 입증책임은 출원인에게 넘어간다.[88]

우리나라의 경우에도 현재 미국과 동일하게 입증책임을 분배하면 될 것이다. 즉, 등록되지 않은 형태에 대하여 부정경쟁방지법에 의한 상표 보호를 주장할 때에는 그 형태가 기능적이라는 피고의 주장에 대하여 원고가 기능적이지 않음을 입증할 책임이 있다고 해야 한다. 그러나 만일 상표등록이 되어 있다면, 그 등록을 무효로 하고자 등록무효심판을 청구한 자 또는 등록상표의 침해자인 피고에게 그 형태가 기능적이라는 입증책임이 있다고 해야 할 것이다. 한편, 상표등록 출원을 거절한 거절결정 사건의 경우에는 원칙적으로 등록을 거절한 특허청에게 입증책임이 있으므로, 그 상표등록을 거절하고자 하는 특허청으로서는 출원한 상품 형태가 기능적임을 입증해야 할 것이다.

6. 기타 관련문제

가. 상품 포장 및 색채의 기능성

(1) 상품 포장·용기의 기능성

만일 상품 포장의 어떤 형상이 기능적이거나, 일반적인 형상일 뿐 상

---

86) J. Thomas McCarthy(주 28), § 7:72, at 7-175.
87) 우리의 경우는 특허청장이 이에 해당한다.
88) Valu Engineering, Inc. v. Rexnord Corp., 278 F.3d 1268 (Fed. Cir. 2002).

품 또는 서비스를 구별할 수 있는 식별력이 없다면, 상품 자체의 형상
과 마찬가지로 상표로 보호받을 수 없을 것이다.

그런데 상품 형상에 대한 기능성 문제는 그것이 상품 자체의 기능에
기여하는지 여부를 따지는 것이므로, 상품 형상에서는 상품의 종류에
따라 다양하게 존재하는 기능과의 관련성을 살피는 것이다. 이에 반하
여, 상품 포장·용기가 달성하는 기능은 상품을 포장하거나 담는 것으
로 일률적이므로, 이러한 것들에서 기능성을 판별하는 문제도 결국 '상
품을 포장하거나 담는 기능'과의 관련성을 따지는 문제로 획일화되는
차이점이 있다. 그리고 상품 포장이나 용기의 경우에는 아무래도 그 형
태와 문자 및 색채의 조합에 의하여 상품을 포장하거나 담는 것과는
관계없는 여러 가지 다양한 디자인을 창출해 내는 것이 용이하여 상품
자체의 형상보다는 기능성에서 벗어나기가 비교적 용이할 것으로 생각
된다. 즉, 상품 포장 또는 용기의 여러 요소들은 그것이 상품의 제조나
취급의 효율성 및 경제성, 상품의 내구성에 기여하는 것들로서 기능적
인 것이 될 가능성이 크지만, 이와 같은 각각의 요소가 기능적이라고
하더라도 그러한 형상, 색채, 문자가 조합된 포장 또는 용기 전체로서
도 기능적이라고 판단되는 것은 아니므로,[89] 상품 포장 또는 용기의
경우에는 이와 같은 전체적인 형상에 여러 가지 요소들을 가미함으로
써 식별력 및 기능성의 요건을 통과할 수 있을 것으로 생각된다. 입체
상표의 형상 표시에 관한 특허청의 상표심사기준 제8조 제7항 해석참
고자료 11호 다목은 "식별력이 없는 입체적 형상에 식별력을 가지는
문자나 도형 등이 부가되고 또한 그 부가된 표장이 상품 등의 출처를
표시하는 것이라고 인식될 수 있는 경우에는 전체적으로 식별력이 있
는 것으로 본다"고 하고 있는데, 위와 같은 취지를 밝힌 것이라고 할
것이다.

---

89) J. Thomas McCarthy(주 28), § 7:86, at 7-251.

미국의 제11연방항소법원이 그래픽 디자인을 가진 호일 포장(foil wrapper)에 대하여 기능적이지 않다고 한 것이나,[90] 제2연방항소법원이 개방형의 박스 디자인, 플라스틱의 기포(blister) 커버 및 고정끈(tie-down strap)의 특별한 조합으로 된 포장 형태가 기능적이지 않다고 한 것[91]도 모두 이러한 관점에서 이해할 수 있다.

(2) 색채의 기능성

(가) 우리나라에서 색채상표의 지위

우리 상표법은 종래 기호·문자·도형·입체적 형상에 색채가 결합된 색채상표만을 등록의 대상으로 규정하여 색채 자체에 대하여는 독립적인 상표로서의 의미를 부여하지 않았으나, 선진 외국의 경우 색채 단독으로도 상표로 보호해주고 있는 데 영향을 받아 2007. 1. 3. 법률 제8190호로 개정되면서 색채 또는 색채의 조합만으로 이루어진 상표도 등록을 받을 수 있다고 규정하고 있다.[92]

단일 색채 또는 색채의 조합만으로 이루어진 상표에 대한 외국의 입법례를 보면, 미국의 경우 원래 색채고갈이론(color monopolization)[93] 또는 음영혼동이론(shade confusion theory)[94]을 들어 색채 그 자체에 대해서는 상표보호를 해주지 않고 있었는데, 연방대법원이 1995년

---

90) AmBrit, Inc. v. Kraft, Inc., 805 F.2d 974 (11th Cir. 1986).
91) Fun-Damental Too, Ltd. v. Gemmy Industries Corp., 111 F.3d 993 (2d Cir. 1997).
92) 상표법 제2조 제1항 제1호의 상표 정의 규정을 참조하기 바란다.
93) 색채를 상표로 보호하여 특정인에게 독점시키면 동종업계에서 사용할 색채가 곧 고갈되어 경쟁업자들은 더 이상 사용할 색채가 없게 될 수 있다는 이론이다.
94) 색채만으로 구성된 상표의 유사 여부를 판단함에 있어서는, 담당 판사가 색채의 농담, 명암의 차이를 구별할 수 있어야 한다는 것이 전제되는데, 이러한 판단은 극히 어렵다는 이론이다.

Qualitex 판결에서 색채만으로 된 상표는 본질적으로 식별력이 없지만 사용에 의하여 2차적 의미(secondary meaning)를 취득한 경우에 한해서는 상표로 보호될 수 있다고 판시하여 현재에 이르고 있다. 그리고 유럽공동체의 경우도 단일색채나 색채만의 조합으로 이루어진 상표의 경우에는 사용에 의하여 식별력을 취득하였음을 입증한 경우에만 그 등록을 허용하고 있다.[95]

위와 같은 외국의 입법례를 참작해 볼 때, 우리나라의 경우도 색채 또는 색채의 조합만으로 이루어진 상표의 경우에는 그 디자인이 매우 독특하고 기발하여 수요자들의 특별한 주의를 끌 정도로 도안화되어 있다는 등의 특별한 사정이 없는 한, 사용에 의한 식별력의 취득을 입증한 경우에 한하여 상표법 제6조 제2항에 의해 상표로 등록해 줄 수 있을 것이다.[96] 그리고 이러한 상표법 개정의 취지를 고려할 때, 이제는 색채로만 된 표지(標識)라고 하더라도 그것이 식별력이 있는 표지로서 주지성을 취득한 경우에는 혼동초래 부정경쟁행위에 의하여 보호받을 수 있다고 해야 할 것이다.

(나) 색채상표와 기능성

색채의 경우 순수한 디자인적 요소로만 사용되는 경우가 많을 것이나 특정 상품과 관련하여서는 색채가 기능적이라고 판단될 수도 있을 것이다. 미국의 판례를 예로 들면, LISTERINE 상표의 구강청결액에서

---

95) 문삼섭(주 17), 97-99면.

96) 상표법 제91조의2는 상표의 사용권에 관한 규정(상표법 제50조, 제55조 제3항, 제57조 제2항)과 상표권자의 부정사용이나 불사용에 의한 상표등록취소심판에 관한 규정(상표법 제73조 제1항 제2호 및 제3호)을 적용함에 있어서는, 색채만 다를 뿐 그 색채를 같게 하면 등록상표와 동일하게 되는 형태의 상표는 동일한 상표로 한다는 특칙까지 두고 있다. 이러한 점들을 참작해 보면, 색채의 경우는 전통적인 상표의 구성요소들이 "기호·문자·도형" 등에 비하여 식별력에 대한 영향력이 훨씬 작은 것으로 우리 상표법이 취급하고 있다고 할 수 있다.

의 호박색은 가미되지 않은(unflavored) 약효 있는(medicinal) 구강청결액을 나타내는 기능적인 것이라고 판시된 바 있고,[97] 아이스크림의 갈색은 쵸콜릿 맛이 가미되었음을 나타내는 기능적인 것이라고 판시된 바 있다.[98]

색채의 기능성과 관련한 우리 상표법 규정을 보면, 1997. 8. 22. 처음으로 제7조 제1항 제13호와 제51조 제1항 제4호에 기능성원리 규정을 도입하면서는 "상품 또는 그 상품의 포장의 기능을 확보하는데 불가결한 입체적 형상만으로 된 상표"라고만 규정하였다가, 위와 같이 2007년의 법률 개정에 의하여 "색채 또는 색채의 조합만으로 된 상표"도 상표등록을 받을 수 있도록 함에 따라 위 기능성원리 관련 규정들도 "상품 또는 그 상품의 포장의 기능을 확보하는데 불가결한 입체적 형상만으로 되거나 색채 또는 색채의 조합만으로 된 상표"로 개정하였다. 따라서 현행 상표법에 의할 때 색채 또는 색채의 조합만으로 된 상표가 식별력을 취득한 경우 상표로 보호받을 수 있으나, 이러한 경우라고 하더라도 색채가 기능적이라고 판단되는 경우에는 입체적 형상과 마찬가지로 기능성원리에 의하여 상표로 보호받을 수 없다.

나. 기능성 판단의 대상이 되는 부분

기능성 여부는 전체적인 상품의 유용성(usefulness)을 살피는 것이 아니라, 상표에 의해 보호되어야 한다고 주장되는 특성 그 자체의 기능성 여부를 살피는 것이다. 즉, 어떤 상품 그 자체가 기능적인지 여부가 문제되는 것이 아니라, 상표에 의한 보호 여부가 문제되는 상품의 특정한

---

97) Warner Lambert Co. v. McCrory's Corp., 718 F. Supp. 389 (D.N.J. 1989).
98) Dippin' Dots, Inc. v. Frosty Bites Distribution, LLC, 369 F.3d 1197 (11th Cir. 2004), cert. denied, 125 S. Ct. 911 (U.S. 2005).

형상이 기능적인지 여부가 문제되는 것이다. 따라서 어떤 상품이 전체적으로 유용하므로 그 상품의 디자인 특성 중 하나 또는 모두가 기능적이라고 결론을 내리는 것은 유용성(utility)과 스타일(style) 사이의 차이를 구분하지 못하는 것으로 잘못된 것이다.[99]

재떨이의 용도는 재를 담는 것이고, 유니폼의 용도는 몸을 덮는 것이며, 액체 용기의 용도는 액체를 담는 것이다. 이와 같은 관점에서 바라보면, 각자의 상품은 수많은 다양한 모양과 형태로 디자인되지만, 그와 관계없이 이들 상품은 그 상품 자체의 목적을 수행하는 것으로서 유용성을 가진다고 해야 하는 부당한 결론에 이르게 된다. 따라서 기능성 여부에 대한 올바른 질문은 상품이 실용적인 이유에 의해서 그와 같은 '특정한 형상으로 디자인되었는가' 여부가 되어야 하는 것이다. 예를 들면, 잡기 쉽고, 제조비용이 덜 들며, 수송 과정에서 내구성이 증가하고, 구조적인 강도가 높아지기 때문에, 어떤 상품의 특정한 형상이 그와 같이 생긴 것인지 여부를 따져야 하는 것이다.[100] 이와 같은 취지에서 CCPA의 In re Morton-Norwich Products, Inc. 판결[101]도 실용적인 물품(utilitarian object)에서 '실용적인 디자인(utilitarian design)'인지 여부를 규명해 봐야 한다고 설시했던 것이다.

다. 상품 형상 중 일부분이 기능적인 경우

상표 보호 여부가 문제되는 상품 형상이 기능적인 부분과 기능적이지 않은 부분이 섞여 있는 경우의 법률관계가 문제된다. 권리성립 단계와 권리행사 단계로 나누어서 살펴본다.

---

99) J. Thomas McCarthy(주 28), § 7:70, at 7-171, 172.
100) Id. at 7-172.
101) 671 F.2d 1332 (CCPA 1982).

(1) 권리성립 단계

우리 상표법 제7조 제1항 제13호는 "상품 또는 그 상품의 포장의 기능을 확보하는데 불가결한 입체적 형상'만'으로 되거나 색채 또는 색채의 조합'만'으로 된 상표"를 상표등록을 받을 수 없는 상표로 규정하고 있다. 따라서 입체적 형상 또는 색채 중 일부가 기능적이라고 하더라도 상표등록 출원을 한 입체적 형상 또는 색채 전체로서는 기능적이지 않다면, 이는 상표로 등록받을 수 있다고 해석된다.

미국의 경우도, 상표에 의한 보호 여부가 문제되는 입체적 형상이 각각의 디자인 특성의 조합으로 구성되어 있는 경우, 설사 그 각각의 부분들이 기능적인 것이라고 하더라도 그것이 조합된 전체로서 기능적이지 않다면 상표에 의한 보호를 받을 수 있다고 해석함이 대부분의 법원이 취하고 있는 견해이다.[102] 그것은 미국의 제3연방항소법원이 판시하였듯이,[103] 사실 모든 상품은 기능적인 특성과 비기능적인 특성이 조합되어 있다고 할 수 있으므로, 만일 기능적인 것을 일부로 포함하고 있다고 하여 그 특성의 조합을 상표에 의한 보호에서 제외한다면 상품 디자인을 trade dress로 보호하는 법률을 무력화시키기 때문이다. 이러한 해석은 우리 상표법이 취하고 있는 태도와 일맥상통하는 것이라고 할 수 있다.

그런데 이러한 해석과 배치되어 보이는 일본 판례도 있다. 즉, "어느 상품이 몇몇의 기본적인 구성요소로 이루어지는 때에는, 각 구성요소를 조합하는 방법에는 그 자체로 일정한 한도가 있기 때문에 특정의

---

102) J. Thomas McCarthy(주 28), § 7:76, at 7-193. 부정경쟁에 관한 제3 Restatement 를 비롯하여 Federal Circuit 및 제2, 4, 5, 7, 10연방항소법원 등이 채택하고 있는 견해이고, 이러한 해석에 대해서는 약간의 반대 견해가 있다고 서술하고 있다.

103) American Greetings Corp. v. Dan-Dee Imports, Inc., 807 F.2d 1136 (3d Cir. 1986).

조합이 해당 상품의 실질적 기능을 달성하기 위한 요청으로부터 직접 유래하는 것이 아니라고 하더라도, 각 구성요소의 구체적인 형태를 분리하여 그러한 조합 자체를 특정의 상품 주체의 상품표시(商品表示)로서 보호하는 것은, 일정 조합을 특정의 상품 주체에 독점적으로 이용시키는 것이 되어 업자 간의 자유롭고도 공정한 경쟁을 저해하는 결과를 초래한다"고 판시하여,[104] 구성요소의 조합 전체가 기능적이지 않다고 하더라도 구성요소 조합 방법의 한계를 근거로 하여 그 조합 전체에 대해서도 상표에 의한 보호를 받을 수 없다고 한 것이 있다. 한편, 미국에서도 trade dress 법리가 특허법과 저작권법이 의도적으로 공공영역에 둔 영역에서까지 지적재산권을 창설할 위험이 있으므로, 이러한 위험을 방지하기 위해서는 각 구성을 조합한 전체로서의 기능성을 분석함에 있어서 극도의 주의가 필요하다고 주장하는 견해[105]가 있는데, 이 역시 같은 맥락이라고 할 것이다.

한편, 각각의 구성요소의 결합 전체적으로 보면 기능적이라고 하더라도, 하나 또는 그 이상의 개별 구성요소는 비기능적인 경우도 있을 수 있다. 이 경우는 과연 무엇을 상표등록 출원하였는지가 중요하다. 만일 출원인이 비기능적인 각각의 개별요소를 출원하였다면 등록될 수 있겠지만, 그 전체적인 결합을 상표로 출원하였다면 등록받을 수 없다고 해석해야 할 것이다.[106]

---

104) 大阪高裁 평성 12(2000). 3. 24. 선고 平10 (ネ) 3390호 판결.
105) J. Thomas McCarthy(주 28), § 7:76, at 7-195, 196.
106) Id. at 7-195.

(2) 권리행사 단계

기능적인 구성 부분을 포함하고 있는 입체적 형상에 대하여 혼동초
래 부정경쟁행위에 의한 보호를 주장하거나, 이러한 형상을 상표로 등
록한 다음 그에 대한 침해를 주장하는 경우, 부정경쟁행위의 성립 또는
상표권 침해 여부를 어떻게 판단할 것인지 문제된다.

이와 같은 경우에는 원칙적으로 비기능적인 부분만을 추출하여 그
부분 때문에 상품 출처의 혼동 우려가 있는지 여부를 살펴 혼동초래
부정경쟁행위의 성립 또는 상표권 침해 여부를 판단해야 할 것이다.[107]
예를 들어, 개별 구성요소 A, B, C, D의 조합으로 이루어진 입체적 형
상은 전체적으로 비기능적이지만, A, B, C의 조합만으로는 기능적이라
고 한다면, A, B, C의 조합까지는 경쟁자가 자유롭게 사용할 수 있는
것이지만, A, B, C, D의 조합을 사용하는 것은 혼동초래 부정경쟁행위
의 성립 또는 상표권 침해에 해당한다고 해야 한다.[108] 우리 상표법 제
51조 제1항 제4호는 "등록상표의 지정상품 또는 그 지정상품의 포장의
기능을 확보하는 데 불가결한 입체적 형상으로 되거나 색채 또는 색채
의 조합으로 된 상표"에는 상표권의 효력이 미치지 않는다고 규정하여
위와 같은 해석을 뒷받침하고 있다.

라. 2차원적인 디자인의 기능성 여부

대부분의 경우에는 3차원적인 상품 형태와 관련하여 기능적인지 여
부가 문제되나, 순전히 2차원적인 것과 관련하여서도 만일 그것이 실

---

107) 황희철, "Trade Dress(상품외관)의 보호에 대하여", 통상법률 19호(1998. 2.), 법
무부, 102-103면; 같은 취지의 설명으로는, J. Thomas McCarthy(주 28), § 7:76,
at 7-197.

108) J. Thomas McCarthy(주 28), § 7:76, at 7-197.

용적인 기능을 담당한다면 그 기능성 여부가 문제될 수 있다.[109] 예를 들어, 미국 상표항고심판원(TTAB)은 답안지 위의 일련의 마킹 내지 증표(indicia)는 답안지를 자동으로 읽어 스코어를 매기는 광학 스캐너를 동작시키는 역할을 하는 기능적인 것이기 때문에 상표로 보호받을 수 없다고 결정한 바가 있다.[110] 또한, 미국 법원에서도 대화형(interactive) 풋볼 비디오 게임과 같은 작동방식에 대한 trade dress 보호 주장에 대하여, 그것은 작동의 기능적인 방법으로 구성되어 있다는 이유로 위 주장을 기각한 사례가 있다.[111] 컴퓨터 아이콘의 외관이나 디자인 같은 경우는, 그것이 기능적이지 않는 한 trade dress에 의해 보호될 수 있다는 예를 드는 학자도 있다.[112]

이와 같이 미국에서는 기능성원리가 기능적인 표지(標識)에 대하여 상표 보호를 거부하기 위한 일반적인 원리로 넓게 활용되고 있고, 특별히 2차원적인 형태라고 하여 기능성원리의 적용에 제한을 두고 있지 않다. 우리나라 상표법에는 입체적 형상 및 색채와 관련하여서만 기능성의 문제를 규정하고 있어서 미국에서와 같이 해석할 수 있을지 문제가 되기는 한다. 그러나 기능성원리의 본질에 비추어 입체적인 형상과 2차원적인 형상 사이에 적용상 차이를 둘 아무런 이유가 없으므로, 우리의 경우에도 입체적 형상 및 색채에 관한 위 규정이 2차원적인 형상에도 당연히 적용된다고 확대해석함이 타당하다고 생각한다.

---

109) Id. at 7-198.

110) Moore Business Forms, Inc. v. National Computer Systems, Inc., 211 U.S.P.Q. 909 (TTAB 1981).

111) Interactive Network v. NTN Communications, 875 F. Supp. 1398 (N.D. Cal. 1995).

112) J. Thomas McCarthy(주 28), § 7:76, at 7-198, 198.1.

7. 기능성원리로 인해 보호되지 않는 상품 형태에 대한 재보호(再保護) 문제

가. 상품 형태 보호와 기능성원리의 재조정(再調整)

(1) 상품 형태를 보호하는 법률 개관

상품의 형태는 앞서 논한 혼동초래 부정경쟁행위 또는 상표법상의 입체상표에 의해서 보호되는 이외에도 다른 법률들에 의해 보호될 수 있다.

우선, 상품 형태는 시각을 통하여 미감(美感)을 일으키게 하는 경우 디자인으로 보호된다(디자인보호법 제2조 제1호). 그리고 상품의 기술적 형태가 자연법칙을 이용한 기술적 사상의 창작이라면(특허법 제2조 제1호), 특허의 등록요건을 구비한 경우 특허권으로 보호될 수 있다. 또한, 상품의 형태는 그 이용된 물품과 구분되어 독자성을 인정할 수 있다면 응용미술저작물에 해당하여 저작권으로 보호된다(저작권법 제2조 제15호).[113] 그리고 이러한 제반 지적재산권법에 의해서 보호될 수 없는 상품 형태라도 민법상 불법행위에 의하여 보호될 수 있다.[114]

(2) 기능성원리의 재조정(再調整) 문제

기능성원리에 의한 상표와 특허 제도 사이의 조정(調整)에 의하면 상품 형태를 충분히 보호해 줄 수 없으므로, 이를 재조정(再調整)하

---

113) 竹田稔, 知的財産權侵害要論(不正競業編, 第3版), 發明協會(2009), 114-115면 참조.
114) 일본에서 민법상 불법행위에 의한 상품 형태의 보호에 대하여 자세한 것은, Id. 116-127면 참조.

여 상품 형태를 보호할 필요가 있다고 주장하는 예전의 일본 학설이
있다. 이 학설은, 미국에서는 '부정이용(misappropriation)'의 법리에 의
하여, 독일에서는 부정경쟁방지법(UWG) 제1조[115])의 '노예적 모방
(sklavische Nachahmung)'의 법리에 의하여, 상표와 특허 제도 사이의
조정에도 불구하고 상품 형태에 대한 단계적이고 유연한 구제가 주어
지는 반면, 일본법에서는 상품 형태가 기능적이라고 인정되면 그에 대
한 보호는 완전히 부정되어, 특히 상품 형태를 그대로 모방하는 경우
(이른바 'dead copy' 또는 '노예적 모방'의 경우)를 방지하지 못하는 불
합리가 있다고 주장한다.[116) 그러면서 일본 불법행위법의 '위법성' 요
건의 해석과 관련하여 이 문제를 해결하여야 한다거나, 입법론적인 검
토가 계속될 필요가 있다거나,[117) 당해 창작물의 이용행위를 기존의
창작 수준을 향상시켜 결과적으로 전체의 이익이 되는 것과 단순한 차
용·행위를 구별하여 각각에 상응한 규제를 안출함으로써 기능성원리에
의한 조정을 '재조정(再調整)'할 필요가 있다고 주장한다.[118)

　위와 같은 주장은, 민법상 불법행위법에 의한 상품 형태의 보호가 활
성화되지 않았고, 아래에서 보는 '상품형태 모방행위'가 입법되기 전에
있었던 주장인데, 특히 상품 형태를 그대로 모방하는 행위와 관련하여
제기하는 문제점은 매우 설득력이 있다. 근래에는, 민법상 불법행위 법

---

115) 1909년 개정된 독일 부정경쟁방지법(UWG) 제1조는 일반조항으로 "영업적 거
　　래에서 경쟁의 목적으로 선량한 풍속에 반하는 행위를 저지른 자에 대해서 중
　　지와 손해배상을 청구할 수 있다"고 규정하였는데, 2004년 개정되면서 제1조의
　　일반조항이 제3조로 옮겨지고 '선량한 풍속에 반하는 행위'라는 문구가 '부정
　　한 경쟁행위'라는 문구로 바뀌었다.
116) 小泉直樹(주 26), 1085면 및 小泉直樹, "商品の形態の保護をめぐる競業法と
　　創作法の調整 (三·完)", 法學協會雜誌 106卷 8号(1989. 8.), 東京大學法學協
　　會, 1425-1432면 참조.
117) 독일의 부정경쟁방지법과 같은 부정경쟁행위 일반조항을 도입하여야 할 필연성
　　은 없다고 주장한다[小泉直樹(주 116), 1430면].
118) Id.

리를 적극적으로 적용하거나,[119] 다음 항에서 검토하는 '상품형태 모방행위' 규정을 활용함으로써 위와 같은 행위를 충분히 규제하고 있는 것으로 보인다.

나. 기능성원리와 '상품형태 모방행위'와의 관계

(1) '상품형태 모방행위'의 입법연혁 및 규정취지

(가) 일본 부정경쟁방지법에의 도입 경위

일본은 1993년 부정경쟁방지법을 개정하면서 제2조 제1항 제3호에 "타인의 상품(최초 판매일로부터 기산하여 3년을 경과한 것을 제외한다)의 형태[당해 타인의 상품과 동종의 상품(동종의 상품이 아닌 경우에는 당해 타인의 상품과 그 기능 및 효용이 동일 또는 유사한 상품)이 통상 갖는 형태를 제외한다]를 모방한 상품을 양도하거나 대여하거나 양도 또는 대여하기 위하여 전시, 수출, 또는 수입하는 행위", 즉 '상품형태 모방행위'를 부정경쟁행위의 한 유형으로 추가하였다. 그리고 2005년 개정법에서는, 이를 "타인의 상품형태(당해 상품의 기능을 확보하기 위하여 불가결한 형태는 제외한다)를 모방한 상품을 양도, 대여, 양도 또는 대여를 위하여 전시, 수출 또는 수입하는 행위"로 개정하는 한편, 제2조 제4호에 '상품형태'에 대해 "수요자가 통상의 용법에 따른 사용에 있어 지각에 의해 인식할 수 있는 상품의 외부 및 내부의 형상, 형상에 결합된 모양, 색채, 광택 및 질감"을 말한다고 하는 정의 규정을 두고, 제5호에 '모방한다'에 대해 "타인의 상품형태에 의거하여 그것과 실질적으로 동일한 형태의 상품을 만드는 것"을 말한다고 하는 정의 규정을 두었다.[120]

---

119) 주 114) 부분 참조.

현대에 들어 복사·복제기술의 진보, 유통시스템의 발전 등에 의해 선행개발자의 성과물을 모방하는 것이 쉬워졌는데, 이와 같이 개발·마케팅 등에 투자한 선행자의 자금과 노력을 모용하여 자기가 부담해야할 고유한 비용, 노력과 사업리스크를 부담하지 않고 시장에 참여하는 모방자의 행위는, 이들 사이에 경쟁상의 심한 불균형을 가져오고 선행자에게 회복 불가능한 손해를 초래할 우려가 높으므로 공정한 상관습에 반한다는 관점에서, 특히 타인의 상품형태를 완전히 모방하는 행위를 규제하기 위하여 위 규정을 도입한 것이라고 설명되고 있다.[121] 한편, 일본에서는 위 1993년 개정에 의하여 상품형태 모방행위를 부정경쟁행위의 하나로 입법하기 전부터, 지적재산의 모방행위가 특허권·의장권·상표권·저작권의 침해에 해당하지 않고 부정경쟁방지법의 보호대상도 되지 않는 경우에도 불법행위에 의한 보호를 받을 수 있으나, 불법행위에 의해서는 상대방의 물건의 제조 및 판매를 금지시킬 수가 없어[122] 그 보호가 충분하지 않음을 이유로, 특히 dead copy에 대하여 부정경쟁방지법을 개정하여 부정경쟁행위로 규제해야 한다는 주장이 있었는데,[123] 위 규정은 이러한 주장을 받아들인 것으로 볼 수 있다.

(나) 우리나라 부정경쟁방지법의 규정

우리나라 부정경쟁방지법은 2004. 1. 20. 법률 제7095호로 개정되면서, 위에서 살펴본 일본의 입법에 영향을 받아, 제2조 제1호 자목에 "타인이 제작한 상품의 형태(형상·모양·색채·광택 또는 이들을 결합한

---

120) 竹田稔(주 113), 128-129면 및 136면.
121) Id. 128면.
122) 일본에서와는 달리, 우리 대법원은 최근 부정한 경쟁행위에 대하여 일정한 요건 아래 불법행위에 기한 금지청구권을 긍정하는 결정을 하였음은 이 글 제1장 제1절 주 1)에서 살펴보았다.
123) 小泉直樹, "不正競争防止法の今日的課題 5: 他人の商品等の不当な模倣", NBL 502號(1992. 8.), 商事法務研究會, 68-73면.

것을 말하며, 시제품 또는 상품소개서상의 형태를 포함한다)를 모방한
상품을 양도·대여 또는 이를 위한 전시를 하거나 수입·수출하는 행
위"(상품형태 모방행위)를 부정경쟁행위의 한 유형으로 추가하여 현재
에 이르고 있다.[124] 그 입법목적은 복제기술 및 유통기구의 발달로 타
인의 상품을 부정하게 제조하여 유통하는 사례가 급증하여 소비자의
오인·혼동을 가져올 뿐만 아니라 모방자가 상품개발자의 선행투자와
시행착오 등을 통한 노력과 비용을 무임승차하게 됨에 따라 개성 있는
상품의 개발, 시장개척의 의욕이 저해되고 건전한 거래질서 형성을 저
해하고 있으나, 현행 디자인보호법, 부정경쟁방지법 등에 의한 권리보
호는 권리등록 혹은 상품표지의 주지성 획득에 장시간이 필요하여 충
분하지 못하므로 이를 개선하고자 함에 있다.[125]

(2) 우리나라에서 상품형태 모방행위의 성립 요건

상품형태 모방행위가 성립하기 위한 요건으로서 모방의 정도가 어느
정도에 이르러야 하는지 문제된다. 완전복제가 아닌 경우에는 모방자
도 일정한 투하비용을 들인 것이므로 피모방자의 시장선행의 이익이
상실되는 것은 아니고, 이 조항이 주지성 또는 등록 등의 까다로운 요
건이 없이도 권리자를 보호하는 것이므로 실질적으로 유사한 범위 내
에서의 모방행위까지 모두 금지하게 되면 그 권리의 범위를 너무 확대
할 뿐만 아니라 기존의 지적재산권법 체계와도 조화되지 않으며,[126]
위 규정의 원래 도입취지가 dead copy를 막는 데 있는 것이므로,[127] 상

---

124) 일본의 2005년 개정 전 규정과 거의 동일한 내용임을 알 수 있다.
125) 산업자원위원회, 부정경쟁방지법 중 개정법률안 심사보고서(2003년 12월), 7면.
126) 예를 들어, 저작권이 인정되어야만 실질적 유사성이 있는 상품형태의 창작행위
    를 모두 금지시킬 수 있을 터인데, 이러한 저작권이 인정되지 않는다고 하더라
    도 완전모방이 아닌 실질적으로 유사한 모든 상품형태의 창작행위를 금지시키
    는 내용의 강력한 권리를 인정하는 것은 문제가 있는 것이다.

품형태 모방행위는 원칙적으로 타인의 상품 형태를 그대로 완전히 모방한 경우(dead copy의 경우)에 한하여 성립된다고 할 것이다. 그러나 완전모방의 경우만 금지시키게 되면 별다른 비용이나 노력 없이 약간의 변경만 가하더라도 상품형태 모방행위의 성립을 피할 수 있어 결국 위 조항이 유명무실해질 수 있으므로, 완전히 그대로 모방한 경우뿐만 아니라 다소 개변이 되어져 있는 것 같다고 하더라도 전혀 비용이 들어가지 아니한 무의미한 개변인 경우에는 상품형태 모방행위가 성립한다고 해야 할 것이다. 일본의 경우를 보면, '실질적 동일성'을 모방의 판단기준으로 삼는 견해가 유력했는데, 이러한 관점에서 2005년 개정법에서는 제2조 제5호에 '모방한다'는 "타인의 상품형태에 의거하여 그것과 실질적으로 동일한 형태의 상품을 만드는 것"을 말한다고 하는 정의 규정을 두게 되었다고 한다.[128]

한편, 부정경쟁방지법 제2조 제1호 자목 (2)항은 "타인이 제작한 상품과 동종의 상품(동종의 상품이 없는 경우에는 그 상품과 기능 및 효용이 동일하거나 유사한 상품을 말한다)이 통상적으로 가지는 형태를 모방한 상품"에 대하여는 상품형태 모방행위가 성립하지 않는 것으로 하고 있다.[129] 그 취지는 동종 상품에 공통되는 전혀 특징이 없는 흔한 형태는 보호할 가치가 없다는 점 및 상품의 형태 중 상품의 기능과 효용을 발휘하기 위하여 아무래도 그 형태로 될 수밖에 없는 것(기술적 형태나 경쟁상 비슷하게 되지 않을 수 없는 형태)까지 타인이 사용해서는 안 되는 것으로 하면 선행개발자의 완전한 독점을 허용하여 오히려 사회일반의 이익을 부당하게 해치게 된다는 점에 있는 것이다.[130]

---

127) 竹田稔(주 113), 136면은, 1993년에 신설된 상품형태 모방행위에서 말하는 '모방'이란 dead copy 행위를 규제하는 것을 의도하였음에 의심의 여지가 없다고 설명하고 있다.

128) Id. 137면.

129) 일본의 2005년 개정법에서는 이 부분이 "당해 상품의 기능을 확보하기 위하여 불가결한 형태는 제외한다"로 변경되었음은 앞서 살펴보았다.

(3) 기능성원리와의 관계

위에서 살펴본 상품형태 모방행위는 기능성 여부를 불문하고 상품형태 자체를 보호 대상으로 한다는 점에서 기능성원리와 상충되지는 않는지 문제된다. 또한, 상품형태 모방행위의 경우에도 일정한 상품형태와 관련해서는 그 성립이 부정된다는 점에서 기능성원리와는 어떤 관계에 있는지 문제된다.

우선, 상품형태 모방행위는 부정경쟁방지법이 정한 독립된 유형의 부정경쟁행위로서, 자타상품의 식별기능 및 출처의 혼동을 기본 요건으로 하는 상표나 혼동초래 부정경쟁행위와는 그 본질을 달리하는 것이다. 그리하여 상품형태 모방행위는 원칙적으로 dead copy에 대해서만 성립하는 것인 점에서 유사한 상표까지도 그 대상으로 하는 상표나 혼동초래 부정경쟁행위와 차이가 있고, 그 보호기간도 상품의 형태가 갖추어진 날로부터 3년으로 한정하고 있는 점에서[부정경쟁방지법 제2조 제1호 자목 (2)항] 영구적으로 보호가 주어질 수 있는 상표나 혼동초래 부정경쟁행위와 차이가 있다. 따라서 특허와의 관계에서 상표에 의한 보호한계를 설정하기 위한 기능성원리가 상품형태 모방행위에 적용될 여지는 전혀 없고, 이에 따라 기능성원리에 의해 상표로는 보호될 수 없는 상품형태도 이를 dead copy한 경우 상품형태 모방행위는 성립할 수 있다고 해야 한다. 이런 견지에서 볼 때, 상품형태 모방행위에 의한 상품형태 자체의 보호가 기능성원리와 상충되는 점은 전혀 없다고 할 것이다.

한편, 우리 부정경쟁방지법의 규정에 의하면 '통상적으로 가지는 형태'에 대해서는 상품형태 모방행위의 성립이 부정된다는 점에서, 이 역시 기능성원리와 유사한 정책적 고려에 의한 제한이 가해지고 있다고

---

130) 유영선, "우리나라 법에 의한 산업디자인의 보호 및 한계", 사법논집 제41집 (2005), 법원행정처, 678-679면.

할 수는 있다. 그러나 앞서 살펴본 바와 같이, 기능성원리는 상표에 의한 상품형태의 보호와 그 본질이 다른 상품형태 모방행위에는 적용될 여지가 전혀 없는 것이므로, 위 규정의 '통상적으로 가지는 형태'와 기능성원리에서 말하는 '기능적인 형태'는 각자 영역의 제도적 취지에 따른 고유한 판단기준 아래 별개로 판단되어야 하는 것일 뿐, 이들 사이에 특별한 관련성이 있는 것은 아니라고 생각된다.[131] 일본의 2005년 개정 부정경쟁방지법에는 '상품의 기능을 확보하기 위하여 불가결한 형태'라고 규정되어 있지만, 이 역시 우리나라 법규정에서와 같은 선상에서 해석되어야 할 것이다.

---

131) 기능성원리에 의해서 상표에 의한 보호가 거부된 미국 사례들(제3장 제4절 제1항 참조)의 경우라도, 만일 상품 형태를 그대로 모방하였음이 인정된다면(즉, dead copy의 경우), 우리 부정경쟁방지법상 상품형태 모방행위의 성립은 대체로 긍정될 것으로 보인다.

제5절 구체적인 사례 분석을 통한 기능성원리의 바람직한 적용방향 제시

1. 상표법 사례 검토

가. 등록단계 사례 검토

(1) 검토의 방향

기능성원리와 관련한 상표등록단계의 사례들은 특허청의 상표등록 거절결정에 대한 불복심판청구 및 위 청구를 기각한 심결에 대한 취소소송의 형태로 나타난다. 기능성원리는 상표의 등록적격을 따지는 상표등록무효 사건에서도 문제될 수 있지만, 뒤에서 살펴보듯이 현재 우리나라 특허청이나 법원의 입체상표 등록실무는 애초에 등록단계에서부터 특히 식별력을 중심으로 그 심사를 매우 엄격하게 하고 있기 때문에, 등록무효 사건에서 기능성원리가 문제된 경우는 현재 찾기 어렵다. 따라서 이하에서 분석하는 사례들도 모두 거절결정 사건에 관한 것들이다.

한편, 일본의 경우에는 최근 지적재산권 전문 법원인 知財高裁가 매우 적극적으로 입체상표의 등록을 허용하는 판결들을 내린 바 있는데, 이는 우리에게도 많은 참고가 될 것으로 생각된다. 따라서 이하에서는 일본 知財高裁의 판례들을 먼저 살펴본 다음, 우리 법원과 특허심판원의 사례들을 검토해 보도록 한다. 그리고 이를 토대로 하여 우리의 판례나 심결에서 나타나고 있는 문제점을 지적하고 그 개선방향을 제시해 보도록 한다.

(2) 일본의 사례 검토

(가) 知財高裁의 판례 검토

① 知財高裁 평성19(2007). 6. 27. 선고 平18 (行ケ) 10555호 판결: 지정상품을 '회중전등(懷中電灯)'으로 하여 출원한 입체상표[뒤의 도 3-1]에 대하여 특허청이 상표법 제3조 제1항 제3호(기술적 표장)[1]에 해당한다는 이유로 거절결정을 하자 이에 대한 불복심판을 청구하였으나 이를 기각하는 심결이 내려졌다. 그 취소소송 절차에서 知財高裁는, "본원상표(회중전등 형상)가 상품의 형상을 보통의 방법으로 표시한 것으로서 상표법 제3조 제1항 제3호에 해당하기는 하지만, 장기간에 걸친 광고 선전이나 판매 등에 의해 수요자가 그 상품의 형상을 타사 제품과 구별하는 지표로서 인식하기에 이르렀다고 인정함이 상당하므로, 사용에 의해 자타상품의 식별기능을 획득하여 상표법 제3조 제2항(사용에 의한 식별력 취득)[2]에 의해 상표등록을 받을 수 있다"고 하면서 심결을 취소하였다.

② 知財高裁 평성20(2008). 5. 29. 선고 平19 (行ケ) 10215호 판결: 지정상품을 '콜라음료'로 하여 출원한 입체상표[뒤의 도 3-2]에 대하여 특허청이 거절결정을 하였고, 이에 대한 불복심판 절차에서 상표법 제3조 제1항 제3호에 해당하고 제3조 제2항의 요건을 구비하지도 않았으므로 거절결정이 정당하다면서 위 청구를 기각하는 심결이 내려졌다.

---

1) 우리 상표법의 기술적 표장 규정(상표법 제6조 제1항 제3호)에 해당한다.
2) 우리 상표법의 사용에 의한 식별력 취득 규정(상표법 제6조 제2항)에 해당한다.

그 취소소송 절차에서 知財高裁는, "지정상품인 콜라음료를 비롯한 청량음료의 용기로서는 내용물(청량음료)을 수납하고 외부에 누출하지 않도록 하는 형상으로만 되어 있으면 그 기능을 확보할 수 있기 때문에, 상부에서 서서히 부풀어 오르다가 저면에서 거의 5분의 1 위치에서 잘록한 형상을 가지고, 몸체 전체에서 라벨 부분을 제외하고 라벨 근방에서 위아래에 세로로 기둥 형상의 철부(凸부) 10개를 병렬적으로 배치하고 있는 본원 입체상표의 형상은, 청량음료 용기의 '기능을 확보하기 위해 불가결한 입체적 형상만으로 이루어진 상표(상표법 제4조 제1항 제18호)'[3]가 아니고, 입체상표로서 등록 가능성이 긍정되어야 한다. 그리고 본원상표의 입체적 형상은 극히 참신한 것이고, 본원상표의 특징적 형상은 소비자가 원고 상품을 모방품으로부터 구별할 수 있도록 하는 동시에 원고 상품의 통일적 이미지의 형성을 목적으로 하여 원고가 새롭게 개발, 채용한 것이며, 본원상표에 관계되는 입체적 형상은 거래업계에서 용이하게 채용될 수 있는 것이 아니고, 동종의 상품 등이 일반적으로 채용할 수 있는 범위를 초월하는 특별한 인상을 주는 장식적인 형상이라고 해야 한다. 더욱이 본원상표의 특징적 형상은 세계 각국에서 저명하고 강력한 자타상품 식별력을 가지고 있으므로 그것을 콜라음료 지정상품에 사용하고자 하는 자는 원고와 그 그룹회사 이외에는 지금까지 없었고 앞으로도 없을 것이며, 일본에서 다른 동업자도 원고의 본원상표에 대한 사실상의 독점적인 사용을 허용하고 있으므로, 본원상표의 등록이 공익에 반하지 않는다."고 콜라 용기의 식별력은 긍정하고 기능성은 부정하는 판시를 하면서 심결을 취소하였다.

③ 知財高裁 평성20(2008). 6. 30. 선고 平19 (行ケ) 10293호 판결: 지정상품을 '초콜릿, 프랄린(praline)'으로 하여 출원한 입체상표[뒤의 도 3-3]에 대하여 특허청이 거절결정을 하였고, 이에 대한 불복심판 절

---

3) 우리나라 상표법 제7조 제1항 제13호에 해당한다.

차에서 상표법 제3조 제1항 제3호에 해당하고 제3조 제2항의 요건을 구비하지도 않았으므로 거절결정이 정당하다면서 위 청구를 기각하는 심결이 내려졌다. 그 취소소송 절차에서 知財高裁는, "상표법 제3조 제1항 제3호에 해당하는 상표 유형에는 특정인에 의한 독점사용을 인정하는 것이 공익상 적당하지 않은 것(獨占不適商標)과 일반적으로 사용되고 있고 많은 경우 자타상품의 식별력이 없어 상표로서 기능을 다하지 못하는 것(自他商品識別力欠如商標)이 있는데, 출원상표는 원고가 제조·판매하는 초콜릿 과자에 첨부하는 입체상표로 채택할 의도 아래 1958년 창업 당시부터 사용하고 있던 조가비(貝殼) 등의 도안을 채용해 창작한 것으로 그 어디에도 해당하지 않으므로, 상표법 제3조 제1항 제3호에 해당하지 않아 등록될 수 있다"고 하면서 심결을 취소하였다.

도 3-1   도 3-2   도 3-3

(나) 知財高裁 판결의 평가

위에서 살펴본 최근의 몇몇 판례들에서 알 수 있는 점은, 일본 특허청의 경우 입체상표의 식별력을 엄격하게 해석하여 기능성원리의 판단에 나아가기 전에 그 등록을 허용하지 않는 경향에 있었는데,[4] 知財高裁는 최근 일련의 판결들을 통해 이러한 일본 특허청의 실무에 제동을

---

4) 이러한 경향은 뒤에서 보듯이 우리 특허청의 경우도 마찬가지이다.

걸고 입체상표의 등록을 장려하고자 하는 입장인 것으로 평가할 수 있다. 특히 초콜릿의 상품 형태 자체에 대하여 본래부터 식별력이 있다고 판단한 知財高裁 평성20(2008). 6. 30. 선고 平19 (行ケ) 10293호 판결에서 이러한 경향을 뚜렷이 읽을 수 있다. 추측컨대, 이러한 판결들에는, 미국 등을 중심으로 한 세계 상표제도의 흐름에 보조를 맞추어, 입체상표라고 해서 특별히 다른 상표보다 식별력의 요건을 엄격히 해석할 필요가 없고, 입체상표의 도입취지에 비추어 그 이용을 활성화하고자 하는 정책적 판단이 내재되어 있는 것으로 생각된다.

이러한 일본 知財高裁의 판결 경향과는 달리 우리나라 특허법원이나 대법원의 판결 중에는 기능성 여부를 판단한 사례는커녕 그 앞 단계에서 입체상표가 식별력의 관문을 통과하였다고 판시한 사례를 찾기 어렵다. 이러한 경향은 혼동초래 부정경쟁행위의 성립과 관련하여 엄격한 식별력의 요건을 적용하고 있는 우리 대법원 판례의 태도와 일맥상통하는 것으로 여겨지는데, 일본 知財高裁의 위와 같은 판결 경향은 우리에게도 시사하는 바가 크다고 할 것이다.

(3) 우리나라의 사례 검토

(가) 개관

우리 상표법이 기능성원리에 대하여 규정하고 있음에도 불구하고, 기능성원리를 적용하여 상표등록을 거절한 우리나라 법원의 판례는 아직까지 찾아볼 수 없다. 그 이유는, 우리 판례들이 입체상표에 대하여 그 기능성 여부를 문제 삼기 전에 이를 엄격한 요건에 의한 식별력의 문제로만 파악하여, 그것이 상품 또는 상품 포장의 형상을 보통으로 사용하는 방법으로 표시한 기술적 표장에 해당하여 상표법 제6조 제1항 제3호[5])에 의해 상표등록을 받을 수 없다고 판단함이 보통이기 때문이다. 이 경우 상표법 제6조 제2항의 사용에 의한 식별력의 취득이 문제되기도 하나, 아래에서 보듯이 우리나라 판례들은 한결같이 사용에 의한 식별력의 취득도 부정함으로써 기능성원리에 나아가 판단하기 전에 식별력의 단계에서 입체상표의 등록을 거절하고 있을 뿐이다.

이에 비하여, 특허심판원의 심결 중에는 특허청 심사관의 상표등록 거절결정에서와는 달리 입체상표의 식별력을 인정하거나 이에 더 나아가서 기능성 여부에 대해서까지 판단하여 그 등록을 허용한 것들도 간혹 발견된다.

아래 사안들에서 문제된 입체상표의 출원인은 대부분 상표제도가 성숙한 선진국의 회사들인데, 아래에서 보듯이 우리의 입체상표 등록 실무는 선진국들에 비하여 훨씬 소극적인 것으로 보인다. 이러한 태도는 자칫 우리 상표제도에 대한 국제적인 불신으로 이어질 수도 있으므로 개선됨이 바람직하다.

(나) 판례의 검토

① 대법원 2004. 6. 25. 선고 2002후710 판결(미간행): [판시내용] '사무용 고체풀' 등을 지정상품으로 하여 출원한 입체상표[뒤의 도 4-1]에 대하여 상표법 제6조 제1항 제3호(상품의 형상 표시)에 해당함을 이유로 한 거절결정이 정당하다고 한 심결에 대한 취소소송 사건이다. 이에 대하여 대법원은 "사무용 고체풀의 용기에서 원통형 몸통부는 내용물의 저장 및 내용물의 회전을 용이하게 하기 위한 것이고, 이와 결합·분리되는 뚜껑부 및 내용물을 회전시키는 요철형의 하단부 등은 그 기능상 필요한 구성부분들이라 할 것이므로, 출원상표 중 원통형 용기의 입

---

5) 우리나라 상표법 제6조 제1항 제3호는 "그 상품에 산지·품질·원재료·효능·용도·수량·형상(포장의 형상을 포함한다)·가격·생산방법·가공방법·사용방법 또는 시기를 보통으로 사용하는 방법으로 표시한 표장만으로 된 상표"는 상표등록을 받을 수 없다고 규정하고 있는데, 입체상표와 관련해서는 상품의 '형상'을 보통으로 사용하는 방법으로 표시한 표장인지 여부가 문제된다.

체적 형상은 '사무용 고체풀' 등의 용기로서의 기능을 수행하는데 필요한 실용적 기능의 일반적인 형상으로서 지정상품의 포장용기의 형상을 표시하는 것이어서 식별력이 없다. 그리고 색채와 몸통 부분에 표시된 격자무늬 도형은 '사무용 고체풀' 등의 용기의 입체적 형상이라는 관념을 상쇄시킬 정도로 구성되지 않아 입체적 형상의 부수적, 보조적인 것에 불과하므로 새로운 식별력이 생기지 않는다. 따라서 출원상표는 전체적으로 '사무용 고체풀' 등의 포장용기의 입체적 형상으로 인식되어 그 지정상품의 형상을 보통의 방법으로 표시한 기술적 표장에 해당하고, 제반 증거를 종합하여도 상표법 제6조 제2항의 사용에 의한 식별력도 인정되지 않는다."고 판시한 원심판결(특허법원 2002. 3. 15. 선고 2001허5183 판결)을 그대로 수긍하였다.

[평가] 위 판결은 현재까지 입체상표의 등록적격 여부를 판단한 유일한 대법원판결이다. 그런데 위 판결을 보면 기능성을 식별력 판단의 근거로 설시하면서 기능성과 식별력의 개념을 구분하지 못하고 있는 문제점이 있다. 또한, 위 판결 중에서 색채와 몸통 부분에 표시된 격자무늬 도형이 용기의 입체적 형상에 흡수되는 것으로 새로운 식별력이 생긴다고 할 수 없다거나 사용에 의한 식별력의 취득을 부정한 부분은 매우 의문이다. 색채와 도형의 조합에 의한 출원상표의 전체적인 입체적 형상은 그 자체로 독특하여 식별력을 인정할 수 있고, 대법원판결이 설시한 바와 같이 출원상표 중에 일부 기능적인 부분이 있는 것은 사실이지만(상표가 등록되더라도 상표법 제51조 제1항 제4호에 의하여 이러한 기능적인 부분에는 상표의 효력이 미치지 않는다고 봐야 할 것이다), 전체적으로 상품 또는 그 상품의 포장의 기능을 확보하는 데 불가결한 입체적 형상'만'으로 된 것은 아니기 때문에 그 등록을 긍정했어야 한다는 생각이다. 위 대법원판결을 비롯하여 뒤에서 살펴보는 특허법원 판결 중에도 입체상표의 식별력을 인정한 예가 전무하여, 우리

나라의 경우 앞서 본 일본의 知財高裁 판결의 경향과 큰 차이를 보이고 있다.

② 특허법원 2000. 9. 8. 선고 2000허5407 판결(상고부제기로 확정)(미간행): '끽연용 라이터'를 지정상품으로 하여 출원한 입체상표[뒤의 도 4-2]가 지정상품인 '끽연용 라이터'가 지니는 일반적인 한 모양을 보통으로 나타낸 정도에 불과하여 독특한 식별력을 갖춘 것으로 인정되지 않으므로 상표법 제6조 제1항 제3호에 해당하고 사용에 의한 식별력도 인정되지 않는다고 판단하였다.[6)

③ 특허법원 2001. 3. 30. 선고 2000허2217 판결(상고부제기로 확정)(미간행): '회전 3날 헤드 부분을 가진 전기면도기'를 지정상품으로 하여 출원한 입체상표[뒤의 도 4-3]의 등록 여부가 문제되었다. 이에 대하여 특허심판원은 "출원상표는 그 지정상품인 '회전 3날 헤드 부분을 가진 전기면도기'의 헤드 부분의 형상을 표시한 표장만으로 된 상표로서, 상표법 제6조 제2항에서 규정하는 사용에 의한 식별력을 획득하였다 하더라도 그 지정상품을 사용하기 위하여 필수적인 기능을 포함하고 있으므로 등록이 될 수 없다"고 하여 기능성원리를 적용하여 그 등록을 부정하였다. 이에 대한 심결취소소송에서 특허법원은 "출원상표는 '회전 3날 헤드 부분을 가진 전기면도기'의 헤드 부분의 형상을 그대로 묘사한 것으로, 그것이 표시한 전기면도기의 헤드 부분의 형상이 독창적이라고 하더라도 '회전 3날 헤드 부분을 가진 전기면도기'의 헤드 부분의 일반적인 형상에 불과하여 지정상품의 형상을 보통의 방법으로 표시한 기술적 표장에 해당하고, 사용에 의한 식별력 취득도 인정되지 않는다"고 하여 출원상표의 기능성 여부까지는 나아가 판단하

---

6) 이와 동일한 형상의 지포(Zippo) 라이터가 미국에서는 식별력도 있고 비기능적인 것으로 인정되어 상표등록이 긍정되었음[In re Zippo Mfg. Co., 50 U.S.P.Q. 2d 1852 (TTAB 1999)]은, 이 글 제3장 제4절 2항에서 기능성을 부정한 미국 사례들을 검토하면서 보았다.

지 않고 식별력이 없다는 이유로 상표등록을 인정하지 않았다.

그러나 위 판결의 설시 중 "그것이 표시한 전기면도기의 헤드 부분의 형상이 독창적이라고 하더라도 '회전 3날 헤드 부분을 가진 전기면도기'의 헤드 부분의 일반적인 형상에 불과하여 기술적 표장에 해당한다"는 판시 부분은 매우 의문이다. 입체적 형상이 독창적인 것이면 거래계에서 일반적으로 있는 '회전 3날 헤드 부분을 가진 전기면도기'의 보통의 형상이라고 할 수 없으므로, 이를 기술적 표장으로 파악해서는 안 될 것이다. 이와 같은 판시태도[7]에 의하면 상품의 형상에 관한 입체상표는 항상 상표법 제6조 제1항 제3호의 형상 표시 기술적 표장에 해당한다는 논리에 이를 수밖에 없어 입체상표 제도를 사실상 무용하게 만들 것이기 때문이다. 위 특허법원 판결은 우리 법원이 기능성의 문제와 식별력의 문제를 구분하지 못하고 있음을 단적으로 보여주고 있는 사례라고 할 수 있는데, 필자의 생각으로는 이 사안은 심결에서와 같이 기능성의 문제로 해결함이 타당했던 것으로 보인다.[8]

동일한 출원상표에 대한 외국 법원의 판결을 보면, 스웨덴 법원은 사실상 기능성(de facto functionality)으로 판단하여 상표등록을 긍정하고, 영국 법원은 법률상 기능성(de jure functionality)으로 판단하여 상표등록을 부정하는 각기 다른 판단을 하였다고 한다.[9]

④ 특허법원 2002. 11. 8. 선고 2002허3351 판결(상고부제기로 확정)(미간행): '전자커넥터' 등을 지정상품으로 하여 출원한 입체상표[뒤의 도 4-4]에 대하여 "출원상표는 그 지정상품에 사용하는 경우 일반 수요자들이 그 지정상품인 커넥터의 형상이라고 직감할 수 있는 표장

---

7) 우리 법원의 판례들은 대부분 이와 같은 태도에 입각해 있는 것으로 보인다.
8) 앞서 검토한 기능성 판단기준을 적용하면 그 형태를 기능적이라고 한 심결의 결론은 타당하다고 생각한다.
9) 장태종, "입체상표·의장과 저작물에 의한 화상디자인 보호방안에 관한 고찰", 지식재산21 81호(2003. 11.), 특허청, 97면.

이고, 이러한 까닭에 커넥터 제품의 거래계에서 누구나 자유롭게 사용하도록 할 필요가 있는 것으로 공익상 이를 특정인에게 배타적으로 사용하게 할 수 없는 표장이므로, 그 지정상품의 형상을 직접적으로 표시하는 기술적 표장에 해당하고, 사용에 의한 식별력 취득도 인정되지 않는다"고 판시하였다.

⑤ 특허법원 2004. 5. 27. 선고 2003허6258 판결(대법원 2004. 10. 14. 선고 2004후2024 심리불속행기각 판결로 확정됨)[각공2004.7.10.(11), 1030]: '기타' 등을 지정상품으로 하여 출원한 입체상표[뒤의 도 4-5][10]에 대하여 "디자인권은 그 존속기간이 15년인 반면 상표권은 갱신등록을 통하여 반영구적으로 독점할 수 있는 점에 비추어 디자인과 유사한 상품 자체의 형상을 표장으로 하는 입체상표의 경우에는 식별력 유무를 엄격하게 해석하여야 할 것인바, 출원상표는 비록 그 지정상품인 기타 전체를 표장으로 하고 있지는 않으나 실제의 기타 헤드 자체를 그대로 입체적으로 표현하고 있는 표장으로서, 일반 수요자는 기타의 헤드부분의 형상을 표현한 것임을 쉽게 인식할 수 있을 것이고 거래사회에서 당해 지정상품과 관련하여 동종의 상품으로 인식될 수 있는 입체적 형상에 해당하여 상품의 형상을 보통의 방법으로 표시한 표장에 해당한다"고 판시하였다.

위 판결 중 디자인권과의 관계를 설시한 부분의 판시가 눈에 띄는데, 아마도 그 판시와 같은 사고가 우리나라 법원들이 입체상표의 등록에 매우 소극적인 하나의 이유가 되지 않나 생각한다. 이러한 사고는 뒤에서 검토하는 권리행사 단계에서의 사례들에도 다수 나타나고 있다. 그러나 디자인과 상표는 상호 배타적인 것이 아님을 우리 대법원이 명백하게 설시한 바 있고, 앞서 검토한 바와 같이 상표와 디자인권과의 조정은 불필요하다는 점에 비추어 볼 때, 이와 같은 판시 태도는 부적절

---

10) 독일 등에서는 상표로 등록되었다.

한 것이라고 생각된다.

⑥ 특허법원 2004. 10. 28. 선고 2004허3805 판결(상고부제기로 확정)(미간행): '마요네즈' 등을 지정상품으로 하여 출원한 입체상표[뒤의 도 4-6][11]에 대하여, "디자인권은 그 존속기간이 15년인 반면 상표권은 갱신등록을 통하여 반영구적으로 독점할 수 있는 점에 비추어 디자인과 유사한 상품 자체의 형상을 표장으로 하는 입체상표의 경우에는 식별력 유무를 엄격하게 해석하여야 할 것인바,[12] 출원상표는 지정상품인 '마요네즈' 등의 용기의 모양으로서 같은 종류의 상품에 일반적으로 사용되는 용기의 모양을 보통으로 나타낸 정도에 불과하여 독특한 식별력을 갖추지 않았고, 출원상표에서 표현된 특징적인 형상이 오로지 원고의 제품에만 채택하고 있는 것이고 이러한 특징이 용기의 편리함 등 기능적인 면과는 무관한 것이라 하더라도, 그러한 형상은 상표로서 출처표시의 기능을 수행한다기보다는 단지 장식적인 형태나 소비자에게 눈에 띄기 위해 그 지정상품 포장의 형상을 약간 변형한 것에 불과한 정도로서, 전체적인 형상의 특징을 통하여 거래사회에서 채용할 수 있는 범위를 벗어나지 않으므로 마찬가지이다"고 판시하면서, 상표법 제6조 제1항 제3호의 형상 표시 기술적 상표로 판단하였다.

⑦ 특허법원 2005. 1. 7. 선고 2004허5429 판결(상고부제기로 확정)(미간행): '스피커폰' 등을 지정상품으로 하여 출원한 입체상표[뒤의 도 4-7]에 대하여, "출원상표 하단의 둥근 부분은 전화기 본체임을 쉽게 인식할 수 있고 상단의 삼각형 형태의 판 역시 스피커와 마이크를 나타내는 것으로 인식할 수 있으므로, 전체적으로 그 지정상품인 스피커폰의 일반적 형태를 나타내는 것으로 인식된다. 다만 출원상표는 스피커폰의 상단 부분이 비교적 크고 넓은 삼각형의 판으로 형성되어 있으

---

11) 미국, 프랑스, 독일, 스페인, 그리스 등에서 상표로 등록되었다.
12) 앞서의 특허법원 2004. 5. 27. 선고 2003허6258 판결[각공2004.7.10.(11), 1030]과 같은 내용의 설시이다.

나, 일반 전화기 본체의 경우 심미감을 나타내기 위하여 그 형상이 사각형 이외에도 원형, 타원형, 삼각형 등과 같은 형태로 다양하게 디자인되고 있는 점에 비추어, 스피커폰의 형상과 모양이라는 출원상표의 관념을 상쇄시킬 정도로 특이하게 구성된 것이라고 보기는 어렵고,[13] 단지 스피커폰으로서의 기능 내지 디자인적 심미감을 표현하기 위한 형상의 변형 정도로 인식되고, 그에 따라 출원상표는 거래사회에서 통상적으로 채용할 수 있는 범위를 벗어나지 않아 지정상품의 일반적인 형상을 보통으로 나타내는 것이다."고 판시하면서, 상표법 제6조 제1항 제3호의 형상 표시 기술적 상표로 판단하였다.

⑧ 특허법원 2006. 11. 1. 선고 2006허5799 판결(상고부제기로 확정)(미간행): '비귀금속제 담배함' 등을 지정상품으로 하여 출원한 입체상표[뒤의 도 4-8]에 대하여, "출원상표는 본체와 뚜껑의 경계면이 정면과 후면에서 분리되고 한 쪽 측면이 붙어 있고 맞은편의 측면이 열리고 닫히는 구조로 되어 있어, 종이로 만들어지고 비닐 등으로 찢어 뚜껑 부분을 열 수 있도록 된 일반적인 사각형의 담배갑과는 다른 특징이 있는 점은 인정되나, 이러한 특징은 담배갑의 기능적인 면과 관계되어 있어 디자인 또는 실용신안의 고안으로서는 적당할지 모르나 상표로서의 출처표시의 기능을 한다고 보기 어렵고, 그 형상은 단지 담배갑의 장식적인 형태나 그 지정상품의 형상을 약간 변형한 것에 불과하므로 일반적인 담배갑의 형상과는 다른 식별력이 생긴다고 할 수 없다"고 판시하면서, 상표법 제6조 제1항 제3호의 형상 표시 기술적 상표로 판단하였다.

위 판결은 담배갑의 기능적인 면을 식별력이 없는 근거로 설시하고 있는데, 이는 기능성원리에 대한 인식 부족으로 기능성과 식별력의 문

---

13) 앞서의 대법원 2004. 6. 25. 선고 2002후710 판결(미간행)에 영향을 받은 판시 부분으로 보인다.

제를 구분하지 못하고 있다는 점에서 부적절하다고 생각된다. 또한, 디자인과 상표는 상호 배타적인 것이 아님에도 불구하고, 상표로서 기능할 수 없는 하나의 이유로 디자인으로서 보호되어야 함을 들고 있다는 점에서도 부적절한 설시로 생각된다.

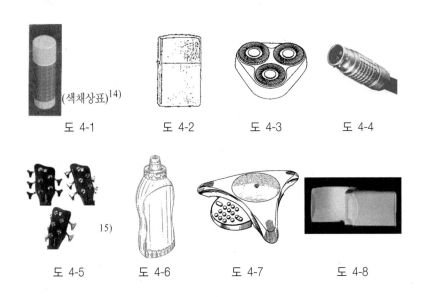

(색채상표)[14]

도 4-1   도 4-2   도 4-3   도 4-4

15)

도 4-5   도 4-6   도 4-7   도 4-8

(다) 특허심판원의 심결

1) 입체상표의 식별력에 관한 심결의 기준

형상표시에 관한 우리 특허청의 상표심사기준 제8조 제7항은 "본호에서 규정하는 그 상품 또는 포장의「형상표시」라 함은 당해 지정상품과의 관계에서 그 상품 또는 포장의 외형, 모양(무늬를 포함한다) 및

---

14) 뚜껑과 밑 부분이 노란색이고 몸체는 초록색에 노란색 줄에 의한 격자무늬가 형성되어 있다.
15) 하나의 입체상표를 각도를 달리하여 촬영한 것이고 위와 같은 배치나 결합관계를 상표로 출원한 것이 아니다.

규격 등을 직접적으로 표시하는 것이라고 인정되는 경우에 이에 해당하는 것으로 본다. 특히 입체상표의 경우 그 상품 또는 포장의 외형이 당해 물품의 일반적 형태를 나타내는 것이라고 인식될 때에는 이에 해당하는 것으로 본다."고 규정하고 있다. 그리고 해석참고자료 11호는 입체상표의 경우에 위 제7항에서 규정하는 상품 또는 포장의 외형이 당해 물품의 일반적 형태를 나타내고 있는지의 여부는 다음과 같은 4가지 사항을 고려하여 판단한다고 규정하고 있다. ① 입체적 형상에 나타난 형상이나 모양을 통하여 거래사회에서 당해 지정상품과 관련하여 동종의 상품(상품의 포장 또는 용기를 포함한다)으로 인식될 수 있는 경우에는 그 입체적 형상은 당해 물품의 일반적 형태에 해당하는 것이므로 식별력이 없는 것으로 본다. ② 이러한 입체적 형상에 일부 변형을 가하거나 추가적인 장식을 하였더라도 그 변형 등이 상품 또는 상품의 포장의 기능이나 심미감을 발휘하는데 불과한 것으로서 전체적인 형상의 특징을 통하여 거래사회에서 채용할 수 있는 범위를 벗어나지 않는 것으로 인식될 경우에는 당해 입체적 형상은 전체적으로 식별력이 없는 것으로 본다. ③ 이들 입체적 형상에 식별력을 가지는 문자나 도형 등이 부가되고 또한 그 부가된 표장이 상품 등의 출처를 표시하는 것이라고 인식될 수 있는 경우에는 전체적으로 식별력이 있는 것으로 본다. 다만, 부가된 문자나 도형 등이 명백히 상품 등의 출처표시로서 사용되고 있는 것으로 볼 수 없거나 식별력 없는 당해 입체적 형상에 흡수될 정도로 그 표장 전체에서 차지하는 비중이 극히 작을 경우에는 그러하지 아니하다. ④ 일반적으로 상품과 관련 있는 형상은 상품의 기능을 효과적으로 발휘시키거나 또는 심미감을 일으켜 소비자의 구매의욕을 돋구기 위한 의도 등으로 창안되는 것이며 자타상품을 식별하기 위한 기능을 하기 위한 것은 아니라는 점을 고려하여 ①, ②와 관련한 입체상표의 식별력은 이를 제한적으로 인정하는 것으로 한다.

우리나라 특허심판원의 심결은 대체로 이와 같은 기준에 따라 입체 상표의 식별력 유무(형상표시인지 여부)를 판단하고 있는 것으로 보인다.

2) 구체적인 심결례 검토

아래에서는 우리 특허심판원의 심결례를, ① 식별력을 긍정한 후 기 능성 여부까지 판단한 사례, ② 식별력 긍정만으로 등록을 허용한 사 례, ③ 식별력을 부정하여 등록을 거절한 사례, ④ 입체상표에 문자, 도형 등이 결합한 사례의 4가지 유형으로 나누어 차례로 살펴본다.

가) 기능성 여부까지 판단한 사례

① 특허심판원 2002. 4. 29.자 2001원3289심결(미간행): '콜라' 등을 지정상품으로 한 출원상표[뒤의 도 5-1]의 기능성 여부에 관하여,[16] "출원상표는 음료수의 포장용기인 병의 형상으로서 하단부에 병의 둘 레를 싸고 있는 8개의 주름모양이 있고, 최하단부에는 독특하게 물결 치는 듯한 파도문양의 형태로 구성되어 있으며, 아울러 본원상표를 아 랫부분에서 보면 마치 5개의 톱니를 가진 톱니바퀴 형태로 되어 있으 나, 일반적으로 음료수의 포장용기로서의 병의 형상은 다양한 대체적 인 형상이 존재하고, 또한 출원상표가 음료수의 포장용기로서의 특별 한 기능적 이점이 있다고도 볼 수 없을 뿐만 아니라, 생산원가 절감 등 음료수의 포장용기로서의 병의 형상을 반드시 출원상표와 같이 구성하 여야 할 경제적 이유도 없다고 할 것이어서 출원상표가 등록되어 그 사용이 독점된다고 하더라도 거래사회의 경업질서를 저해할 염려가 있 다고 할 수 없으므로, 결국 출원상표는 그 지정상품의 포장의 기능을 확보하는데 불가결한 입체적 형상만으로 된 상표에 해당된다고 볼 수 없다"고 판단하였다.[17]

---

16) 형상 표시로 식별력이 없다는 점은 거절결정의 이유가 아니어서 판단하지 않았다.
17) 논리 구성이 잘된 매우 적절한 심결이라고 생각한다.

② 특허심판원 2003. 9. 25.자 2002원4381 심결(미간행): '칫솔, 이쑤시개' 등을 지정상품으로 하는 출원상표[뒤의 도 5-2]의 등록 여부에 관하여, "입체적 형상으로 표시된 상품 또는 포장의 외형이 당해 물건의 본질적 형태를 나타내는 것이라고 인식될 때에 한하여 상표법 제6조 제1항 제3호에 해당한다고 봄이 타당한데, 출원상표는 지정상품(칫솔)의 일반적인 형상을 표시한 것이 아니라 지정상품의 성질을 암시하는 정도에 그치므로 이에 해당하지 않는다. 한편, 자료에 의하면, 출원상표가 가지고 있는 기능, 즉 '칫솔이 구부러질 수 있는 기능'을 대체할 수 있는 형상이 존재하고, 이러한 대체적인 형상의 상품을 저렴한 비용 또는 간단한 공정에 의하여 생산이 가능하여, 출원상표가 지정상품의 전형적인 형상으로 거래사회에서 자유롭게 사용되어 왔다고 할 수 없고, 그 기능성으로 인하여 시장에서 경쟁상 우월한 지위를 가져 자유경쟁에 제약을 받는다고도 볼 수 없으므로, 상표법 제7조 제1항 제13호에 해당한다고 볼 수 없다."고 판단하면서 식별력을 인정하는 한편 그 기능성은 부정하여 상표등록을 허용하였다.

③ 특허심판원 2008. 10. 24.자 2007원11001 심결(미간행): 지정상품을 '초콜릿' 등으로 한 출원상표[뒤의 도 5-3]의 등록 여부에 관하여, "금박지로 포장된 울퉁불퉁한 공 모양의 초콜릿 형상은 일반적으로 연상되는 얇고 넓은 판(板)형이나 막대형(bar type) 또는 매끈하고 둥근 타원(chocolate ball)의 형상과는 차이가 있고, 금박지로 포장되어 주름진 종이받침에 담겨진 형상 또한 흔히 알려진 초콜릿의 포장 형태와는 다르며, 더구나 그 상단 중앙에 부착된 타원형의 도형 내부에 표기된 영문자 'FERRERO ROCHER'가 인쇄된 스티커는 상품의 출처표시로서 충분히 사용되고 있다고 보이므로, 출원상표는 이와 같은 독특한 형상과 식별력 있는 문자상표의 결합으로 인하여 자타상품을 구별할 수 있는 특별현저성이 있다. 또한, 그 포장 및 장식적 요소를 이루는 형상,

문자, 색상 및 크기 등이 독특하게 조합되고 배열되어 있어 제품의 기능과는 상관없이 전체적으로 독특한 이미지를 형성하고 현실적으로도 초콜릿의 포장형태가 다양하게 존재하는 등 그 형상이 당해 상품 또는 포장의 기능을 확보하는데 반드시 채택하지 않을 수 없는 불가결한 입체적 형상만으로 된 상표라고 단정할 수 없다."고 판단하면서 식별력을 인정하는 한편 그 기능성은 부정하여 상표등록을 허용하였다.

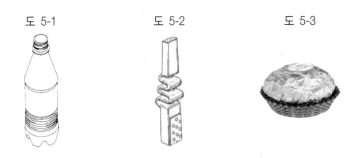

도 5-1   도 5-2   도 5-3

나) 식별력 긍정만으로 등록을 허용한 사례

① 특허심판원 2000. 4. 28.자 99원1832 심결(미간행): 지정상품을 '보드카' 등으로 한 출원상표[뒤의 도 6-1]의 등록 여부에 관하여, "출원상표는 거의 직사각형체의 투명유리로 구성된 병 형상으로서, 상부에는 영문자 'FILANDIA'와 그 바로 아래에 숫자 '21'이 병기되었고, 하부에는 '순록 3마리와 그 위에 달 또는 태양으로 보이는 원형의 형상'이 표기되고 그 바로 아래에는 영문자 'VODKA OF FILAND'가 병기되었으며, 배면의 중앙부에는 기다란 손잡이가 달린 삼각형의 칵테일 잔 모양을 음각하여 표현하는 등, 입체적 형상과 문자, 도형, 숫자 등이 결합된 입체상표로, 전체적으로 볼 때 단순히 지정상품 용기의 형상을 보통으로 사용하는 방법으로 표시한 표장만으로 된 상표라고 보이지 아니할 뿐 아니라 지정상품인 주류를 담는 용기의 본질적 형태를

나타내는 것이라고 인식되지도 아니하여 식별력이 인정된다"고 판단하
였다.[18])

② 특허심판원 2004. 3. 30.자 2003원2334, 2003원2335, 2003원2336
각 심결[각 미간행]: 지정상품을 '초콜릿' 등으로 한 출원상표[뒤의 도
6-2]의 등록 여부에 관하여, "출원상표는 그 구성이 조개, 소라, 해마를
자연적인 상태의 모습에서 약간 변형시킨 상태를 나타내는 사진으로
표현된 입체상표인데, 그 지정상품의 외관적인 형태가 출원상표와 같
은 변형된 모습의 조개, 소라, 해마 형상으로 만들어 질 수 있는 개연
성을 배제할 수는 없지만, 그렇다고 하여 지정상품의 형태가 딱히 출원
상표와 같은 변형된 모습의 조개, 소라, 해마 형상인 것으로 특정되어
일반 수요자들에게 인식되어 있다거나 이와 같은 변형된 형상이 현재
거래시장에서 관용되고 있는 상품의 일반적인 형상이라는 점을 인정할
근거도 없으므로, 상표법 제6조 제1항 제3호 또는 제7호의 식별력이
없는 표장에 해당한다고 보기 어렵다"고 판단하였다.

③ 특허심판원 2006. 7. 21.자 2005원6404 심결(미간행): 지정상품을
'가정용 수리공구키트'로 한 출원상표[뒤의 도 6-3]의 등록 여부에 관
하여, "입체적 형상으로 표시된 상품 또는 포장의 외형이 당해 물건의
전형적이고도 일반적인 형태를 나타내는 것이라고 인식될 때 한하여
상표법 제6조 제1항 제3호 규정의 지정상품의 형상 표시에 해당하는
것으로 보아야 할 것이다. 그런데 출원상표의 경우 몸체 부분만을 보면
'목이 없는 양말'을 연상하게 하고, 이를 위로 볼록한 곡선형태의 손잡
이 부분과 전체로서 보면 이 또한 '핸드백'을 연상케 하는 독특한 구조
로 되어 있고, 출원상표의 지정상품의 포장 또는 용기의 전형적이고도
일반적인 형상은 직육면체를 기본 골격으로 하여 뚜껑이나 측면부분에

---

18) 이 심결의 영향인지 특허심판원의 경우 주류용기에 대해서는 그 식별력을 인정
    하는 경우가 많다. 특허심판원 2000. 4. 28.자 1999원1694 심결, 2001. 7. 20.자
    2000원3008 심결, 2007. 5. 30.자 2006원9441 심결[각 미간행] 등이 그 예이다.

각이 진 홈을 부가적으로 형성하고 있는 것이므로, 출원상표는 그 형상의 독특함으로 인하여 거래사회에서 통상적으로 채용할 수 있는 일반적인 형상의 범위를 벗어난 것으로 인식되어 충분히 식별력이 인정된다."고 판단하였다.

　④ 특허심판원 2008. 5. 20.자 2008원758 심결(미간행): '약제' 등을 지정상품으로 한 출원상표[뒤의 도 6-4]의 등록 여부에 관하여, 마로 앞의 특허심판원 2006. 7. 21.자 2005원6404 심결과 동일한 입체상표의 형상 표시 판단기준을 설시한 다음, "출원상표는 뚜껑을 닫은 상태에서는 '달걀'의 형상을 독특한 형태로 표시된 것으로 인식되고, 뚜껑을 연 상태에서는 불을 켜기 위해 달걀형 뚜껑을 연 '라이터'의 독특한 형태로 표시된 형상을 연상케 하는 독특한 구조로 되어 있으므로, 이는 지정상품과 관련하여 물품의 일반적인 형태로 인식되어지기 보다는 이와 아무런 관련이 없는 '달걀' 또는 '라이터'와 같은 독특한 형태의 도형상표로 인식되는 청구인 고유의 특별현저한 표장으로서, 거래사회에서 통상적으로 채용할 수 있는 일반적인 형상의 범위를 벗어난 것으로 충분히 식별력이 인정된다"고 판단하였다.

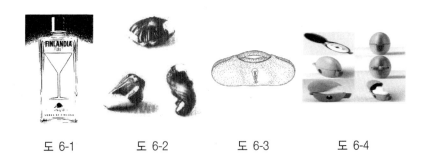

도 6-1　　　　　도 6-2　　　　　도 6-3　　　　　도 6-4

다) 식별력을 부정하여 등록을 거절한 사례

① 특허심판원 2005. 1. 29.자 2004원4338호 심결(미간행): '초콜릿, 프랄린' 등을 지정상품으로 한 출원상표[뒤의 도 7-1]의 등록 여부에 관하여,[19] "출원상표는 긴 직육면체 형상의 입체상표로서, 직육면체는 다시 네 개의 정사각형으로 나뉘어져 있고, 첫 번째 정사각형 속에는 새우 형상이, 두 번째 정사각형 속에는 조개가, 세 번째 정사각형 속에는 해마가, 네 번째 정사각형 속에는 홍합의 형상이 표현된 것으로, 위 새우, 조개, 해마, 홍합의 형상이 다소 독창적이라고 하더라도 그 전체적인 도형이 지정상품의 일반적인 형상에 불과하여 지정상품의 형상을 보통의 방법으로 표시한 표장에 해당하고, 상표법 제6조 제2항에서 규정하는 사용에 의한 식별력을 취득하였다고 보기도 어렵다"고 판단하였다.

② 특허심판원 2005. 9. 30.자 2005원3800 심결(미간행): '두유' 등을 지정상품으로 한 출원상표[뒤의 도 7-2]의 등록 여부에 관하여, "출원상표는 유제품을 담는 포장용기의 형상으로 된 입체상표로서, 용기몸체를 둘러싸고 커피잔과 그 위에 하트 형상의 그림이 연결되어 있는 도형이 결합되어 있고, 뚜껑의 윗부분은 음료수를 마실 수 있도록 개폐가 가능하고, 그 형태는 무뎌진 새부리 형상을 갖추고 있는 표장으로서 인식되는데, 그 중 포장용기의 형상은 일반적인 형상으로 되어 있어 식별력이 없고, 결합된 도형 부분도 커피잔과 하트 모양의 그림으로 구성되어 있기는 하나 명백히 지정상품의 출처표시로 사용되고 있다고 볼 수는 없으며, 용기의 상단부에 있는 뚜껑의 형상도 뚜껑의 개폐기능을 용이하게 하기 위하여 구성된 형상으로서 그 자체로서 상품의 출처표시로 인식된다고 보기는 어려울 뿐 아니라, 이러한 뚜껑의 모양과 도형

---

19) 동일한 입체상표가 일본에서는 知財高裁 평성20(2008). 6. 30. 선고 平19(行ケ)10293호 판결로 그 등록이 긍정되었음은 앞서 보았다.

부분이 유제품 용기의 일반적인 형상에 흡수되는 부수적, 보조적인 것에 불과하여 전체적으로 새로운 식별력이 생긴다고 보기 어렵다"고 판단하였다.

③ 특허심판원 2010. 6. 24. 2008원13032 심결(미간행): 지정상품을 '페인트 스프레이건과 그 부품'으로 하는 출원상표[뒤의 도 7-3]의 등록적격에 관하여, "출원상표는 전체적으로 하얀색 원통형상을 하고 있고, 하부는 원통형상의 직경이 점점 줄어드는 깔때기 형상을 하고, 상부는 원통보다 직경이 약간 큰 하얀색 뚜껑과 결합된 것으로 뚜껑의 바로 밑 부분에는 빨간색 줄이 원통을 둘러싸는 ring 형상을 하고 있어 원통형의 페인트 컵에 담겨있는 페인트가 아래쪽으로 내려오면서 '페인트 스프레이 건'에서 페인트가 분출되도록 하는 형태인데, 이는 '원통형상의 페인트 컵'을 나타낸 것이고, 그것이 일반적인 '페인트 스프레이 건'에 부착된 '페인트 컵'의 형태와는 다른 특징들을 가졌다고 하더라도 이러한 특징은 다만 상품 자체와 결부된 디자인적인 특징으로서 '페인트 컵'의 기능이나 심미적인 면에 국한된 것이므로, 지정상품의 형상을 보통으로 표시한 표장으로서 식별력을 인정하기 어렵다"고 판단하였다.

도 7-1   도 7-2   도 7-3

라) 입체상표에 문자, 도형 등이 결합한 사례

이와 같은 경우에는, 입체적 형상 그 자체에는 식별력이 없다고 하더라도, 이와 결합해 있는 문자, 도형 부분에 식별력이 있으면 전체적으로 식별력이 있다고 하여 그 등록을 허용함이 특허심판원의 일관된 심결 경향이다.[20)

① 특허심판원 2001. 8. 28.자 2001원126 심결(미간행): '개인재산의 자동차운송배달업' 등을 지정서비스업으로 하는 출원서비스표[뒤의 도 8-1]의 등록 여부에 관하여, "출원서비스표는 일반적으로 운송배달에 사용되는 자동차의 형상과는 실용적, 기능적인 면에서 다소 차이가 있는 것으로 보일 뿐 지정서비스업의 식별표지로 여겨지는 정도의 입체형상으로 인정되지 않으나, 위 자동차의 입체형상의 측면에 문자 'UPS'와 도형이 결합된 청구인의 상호·서비스표인 평면표장이 명확히 표기되어 있고, 그것이 청구인의 서비스의 출처를 표시하기 위한 식별표지로서의 사용형태로 사용되고 있는 것으로 보여 식별력이 인정된다"고 판단하였다.

② 특허심판원 2009. 1. 8.자 2007원12309 심결(미간행): '담배' 등을 지정상품으로 한 출원상표[뒤의 도 8-2]의 등록 여부에 관하여, "출원상표는 직육면체의 입체적 형상 내부에 영문자와 '▨▨▨' 도형 등이 부가되어 있는 결합상표인데, 영문자 부분은 식별력이 없으나, 이 도형은 그 상하 배열 및 배치상태 등을 종합할 때 직육면체 형상에 흡수될 정도에 불과한 단순표현이라고 볼 수 없고, 그 전체적인 결합이 거래사회에서 지정상품의 일반적 형태를 나타내는 것으로 인식된다고 볼 자료가 없을 뿐 아니라, 그 입체상표를 특정인에게 상표로 등록 사용하게

---

20) 小野昌廷 編, 註解 商標法 上卷, 新版, 青林書院(2005), 445면 및 網野誠, 商標, 第6版, 有斐閣(2002), 421면에 의하면, 일본에서도 이러한 경우에는 등록될 수 있는 것으로 보인다.

하는 것이 공익상 바람직하지 않다고 볼 만한 이유도 없으므로, 그 전체로서 식별력이 있다"고 판단하였다.

도 8-1   도 8-2

(4) 우리 실무례의 문제점 및 개선방향

(가) 문제의 소재

앞서 본 사례들에서 알 수 있는 바와 같이, 특히 우리나라 법원의 판례는 입체상표를 대부분 상표법 제6조 제1항 제3호의 형상 표시 기술적 표장의 문제, 즉 식별력의 문제로 처리하는 한편, 식별력의 요건을 매우 엄격하게 보아 식별력 단계에서부터 그 등록을 부정하고 있기 때문에, 기능성 여부의 판단에까지 나아간 사례가 전혀 없다. 특허법원의 판례 중에는 입체상표의 기능적 성격에 대하여 언급한 것도 있으나 결국은 식별력의 문제로 귀착시켜 판단함으로써 기능성원리에 대한 인식 부족을 드러내고 있는 것이다.

우리 법원의 판단논리를 살펴보면, 입체상표에 의해 그 지정상품이 직감되는 경우 기술적 표장에 해당한다는 것인데, 이러한 논리에 의하면 상품 또는 상품 포장의 형태로 구성되어 있는 입체상표는 항상 그 지정상품을 수요자에게 직감하게 하므로 입체상표의 등록이란 사실상 불가능한 결과로 이어지게 된다. 이러한 부당한 결과가 나오는 것은 우리 법원이 상표법 제6조 제1항 제3호의 형상 표시 기술적 표장의 의미에 대하여 오해하고 있기 때문이라고 생각된다. 이하에서 살펴본다.

(나) 기술적 표장의 의미

우리나라 상표법 제6조 제1항 제3호는 "그 상품에 산지·품질·원재료·효능·용도·수량·형상(포장의 형상을 포함한다)·가격·생산방법·가공방법·사용방법 또는 시기를 보통으로 사용하는 방법으로 표시한 표장만으로 된 상표"는 상표등록을 받을 수 없다고 규정하고 있는데, 그 규정취지는 그와 같은 기술적 상표는 통상 상품의 유통과정에서 필요한 표시여서 누구라도 이를 사용할 필요가 있고 그 사용을 원하기 때문에 이를 특정인에게 독점배타적으로 사용하게 할 수 없다는 공익상의 요청과 이와 같은 상표를 허용할 경우에는 타인의 동종 상품과의 관계에서 식별이 어렵다는 점에 그 이유가 있는 것이다.[21] 이와 같이 기술적 표장의 등록적격을 부인하는 취지가 자타 식별력이 없다는 점(이른바 '자타상품식별력설')과 특정인에게 그 표장을 독점하도록 하는 것이 공익상 부당하다는 점(이른바 '독점적응성설') 모두에 있는 이상, 기술적 표장인지 여부를 판단함에 있어서도 이 둘을 모두 고려해야 한다.

어떤 상표가 상표법 제6조 제1항 제3호에서 정한 상품의 품질·효능·용도 등을 보통으로 사용하는 방법으로 표시한 표장만으로 된 상표에 해당하는지 여부는 그 상표가 지니고 있는 관념, 지정상품과의 관계, 거래사회의 실정 등을 감안하여 객관적으로 판단하여야 하는데,[22] 그 상표가 지정상품의 품질, 효능, 형상 등을 암시 또는 강조하는 것으로 보여진다 하더라도 전체적인 상표의 구성으로 볼 때 일반거래자나 수요자들이 지정상품의 단순한 품질, 효능, 형상 등을 표시하는 것으로

---

21) 대법원 2004. 8. 16. 선고 2002후1140 판결(공2004하, 1552), 대법원 2000. 2. 22. 선고 99후2440 판결(공2000상, 845) 등.

22) 대법원 2007. 9. 20. 선고 2007후1824 판결(공2007하, 1714), 대법원 2006. 7. 28. 선고 2005후2786 판결(미간행) 등.

인식할 수 없는 것은 이에 해당하지 아니한다.[23]

상표법 제6조 제1항은 식별력 유무의 판단시점에 관해서는 별도로 규정하고 있지 않은데, 우리 대법원은 그 판단시점을 상표등록 출원시가 아닌 등록 여부 결정시(즉, 등록결정 또는 거절결정시)로 보고 있다.[24]

(다) 입체상표에 대한 실무상 문제점 및 개선방향

상품 형태로 되어 있는 입체상표의 경우 그것을 보면 수요자들은 항상 지정상품이 무엇인지를 직감할 수 있게 된다. 상품 형태를 보고 그 상품이 무엇인지를 알 수 없는 경우라는 것은 그러한 형태로는 상품이 성립하지 못함을 의미할 뿐이기 때문이다. 따라서 앞서 살펴본 기술적 표장 일반론을 입체상표에도 형식적으로 그대로 적용하면, 입체상표는 항상 지정상품의 형상을 표시하는 기술적 표장에 해당한다는 결론에 이를 수 있고, 앞서 살펴본 바와 같이 우리 법원은 실제 이와 같은 방향으로 해석하고 있는 것으로 보인다. 그러나 이러한 해석론은 입체상표 제도를 사실상 무용하게 만드는 매우 부당한 것이라고 생각된다.

이와 관련하여 우리에게도 많은 시사점을 던져주는 외국 판례 둘이 있으므로 이를 먼저 살펴본 다음, 입체상표가 지정상품의 형상을 표시하는 기술적 표장에 해당하는지 여부를 어떻게 판단해야 하는지 살펴본다.

1) 영국의 PHILIPS 사건[25]

[사건개요] Philips Electronics사는 1939년부터 '둥근 모양의 회전날이 부착된 전기면도기'를 제작하여 왔는데, 당초에는 회전날이 하나였

---

23) 대법원 1995. 2. 10. 선고 94후1770 판결(공1995상, 1338), 대법원 1994. 10. 28. 선고 94후616 판결(공1994하, 3129), 대법원 1997. 5. 23. 선고 96후1729 판결(공1997하, 1874) 등.

24) 대법원 2004. 8. 16. 선고 2002후1140 판결(공2004하, 1552) 등.

25) 최덕철, "입체상표의 기능성에 관한 판단사례 연구", 지식재산21 63호(2000. 11.), 특허청, 169-171면을 참고하여 사건개요 및 법원의 판단을 요약하였다.

 지만, 그 회전날을 늘려 1966년에는 '3개의 회전
날로 된 전기면도기'를 도입하였고, 1985. 11. 12.
에는 영국 특허청에 그림과 같은 형태로 된[26] '3
개의 회전날이 부착된 전기면도기'의 형상에 대
하여 상표등록을 받았다. 그런데 Remington
Consumer Products사가 1995년부터 위 '3개의 회
전날 전기면도기'와 유사한 전기면도기를 제작·판매하자 Philips
Electronics사는 자신의 상표권을 침해하였다면서 소를 제기하였다. 이
에 대하여 Remington Consumer Products사는 Philips Electronics사의 상
표는 식별력이 없어 그 등록이 무효이므로 침해가 성립할 수 없다고
주장하였다.

[법원의 판단] 영국 상표법 제3조(2)에 규정된 3개의 부등록사유[27]에
해당하는지 여부를 다음과 같이 판단하였다. ①항의 그 상품 자체의
성질로부터 나타나는 형상인지 여부에 관하여는 무엇이 '그 상품 자체
(goods themselves)'인지가 쟁점이 되었는데, 만약 그 상표를 사용하는
구체적인 지정상품이라고 한다면 대개의 입체상표를 무효로 만들어 부
당하다고 하면서, 이 사건에서 '그 상품 자체'는 '3개의 회전날 전기면
도기'가 아니고 '전기면도기'이므로 이에 해당하지 않는다고 하였다.
②항의 기술적인 성과를 얻기 위해 필요한 상품의 형상인지 여부에 관
하여는, 어느 정도의 대체디자인이 있다고 하더라도 실제적으로 그 형
상이 일정한 기술적 효과를 내고 있다면 기능성이 있는 것으로 볼 수

---

26) 앞서 살펴 본 우리나라의 특허법원 2001. 3. 30. 선고 2000허2217 판결에서 문제
   된 입체상표와 비슷하다.
27) 영국 상표법은 제1조(1)에서 상품의 형상 또는 그 포장(The shape of good or
   their packaging)도 상표의 대상이 될 수 있다고 규정하는 한편, 제3조(2)에서 "①
   상품 그 자체의 성질에서 유래하는 형상, ② 기술적인 성과를 얻기 위해 필요한
   상품의 형상, ③ 상품에 실질적 가치를 부여하는 형상"은 상표등록에서 제외된다
   고 규정하고 있음은 제2장 제2절 2. 다.항에서 살펴보았다.

밖에 없는데, '3개의 회전날 전기면도기' 형상은 이와 같은 기술적 효과가 있어 이에 해당하므로, 등록이 무효로 되어야 한다고 판단하였다. ③ 그 상품에 실질적인 가치를 주는 형상인지 여부에 관하여는, Philips Electronics사가 '3개의 회전날 전기면도기' 형상의 효과성을 강조하는 광고를 한 점 등으로부터 위 형상은 제품에 실질적인 가치를 주고 있다고 볼 수 있다면서, 이 점에서도 그 등록이 무효라고 판단하였다.

[평가] 위 판결은 그 지정상품을 일반화한 상품(전기면도기)이 상품 자체이고 그 구체적인 지정상품(즉 3개의 회전날 형태로 되어 있는 것)은 상품자체가 아니라고 한 것으로, 형상을 표시하는 기술적 표장과 관련한 우리나라의 해석론에 참고할 만하다.[28) 위 판례는 이와 같이 식별력의 관문은 통과시킨 다음 기능성의 문제로 사안을 해결함으로써 논리적인 판시구조를 구축하고 있다.

2) 知財高裁 평성20(2008). 6. 30. 선고 平19 (行ケ) 10293호 판결 (앞서 살펴본 도 3-3에 관한 사건)

일본 知財高裁의 위 판결은 입체상표의 기술적 표장 여부에 대하여 판단하기를, "입체상표가 상표법 제3조 제1항 제3호의 기술적 표장에 해당하는지 여부는 해당 상품이 속하는 거래 분야의 거래실정에 기초해 그 표장이「일반적으로 사용되는 표장에 해당하는지 여부」를 판단해야 한다"고 판시하였다. 이러한 판시는, 수요자가 그 형태로부터 지정상품을 직감하는지 여부가 아니라 수요자들이 그 입체상표의 형태를 그 지정상품과 관련하여 일반적으로 사용되는 형태로 인식하는지 여부를 판단해야 한다는 의미로 이해할 수 있는데, 우리 상표법의 해석에도 그대로 적용할 수 있는 매우 중요한 판시라고 생각된다.

위 판결은 또한, 상품 등의 기능 또는 미감과 관계가 없는 특이한 형

---

28) 형상을 표시하는 기술적 표장과 관련하여, 우리 특허법원의 판례는 이와 달리 해석하고 있음을 주 8) 부분에서 보았다.

상에 한해서 자타상품의 식별력을 가진 것으로서 상품 등의 형상을 보통으로 사용하는 방법으로 표시하는 표장만으로 이루어진 상표에 해당하지 않는다고 해야 한다는 일본 특허청의 주장에 대하여는, "상품의 본래적 가치가 기능과 미감에 있는 점에 비추어 보면 이와 같은 기준을 만족시킬 수 있는 상품 형태를 예정하는 것은 대단히 곤란하고, 이와 같은 생각은 입체상표 제도의 존재 의의를 너무나 한정하는 것으로 타당하다고 말하기 어렵다"고 판시하였다. 입체상표의 본질에 대한 오해를 바로잡는 매우 타당한 판시이다.

3) 입체상표의 등록요건에 관한 바람직한 해석론

상품 또는 상품 포장의 형상을 '보통으로 사용하는 방법'으로 표시한 표장만으로 이루어진 입체상표는 통상은 상표법 제6조 제1항 제3호에 해당하여(즉, 식별력이 부족하여) 등록되지 못한다. 그러나 사용에 의한 식별력을 취득하는 경우(상표법 제6조 제2항) 또는 통상의 그 상품과 포장의 형상에 비하여 극히 특수한 형태이거나 '보통으로 사용하는 방법으로 표시한 것이라고는 말할 수 없는' 표장에 해당한다면 등록을 받을 수 있다.[29] 즉, 입체상표는 우리 상표법상 기술적 표장의 요건인 '보통으로 사용하는 방법으로 표시한 표장'이 아니면 기술적 표장에 해당하지 않는다는 점에 주목해야 한다.

상품 형태로 구성된 입체상표로부터는 필연적으로 그 상품을 직감할 수밖에 없으므로, 수요자들이 이를 지정상품으로 직감할 수 있는지 여부에 의하여 그것이 형상을 표시하는 기술적 표장인지 여부를 판단해서는 안 된다. 그것은 곧 입체상표에 대하여 항상 식별력이 없는 것으로 하여 그 등록 자체를 허용하지 않겠다는 것에 다름 아니기 때문이다.[30] 이와 달리, 입체상표의 경우는 '수요자들이 그 입체상표의 형태

---

29) 小野昌延 編(주 20), 443-444면; 網野誠(주 20), 420-421면.
30) 사용에 의한 식별력의 취득을 요건으로 등록될 여지가 있으나, '형상 표시'의 의

를 그 지정상품과 관련하여 일반적으로 사용되는 형태로 인식하는지 여부'에 의하여 기술적 표장에 해당하는지 여부를 판단해야 할 것이다. 만일 입체상표가 그 지정상품과 관련하여 일반적으로 사용되는 형태가 아니라면 그것은 '보통으로 사용하는 방법으로 표시한 표장'이 아니라고 할 수 있기 때문이다. 영국과 일본의 판례는 이와 같은 해석론을 전개하고 있음을 앞서 살펴보았다.

그리고 상품 형태는 식별력 이외에도 기능성의 관문을 통과해야 하기 때문에, 위와 같은 해석론에 의하여 우리의 현재 실무례에 비하여 입체상표의 식별력 인정을 완화한다고 하여 부당하게 상표등록이 확대될 우려는 전혀 없다. 오히려, 이러한 해석론은 유독 입체상표에 대해서만 엄격한 식별력을 요구하는 우리 실무례의 불합리를 제거할 수 있고, 전혀 별개의 문제인 식별력과 기능성의 문제를 따로따로 판단할 수 있게 되어 훨씬 논리적일 뿐만 아니라, 입체상표와 관련하여 기능성원리가 추구하는 정책목표를 제대로 투영할 수 있게 되는 많은 이점이 있다.

기능성을 식별력에 흡수하여 평가하는 우리 법원의 논리구성에 따르면, 등록 여부의 판단기준이 모호하고 정치하지 못하여 잘못된 결론에 이를 우려가 있다. 따라서 앞으로는 위와 같은 해석론을 통하여 식별력의 관문을 낮게 설정함으로써 입체상표의 도입취지를 말살시키지 않도록 하는 한편, 기능성 판단을 활성화하여 보다 더 논리적이고 합리적인 결론을 도출할 수 있도록 우리 실무를 개선해 나가야 할 것이다.

미를 위와 같이 해석하는 이상, 우리 판례의 경향에 비추어 볼 때 사용에 의한 식별력 취득을 인정받기도 매우 어려울 것이다.

나. 권리침해단계 사례 검토

(1) 개설

권리침해 단계에서는 상표권을 침해한 것으로 주장된 입체적 형상 등이 상표법 제51조 제1항 제4호의 "등록상표의 지정상품 또는 그 지정상품의 포장의 기능을 확보하는 데 불가결한 입체적 형상으로 되거나 색채 또는 색채의 조합으로 된 상표"에 해당하여 상표권의 효력이 여기에는 미치지 않는가의 관점에서 기능성원리가 문제될 수 있다. 등록상표는 입체상표가 아니라고 하더라도 침해로 주장된 상표의 실제 사용 상태가 입체적인 형태인 경우에도 똑같이 문제되므로, 이러한 유형의 사안은 실제 상당히 빈번한 편이다.

그러나 아래에서 보듯이 우리나라 판례들은 이 문제를 한결같이 침해로 주장된 입체적 형상 등이 '상표적 사용'인지 여부의 관점에서만 해결하고 있을 뿐 기능성원리의 관점에서 접근한 판례는 찾을 수가 없다. 즉, 우리 대법원은 타인의 등록상표와 유사한 표장을 이용한 경우라고 하더라도 그것이 상표의 본질적인 기능이라고 할 수 있는 출처표시를 위한 것이 아니라 순전히 디자인으로만 사용되는 등으로 상표의 사용으로 인식될 수 없는 경우에는 등록상표의 상표권을 침해한 행위로 볼 수 없다고 판시하는 한편,[31] 디자인과 상표는 배타적, 선택적인 관계에 있는 것이 아니므로 디자인이 될 수 있는 형상이나 모양이라고 하더라도 그것이 상표의 본질적인 기능이라고 할 수 있는 자타상품의 출처표시를 위하여 사용되는 것으로 볼 수 있는 경우에는 상표로서의 사용이라고 보아야 할 것이라고 판시하면서,[32] 등록상표와 유사

---

31) 대법원 2005. 11. 25. 선고 2005후810 판결(미간행).
32) 대법원 2000. 12. 22. 선고 2000후68 판결(미간행). 대법원 2000. 12. 26. 선고 98도2743 판결(공2001상, 406)도 "의장과 상표는 배타적, 선택적인 관계에 있는

한 표장이 이를 침해하였는지 여부를 '상표적 사용'인지 여부의 관점에서만 해결해 오고 있고, 하급심 판례들도 이러한 해결방식을 그대로 따르고 있는 것이다.

이러한 실무 관행은 등록단계의 사례에서와 마찬가지로 우리 법원이 아직은 기능성원리에 대하여 제대로 인식하지 못하고 있기 때문일 것인데, 뒤에서 보듯이 이에 따른 논리구성상의 문제점이 발견되므로 바람직하지 않다. 또한, 우리 대법원은 '디자인적 사용'을 '상표적 사용'과 대립되는 개념으로 설정해 놓은 다음, 순전히 디자인적으로만 사용되었다는 것을 상표적인 사용이 아님을 추론하는 근거로 파악하고 있는데, 이 역시 정확하지 않은 개념 설정으로 문제점을 안고 있다. 아래에서 자세히 살펴본다.

(2) 구체적인 판례

① 대법원 1997. 1. 20. 선고 96도1424 판결(공1997상, 830): 피고인이 사용하였다는 이 사건 등록상표들과 유사한 표장이라는 것은 동물의 머리 모습을 한 봉제완구들에 디자인으로 표현된 것임을 알 수 있어 그것이 출처표시를 위한 것이라고 단정하기 어렵다.

② 대법원 2004. 10. 28. 선고 2003후2027 판결(공2004하, 1973): 원고의 사용표장은 일명 '쌍학침대'로 불리는 침대의 머리 장식판 양쪽을 장식하고 있는 것인데, 이 사건 등록상표의 출원일 이전부터 사임당가구가 이 사건 등록상표와 동일한 표장을 침대의 머리판이나 탁자의 장식으로 사용하여 오면서 이 문양을 사용한 가구를 '쌍학침대'와 같은 이름으로 불러 왔고, 이와 마찬가지로 침대의 머리판 장식의 쌍학문양이 위치하는 곳에 원앙을 새겨 넣은 침대는 '원앙침대'로 불러 왔는데,

---

것이 아니므로 의장이 될 수 있는 형상이나 모양이라고 하더라도 그것이 상표의 본질적인 기능이라고 할 수 있는 자타상품의 출처표시를 위하여 사용되는 것으로 볼 수 있는 경우에는 위 사용은 상표로서의 사용이라고 보아야 할 것이다"고 판시하였다.

사임당가구 이외의 다른 가구업체들도 '쌍학침대'라는 이름으로 이 사건 등록상표와 동일한 문양으로 장식한 침대를 제조, 판매하여 온 사실, 원고의 사용표장은 이 사건 등록상표의 상표권자가 독창적으로 창작한 것이 아니라 조선시대에 가구에 장식으로 사용되던 쌍학문을 거의 그대로 복원한 것이고, 나전칠기 등 전통가구에 학이나 거북, 대나무, 매화 등과 같은 자연물을 장식으로 널리 사용하고 있는 사실이 인정되고, 침대의 머리판 장식에 새겨진 문양이 상품출처로서의 기능을 전혀 하지 않는다고 단정할 수는 없지만, 가구를 생산, 판매하는 업체들은 대부분 자신의 상호를 상표로서 사용하면서 필요한 경우 별도로 가구에 상표를 부착하고 있을 뿐, 가구에 새겨진 문양 그 자체를 상품출처로 사용하는 경우가 드물고, 그에 따라 특단의 사정이 없는 한 거래자나 일반인들이 가구에 새겨진 문양을 그 상품의 출처표시로서 인식하기는 어렵다고 보이므로, 침대의 머리판 장식에 새겨진 원고의 사용표장은 상품의 출처를 표시하는 것으로 사용된 것이라고 할 수 없다.

③ 대법원 2005. 11. 25. 선고 2005후810 판결(미간행): 어떤 상표가 특별현저성을 가진 상표인지 여부는 그 상표가 지니고 있는 관념, 지정상품과의 관계 및 거래사회의 실정 등을 감안하여 객관적으로 결정하여야 하므로, 등록상표의 도형부분이 자연물의 사진이거나 사진과 동일할 정도로 사실적으로 묘사되어 있다고 하여 그 지정상품과 관계없이 자타상품의 출처표시기능이 없다고 단정할 만한 아무런 근거가 없으므로, 원심이 그 판시와 같은 이유로 이 사건 등록상표의 도형부분을 확인대상표장과의 대비대상에서 제외한 것은 잘못이라고 할 것이다. 그러나 타인의 등록상표와 유사한 표장을 이용한 경우라고 하더라도 그것이 상표의 본질적인 기능이라고 할 수 있는 출처표시를 위한 것이 아니라 순전히 디자인적으로만 사용되는 등으로 상표의 사용으로 인식될 수 없는 경우에는 등록상표의 상표권을 침해한 행위로 볼 수 없다 할 것인바, 통상 접

시 등의 그릇의 앞면 내지 표면의 무늬나 장식으로 각종 꽃이나 과일 등의 문양이 사실적으로 묘사된 도형이 사용되는 경우가 많고, 이러한 상품의 수요자들은 접시 등을 구입함에 있어서 물건 자체의 형상과 모양뿐만 아니라 접시에 표현되어 있는 이러한 장식 등의 미적인 가치를 평가하여 상품을 선택·구입하며, 접시 등을 생산·판매하는 자들도 그 제조업체를 그릇의 뒷면에 별도로 표시하는 것이 일반적이라고 할 것이므로, 위와 같이 접시 등의 제품에 표현된 도형은 특별한 사정이 없는 한 기본적으로 그릇의 일면을 이루는 디자인이나 장식용 디자인에 불과할 뿐 상품 출처를 표시하기 위하여 사용되는 표장은 아니라고 봄이 상당하다.

④ 특허법원 2001. 7. 12. 선고 2000허7403 판결(상고부제기로 확정)(미간행): 가죽가방, 가죽지갑의 겉부분에 아래와 같은 사용상표 외에는 그 제품의 출처를 표시할 만한 아무런 문자나 도형이 표시되어 있지 않은 점, 최근 들어 특정한 로고 형태의 상표를 여러 종류의 가방이나 지갑 등의 외부에 부착하는 경향이 많고, 다른 특별한 상표가 부착되지 않은 가죽제품의 경우에 있어서는 이와 같은 형태로 부착된 상표가 디자인적인 기능을 할 수도 있지만 동일한 로고가 여러 형상과 모양의 제품에 사용된 결과 일반인들에게는 상품의 출처 표시로서의 기능도 함께 하게 되는 점을 종합하면, 사용상표 <도 1> 및 <도 2>가 단순히 디자인적으로만 사용된 것이 아니라 상표로 사용되었다고 봄이 상당하므로, 등록상표 <도 3>의 권리범위에 속한다.

도 1   도 2   도 3

⑤ 특허법원 2002. 6. 27. 선고 2002허1973
판결(상고기각으로 확정)(미간행): 사용상표<도
1>의 사용상품인 장롱과 같은 가구에 있어서 문
손잡이에 사용되는 무늬나 모양은 가구 전체의
디자인이나 장식무늬 등과의 조화를 고려하여
결정되는 디자인적인 요소라고 할 수 있을 뿐이
고, 나아가 장롱 등의 상품의 특성상 문손잡이

도 1   도 2

의 문양 자체가 당해 상품의 출처를 표시하기 위한 목적으로 사용되는
것이 일반적이라고 할 만한 아무런 근거가 없으며, 그밖에 원고가 제출
한 증거만으로는 장롱과 같은 가구의 수요자나 거래자들이 문짝 손잡
이의 문양으로 상품의 출처를 식별하는 것이 거래계의 현실이라고 인
정하기 부족하므로, 이 사건 등록상표<도 2>의 권리범위에 속하지 않
는다.

⑥ 특허법원 2008. 9. 5. 선고 2008허5755 판결(상고부제기로 확정)
(미간행)[33]: 타인의 등록상표와 유사한 표장을 이용한 경우라고 하더라
도 그것이 상표의 본질적인 기능이라고 할 수 있는 출처 표시를 위한
것이 아니라 순전히 디자인으로만 사용되는 등으로 상표의 사용으로
인식될 수 없는 경우에는 등록상표의 권리범위에 속하지 않는다 할 것
이고, 그것이 상표로서 사용되고 있는지의 여부를 판단하기 위해서는,
상품과의 관계, 당해 표장의 사용태양(즉, 상품 등에 표시된 위치, 크기
등), 등록상표의 주지·저명성, 그리고 사용자의 의도와 사용경위 등을
종합하여 실제 거래계에서 그 표시된 표장이 상품의 식별표지로서 사

---

33) 이 사안과 관련하여서는 침해소송도 있는데, 서울중앙지법 2009. 11. 5. 선고
   2007가합83132 판결(미간행)은 원고(포트메리온)의 청구를 기각하였고, 원고가
   이에 대하여 항소하였으나 서울고등법원 2010. 6. 23. 선고 2009나117425 판결
   (미간행) 역시 원고 항소를 기각하였으며, 이에 대하여 원고가 상고하여 이 글
   작성 당시 대법원 2010다58261 사건으로 계류중이다.

용되고 있는지 여부를 종합하여 판단하여야 한다. 오래 전부터 그릇류의 상품을 생산·판매하는 많은 사람들이 자신의 상품 앞면 내지 표면의 무늬나 장식으로 꽃이나 나무, 동물 등의 도형을 사용함으로써 이를 접하는 일반수요자의 미감을 자극하여 상품의 구매를 유도해 왔고, 그릇의 생산·판매업자들은 그 출처표시를 그릇의 밑바닥에 별도로 하는 것이 일반적이라 할 것이므로, 앞면이나 표면에 꽃무늬 도형이 사용된 그릇류의 상품을 접하는 수요자들은 이를 디자인으로 인식하지 그 출처를 표시하는 상표로 인식하지 않을 것이고, 확인대상표장이 사용된 그릇의 밑바닥에 별도로 출처표시가 되어 있는 점 등에 비추어 볼 때, 확인대상표장 <도 1>이 상표적으로 사용된 것이라고 볼 수 없어, 등록상표인 <도 2>의 권리범위에 속하지 않는다.

도 1   도 2

⑦ 특허법원 2007. 8. 16. 선고 2007허1657 판결(상고부제기로 확정)[각공2007.10.10.(50), 2251][34]: 포트메리온 제품의 접시 등 그릇류 제품에서 나뭇잎 모양의 테두리와 테두리 안의 꽃과 나비 등의 모양을 사실적으로 묘사하여 자타상품의 출처표시를 위하여 사용되고 있고, 그러한 출처표시가 국내 수요자나 거래자들에게 상당한 정도 알려져 있는 것으로 보아서, 피고가 비록 접시 등 그릇류 제품의 뒷면에 출처

---

34) 위의 ⑥ 판례에서와 유사한 사안에 대하여 '상표적 사용' 여부에 관한 결론을 다르게 내린 것이다. 다만, 이들 상표가 유사하지 않다고 하여 그 권리범위에 속하지 않는다고 판단하였다.

표시를 별도로 하고 나뭇잎 모양의 테두리와 꽃 등
의 표장이 그릇류 제품의 디자인으로서의 기능이 일
부 있다 하더라도, 한편으로는 나뭇잎 모양의 테두
리와 꽃 등의 표장이 자타상품의 출처표시를 위한
기능을 하고 있으므로 확인대상표장인 <도 1>이 상
표적으로 사용되었다고 할 것이다.[35]

도 1

(3) 검토

(가) 우리나라 판례의 문제점

앞서 본 바와 같이, 우리나라 판례들은 입체적 형상 등의 사용으로
인하여 등록상표를 침해했는지 여부가 문제되는 사안들에서 침해로 주
장된 형상의 사용이 '디자인적 사용'에 불과한지, 아니면 '상표적 사용'
에 해당하는지 여부의 관점에서 문제를 해결하고 있다. 이러한 해결은,
사용행위가 아예 상표적 사용에 해당하지도 않는 경우에는 수요자들이
그 행위로부터 오인, 혼동을 할 우려가 없다는 측면에서 그 논리구성을
전혀 이해할 수 없는 것은 아니다. 그러나 이러한 접근은 아래와 같은
문제점이 있는 것으로 보인다.

첫째, 대법원의 판시대로 디자인과 상표는 상호 배타적, 선택적인 것
이 아니므로, 순수한 디자인적인 사용이라고 하여도 반드시 그것이 상
표적 사용이 될 수 없는 것은 아니므로, 순수한 디자인적 사용이라는

---

35) 한편, 대법원 2009. 5. 14. 선고 2009후665 판결(미간행)
에서는 등록상표 <도 1>의 불사용취소 여부가 문제되
었는데, 상표권자가 "도 2"와 같은 형태로 접시에 표시
한 것은 상표적 사용에 해당한다고 판시하였다(다만,
이 판결은 실사용상표의 둥근 띠 부분의 형상이 등록상
표와 동일하지 않아 등록상표를 사용한 것으로는 볼 수 없다고 판시함).

도 1　　　도 2

표현을 상표적 사용과 대립된 개념으로 설정하여 설명하는 것은 바람직하지 않다는 것이다. 이와 같은 상표와 디자인의 대립관계 구조의 설시를 피하기 위해서는 앞으로 '순수한 디자인적 사용'이라는 용어 대신에 '단순한 장식적(merely ornamental) 사용'이라는 용어로 바꾸어 사용할 필요가 있고, 상표적 사용 여부를 판단함에 있어서도 그것이 식별력을 가지는 것인지 여부의 관점에서 독자적으로 상표적 사용 여부를 판단해야지, 만연히 '디자인적 사용'이라는 표현만으로 '상표적 사용'이 아님을 판단해서는 안 될 것이다.

둘째, 식별력이 있어 상표등록이 된 등록상표와 동일, 유사한 표장을 동일, 유사한 지정상품에 사용하고 있음에도 불구하고, 이러한 사용행위가 그 등록상표의 권리범위에 속하지 않는다는 근거를 '상표적 사용'이 아니라는 데서 찾는 것은 매우 어색하다는 점이다. 만일 위의 경우 등록상표권자가 동일한 행위를 하였다면 이 역시 '상표적 사용'으로 보지 않을 것인가? 그렇다면, 등록상표권자는 상표를 등록해 놓고서도 그것에 대한 상표적 사용행위 자체를 할 수 없다는 것인가? 만일 그렇지 않다고 한다면, 등록상표권자의 행위와 제3자의 행위의 성격을 구분할 수 있는 근거와 기준은 무엇인가? 하는 의문들이 생긴다. 위 판례들이 판시한 사안의 실제를 보더라도, 우리 상표 침해 실무에서 이러한 경우 수요자들에게 오인, 혼동이 발생할 우려가 없다고 판단하는 것은 불합리해 보인다.

셋째는, 사용행위가 '상표적 사용'인지 여부를 판단하는 기준이나 그 적용이 적절하지 않다는 것이다. 판례가 그 판단요소로 고려하고 있는 등록상표의 주지·저명성, 사용자의 의도, 사용경위 등은, 상표적 사용이라고 하기 위해서는 자타상품을 식별하는 기능이 있는 것으로 족하고 그에 대한 침해행위의 성립에 있어서 고의는 전혀 필요하지 않다는 점을 참작할 때, 상표적 사용인지 여부를 판단하는 기준으로서 부적절하다는 생각이다. 또한, 상품과의 관계, 당해 표장의 사용태양(즉, 상품 등에 표시된 위치, 크기 등)은 상표적 사용행위를 판단하는 일 기준이 될 수는 있겠으나, 이 경우는 그 표시가 눈에 띄지 않을 정도의 것이어서 수요자가 이를 인식할 수 없거나 그것이 상품의 용도나 내용을 설명하는 것일 뿐 자타상품을 식별하는 것이 아닌 경우에 한하여 상표적 사용을 부정할 수 있을 것이므로, 앞서 검토한 판례들에서 문제된 사안들 중 상당수는 이러한 기준에 의하더라도 상표적 사용을 부정하기는 어려울 것임에도[36] 상표적 사용이 부정되었다는 점에서 기준의 적용에도 문제가 있는 것이다.

(나) 판례 태도 변경의 제안

위에서 검토한 바와 같은 우리나라 판례의 태도는, 우리 상표법에 기능성원리에 대한 규정이 도입되지도 않았고 미국, 일본 등에서는 일반화되어 있는 기능성원리 이론이 우리나라에 제대로 소개되지도 않았던 환경 아래에서, 구체적인 사안에서 타당한 결론을 도출하기 위한 부득이한 논리구성이었다고 생각된다.

그러나 우리 상표법에 기능성원리 관련 규정이 입법되어 있고, 앞서 검토한 바와 같이 혼동초래 부정경쟁행위와 관련하여서도 이를 그대로 적용함이 바람직한 현재에는, 논리적인 문제점이 있는 위와 같은 해결방법을 더 이상 고수할 아무런 이유가 없다. 즉, 위에서 본 판례 사안들에서 상표권 침해가 성립하는지 여부는, 침해로 주장되는 상표가 상표법 제51조 제1항 제4호의 '등록상표의 지정상품 또는 그 지정상품의 포장의 기능을 확보하는데 불가결한 입체적 형상'에 해당하여 상표권의 효력이 미치지 않는지 여부에 의하여 해결되어야 할 것이다. 그 판

---

36) 위에서 검토한 7개의 사안들에서는 모두 '상표적 사용' 자체는 긍정되어야 할 것으로 생각된다.

단에는 앞서 검토한 '기능성(functionality)'의 판단기준, 즉 '그 입체적 형상이 상품의 사용 또는 목적에 필수불가결하거나 또는 그 형상의 배타적인 사용이 경쟁자를 명성과 관련되지 않은 중대한 불이익을 받도록 하는지' 여부를 적용하면 된다.

예를 들어, 앞서 본 대법원 2004. 10. 28. 선고 2003후2027 판결에서 문제된 사안은 기능성원리에 의하여 해결되었어야 할 대표적인 경우라고 할 수 있다. 즉, 위 사안에서는 '조선시대에 가구에 장식으로 사용되던 쌍학문'의 배타적인 사용이 경쟁자를 명성과 관련되지 않은 중대한 불이익을 받도록 하는지 여부를 판단기준으로 적용하여[37] 그 문양이 기능적인지 여부의 관점에서 사안을 해결하였다면 논리적이고 명쾌한 결론 도출이 가능하였을 것이다. 위 판단기준을 적용해 보면, 위 판례의 설시에서와 같이 나전칠기 등 전통가구에 학이나 거북, 대나무, 매화 등과 같은 자연물이 장식으로 널리 사용되고 있는 이상, 만일 '쌍학문'을 배타적으로 사용하게 한다면 경쟁자는 전통가구 제조에 있어서 명성과 관련되지 않은 중대한 불이익을 받게 될 것이므로, 그 문양은 '기능적'이라고 판단되어야 한다. 그런데도 위 판례는 기능성원리에 대한 인식 부족으로, '상표적 사용' 여부라는 개념에 의해서만 사안을 해결하려다 보니, 문제된 '쌍학문' 형상의 식별력이 어느 정도 있음은 인정하면서도 이를 상표적인 사용으로는 인정하지 않는 논리적인 모순을 보이고 있는 것이다.

한편, 앞서 본 사안들에서 판례가 디자인적 사용이라는 표현을 하면서 상표적 사용행위를 부정하는 근저에는 심미적 기능성을 주장하는 견해와 유사한 생각이 내재되어 있는 것은 아닌가 생각해 본다. 아예 상표에 의한 보호에서 벗어나는 '디자인적 사용'이라는 표현의 의미는,

---

37) 그 판단에는 위 쌍학문에 대하여 전통가구를 표현하는 대체적인 디자인이 존재하는지 여부 등이 고려될 수 있을 것이다.

그러한 디자인 형상은 심미적으로 기능하는 것일 뿐이므로 이에 대해 상표로 보호할 수 없다는 의미로 이해할 수도 있기 때문이다. 흥미로운 것은 심미적 기능성 이론을 채택한 미국 제9연방항소법원의 대표적인 판결인 Pagliero 판결에서 문제되었던 것도 접시에 그려진 꽃무늬 디자인이었다는 것이다.[38] 이와 같은 사고가 우리 법원의 판례들의 밑바탕에 깔려 있는 것이라면, 우리 법원도 이제는 이러한 사고를 체계화하여 기능성원리에 관한 판시를 적극적으로 낼 필요성이 있는 것이다.

2. 혼동초래 부정경쟁행위 관련 사례 검토

가. 개관

혼동초래 부정경쟁행위와 관련하여 기능성원리를 문제삼은 우리 법원의 판례는 매우 미미한데, 이러한 판례들에 대해서는 이 장 제3절 3. 나.(3)항에서 이미 살펴보았다. 아래에서 살펴보는 판례들은 이와 달리, 우리 대법원이 상품 형태 또는 상품 포장의 형태에 대하여 설시한 엄격한 표지성(標識性)의 요건만을 적용하여 사안을 해결한 것들로서 기능성의 문제에 대해서는 전혀 언급하고 있지 않다. 그러나 이러한 판례들의 경우에도 그 사안의 내면을 들여다보면, 기능성원리를 직접 적용한 것과 논리구성에서는 차이를 보이지만, 우리 법원이 그 결론을 도출

---

38) Pagliero 판결은 이러한 디자인은 실용적인 기능성이 있는 것은 아니나 심미적인 기능성이 있으므로 상표 보호의 대상이 될 수 없다고 판단하였다. 이 판례에 대해서는 많은 비판이 제기되고 있음은 심미적 기능성에 대하여 논하면서 살펴본 바 있고, 우리나라에서 심미적 기능성 개념의 채택이 불필요한 이유에 대해서도 앞서 상세히 살펴보았다. 따라서 이러한 사건의 경우 문제되는 기능성의 구체적인 종류가 무엇인지는 굳이 따질 필요 없이, 앞서 살펴본 기능성 판단기준에 의하여 그것이 기능적인지 여부를 살펴보면 족하다.

하는 과정에서 기능성원리가 추구하는 것과 유사한 정책목표를 달성하기 위하여 고심한 흔적을 엿볼 수 있다. 반면, 이러한 판례들을 분석해보면, 우리 법원이 기능성원리를 인식하지 못한 데서 오는 논리구성의 한계 역시 쉽게 발견할 수 있다.

상품 포장이나 용기의 형태에 관한 판례와 상품 자체의 형태에 관한 판례로 나누어 차례로 검토해 본다.

나. 상품 포장·용기의 형태에 관한 판례

(1) 부정경쟁행위 성립 긍정례

① 대법원 2001. 4. 10. 선고 98도2250 판결[집49(1)형, 773; 공2001상, 1167]: "피해자는 식품포장용 랩(WRAP)을 좌우가 긴 직육면체의 상자 모양의 포장용기에 넣어 판매하여 왔는데, 장기간 계속적, 독점적, 배타적으로 사용되고 또 지속적인 선전광고 등에 의하여 위 포장용기에 표기된 '크린랩' 또는 'CLEAN WRAP'의 문자부분은 물론 도형, 색상, 기타 외관에 나타난 차별적 특징이, 피고인이 그 상품표지를 사용하여 식품포장용 랩을 제조·판매할 당시인 1994. 1.경 이미 국내의 일반 수요자들에게 특정한 품질을 가지는 특정 출처의 상품임을 연상시킬 정도로 개별화되기에 이르러 자타상품의 식별기능을 가지게 되었다고 보이므로, 피해자의 포장용기의 문자, 도형 등의 구성은 부정경쟁방지법 제2조 제1항 가목 소정의 '타인의 상품임을 표시하는 표지(標識)'에 해당된다"고 하여 상품주체혼동행위의 성립을 긍정한 사례이다.

위 판례는 포장용기의 외관이 기능적인지 여부까지는 살피지 않았는데, '좌우가 긴 직육면체의 상자 모양' 자체는 기능적이라고 할 수 있겠지만, 그에 부가된 문자, 도형, 색채 등의 조합은 기능적이라고 할 수 없으므로, 이러한 비기능적인 부분에 한해서는 상품주체혼동행위에 의한 보호가 가능할 것이다.[39] 바로 뒤의 사안 역시 마찬가지이다.

② 대법원 2004. 11. 11. 선고 2002다18152 판결(미간행): "이 사건 카스용기가 국내에 널리 인식된 상품표지에 해당하는지 여부는 상품의 출처를 표시하는데 기여하고 있는 요소 전부를 실제로 사용되는 상태로 하여 참작하여야 할 것인바, 이 사건 카스용기의 전면에는 'Cass' 상표를 포함하여 문자, 도형, 색채, 바탕 무늬 등이 함께 표시되어 있고, 이 사건 카스용기 등을 이용하여 판매하는 맥주제품에 관한 선전광고 및 수상 내역 등을 종합하면, 피고가 이 사건 음료를 판매할 당시인 1999. 6.경 이 사건 카스용기의 전면에서 중심적 식별력을 갖는 'Cass' 상표를 포함한 문자, 도형, 색채 등 여러 요소가 결합한 전체적 외양은 일체성을 이루며 국내의 일반 수요자들에게 특정 출처의 상품임을 연상시킬 정도로 개별화되기에 이르러 자타상품의 식별기능을 가지게 되었다고 보이므로, 이 사건 카스용기의 전면에 있는 문자, 도형, 색채 등이 결합한 구성은 일체로서 부정경쟁방지법 제2조 제1항 가목에 정한 '타인의 상품임을 표시한 표지(標識)'에 해당한다"고 판시하였다.

(2) 부정경쟁행위 성립 부정례

① 대법원 2001. 9. 14. 선고 99도691 판결(공2001하, 2287): 등록상표인 "보디가드"나 "제임스딘"이 내의제품에 관하여 국내에 널리 인식되어 있다고 할지라도, 위 상표가 표시된 상품포장 용기에 대하여 상품표지로서의 주지성을 인정하기 어렵다는 이유로, 그와 유사한 상품포장 용기를 사용하여 상품을 제조·판매한 행위가 부정경쟁행위에 해당

---

39) 상표법에 관해서도 마찬가지이다[주 20) 부분 참조].

한다고 볼 수 없다고 한 사례이다.

앞서 본 판례들에 비추어 좀 더 정치하게 논리분석을 해보면, 상품 포장의 문자 부분은 식별력이 있지만, 그 포장의 형태 자체는 식별력도 없고 기능적인 것이므로, 이러한 포장 자체에 대해서는 상품주체혼동 행위에 의하여 보호될 수 없다는 것이다.

② 대법원 2001. 2. 23. 선고 98다63674 판결(공2001상, 723): 'LEGO' 완구의 포장용기의 형태나 구조 및 크기, 또는 포장용기에 그려진 그림 의 소재와 형상 및 색상, 배경의 모양과 색상 등이 거래자 또는 수요자 에게 특정한 품질을 가지는 특정 출처의 상품임을 연상시킬 정도로 개 별화된 차별적 특징에 해당하고 나아가 그러한 차별적 특징이 거래자 들이나 수요자들에게 널리 인식된 것이라고 쉽사리 단정하기 어렵다고 한 사례이다.

(3) 하급심 판례[40]

서울남부지법 2001. 9. 22.자 2001카합1477 결정(미간행), 서울서부 지법 2004. 4. 12.자 2003카합2068 결정(미간행)에서는 '롯데 자일리톨 껌'의 포장 또는 용기의 상품 표지성(標識性)을 긍정한 바 있다.

반면, '오리온 초코파이'의 포장상자 및 포장지[서울중앙지법 2000. 8. 18.자 2000카합1130 결정(미간행)], '콘'의 포장지[서울고등법원 2006. 3. 31.자 2005라845 결정(미간행) 및 서울서부지법 2005. 10. 16.자 2005카합1369 결정(미간행)], '메로나'의 포장[서울중앙지법 2005. 11. 23.자 2005카합3067 결정(미간행)], '요맘때'의 포장[서울중앙지법 2005. 11. 23.자 2005카합3068 결정(미간행)] 등의 상품 표지성(標識性) 은 부정된 바 있다.

---

40) 사건의 최종심이었던 사건들만 검토한다.

앞서의 대법원 판례들에 대하여 분석한 것과 같은 논리로 이들 하급심 판례들을 분석하면 된다. 포장지 중 식별력이 있는 문자(예를 들어 '오리온', '롯데' 등) 등을 포함한 포장지 전체의 조합에 대하여는 그 표지성(標識性)을 부정할 수 없을 것이다.[41] 그러나 포장지 형태(그 위에 부가된 도형, 색채 등 포함)의 경우에는[42] 그 외관, 광고 및 판매량 등 구체적인 사정에 따라 그 사용상품과의 관계에서 식별력이 있어 표지성이 긍정되는 경우도 있고 식별력이 없어 표지성이 부정되는 경우도 있을 것이다. 그리고 식별력이 있다고 하더라도, 그러한 포장지 형태를 경쟁자들이 사용할 경쟁상의 필요가 있다고 인정된다면 기능적인 것이라는 이유로 여전히 표지성(標識性)이 부정되어야 한다.

다. 상품 형태 자체에 관한 판례

(1) 부정경쟁행위 성립 긍정례

① 대법원 2002. 2. 8. 선고 2000다67839 판결(공2002상, 657): 과일 문양이 새겨진 '포모나' 도자기그릇 세트는 관련 수요자와 거래자에게 널리 알려져 있으며 그 과일문양은 그 모양, 색채, 위치 및 배열에서 다른 업체의 문양과 차별성이 인정되므로, 그 과일문양은 국내에 널리 알려져 있는 '포모나' 도자기그릇 세트의 출처를 표시하는 표지에 해당한다고 하면서, 이와 동일하거나 극히 유사한 도자기그릇 세트의 제조·판매행위는 상품주체혼동행위에 해당한다고 판시하였다.

앞서 상표법에 관한 판례에서 검토한 '포트메리온' 사안과 그 내용이

---

41) 주 20) 부분 참조.
42) 실제 사안에서는, '오리온', '롯데' 등 식별력이 있는 문자 부분은 모방하지 않고 그 포장에 나타난 도형, 색채 등을 비슷하게 함으로써 전체적인 외관이나 느낌을 유사하게 한 경우 부정경쟁행위의 성립 여부가 문제될 것이다.

유사하다. 접시에 표시되어 있는 과일 문양 등에 대하여 식별력을 인정
한 후, 나아가서 '대체가능한 디자인의 존부' 등을 고려하여 그 기능성
여부까지는 판단하지 않은 점이 아쉽다. 이러한 종류의 사안을 간략히
분석하면, 도자기 또는 그릇 위에 새겨진 문양이 그 상품의 사용 또는
목적에 필수불가결한 것은 아니고, 대체가능한 디자인이 얼마든지 있
어 그 배타적 사용이 경쟁사를 명성과 관련되지 않은 중대한 불이익을
받도록 하지도 않을 것이므로, 그러한 문양은 '기능적'이지 않아 상표
에 의한 보호가 주어져야 할 것이다. 이와 유사한 사안인 Pagliero 사건
에서 미국 제9연방항소법원이 접시의 꽃무늬 모양에 대하여 심미적 기
능성 개념을 동원하여 '기능적'이라는 이유로 상표에 의한 보호를 거부
한 데 대하여 수많은 비판이 있음은 앞서 검토하였다. 따라서 위 판결
이 기능성 여부에 대해서는 나아가 판단하지 않았어도 그 결론에서는
타당하다고 할 수 있다.

② 대법원 2002. 10. 25. 선고 2001다59965 판결(공2002하, 2828):
'공기분사기'의 형태가 주지의 상품표지(商品標識)에 해당된다고 보아
그 공기분사기와 거의 동일한 형태의 공기분사기를 제조·판매하는 행
위가 상품주체혼동행위에 해당한다고 한 사례이다.

앞서의 판례와 마찬가지로 '공기분사기'의 형태의 기능성 여부를 분
석하지 않았다는 점에서 문제가 있다. 그 정확한 형태나 사실관계를 알
기 어려우나, 앞서 본 기능성 판단기준에 의할 때 경우에 따라서는 그
형태가 '공기분사기' 상품의 사용 또는 목적에 필수불가결한 것이어서
기능적이라고 판단될 소지도 있어 보인다.

(2) 부정경쟁행위 성립 부정례

① 대법원 1994. 12. 2. 선고 94도1947 판결(공1995상, 526): 이 사건
완구(그네와 볼링세트)의 판매기간(1988년부터 1993년까지), 판매수량

(2만 6천여 개), 선전광고의 방법(위 제품만 특정하여 광고한 것이 아니라 수십 종의 자사 제품들을 함께 광고함) 등과 그 당시 이 사건 완구와 유사한 형태의 상품들이 경쟁적으로 판매되고 있었던 사정을 종합적으로 검토하여, 이 사건 완구의 형태가 수요자들에게 상품의 출처표시로서 개별화된 것으로 인식될 정도로 주지성을 획득하지 못하였다고 한 사례이다.

"노래하는 거북이" 완구 형태에 관하여 기능성을 부정하면서 표지성을 인정하여 상품주체혼동행위의 성립을 긍정한 대법원 2003. 11. 27. 선고 2001다83890 판결(미간행)과 비교되는 판결이다.

② 대법원 1996. 11. 26. 선고 96도2295 판결(공1997상, 147): 인쇄회로기판 제작에 사용되는 기계인 '전자부품 삽입기'와 '삽입 순서 제어기'의 형태가 국내 수요자들에게 상품의 출처표시로서 현저하게 개별화될 정도로 주지성을 취득하였다고 볼 수 없다고 한 사례(국내에서 5, 6년에 걸쳐 100대 가량 판매됨)이다.

그 형태를 정확히 알기 어려우나, 위 상품 형태는 상품의 사용 또는 목적에 필수불가결한 것이어서 기능적이라고 판단될 여지가 많을 것이다.

③ 대법원 1997. 4. 24.자 96마675 결정(공1997상, 1551): 낫소 축구공의 표면에 사용된 도안은 부정경쟁방지법으로 보호될 수 있는 국내에 주지된 표지라 할 수 없다는 취지의 판례이다.

주지성을 인정할 수 없다고 판시한 것인데, 그 도안이 축구공에 흔한 형태가 아니라면 식별력을 긍정할 수 있고, 특별히 축구공을 제조하면서 반드시 채택되어야 하는 것이 아니라면 기능성을 부정할 수 있을 것이다.

④ 대법원 2001. 10. 12. 선고 2001다44925 판결(공2001하, 2461): '진공청소기'의 납작한 원통형 내지 밥통형 모양의 전체적인 형태와 그 본체에서 더스트 콘테이너(dust container)를 분리한 후의 고깔 형태의

속모양이 특정 회사의 상품임을 표시하는 표지로서 국내에 널리 인식되어 있다고 인정하기 어렵고, 다른 외국회사 제품들인 납작한 원통형 내지 밥통형 모양의 가정용 진공청소기가 국내에 수입·판매되는 실태에 비추어 보면 위 진공청소기의 형태에 자타상품의 식별력 있는 차별적 특징이 있다고 보기도 어렵다고 한 사례이다.

⑤ 대법원 1996. 11. 27. 선고 96마365 결정[집44(2)민, 320; 공1997상, 72]: 3년간 7,523개가 판매된 '토너 카트리지'(레이저 프린터의 구성부품 중 흑연가루인 토너를 담은 용기)의 형태가 수요자들에게 상품표지로서 주지성을 획득하였음을 인정할 수 없다고 한 사례이다.

⑥ 대법원 2002. 6. 14. 선고 2002다11410 판결(미간행): '야채절단기'가 전체적인 형태에 있어 다른 야채절단기와 구별되는 특징을 지니고 있지만, 야채절단기의 형태가 갖는 특징이 거래자나 수요자에게 특정한 품질을 가지는 특정 출처의 상품임을 연상시킬 정도로 현저하게 개별화되었다고 인정할 만한 증거가 부족하다고 한 사례이다.

전체적인 형태에서 다른 야채절단기와 구별되는 특징을 지니고 있다면,[43] 앞서 검토한 기능성 판단기준에 따라 기능성 여부를 판단하여 상품주체혼동행위의 성립 여부를 판단했어야지, 만연히 "특정 출처의 상품임을 연상시킬 정도로 현저하게 개별화되었다고 볼 수 없다"는 대법원 판례의 엄격한 식별력 요건에 의하여 그 성립 여부를 판단할 것은 아니라고 생각한다.

라. 우리나라 판례의 종합 분석

이상에서 살펴본 바와 같이, 상품 또는 상품 포장의 형태에 대한 혼동초래 부정경쟁행위의 성립 여부에 관한 우리 법원의 태도는, 대법원

---

43) 물론 주지성의 요건도 충족해야 한다.

이 설시한 엄격한 식별력의 기준, 즉 "형태가 갖는 특징이 거래자나 수요자에게 특정한 품질을 가지는 특정 출처의 상품임을 연상시킬 정도로 현저하게 개별화되었는지 여부"에만 중점을 두어 사안을 해결하고 있다. 그런데 대체적으로 사안의 결론은 타당해 보이는바, 이는 위 엄격한 기준에 의하여 기능성원리가 추구하는 정책적인 문제까지 어느 정도 고려하여 사안을 해결하고 있기 때문으로 생각한다. 그러나 이러한 판례의 태도에는 아래와 같은 문제점이 있다.

첫째는, 이와 같은 태도에 의하면, 상품 또는 상품 포장의 형태의 식별력 및 주지성을 인정하는 경우 곧바로 혼동초래 부정경쟁행위에 의한 보호를 해야 한다는 결과로 이어지게 되기 때문에, 식별력이나 주지성의 인정에 매우 소극적일 수밖에 없을 것이다.[44] 이와 같이 상품 또는 상품 포장의 형태에 대해서 특별히 주지성을 엄격하게 해석할 아무런 논리적 근거는 없다는 점에서 이러한 해석은 바람직하지 않은 것이다. 앞서 살펴본 대법원 1997. 4. 24.자 96마675 결정, 대법원 2001. 10. 12. 선고 2001다44925 판결, 대법원 2002. 6. 14. 선고 2002다11410 판결 등이 이와 같은 유형에 해당한다.

둘째는, 이와 같은 태도에 의하면, 반대로 경우에 따라서는 식별력만 취득하였다면 기능성 여부에 관하여 살피지도 않고 그 보호를 긍정함으로써, 특허와 상표의 충돌방지 및 자유경쟁의 부당한 제한방지라는 정책목표가 실현되지 않는 부당한 결과가 나올 수 있다. 앞서 살펴본 대법원 2002. 2. 8. 선고 2000다67839 판결 및 대법원 2002. 10. 25. 선고 2001다59965 판결이 이와 같은 유형에 해당한다.

따라서 앞으로는, 이 글에서 살핀 기능성원리에 관한 논의를 바탕으로 하여 식별력(주지성)과 기능성의 문제를 독립된 별개의 문제로 구분

---

44) 즉, 기능성 문제까지 함께 고려하여 주지성을 인정함으로서 보통의 주지성 요건보다 엄격해지는 것이다.

하여 검토함으로써, 상품 또는 상품 포장의 형태와 관련해서도 식별력
(주지성)의 의미를 원래대로 환원시키고, 기능성 여부에 대해서는 앞서
제시한 기능성 판단기준에 따라 판단함으로써, 혼동초래 부정경쟁행위
의 성립 여부가 문제되는 사안에서 논리적이고 정치한 분석에 기초한
타당한 결론이 도출될 수 있도록 해야 할 것이다.

제5장 결론

  상표 보호대상의 확대 경향에 따라 상품의 형태나 상품 포장의 형태 등 입체적인 형상도 상표로 보호하고자 하는 것이 세계적인 추세이고, 이러한 경향에 발맞추어 우리나라 상표법도 1997. 8. 22. 법률 제5355호로 상표법을 개정하면서 입체상표를 도입하였다. 한편, 입체적인 형상은 미처 등록을 하지 않아 상표법에 의해 보호받을 수 있는 요건을 충족하지 못하였다고 하더라도, 그것이 주지성을 취득한 경우에는 부정경쟁방지법 제2조 제1호 가목 및 나목의 상품주체혼동행위 및 영업주체혼동행위 규정에 의해 보호받을 수 있는 표지에 해당한다는 점에 대해서는 해석상 별다른 의문이 없다.

  그런데 상품이나 상품 포장의 형태와 같은 입체적인 형상은 그러한 형태로 이루어지는 상품이나 상품 포장의 기능(function)과 밀접하게 관련되어 있는 경우가 많다. 따라서 이러한 입체적인 형상이 상품의 출처를 나타내는 표지로서의 역할을 한다고 하여 이를 아무런 제한 없이 상표로 보호한다면, 그 입체적인 형상과 밀접하게 관련되어 있는 상품의 기능에까지 상표의 보호범위가 확대되는 결과를 초래하고 만다. 그러나 각각의 지적재산권법이 가진 고유한 입법목적에 의할 때 상품의 기능(function)과 관련된 지적 산물을 보호하는 영역은 근본적으로 상표가 아닌 특허라는 점을 고려해 보면, 입체적인 형상을 상표로 보호한다고 하여 상품의 기능에까지 상표의 보호범위가 확대되어서는 안 될 것이다. 또한, 상표의 보호범위를 이와 같이 확대하는 것은, 경쟁 상품을 제조하는 경쟁자가 그 상품의 기능을 확보하기 위하여 특정 형태를 사용해야만 할 경쟁상 필요(competitive need)가 있음에도 그 형태의 사용을 상표권 침해라는 명목으로 금지함으로써 오히려 자유롭고 정당한 경쟁을 부당하게 제한하게 될 것이므로, 부정한 경쟁을 방지하고 정당한 경쟁은 촉진하고자 하는 상표법 또는 부정경쟁방지법의 내재적인 목적에도 반하게 된다.

그리하여 상품의 기능에까지 상표에 의한 보호범위가 확대되지 않도록 할 법 원리를 세울 필요가 있는데, 이러한 원리로서 미국의 판례법(common law)에 의하여 등장한 것이 바로 기능성원리(functionality doctrine)이다. 즉, 기능성원리에 의하면 기능을 특허가 아닌 상표에 의해 보호하는 것은 금지된다는 것이므로, 입체적인 형상이 기능적인(functional) 것으로 판단되면 설사 그것이 식별력이 있어서 상표로서 역할을 할 수 있다고 하더라도 상표에 의해서는 보호받을 수 없게 된다. 따라서 기능성원리는 지적재산권법 체계에서 상품의 기능적인 특성(functional features)과 관련하여 특허와 상표에 의한 보호영역의 한계를 설정하는 원리로 작용한다고 할 수 있다.

기능성원리의 바탕을 이루는 정책목표는 크게 두 가지로 나누어진다. 하나는 상표와 특허와의 충돌방지 정책목표이다. 본질적으로 기능(function)은 특허에 의하여 보호되어야 함에도 불구하고, 특허에 의한 보호가 만료되었거나 또는 특허요건을 충족하지 못하여 특허로 보호받을 수 없는 기능이 그 성립에 별다른 엄격한 요건을 요구하지 않고 존속기간도 영구히 갱신될 수 있는 상표에 의하여 보호받을 수 있도록 한다면 특허제도 자체가 무력해질 우려가 있으므로, 기능성원리가 상표와 특허 사이의 충돌을 방지하여 특허제도를 보호하기 위한 수단으로서 작용해야 한다는 의미이다. 다른 하나는 자유경쟁의 부당한 제한을 방지하고자 하는 정책목표이다. 경쟁자들이 효과적으로 경쟁하기 위해서 필요한 기능적인(functional) 형상에 대해서는 상표에 의한 보호를 거부하여 그러한 형상을 제한 없이 복제할 수 있도록 함으로써 자유롭고 효과적인 경쟁을 보호하고자 하는 데 기능성원리의 목표가 있다는 의미이다. 전자의 정책목표와 관련하여 기능성원리가 상표와 특허뿐만 아니라 디자인과의 충돌도 방지하고자 하는 것이라고 해석하는 견해도 있다. 그러나 특허법, 상표법, 디자인보호법 각각의 입법취지와 이들 법률의 전체적인 체계에 비추어 볼 때, 상표와 특허는 그 보호대상을 달리하는 상호 배타적인 것이지만, 상표와 디자인의 보호대상은 상호 배타적인 것이 아니고 오히려 서로 중첩되는 것이므로, 이러한 견해는 타당하지 않다. 우리 대법원도 상표와 디자인은 상호 배타적인 것이 아니라고 판시하여 이를 뒷받침하고 있고, 미국의 Federal Circuit도 기능성원리가 상표와 디자인의 충돌까지 방지하는 것은 아니라고 명백히 설시한 바 있다.

한편, 기능성원리는 미국에서 등장하여, 독일, 영국, 프랑스 등 유럽 여러 나라와 일본의 입법을 거쳐 우리나라 상표법에도 1997년 입체상표의 도입과 함께 규정되기에 이르렀다. 이러한 입법 연혁에 비추어 볼 때, 우리나라 상표법의 기능성원리 관련 규정은 미국에서 발전되어 온 기능성원리를 수용한 것이라고 할 수 있으므로, 기능성원리의 본질과 정책목표 및 판단기준 등에 관한 미국에서의 논의는 우리나라에서의 기능성원리 해석론에도 대부분 유효하다. 다만, 부정경쟁방지법에는 상표법과 같은 명문의 규정은 없으나, 혼동초래 부정경쟁행위의 경우는 표지(標識)에 화체된 신용을 보호하고 이러한 신용에 무임승차(free-ride) 하려는 부정한 경쟁행위를 방지하고자 하는 점에서 상표법과 그 기본원리가 같다는 점을 고려할 때, 여기에도 기능성원리가 상표법과 동일하게 적용되어야 할 것이다. 그리고 그 근거는, 기능적인 형상은 혼동초래 부정경쟁행위의 성립 요건으로서 '상품 또는 영업의 주체를 표시하는 표지(標識)'에 해당하지 않는다는 점에서 찾아야 할 것이다. 이와 같이 기능적인 형상의 사용행위에 대해 표지성(標識性)이 부정되는 이유는, 부정경쟁방지법의 해석상 이와 같은 형태는 애초에 혼동초래 부정경쟁행위에 의한 보호대상이 되는 상품 또는 영업을 표시하는 표지에 해당되지 않는다는 데 있는 것이므로, 그러한 표지에는 해당할 수 있지만 자타 상품 또는 영업을 식별하는 기능을 하지 못하여 표지에 해당하지 않게 되는 '식별력'의 문제와는, 표지에 해당하지 않은 이유에 대한 논리구성이 완전히 다르다는 점에서 서로 구별되어야 한다.

한편, 기능성원리에서 말하는 기능성(functionality)의 개념은 일반적으로 '사실상 기능성(de facto functionality)'과 '법률상 기능성(de jure functionality)', 그리고 '실용적 기능성(utilitarian functionality)'과 '심미적 기능성(aesthetic functionality)'으로 나누어져 논의되고 있다. 그러나 이와 같이 기능성 개념을 구분하는 것은 기능성의 판단기준을 정립하는 데에는 별다른 도움을 주지 않으면서 혼란만 초래하므로 전혀 불필요하다. 특히, '심미적 기능성' 개념은 그 모호함으로 인하여 기능성원리의 적용범위가 과도하게 확장될 우려가 있는 점, 기능성원리를 상표와 특허뿐만 아니라 디자인과의 충돌도 방지하고자 하는 견해에서는 이 개념을 필요로 할 수 있으나 기능성원리는 디자인과의 충돌까지 방지하기 위한 것은 아니므로 이는 무용한 개념인 점, 현대사회에서 디자인이 가지는 다양하고 복합적인 성격에 비추어 볼 때 '심미적 기능성'과 '실용적 기능성'을 명확히 구분하는 것은 매우 곤란하거나 때로는 불가능하다는 점 등을 고려할 때, 우리나라에 이러한 기능성 개념을 도입할 필요성은 전혀 없다고 할 것이다.

기능성원리를 논함에 있어서 가장 중요한 사항 중 하나는 '기능성(functionality)'의 판단기준을 정립하는 것이다. 이와 관련해서는 기능성원리에 대한 논의가 가장 활발한 미국의 경우에도 학설과 판례의 태

도가 매우 복잡하게 나누어져 있어 통일된 명확한 정의나 판단기준이
제시되어 있지는 못하다. 그러나 미국의 판례들, 특히 미국 연방대법원
의 Inwood 판결 및 Qualitex 판결이나 Federal Circuit의 Morton-Norwich
판결에서 제시한 기능성 판단기준과 고려요소들은 우리나라에서 기능
성의 판단기준을 정립하는 데 많은 참고가 된다. 한편, 기능성의 판단
기준을 정립하는 작업은 기능성원리가 추구하는 정책목표에 기초를 둠
이 가장 바람직하다. 기능성원리는 입체적인 형상 등을 상표에 의하여
보호할 경우 초래될 수 있는 여러 가지 문제점을 해결하기 위한 고려
에서 나온 것인 이상 '기능성(functionality)'은 위와 같은 문제점을 해결
하기 위한 하나의 도구 개념에 불과하다고 할 것이므로, 그 개념을 정
의하거나 그에 대한 판단기준을 설정함에 있어서도 기능성원리가 추구
하고자 하는 궁극적인 정책목표에 기초를 둠이 바람직한 것이다.

이와 같은 견지에서 기능성의 판단기준을 설정해 보면 아래와 같다.
우선, '특허와의 충돌방지' 정책목표와 관련하여서는, "만일 상품의 형
상이 상품의 사용 또는 목적에 필수불가결한 경우(essential to the use
or purpose of the product)" 그 형상은 기능적(functional)이라고 할 수
있다. 이러한 기준은 미국 연방대법원의 Inwood 판결이 제시한 기준을
다소 수정하여 도출한 것이다. 이러한 판단기준을 적용함에 있어서는,
상품 등의 디자인의 실용적인 장점(utilitarian advantage)을 개시하고 있
는 특허의 존재 여부, 그 디자인의 실용적인 이점을 선전하는 광고의
존재 여부의 두 가지가 구체적인 요소로 고려될 수 있다. 다음으로, '자
유경쟁의 부당한 제한방지' 정책목표와 관련하여서는, "상품의 형상의
배타적인 사용이 경쟁자로 하여금 경쟁을 함에 있어서 명성과 관련되
지 않은 중대한 불이익(significant non-reputation-related disadvantage)을
받게 하는 경우" 그 형상은 기능적이라고 할 수 있다. 이러한 판단기준
을 적용함에 있어서는, 대체 가능한 디자인이 존재하는지 여부

(alternative designs available), 그 형상으로 제품을 생산하게 되면 상대적으로 단순하거나 저렴한 방법에 의해 그 제품을 생산할 수 있는지 여부의 두 가지가 구체적인 요소로 고려될 수 있다. 한편, 위의 두 가지 정책목표는 모두 기능성원리의 핵심을 이루는 것이므로, 이러한 정책목표에 기초한 위 두 가지 판단기준 역시 각각 독립적, 병렬적으로 적용되어야 한다.

현재 우리 법원은 기능성원리를 제대로 인식하지 못하고 입체상표의 보호 문제를 '식별력'의 문제로 융합하여 생각하는 경향을 보이고 있다. 그리고 이러한 판례 경향은 상표등록이나 권리범위확인 등 상표법과 관련하여서뿐만 아니라 부정경쟁방지법상의 혼동초래 부정경쟁행위와 관련하여서도 일관되게 유지되고 있다. 그러나 이러한 태도에 의하면, 입체적인 형상의 상표에 의한 보호 여부를 '기능성(functionality)'의 관점에서 분석해야 함에도 '식별력(distinctiveness)'의 관점에서만 분석함으로써 타당한 결론에 이르지 못하거나 설사 결론에서는 타당하다고 하더라도 그에 이르는 논리구성에 문제를 보이는 경우가 발생할 수 있다. 즉, 기능성의 문제를 식별력의 문제로만 해결하려다 보니 식별력의 요건을 너무 엄격하게 설정함으로써 입체상표의 도입취지에 반하여 입체적인 형상에 대한 상표 보호의 범위를 지나치게 축소하거나, 식별력은 인정해야 함에도 불구하고 억지로 식별력을 부정하려다 보니 논리구성에 무리와 모순이 따르거나, 또는 식별력 여부만 판단하고 기능성 여부까지는 나아가 판단하지 않음으로써 기능적인 형상에까지 상표에 의한 보호범위를 확대하는 등의 문제점이 발생될 수 있는 것이다.

차후에는 우리 법원이 이들 문제를 명백히 구분하여 인식하여 입체적 형상을 상표로 보호할 것인지 여부가 문제되는 사안에서 '식별력'과 함께 '기능성'이라는 분석 도구를 함께 사용함으로써 정치한 분석을 바탕으로 한 논리적이고 올바른 결론의 도출이 가능하도록 하여야 할 것이다.

참고문헌

I. 국내 문헌

1. 단행본

정상조, 지적재산권법, 홍문사(2004).

송영식·이상정·황종환·이대희·김병일·박영규·신재호 공저, 지적소유권법(하), 육법사(2008).

이상정, 산업디자인과 지적소유권법, 세창출판사(1995).

정상조 편, 저작권법 주해, 박영사(2007).

정상조·박성수 공편, 특허법 주해 I, 박영사(2010).

이대희, 인터넷과 지적재산권법, 박영사(2002).

이한상·김준학 공저, 지식재산권법, 제일법규(2001).

문삼섭, 상표법, 세창출판사(2004).

노태정·김병진 공저, 디자인보호법(개정판), 세창출판사(2007).

특허법원 지적재산소송실무연구회, 지적재산소송실무, 박영사(2010).

정호열, 부정경쟁방지법론, 삼지원(1993).

오승종, 저작권법, 박영사(2007).

2. 논문

정상조, "상표법과 부정경쟁방지법의 조화/통합", 특별법연구 8권(2006. 9.), 박영사.

김원오, "입체상표의 등록 및 보호요건에 관한 소고 : 상품의 형상이나 포장 형태의 입체표장을 중심으로", 산업재산권 11호(2002. 5.), 한국산업재산권법학회.

이상정, "trade dress의 보호에 관한 미국 연방대법원의 월마트 판결과 트라픽스 판결에 관한 소고", 창작과 권리 27호(2002. 6.), 세창출판사.

이상정, "유럽연합의 상표법에 관한 연구", 창작과 권리 7호(1997. 6.), 세창출판사.

이대희, "심미적 기능성원리, 어떻게 해석할 것인가?", 경영법률 9집(1999. 2.), 한국경영법률학회.

이대희, "상표법상의 기능성원리에 관한 연구", 창작과 권리 12호(1998. 9.), 세창출판사.

이대희, "미국의 판례에 나타난 새로운 유형의 상표: 색채상표를 중심으로", 지적소유권법연구 3집(1999), 한국지적소유권학회.

김병일, "독일에서의 입체상표 보호", 창작과 권리 18호(2000. 3.), 세창출판사.

박준석, "판례상 상표의 동일·유사성 판단기준", 사법논집 제39집(2004. 12.), 법원도서관.

김은기, "입체상표의 등록요건", 창작과 권리 11호(1998. 6.), 세창출판사.

윤선희, "입체상표에 관한 고찰 : 기능성, 식별성을 중심으로", 한국산업재산권법학회지 9호(2000. 5.), 한국산업재산권법학회.

진효근, "입체상표와 기능배제의 원칙", 판례연구 16집(상)(2002. 8.), 서울지방변호사회.

최덕철, "입체상표의 기능성에 관한 판단사례 연구", 지식재산21 63호(2000. 11.), 특허청.

최규완, "최근 Trade Dress 보호에 대한 미국 대법원 판례와 우리의 입체상표제도 개선 방향", 지식재산21 69호(2001. 11.), 특허청.

장태종, "입체상표·의장과 저작물에 의한 화상디자인 보호방안에 관한 고찰", 지식재산21 81호(2003. 11.), 특허청.

이영락, "입체상표의 심사기준에 관한 연구", 지식재산21 74호(2002. 9.), 특허청.

임규수, "입체상표의 식별력 등에 관한 소고", 지식재산21 83호(2004. 3.), 특허청.

김우현, "입체상표의 등록요건에 관한 연구", 충남대학교 특허법무대학원(2004. 8.).

나종갑, "Design 특허와 디자인의 기능성 : 미국특허법을 중심으로", 연세법학연구 제7집 제1권(2000. 6), 연세대학교 법과대학 법률문제연구소.

유영선, "등록무효소송에서 기본적 또는 기능적 형태를 포함하고 있는 디자인의 유사성 판단기준: 특허법원 2008. 9. 18. 선고 2008허7355 판결", 지적재산권 Vol. 32(2009. 7.), 한국지적재산권법제연구원.

유영선, "우리나라 법에 의한 산업디자인의 보호 및 한계", 사법논집 제41집(2005), 법원행정처.

박기철, "입체상표의 기능성의 원리에 관한 연구 : 특허와의 관계를 중심으로", 연세대학교 법무대학원(2003. 6.).

안원모, "상품 형태의 보호", 산업재산권 제19호(2006. 4.), 한국산업재산권법학회.

윤태석, "상품용기·포장이 상품주체혼동에 해당하는 경우", 재판과 판례 12집 (2001. 2.), 대구판례연구회.

윤병각, "부정경쟁행위의 유형과 구제방법", 재판자료 제57집(1992. 12.), 법원 도서관.

황희철, "Trade Dress(상품외관)의 보호에 대하여", 통상법률 제19호(1998. 2.), 법무부.

오영준, "물품의 기능을 확보하는 데 불가결한 형상의 의의 및 디자인의 유사 여부 판단", 대법원판례해설 제65호(2007. 7.), 법원도서관.

한규현, "상표법과 부정경쟁방지 및 영업비밀보호에 관한 법률의 관계", 대법원 판례해설 제70호(2008. 1.), 법원도서관.

이회기, "상품의 형태가 부정경쟁방지법상의 상품출처표시성 및 주지성을 취득 하기 위한 요건", 대법원판례해설 제73호(2008. 7.), 법원도서관.

정호열, "부정경쟁방지법에 관한 연구 : 행위체계와 유형을 중심으로", 서울대 학교 박사학위논문(1991).

최병규, "독일상표법의 연혁/지리적표시보호 및 유럽공동체상표", 지적소유권법 연구 3집(1999. 1.), 한국지적소유권학회.

전효숙, "상표와 상품의 동일·유사", 특허소송연구 제1집(1999), 특허법원.

牛木理一(정광선 역), "立體商標의 導入에 대하여 : 意匠法에의 挑戰과 限 界", 산업재산권 5호(1997), 한국산업재산권법학회.

峯唯夫(정광선 역), "立體商標의 導入과 商標使用", 산업재산권 6호(1997), 한 국산업재산권법학회.

II. 영미 문헌

1. 단행본

J. Thomas McCarthy, 1 McCarthy on Trademarks and Unfair Competition, Thomson West (4th ed. 2006).

Graeme B. Dinwoodie & Mark D. Janis, Trademarks and Unfair Competition, Aspen Publishers (2004).

Restatement (Third) of Unfair Competition (1995).

Restatement of Torts (1938).

Mary LaFrance, Understanding Trademark Law, LexisNexis (2005).

2. 논문

A. Samuel Oddi, "The Functions of Functionality in Trademark Law", 22 Hous. L. Rev. 925 (1985).

Deborah J. Krieger, "The Broad Sweep of Aesthetic Functionality: A Threat To Trademark Protection of Aesthetic Product Features", 51 Fordham L. Rev. 345 (1982).

Margreth Barrett, "Consolidating the Diffuse Paths to Trade Dress Functionality: Encountering Traffix on the Way to Sears", 61 Wash. & Lee L. Rev. 79 (2004).

Jay Dratler, Jr., "Trademark Protection for Industrial Designs", 1988 U. Ill. L. Rev. 887 (1988).

Mark Alan Thurmon, "The Rise and Fall of Trademark Law's Functionality Doctrine", 56 Fla. L. Rev. 243 (2004).

Timothy M. Barber, "High Court Takes Right Turn in Traffix, but Stops Short of the Finish Line: An Economic Critique of Trade Dress Protection for Product Configuration", 7 Marq. Intell. Prop. L. Rev. 259 (2003).

Harold R. Weinberg, "Trademark Law, Functional Design Features, and the Trouble with TrafFix", 9 J. INTELL. PROP. L. 1 (2001).

Harold R. Weinberg, "Is The Monopoly Theory Of Trademarks Robust Or A Bust?", 13 J. INTELL. PROP. L. 137 (2005).

Vincent N. Palladino, "Trade Dress Functionality After Traffix: The Lower Courts Divide Again", 93 Trademark Rep. 1219 (2003).

Scott D. Locke, "Fifth Avenue and the Patent Lawyer: Strategies for Using Design Patents to Increase the Value of Fashion and Luxury Goods Companies", 5 J. Marshall Rev. Intell. Prop. L. 40 (2005).

Tracy-Gene G. Durkin & Julie D. Shirk, "Design Patents And Trade Dress Protection: Are The Two Mutually Exclusive?", 87 J. Pat. & Trademark Off. Soc'Y 770 (2005).

Perry J. Saidman, "Kan TrafFix Kops Katch the Karavan Kopy Kats? or Beyond Functionality: Design Patents Are the Key to Unlocking the Trade Dress/Patent Conundrum", 82 J. Pat. & Trademark Off. Soc'Y. 839 (2000).

Robert G. Bone, "Enforcement Costs And Trademark Puzzles", 90 Va. L. Rev.

2099 (2004).

Thomas F. Cotter, "The Procompetitive Interest In Intellectual Property Law", 48 Wm. & Mary L. Rev. 483 (2006).

William T. Fryer, Iii, "Trademark Product Appearance Features, United States And Foreign Protection Evolution: A Need For Clarification And Harmonization", 34 J. Marshall L. Rev. 947 (2001).

Christopher J. Kellner, "Rethinking The Procedural Treatment Of Functionality: Confronting The Inseparability Of Useful, Aesthetically Pleasing, And Source-Identifying Features Of Product Designs", 46 Emory L. J. 913 (1997).

Deven R. Desai & Sandra L. Rierson, "Confronting The Genericism Conundrum", 28 Cardozo L. Rev. 1789 (2007).

Kevin E. Mohr, "At The Interface Of Patent And Trademark Law: Should A Product Configuration Disclosed In A Utility Patent Ever Qualify For Trade Dress Protection?", 19 Hastings Comm/Ent L. J. 339 (1997).

Tracey Mccormick, "Will Traffix "Fix" The Splintered Functionality Doctrine?: Traffix Devices, Inc. V. Marketing Displays, Inc", 40 Hous. L. Rev. 541 (2003).

Daniel A. Valenzuela, "Can An Inventor Continue Protecting An Expired Patented Product Via Trade Dress Protection?", 81 N. D. L. Rev. 145 (2005).

Gideon Parchomovsky & Peter Siegelman, "Towards An Integrated Theory Of Intellectual Property", 88 Va. L. Rev. 1455 (2002).

John M. Cone, "Trademark Challenges", 9 Computer L. Rev & Tech. J. 165(2004).

Clifford W. Browning, "Traffix Revisited: Exposing The Design Flaw In The Functionality Doctrine", 94 Trademark Rep. 1059 (2004).

Robert C. Denicola, "Applied Art And Industrial Design: A Suggested Approach To Useful Articles", 67 Minn. L. Rev. 707 (1983).

Theodore H. Davis, Jr., "Directing Traffix: A Comment On The Construction And Application Of Utility Patent Claims In Trade Dress Litigation", 54 Fla. L. Rev. 229 (2002).

Eric Berger, "Traffixdevices, Inc. V. Marketing Displays, Inc: Intellectual Property In Crisis: Rubbernecking The Aftermath Of The United States

Supreme Court's Traffix Wreck", 57 Ark. L. Rev. 383 (2004).

Hugh Hansen(Moderator), Glenn Mitchell, Inna Fayenson, Perry Saidman (Panelists), "Discussion : 2001 Panel Discussion On Current Issues In Trademark Law - I'll See Your Two Pesos And Raise You . . . Two Pesos, Wal-Mart . . . And Traffix: Where Is U.S. Supreme Court Jurisprudence Heading, And How Will It Affect Trademark Practitioners?", 11 Fordham Intell. Prop. Media & Ent. L. J. 509 (2001).

David S. Welkowitz, "Trade Dress and Patent-The Dilemma of Confusion", 30 RUTGERS L. J. 289, (1999).

Alison Marcotte, "Concurrent Protection Of Products By Patent And Trade Dress: Use Of The Functionality Doctrine In Marketing Displays, Inc. V. Traffix Devices, Inc.", 36 New Eng. L. Rev. 327 (2001).

Erin M. Harriman, "Aesthetic Functionality : The Disarray Among Modern Courts", The Trademark Reporter vol.86, INTA (1996).

III. 일본 문헌

1. 단행본

小野昌廷 編, 註解 商標法 上卷, 新版, 靑林書院(2005).
小野昌廷 編, 新·註解 不正競爭防止法 上卷, 新版, 靑林書院(2007).
網野誠, 商標, 第6版, 有斐閣(2002).
田村善之, 不正競爭法槪說, 第2版, 有斐閣(2004).
竹田稔, 知的財産權侵害要論(不正競業編, 第3版), 發明協會(2009).
澁谷達紀 著, 知的財産權法講義 III, 第2版, 有斐閣(2008).
牧野利秋·飯村敏明·三寸量一·末吉亘·大野聖二 編集, 知的財産權法の理論と實務 3(商標法·不正競爭防止法), 新日本法規(2007).
靑山紘一, 不正競爭防止法, 第4版, 法學書院(2007).
經濟産業省知的財産政策室 編著, 逐條解說 不正競爭防止法, 有斐閣(2006).
牛木理一, 商品形態の保護と不正競爭防止法, 經濟産業調査會(2004).
第二東京辯護士會 知的財産權法硏究會 編, 不正競爭防止法の新論点, 商事法務(2006).

2. 논문

田村善之, "商品の形態や模様の商品表示該當性について", ジュリスト 1018號 (1993. 3.), 有斐閣.

芹田幸子, "商品形態の保護と不正競爭防止法 2條 1項 1号", 意匠法及び周 邊法の現代的課題: 牛木理一先生古稀記念, 發明協會(2005).

小泉直樹, "商品の形態の保護をめぐる競業法と創作法の調整 (一)", 法學協 會雜誌 106卷 6号(1989. 6.), 東京大學法學協會.

小泉直樹, "商品の形態の保護をめぐる競業法と創作法の調整 (二)", 法學協 會雜誌 106卷 7号(1989. 7.), 東京大學法學協會.

小泉直樹, "商品の形態の保護をめぐる競業法と創作法の調整 (三・完)", 法學 協會雜誌 106卷 8号(1989. 8.), 東京大學法學協會.

小泉直樹, "商品の形態の不正競爭防止法一條一項1号による保護", ジュリスト 858號(1986. 4.), 有斐閣.

小泉直樹, "商品形態の類似性と混同のおそれ", ジュリスト 1040號(1994. 3.), 有 斐閣.

小泉直樹, "不正競爭防止法の今日的課題 5: 他人の商品等の不當な模倣", NBL 502號(1992. 8.), 商事法務研究會.

山田威一郎, "不正競爭防止法における技術的形態除外說と米國商標法にお ける機能性の法理との比較考察", パテント 56卷 5号(2003. 5.), 日本 弁理士會.

靑木博通, "グローバルに觀る立體商標制度の違いとその戰略的活用: 日本・米 國・歐州の比較法的檢討", 知財管理 vol.57 no.5(2007), 日本知的財 產協會.

靑木博通, "米國HONEYWELL事件にみる立體商標の保護 1", 發明 91卷 11 號(1994. 11.), 發明協會.

靑木博通, "米國HONEYWELL事件にみる立體商標の保護 2", 發明 91卷 12 號(1994. 12.), 發明協會.

靑木博通, "米國HONEYWELL事件にみる立體商標の保護 3", 發明 92卷 1號 (1995. 1.), 發明協會.

三山峻司, "立體商標の登錄要件の充足性", 判例時報 1761號(2001. 11.), 判 例時報社.

宮下正之, "立體商標制度の導入と審査運用について", 發明 95卷 10號(1998. 10.), 發明協會.

찾아보기

경쟁법 192, 202
경쟁상 유사형태 제외설 229, 230, 312
경쟁상의 필요(competitive need) 83
경쟁상의 필요 테스트(competitive need test) 137, 311, 313
공공영역(public domain) 55, 57, 106, 128
공정한 경쟁질서 289
공중거래원리(public bargain doctrine) 58, 77, 128, 281
관용표장 196
균등론 150, 319
기능성(functionality) 10, 20, 27, 88, 133, 269, 291
기능성원리(functionality doctrine) 8, 23, 195
기능식 청구항 275
기능적인 특성(functional features) 5, 12
기능적 저작물(works of function) 5, 38, 39
기술적 사상(idea) 4, 275, 277
기술적 표장(descriptive mark) 196, 367
기술적 형태 제외설 224, 229, 240,

253, 312
기술적 형태 포함설 231

노래하는 거북이 252
노예적 모방 337

다

dead copy 42, 337
대체가능한 디자인(alternative designs available) 83, 318, 322
도형상표 302
독점적응성설 367
등록주의 215
디자인 특허(design patent) 17, 18, 26, 58, 284
디자인보호법 6, 15, 285

마

마드리드 협정 194
무단이용 4
무임승차(free-ride) 213, 318
문예적 저작물 39
문자상표 302
미등록상표 205
미술작품 35

법률상 기능성(de jure functionality) 166,
   352
Vornado 판결 128
보통명칭(generic mark) 86
부정경쟁(unfair competition) 206
부정경쟁방지법 6, 8, 187, 192, 199
부정경쟁에 관한 제3 Restatement 82,
   101, 158, 300
부정이용(misappropriation) 337
분리가능성(separability) 37
불법행위 3, 337
불법행위에 관한 Restatement 98, 158
비요부설 238

사실상 기능성(de facto functionality)
   92, 166, 352
사실적 저작물(works of fact) 5, 38
산업디자인 36, 37

상도덕 4
상업적·기능적 변형 33
상표법 6, 8, 122, 192
상표심사기준 305, 356
상표의 유사성 219
상표적 사용 373, 380, 382
상품 출처의 혼동 217
상품 포장 326
상품 형태 336, 371, 387
상품주체 혼동행위 9, 200
상품표시 222
상품형태 모방행위 201, 338
색채 326
색채고갈이론 328
색채상표 53, 328
선사용상표 215
선택가능성 고려설 237
설계도 41
성과물 4
순수미술 37
식물 특허(plant patent) 17
식별력(distinctiveness) 7, 23, 86, 88,
   269, 291
신용(goodwill) 81
실용 특허(utility patent) 18, 26, 58,
   65, 284
실용적 기능성(utilitarian functionality)
   95, 97, 297
실제적인 효과 기준(practical effect st
   andard) 83, 136
실용적 특성(utilitarian features) 19
심미감 6, 33, 319
심미적 기능성(aesthetic functionality)
   64, 77, 95, 98, 297, 300
CAFC 69

CCPA   69, 89, 165

아이디어·표현 이분법(idea expression dichotomy)   25, 38
연방상표법(Lanham Act)   44, 62
영업주체 혼동행위   9, 200
영업표시   222
예술성   36
요부   33
Wal-Mart 판결   103
유럽공동체 상표규칙   46
유용성(usefulness)   26
유일기능기준(solely functional standard)   28, 31, 317
음영혼동이론   328
응용미술저작물   37
2차적인 의미(secondary meaning)   70, 86, 329
Inwood 판결   63, 124, 140
임의적 상표   246
입증책임   325
입체상표   9, 193, 356, 366, 368, 372
입체적 형상(three dimensional shape)   7, 52

자타상품식별력설   367
장식성(ornamentality)   26, 60, 285

저명상표 희석행위   200
저작권법   15
전통적인 테스트(traditional test)   137, 311, 312
정책목표   54, 273
조어상표   246
주요기능기준(primarily functional standard)   28
주지성   10, 391
중요한 요소 기준(the important ingredient standard)   136

창작성   42
창작적 표현   3, 4
총합형량설   235
출처혼동균등론   218

카

Qualitex 판결   102, 147

타

탑블레이드 팽이   256
트레이드 드레스(trade dress)   6, 25, 70, 75, 78, 291, 317, 332
TrafFix 판결   11, 63, 153

TTAB   69, 114
특성의 역할 기준(the role of the feature
    standard)   136
특허법   6, 15, 122, 187
특허심판원   356
특허청구범위   275, 319

파

판매력(selling power)   117
Pagliero 판결   100, 115, 383
Federal Circuit   307, 310
표시성   222
표시성(表示性) 긍정설   231
표시성(表示性) 부정설   224
표지   19
표지법   6, 15, 192, 202, 290
표지성(標識性)   242
표지성(標識性) 부정설   264
표현(expression)   38

하

한정열거주의   199
혼동   219
혼동초래 부정경쟁행위   9, 189, 202,
    204, 247, 381, 383

유영선

1996. 2. 서울대학교 법과대학 학사
2001. 8. 서울대학교 법과대학원 석사
2011. 2. 서울대학교 법과대학원 박사
1995년 제37회 사법시험 합격
1996. 3. ~ 1998. 2 사법연수원 수료(제27기)
1998. 5. ~ 2001. 4. 육군 법무관
2001. 5. ~ 2003. 2. 서울남부지방법원 판사
2003. 2. ~ 2005. 2. 서울중앙지방법원 판사
2005. 2. ~ 2006. 6. 제주지방법원 판사
2006. 7. ~ 2007. 6. 미국 University of Virginia School of Law (LL.M.)
2007. 7. ~ 2008. 2. 광주지방법원 해남지원 판사
2008. 2. ~ 2010. 2. 특허법원 판사
2010. 2. ~ 현재 대법원 재판연구관

주요논저

부정한 경쟁행위와 관련한 불법행위 성립요건 및 그에 기한 금지청구권 허용 여부, 사법논집 제53집, 법원도서관(2011. 12).
특허와 상표에 의한 보호영역을 구분하는 기능성원리(Functionality Doctrine)에 대한 연구, 서울대학교 박사학위논문(2011. 2).
팝업(Pop-up)광고 행위의 규제, 사법 15호, 사법연구지원재단(2011. 3).
우리나라 법에 의한 산업디자인의 보호 및 한계, 사법논집 제41집, 법원도서관(2005. 12).
부정경쟁방지 및 영업비밀보호에 관한 법률이 규정한 희석화 요건, 사법논집 제39집, 법원도서관(2004. 12).
특허법 제29조 제3항(확대된 선출원) 규정에서의 '발명의 동일성' 판단 기준, 대법원판례해설 88호, 법원도서관(2011 상반기).
상표의 유사 여부 판단 실무에 대한 비판적 고찰, 특허소송연구 5집(2010. 12.), 특허법원.
디자인보호법 제5조 제2항이 규정한 '용이하게 창작할 수 있는 디자인'의 의미, 대법원판례해설 84호, 법원도서관(2010 상반기).
사실적·기능적 저작물의 실질적 유사성 판단방법, 기업법·지식재산법의 새로운 지평 진산 김문환선생정년기념논문집 제2권, 법문사(2011).
저작자의 저작인격권, Law & technology 제2권 제3호, 서울대학교 기술과법센터(2006. 5).

기능성원리(Functionality Doctrine) 연구
- 특허와의 관계에서 상표에 의한 보호의 한계 -

초판 인쇄 ‖ 2012년 6월 18일   초판 발행 ‖ 2012년 6월 25일
지은이 ‖ 유영선   펴낸이 ‖ 한정희
펴낸곳 ‖ 경인문화사   주소 ‖ 서울시 마포구 마포동 324-3
전화 ‖ 718-4831   팩스 ‖ 703-9711
출판등록 ‖ 1973년 11월 8일 제10-18호
홈페이지 ‖ www.kyunginp.co.kr / 한국학서적.kr 이메일 ‖ kyunginp@chol.com
ⓒ경인문화사, 2012
ISBN 978-89-499-0860-1 94360   값 33,000원

*잘못 만들어진 책은 구입하신 서점에서 교환해 드립니다.